작은 우주들

작은 우주들

클라우디오 마그리스 선집 2 | 김운찬 옮김

MICROCOSMI

인문 서가에
꽂힌 작가들

문학동네

Microcosmi
by Claudio Magris

Copyright ⓒ Claudio Magris, 1997
Korean Translation Copyright ⓒ Munhakdongne Publishing Corp., 2017
All rights reserved.

This Korean edition was published by arrangement with Claudio Magris c/o The Wylie Agency (UK) Ltd through Milkwood Agency.

이 책의 한국어판 저작권은 밀크우드 에이전시를 통해 The Wylie Agency(UK)와 독점 계약한 ㈜문학동네에 있습니다.
저작권법에 의해 한국 내에서 보호를 받는 저작물이므로 무단 전재와 무단 복제를 금합니다.

마리사*에게

---

* Marisa Madieri(1938~1996). 당시 이탈리아령 피우메(현 크로아티아 리예카)에서 태어나 트리에스테로 이주한 이탈리아 작가로, 클라우디오 마그리스와 결혼했다.

일러두기

1. 이 책은 다음의 원서를 한국어로 옮긴 것이다: Claudio Magris, *Microcosmi*, Milano: Garzanti, 2007.
2. 인명 및 지명은 국립국어원 고시를 존중했다. 국경에 인접한 지명의 경우 국적 및 언어에 따라 달리 불릴 수 있으나 여기서는 마그리스의 고향 트리에스테에서 출발하는 여정이므로 주요 지명은 이탈리아식 표기를 가급적 따랐다.(예: 안톨츠→안테르셀바)
3. 각주는 모두 한국어판 주다. 생소한 인물이나 지엽적 장소의 경우, 가독성을 위해 주를 추가하기보다는 본문 앞에 시대나 직업이나 인근 대도시 등을 넣어 맥락을 따라갈 수 있도록 했다.(예: 루카노→20세기 중반에 활동한 트리에스테 화가 피에트로 루카노)
4. 단행본이나 신문 등은 『 』, 시나 논문은 「 」, 그림·노래·영화 등은 〈 〉로 표시했다.

이제 '세상'은 대체로 그 전모가 잘 알려져 있는데다
거기에 대한 일반적인 묘사를 우리 눈앞에 제공하는 책들이
아주 많긴 해도, 그럼에도 단지 한 '지방'을 다루는 경우에는
간신히 그려낼 수 있을 뿐이니……

아메데오 그로시[*]
건축가이며 측량사이자 감정인鑑定人, 1791년

어떤 사람이 '세상'을 그려보고자 작정했다.
세월이 흐르면서 그는 지방, 왕국, 산, 만灣, 배, 섬, 물고기,
주거지, 도구, 별, 말, 사람 들의 이미지로 한 공간을 채운다.
죽기 직전, 그는 그 끈기 있는 선들의 미로가 그려낸 것이
자기 얼굴의 이미지였음을 발견했다.

호르헤 루이스 보르헤스

---

[*] Giovanni Lorenzo Amedeo Grossi(1753~1805). 건축가로 1790년에서 1791년 사이에 토리노와 주변 지역에 대한 자세한 정보를 담은 지역 연구서를 썼다.

차 례

산마르코 카페 11

발첼리나 45

석호들 71

스네주니크 115

콜리나 145

압시르티데스 189

안테르셀바 237

공원 289

둥근 천장 333

옮긴이의 말 345

산마르코 카페[*]

상감세공을 한 검은색 목제 카운터 위 높은 곳에, 가면들이 있다. 카운터는 적어도 한때는 이름 있던 칸테 목공소에서 제작한 것인데, 산마르코 카페에서 이 명예로운 표식이나 명성은 좀더 오래간다. 그 명성이란 것이 응당 기억될 만한 가치가 있어 그럴 수도 있겠지만(이것만 해도 이미 대단한데), 설사 이 대리석 탁자들, 즉 놋쇠 탁자다리가 내려가다 사자발이 떠받치고 있는 발판에서 끝나는 이 대리석 테이블 앞에 앉아, 몇 해를 흘려보내면서 생맥주의 정확한 압력이나 세상사에 대해 이따금 자기 견해를 말함으로써만 자신을 뽐낼 수 있었을 뿐인 그런 자들의 명성이라 해도, 이곳에서는 그렇다.

산마르코 카페는 우선권도 없고 배제도 없이, 모두를 위한 자리가 있는 노아의 방주다. 밖에 세찬 비가 내릴 때 피신처를 찾는 연인을 위한 자리도 있고, 짝을 잃은 사람을 위한 자리도 있다. '그런데 말입

---

[*] 이탈리아 북동부 끝 트리에스테에 있는 역사적 장소. 1914년 바티스티 거리 18번지에 문을 열었고, 곧바로 트리에스테 지성인들과 젊은 대학생들의 주요 모임 장소가 되었으며, 마그리스도 단골이었다.

니다, 나는 그 홍수 이야기가 전혀 이해가 안 돼요.' 누군가 이 말을 곱씹는다. 비가 유리창에 부딪치고 있고, 카페에서 나가면 바로 왼쪽 바티스티 거리 끝에 있는 공원*의 커다란 나무들이 어두운 하늘 아래서 빗물에 젖어 바람에 흔들리는 동안, 인근 이스라엘 성전에서 일하는 막일꾼 쉰후트 씨가 그렇게 말했다. '만약 세상이 저지른 죄 때문이었다면, 한번에 완전히 끝장내버리면 될 것을 뭐 때문에 부순 다음에 처음부터 다시 시작을 한단 말예요? 그렇다고 그후로 상황이 나아진 것도 결코 아니잖습니까. 오히려 살육과 잔인한 짓거리가 끝없이 벌어지는데도, 더이상 홍수 같은 건 일어나지도 않고, 심지어 지상에서 생명을 멸하는 일은 없을 거라는 약속까지 했잖아요.'

무엇 때문에 나중에 온 살인자들에게는 그토록 후한 자비를 베풀면서 이전 살인자들은 무자비하게 모두 생쥐처럼 물에 빠뜨려 죽게 했을까? 그분은 분명히 알고 있었을 것이다. 짐승이든 사람이든 모든 생명체와 함께 방주 안으로 악(惡)이 들어간 것을. 그분에게 연민을 불러일으킨 그들이 이미 그들 안에 영원히 걷잡을 수 없이 퍼져나갈 증오와 고통의 모든 전염병 세균을 갖고 있었음을. 그리고 쉰후트 씨는 모든 것이 얼마 못 갈 거라고 확신하며 맥주를 들이켰다. 그도 그럴 것이 그는 이스라엘의 하느님을 두고도 중상모략이든 뭐든 하고 싶은 말은 물불 안 가리고 할 수 있는 사람이었으니, 이제는 다 한통속이 됐으니 말이다. 그렇지만, 다른 편에서 보자면 이렇게 헐뜯는 일이 야비한 짓일 수도 있었고 특정 시기에는 진정 비겁한 짓이었으리라.

"당신 머리가 완전히 헝클어져 있어요, 화장실에 가서 단정히 하세요." 그때 나이든 부인이 엄한 표정으로 그에게 말했다. 화장실로 가

---

* 정식 이름은 '무치오 톰마시니 공원'으로, 무치오 톰마시니(본명은 무티우스 리터 폰 톰마시니, 1794~1879)는 트리에스테 출신 식물학자이자 정치가다.

려면 카운터가 있는 홀에 앉은 사람은 가면들 아래로, 깜짝 놀란 표정으로 탐욕스럽게 훔쳐보는 그 눈들 아래로 지나가야 한다. 이 얼굴들을 둘러싸고 있는 배경은 검은색이다. 입술과 뺨을 진홍색으로 불붙이는 카니발 속 어둠이다. 볼품없고 구부러진 코 하나가 매달려 있다. 아래로 지나가는 사람을 움켜잡아 어두운 축제로 끌고 가기에 좋은 갈고리 같다. 마치 산마르코 카페가 그저 오래된 성전이듯이, 학자들이 끈질기게 확인하려 애썼음에도 불구하고 그 그림이 누구의 작품인지는 분명하지 않다. 그 얼굴들 또는 그중 일부는 20세기 중반에 활동한 트리에스테 출신 화가 피에트로 루카노의 작품 같다. 루카노는 카페에서 멀지 않고 공원을 가로지르거나 공원 옆 마르코니 거리를 거슬러올라가면 있는 예수성심교회의 애프스에 두 개의 불 테두리를 떠받치고 있는 천사 둘을 그렸는데, 예수회 신부들의 요구에 따라 그 영원의 곡예사들의 양성적兩性的인 다리가 안 보이도록 복사뼈까지 길게 드레스가 덮이게 그려야만 했다.

일부 가면은 다른 홀에 있는 귀부인 가면을 그렸다고도 하는 팀멜*의 작품이라고 주장하는 사람들도 있다. 그 가설을 확실히 뒷받침해주는 건 없다. 빈에서 태어나 자기 파괴를 완성하기 위해 트리에스테로 온 방랑자 화가가 즐겨 자신을 정의했듯이 그 "거리의 총애자"는, 당시 1930년대 말경 생계를 꾸려나가기가 불가능했던 상황으로부터 몇 시간이나마 벗어나게 해줄 수 있는 카페를 돌며 트리에스테의 이런저런 부자 상인에게 조그마한 걸작을 선물하면서 저녁시간을 때웠는데, 그런 문예후원가들에게 예술가란 저녁시간을 카페에서 보내도록 해주고 차츰차츰 바닥으로 몰아넣는 너그러운 술 몇 잔만 내주면

---

* Vito Timmel(본명은 비토리오 툼멜, 1886~1958). 오스트리아 빈 태생으로 나중에 트리에스테에 살면서 활동한 화가. 뒤에 언급되는 『마법의 수첩』은 1973년에 출판되었다.

그 대가로 춤을 추며 비틀거리는 곰과 같았다.

팀멜은, 자신이 어렸을 때 뇌막염을 앓았다는 이야기는 부모가 자기를 증오해 꾸며낸 거짓말이었다고 하면서 자기 유년기를 다시 창안해냈고, 자신의 정신과 기억이 무너져내리는 동안 『마법의 수첩』을 써냈다. 그것은 눈부신 서정적 현현顯現들, 실어증에 가깝고 기억상실증으로 부스러진 언어의 흐느낌이 뒤섞인 것으로, 그 흐느낌을 그는 세상에서 개인을 붙잡아매는 모든 기호와 모든 이름을 지우고 싶은 욕망, 향수라고 불렀다. 정신병원에서 삶을 끝장내야만 했던 이 반항적 방랑자는, 최후의 피난처를 택하기 전에, 먼저 공허하고 현기증나는 무기력 속에 갇혀 팔짱을 낀 채 "손 하나 까딱 않고 눈 하나 깜짝 않은 채 자기 골방에 처박혀" 옴짝달싹하지 않고 지구와 함께 공허 속에서 회전하고 있다고 느끼는 데 만족함으로써 현실의 촉수觸手들을 피하려 들었다. 그는 수동성을 좇고 파시즘을 찬양했는데, 이 파시즘이 그를 책임의 고뇌로부터 해방시켜주고 자유를 뒤쫓아봤자 그 자유를 찾지 못하게 될 궁지로부터 벗어나게 해주어 그를 유년기의 순종상태로 다시 몰아갔기 때문이다. "지복의 상태에 도달하려면 죽기 살기로 매달리는 수밖에 없다."

산마르코 카페와 그 L자 구조를 가로지르는 경로는 직선이 아니다. 이 구조는 단지 루나르디스 학장이 절박한 상황이 아니면 절대 그 경계를 달리 구획하지 못하도록 한 결정을 충족시키기 위한 것이긴 하다. 체스게이머들이 사랑하는 산마르코 카페는, 체스 말판을 닮아서 말처럼 움직이면서 탁자들 사이로 끊임없이 직각 모퉁이를 돌아야 하고, 보드게임의 일종인 거위게임에서 그렇게 하듯 종종 처음 출발했던 탁자로 다시 돌아가야 할 때도 있다. 독일 문학시험을 준비한다든가, 여러 해가 지나 아들이 조금 멀찌감치 앉아 자기 학위 논문을 수정한다든가, 또는 다른 사람이 구석에 있는 작은 홀에서 카드게임을 한다든가 하는 동안에 앉던 그 탁자들, 트리에스테의 중부유럽 문화와 그 쇠퇴에 대한 주제로 끝도 없는 인터뷰에 답해야 한다거나 집필을 위해 오늘도 다시 찾는 여기 이 탁자들로 말이다.

사람들이 카페로 들어오고 나간다. 등 뒤로 양쪽 출입문이 계속해서 흔들리고, 가볍게 불어드는 공기 흐름이 고여 있던 담배 연기를 물결치게 한다. 그 흔들림은 매번의 아주 짧은 호흡, 아주 짧은 심장박동이다. 담배 연기 속에 빛나는 먼지들 띠가 떠 있고, 구불구불한 그 소용돌이가 자기 탁자에 매달려 있는 이 난파자들, 그 목에 덧없는 화환처럼 걸리다가 천천히 펼쳐진다. 담배 연기는 부드럽고 불투명한 담요처럼 사물들을 감싸고, 그 고치 안에서 번데기는 무한히 웅크린 채 나비가 되는 고통을 미루려고 한다. 하지만 끼적거리는 펜이 고치에 구멍을 내어 나비를 자유롭게 풀어주니, 나비는 소심히 날개를 퍼덕인다.

카운터 위에는 과일 그릇과 샴페인 병들이 반짝이고, 빨간 줄무늬 전등갓은 무지갯빛 해파리 같고, 높은 곳에서 반짝이는 전등은 물속에 비친 달처럼 떨린다. 역사를 보면 산마르코 카페는 1914년 1월 3일 문을 열었다. 개점을 막으려고 오스트리아-헝가리 제국의 총독부에 대고 헛된 항의를 하던 트리에스테 카페업자 조합의 반대에도 불구하고, 카페는 곧바로 영토회복주의* 젊은이들의 모임 장소가 되었고, 이탈리아로 도주하려는 반反오스트리아 애국자들을 위한 위조 여권 작업실도 되었다. "그 젊은이들에게는 쉬운 일이었지." 1916년의 대학살 동안 갈리치아† 전선에서 중위였던 피클러 씨가 중얼거렸다. "젊은

---

* 이탈리아 통일 과정의 역사에서, 이전 역사와의 연대나 민족적 정체성을 토대로 외국이 지배하고 있던 땅을 되찾음으로써 영토와 민족의 통일을 완성하고자 한 통일운동. 일부에서는 '민족통일주의'로 번역하기도 한다. 트리에스테는 20세기 초에 영토회복주의의 주요 대상이었고, 일차대전을 계기로 1920년 이탈리아 영토가 되었다.
† 유럽 동부, 현재의 우크라이나 서부와 폴란드 남동부에 걸쳐 있는 지역. 6세기 이후부터 슬라브인이 살았고, 오스트리아-헝가리 제국의 영토였다.

이들은 사진을 잘라내어 풀로 붙여 뒷거래하면서 미치광이들처럼 세상을 즐겼지. 저 위에 있는 가면들 중 하나를 끌어내려 자기 얼굴에다 쓰는 것과 같은 짓이었어. 바로 그 가면이 어둠 속에서 자기한테 총을 쏴서 자신을 사라지게 만들 수 있다는 건 생각도 못 했지. 그 당시 갈리치아나 크라스*에서 우리나 그들 중 많은 사람이 그랬던 것처럼…… 그리고 1915년 5월 23일 오스트리아 경찰 앞잡이들이 카페를 파괴한 그 유명한 사건에 대해서는 과장하지 말자고…… 그래, 그놈들은 경찰 앞잡이였어. 경찰인지 순찰대인지가 뒤늦게 왔고…… 맞아, 추악한 짓이었지. 모든 게 부서지고 산산조각났으니. 그 멋진 카페가…… 하지만 오스트리아는 전체적으로 보면 개화된 나라였어. 데프리스케네 총독이 전쟁 동안에 상부 명령으로 저널리스트였던 실비오 벤코 같은 영토회복주의자를 특별 감시해야 했던 것에 대해 직접 사과하기도 했으니까. 만약 지금도 제국이 있다면 모든 건 여전했을 테고, 세상은 길이길이 산마르코 카페 같은 곳이었을 거야. 이게 별것 아닌 일 같다고? 밖을 보게."

산마르코 카페는 진정한 카페다. 단골들의 자유로운 다원주의와 보수적 충실성을 확인시켜주는 역사의 주변부다. 착한 신사든, 멋진 희망을 품은 젊은이든, 대안적 집단이든, 아니면 현대적 지성인이든, 단일한 무리가 진을 치고 있는 곳이라면 사이비 카페일 뿐이다. 모든 동족결혼은 숨막히게 한다. 전문학교, 대학 캠퍼스, 회원제 클럽, 조종사 집단, 정치적 회합, 문화 토론회 등은 바다의 항구 같은 삶에 대한 부정이다.

산마르코 카페를 압도하는 건 활력과 생명력 넘치는 다양성이다.

---

* 슬로베니아 남서부와 이탈리아 북동부의 고원지역으로, 주로 석회암으로 이루어져 있다. '카르스트 지형'이라는 말이 여기서 유래했다.

장거리 항로에 나서는 늙은 선장, 시험을 준비하고 사랑의 전략을 연구하는 학생, 주위에서 일어나는 일에 무감각한 체스게이머, 그 탁자의 예전 단골로서 크고 작은 문학의 영광에 바쳐진 자그마한 이들 명패에 호기심을 보이는 독일 관광객들, 조용히 신문을 읽는 독자들, 독일 바이에른 맥주나 이탈리아 북동부 프리울리베네치아줄리아 주의 베르두초산産 백포도주에 이끌린 쾌활한 무리, 시대의 사악함을 통탄하는 주름투성이 노인, 아는 체 토를 다는 항의자, 이해받지 못한 천재, 몇몇 멍청이 여피가 있고, 영광의 환호처럼 튀어오르는 병뚜껑들이 있으니, 특히 무엇보다 이런 활력이 넘치는 때는 (박사학위 위조를 비롯해) 여러 가지 횡령 명목으로 진즉 신임을 잃고 법원으로부터 금치산 선고를 받은 브라다스키 박사가 자기 주변에 있거나 앞으로 지나가는 사람에게 대담하게 마실 것을 건네며 웨이터가 말대꾸도 못할 어조로 계산서를 모두 자기 앞으로 달아놓으라고 외칠 때다.

"결국 그 여자를 사랑하게 되었지만, 그녀가 날 맘에 들어하지 않았지요. 내가 그녀 맘에 들었다손 치더라도, 그녀가 날 사랑한 건 아니었어요." 로신*에서 태어난 팔리크 씨가 괴로운 결혼 이야기를 이렇게 요약해 말한다. 카페는 웅성거리는 목소리들, 단조로운 불협화음의 합창이다. 체스게이머들의 탁자에서 터져나오는 외침이나 저녁에 울리는 플리니오 씨의 피아노 소리를 제외하면 말이다. 때로는 로큰롤이, 그보다는 양차대전 사이 시기에 자주 나오던 너절한 분위기의 음악, 이를테면 〈당신의 검은 눈 속에〉〈오늘밤 쾌락이 빛나네〉 같은 인기곡이, 운명이, 저속한 춤곡의 걸음걸이로 걸어나오듯 흘러나온다.

"천만에, 돈 때문이 아니에요. 베버 노인 같은 사람이 속아넘어갔겠어요? 그 노인 말고 여자가 부자였다는 사실은 제쳐두더라도, 그 노

---

* 이탈리아 이름은 루시노. 아드리아 해 북부 이스트라반도 아래의 크로아티아 섬.

인이 자기한테 아무것도 남겨줄 게 없을 거라는 건 여자도 잘 알고 있었다고요. 우리 같은 사람에게야 뉴욕에 있는 소형 아파트라도 횡재겠지만, 그녀 같은 여자는 그런 셈 안 해요. 결혼하고 싶어한 쪽은 바로 그 노인이죠. 사촌 에토레도 그렇게 말했잖아요. 두 사람은 트리에스테 인근 고리치아에 있는 가족묘 사건 때문에 오십 년 가까이 서로 말도 안 했어요. 어쨌든 에토레는 자기보다 두 살 적은 그 노인이 몇 달밖에 살지 못한다는 걸 알자, 비행기를 타고 뉴욕으로 만나러 갔대요. 그런데 자리에 편안히 앉기도 전에, 노인이 중요한 소식이 있다며 바로 다음주에 결혼한다고 말했다지 뭡니까. 아무렴, 살면서 산전수전 거의 다 겪었는데, 결혼을 못 해봤으니 이런 것도 안 해보고 세상 뜨긴 싫다면서 말입니다. 규정에 따라 하는 정식 결혼이라고 분명히 밝히면서, 죽을 때 죽더라도 결혼은 해보고 죽어야겠다고 하더래요. 더 말할 것도 없이 그냥 함께 사는 거야 아무나, 그러니까 너하고도 할 수 있는 일 아니냐면서, 사촌한테 룩사르도 마라스키노* 술을 한잔 따라주더랍니다. 에토레가 이렇게 말하더군요. 대서양을 가로질러 갔건마는, 소싯적 크로아티아에 있는 소읍 자다르에 살 때부터 구역질이 나오던 그 마라스키노 술까지 한 모금 마셔야 했다고 말예요. 어쨌든 노인은 편안히 죽었어요. 자기가 말한 대로 이제 인생의 문제지 마지막 칸까지 다 채운 것일 테니까. 언제나 골칫덩어리였던 그 노인이 말년에 아무도 귀찮게 하지 않았다는 건 인정해줘야지요. 결혼이 그 노인한테는 좋았던 게 분명해요."

목소리들이 일어나고, 서로 뒤섞이고, 사라지고 하는 게 바로 등 뒤에서 들리다가 물결처럼 출렁이며 홀 구석까지 퍼져나간다. 그 소리

---

* 마라스키노는 크로아티아의 달마티아 연안 지방에서 생산되는 마라스카 버찌를 원료로 한 무색의 달콤한 증류주로, 제노바 출신 외교관 지롤라모 룩사르도의 이름을 따서 1821년부터 생산한 유명 상표명.

물결은 둥그런 담배 연기처럼 둥둥 떠다니다 멀어지지만, 어딘가는 남아 존재한다. 그 물결은 언제나 있다. 세상은 목소리들로 가득하고, 무선통신을 발명했던 마르코니 말고 새로운 또다른 마르코니가 있다면 그 모든 목소리, 죽음의 힘도 미치지 못하는 무한한 목소리들을 모두 포착해낼 수 있는 장치를 발명해냈을 수도 있을 것이다. 비물질적인 불멸의 영혼들은 우주에서 방황하는 초음파들이다. 후안 옥타비오 프렌스가 생각했던 게 바로 이런 건데, 그는 이 탁자들에서 그런 웅성거림을 들었고, 이 소리들을 재료로 삼아 소설 『참수당한 사람 이노센시오 오네스토의 이야기』를 써서 1990년에 냈다. 서로 교차되고 중복되고 멀어지고 사라지는 목소리들에 의해 짜이고 해체되는, 초현실적이고 그로테스크한 이야기다.

이스트라반도* 내륙의 크로아티아 사람으로, 부에노스아이레스에서 태어났으며, 이탈리아어 교수이자 스페인어 작가인 프렌스는, 대서양 이쪽과 저쪽의 여러 나라를 돌아다니며 가르쳤다. 트리에스테에 머문 것은 아마 이 도시에서 부에노스아이레스와 라플라타 사이에 있는 바라간 만灣의 배들과 뱃머리 장식들의 무덤이 떠올라서였는지 모른다. 지금은 자신의 얇은 시집 안에서만 살아 있을 뿐인 그 무덤이. 그는 산마르코 카페에 앉아 바닷물과 바람에 부식된 뱃머리 장식들에 가닿은 그 시선을, 다른 사람들은 아직 볼 수 없는 재난이 다가오는 것에 깜짝 놀란 그 시선을, 아직도 머리 위에서 느낀다. 자기 시집의 번역본을 뒤적인다. 시 한 편은 부에노스아이레스 대학에서 자기 조교였던 디아나 테루지에게 바친 것이다. 쿠데타 시절† 어느 날에

---

* 아드리아 해 북동부의 반도로, 대부분 크로아티아에 속하고, 일부는 슬로베니아에, 그보다 더 작은 일부는 이탈리아 영토에 속한다.
† 원문에 '장군들의 시기al tempo dei generali'로 표기되어 있는데, 1976년 비델라 장군이 일으킨 쿠데타를 가리킨다. 이 군사정권은 1983년까지 지속되었다.

젊은 조교는 영원히 사라지고 만다. 다시 한번 말하자면, 시란 부재에 대해, 이제 더이상 없는 어떤 사람이나 사물에 대해 말하는 일이다. 시란 사소한 것, 공허한 장소에 세워진 작은 팻말이다. 시인은 그것을 잘 알고 있고, 그래서 시를 지나치게 믿지 않는다. 자신을 찬양하거나 무시하는 세상은 더더욱 믿지 않는다. 프렌스는 호주머니에서 파이프를 꺼내어, 다른 탁자에 앉아 있는 두 딸을 보고 미소짓다가, 탁자 사이를 돌아다니며 잡동사니를 파는 세네갈 사람과 잡담을 나누면서 그에게서 라이터 하나를 산다. 잡담하는 것이 글쓰는 것보다 낫다. 세네갈 사람은 멀어지고, 프렌스는 파이프를 빨며 글을 쓰기 시작한다.

낄낄거리는 가면들 아래서, 또 주위에 앉아 있는 사람들의 무관심 속에서 종잇장을 채워나가는 일도 나쁘지 않다. 이 너그러운 무관심은, 종이 쪼가리 몇 장으로 세상을 바로잡겠다고 내세우거나 삶과 죽음에 대해 잘 안다고 자부하는, 글쓰기에 내재된 전능함의 열광을 다스려준다. 그렇게 펜은 원하든 원하지 않든, 겸허와 아이러니로 절제된 잉크로 적셔진다. 카페는 글쓰기를 위한 장소다. 종이와 펜, 그리고 기껏해야 책 두세 권과 함께, 파도에 휩쓸리는 난파자처럼 외롭게 탁자에 매달리게 되는 곳이다. 나무판 몇 센티미터가 뱃사람과 그를 집어삼킬 수도 있을 심연을 갈라놓고 있으며, 조그마한 실수에도 거대한 검은 물이 광폭하게 몰려와 아래로 끌어내린다. 펜은 상처를 주고 또 낫게 하는 창이다. 그 펜은 흔들리는 나무판을 꿰뚫고 요동하는 파도에 내팽개쳐지기도 하지만, 출렁이는 나무판 틈새를 메워 다시 항해하고 항로를 유지할 수 있게 해주기도 한다.

두려움 없이 나무판에 매달려라. 난파는 구원이 될 수도 있으니까. 오래된 이야기에서 뭐라고 하던가? 두려움이 문을 두드리고, 믿음이 가서 문을 여니, 밖에는 아무도 없더라는 것이다. 하지만 누가 문을 열라고 가르치는가? 오래전부터 문을 걸어 잠가두고만 있는 것, 이 야말로 진정 무의식적인 버릇이다. 잠시 동안 숨을 돌리고 나면 다시 불안이 마음을 엄습하고, 창문을 비롯해 모든 것에 빗장을 걸고 싶어 진다. 그러면 공기가 부족해지고, 그런 질식 속에 편두통이 점점 더 관자놀이를 망치질하고, 차츰차츰 그러다 결국에는 오직 자기 두통 속에서 나오는 소음만 느끼게 된다는 걸 깨닫지 못하고 말이다.

백지에 시커멓게 글자를 끼적대고, 그 악마들을 풀어줬다가 고삐를 채웠다가, 때로는 순진한 오만함으로 악마들을 따라 하기도 한다. 산마르코 카페에서는 악마들을 위쪽으로 추방시켜 전통적인 무대장식을 뒤집어놓았으니, 고유한 꽃무늬 장식과 빈 분리파* 양식으로 꾸민 카페는 그리하여 그 아래에서도 잘 지낼 수 있으며, 그 카페가 밖으로 나가는 일을 늦추고 기다림이 즐거운 대기실이라는 사실을 상기시켜준다. 지배인 지노 씨, 그리고 새 잔을 들고 탁자로 와서 때로, 모두한테 그러는 건 아니지만 특별한 프로세코 포도주와 연어 타르티나†를 앞장서서 먼저 내놓는 웨이터들은, 낮지만 믿을 만한 천사 계급으로서, 지상 천국에서 온 망명객들이 그 은밀한 에덴동산에서 편안하게 지내고 어떤 뱀도 거짓 약속으로 밖으로 나가자고 부추기지 않도록 감시하기에 적격인 사람들이다.

카페는 플라톤의 아카데메이아다, 라고 말했던 20세기 초 오스트리아 작가 헤르만 바르는 트리에스테에서 기분이 좋았노라고 말하면서, 어느 곳에도 존재하지 않는 곳 같은 인상을 받았기 때문이라고 했다. 그 아카데메이아에서는 아무것도 가르치지 않는데도, 사회성을

---

* 19세기 말 빈을 중심으로 전통적 예술에 반대한 젊은 예술가들의 운동.
† 프로세코는 트리에스테 근처 프로세코 지방에서 유래한 거품 나는 백포도주 일종을 가리키며, 타르티나는 작은 빵조각이나 과자 위에 버터나 치즈, 참치, 올리브 등을 얹은 전채용 또는 후식용 음식이다.

익히고 깨달음을 얻는다. 잡담을 하거나 이야기를 나눌 수는 있지만, 설교하거나 집회를 열거나 강의를 할 수는 없다. 각자 자기 탁자에, 옆 사람과 가까우면서도 동시에 멀리 외따로이 있다. 이웃을 당신 자신처럼 사랑하라. 아니면 손톱을 물어뜯는 당신 이웃의 강박관념을 참아라. 그가 훨씬 더 불쾌한 당신의 어떤 무의식적인 버릇을 견뎌주듯이. 그 탁자들 사이에서는 학파를 형성하거나, 무리를 짓거나, 추종자와 모방자를 동원하거나, 제자를 모집할 수 없다. 구경하는 재미나 배우들의 실언에 대해 너그러움을 잃지 않으면서 공연이 어떻게 끝날지 이미 알고 있는 그 깨달음의 장소에는, 초조해져서 막연하게나마 쉽고도 즉각적인 구원을 원하는 사람에게 거짓 구원을 약속하며 유혹하는 거짓 스승 따위를 위한 자리는 없는 것이다.

저기 밖에는 가짜 메시아들이 좋은 시절을 누리면서 구원의 신기루에 눈이 먼 추종자들을 줄 세워 건너갈 수 없는 길로 데려가 결국 파멸로 이끈다. 마약의 예언자들, 마약에 휩쓸리지 않으면서 그 사용을 통제할 수 있는 예언자들은, 종국에는 그들이 자기 파멸에 이르는 길을 따르도록 무력한 제자들을 유혹한다. 이중 누군가 어느 홀에서 혁명은 총으로 이루어진다고 선언하면, 그것이 단순히 은유라는 것을 잘 알면서도 다른 사람들이 순진하게 곧이곧대로 이를 받아들여 언젠가 대가를 치르도록 내버려둔다. 막대기에 꿰어놓은 신문들 가운데, 어느 잡지에 삽화로 실린 에디 세즈윅*의 얼굴이 보인다. 아름답고 상처받기 쉬운 성격이었던 그 미국 모델은 제 무리가 떠받드는 대장 앤디 워홀에게 차근차근 제압당하며 그가 설파한 무질서의 복음을 믿었고, 그녀 삶을 몰아간 열에 들뜬 성적 위반들에서, 순진한 그

---

* Edie Sedgwick(1943~1971). 미국 배우이자 패션모델로, 영향력 있는 예술가였던 앤디 워홀의 슈퍼스타들 중 대표적 인물이었다.

집단의례들에서, 마약에서, 쾌락이 아닌 보다 강렬하고 정의할 수 없는 삶의 의미를 찾도록 설복당했지만, 결국에는 그것이 그녀를 아주 고통스럽고도 진부하기 그지없는 절망과 죽음으로 이끌었다.

산마르코 카페에서는, 원죄는 범해진 적이 없다거나 삶은 순결하고 순진무구한 것이라는 환상에 빠질 일이 없다. 그렇기에 고객들에게 약속의 땅에 들어가는 입장권이나 값싼 메달을 내놓기가 더욱 힘들다. 글을 쓴다는 것은, 약속의 땅에 있지도 않고 거기에 절대 도달할 수 없다는 것도 알지만 사막을 가로질러 집요하게 그 방향으로 계속 길을 간다는 것을 뜻한다. 카페에 앉아서 하는 여행인 셈이다. 마치 기차나 호텔이나 길에서처럼 가진 건 몇 가지 물건뿐이고, 어떤 것에도 개인적인 허영의 흔적은 남길 수 없으며, 자신이 그 누구도 아닌 사람이 되듯이. 그 친근한 익명성 안에 숨어버릴 수도 있고, 껍질 같은 자아를 떨쳐내버릴 수도 있다. 세상은 불확실한 동굴이고, 글쓰기는 그 안으로 당혹스럽지만 집요하게 파고들어간다. 글을 쓰다가, 중단하고, 잡담하고, 카드게임을 한다. 가까운 탁자에는 웃음이 있고, 운명처럼 다가오는 한 여인의 선명한 옆모습이 있고, 잔에 담긴 포도주는 황금빛 시간의 색깔이다. 시간은 사랑스럽고 무심하고 거의 행복하게 흘러간다.

산마르코 카페의 소유자들과 이전 소유자들 또는 운영자들은 옛 왕조의 군주들과 같다. 포레치 근처 브르사르의 푼타나 출신 마르코 로브리노비츠*는 마치 다른 사람들이 시를 쓰고 풍경화를 그리듯 식당과 포도주 저장고를 열었는데, 예전에 젖소 마구간과 함께 트리폴

---

* 산마르코 카페 창업자 마르코 로브리노비츠는 크로아티아 서쪽 해안 도시 포레치(이탈리아: 파렌초) 근처에 있는 브르사르(오르세라)의 푼타나(폰타네) 출신이다.

리움 중앙 낙농장이 있던 곳에다 1914년 1월 3일 카페를 열어, 자기 이름에 대한 경의의 표시로 산마르코라 부르겠다고 공식적으로 발표하면서 이를 이용하여 의자 장식에까지 이탈리아와 영토회복주의의 상징인 베네치아 사자의 형상을 넣었다. 아마 속으로는 이 날개 달린 사자도 자신의 세례명에 대한 경의의 표시라고 확신했을지도 모르겠다. 내심 자신이 세상의 중심이라고 확신하지 않고는 그처럼 아흔네 살까지 살지 못한다.

반면에 그 카페의 조그만 원탁들 주변에서, 누군가는 분명히 자기 규모랑은 맞지 않게 창조된 이 세상과 자기 영혼 사이의 불균형 때문에 황폐해져 젊은 나이에 외롭게 죽기도 했다. 예를 들어 언제나 약간 땀에 젖어 있던 젊은이가 있었는데, 그의 눈속에는 쫓기는 짐승처럼 배회하며 벌써 호랑이 송곳니 사이에 물려 있다는 의식이 비치곤 했다. 그는 언제나 오후에 종이를 수북이 갖고 와서는 한 장 한 장 그것들을 채운 다음 가지고 나가곤 했는데, 어느 날부턴가 더이상 보이지 않았다. 전날 저녁 안뜰로 몸을 던졌던 것이다.

카페는 마음이 가난한 자들을 위한 일종의 피난처이며, 로브리노비츠 같은 카페업자는 그들이 악천후를 피할 수 있게 예비 피난처를 제공하는 자선가이자, 집 없는 사람들을 위한 보호소 설립자와 같다. 물론 거기서 그들이 으레 얻는 게 있을 테고, 더 있다면야 애국자의 영광이라고 할 만한 것도 있겠다. 산마르코 카페가 훼손당한 뒤, 로브리노비츠가 오스트리아 그라츠 근처 리베나우에 있는 형무소에 수감되었다 나온 후, 그런 영광을 누렸듯 말이다. 이탈리아와 싸우는 군대에 가지 않으려고 그가 양쪽 눈 모두에 접촉성 결막염인 트라코마를 주사해 감염시키자, 오스트리아인들이 그런 그를 형무소로 보내버렸던 것이다.

여러 소유자 중에서 자그맣고 냉정한 스톡 자매가 두드러진다. 카운터를 담당하던 희끗희끗한 금발의 나이든 여자도 기억나는데, 이따금 사람들 입에서 술 취한 한 거한에 대한 이야기가 오르내린다. 그녀가 더이상 위스키를 내주지 않자 그 거한이 힘을 과시한답시고 카운터에 있던 아주 무거운 커피기계를 나뭇가지처럼 들어올렸다가 큰 소리가 나게 떨어뜨리면서 위협했던 때의 얘기다. 근처에 있던 손님들과 그들 사이에서 불행히도 카운터에서 아주 가까운 자기 단골 탁자에 앉아 글쓰기에 몰두해 있던 사람은 겁에 질린 채 주위를 둘러보며 다른 누군가 일어나 기사답게 고귀한 희생을 치러 여자가 비참해지는 상황을 막아주기를 바랐는데, 결국 격노한 거한이 여자를 향해 달려들고 말았고, 여자는 서랍에서 도끼를 꺼내 들어 그의 목을 내려칠 요량으로 높이 치켜들었는데, 그 순간 의욕적인 손님 하나가 있어, 그가 카드들이 가득한 탁자에서 우물쭈물 일어나 난동을 부리는 거인을 향해 최대한 천천히 다가가 도끼를 휘두르려는 카운터 여자의 손목을 잡아 비틀어 힘차게 저지해냈으니, 그렇게 그 사람이 충동적인 이 젊은이의 목숨을 구해낸 것에 대해 정말이지 기뻐하는 이야기였다.

트리에스테에서 젊은이들이 많이 보이는 몇 안 되는 장소 중 하나이지만, 산마르코 카페는 존재의 주름살을 제거해주는 곳이자, 복원 기술자들이 주기적으로 장식물에다 완숙하고 품위 있는 강건함을 부여해주듯 단골들의 얼굴에 그런 성격을 그려넣어주는 곳 같다. 트리에스테의 메피스토펠레스는 신중한 부르주아 악마다. 금방이라도 허물어질 것 같은 프리즈 장식물들과 주름살투성이 얼굴처럼 금이 간 벽에서 보듯, 여기로 회춘한 메피스토는 고귀하고 활력 있는 중년의 모습이다. 마르가레테를 망치는 파우스트가 지닌 갑작스럽고 경솔한 젊음이 아니라, 자기 제자가 강의실에서 근엄하게 시작했던 유혹을 침대에 누워 결론짓는 교수한테서 나오는 매력으로, 곧바로 흩어지고 말 사소한 착각이 불러낸 젊음이다.

건축물 관련한 복원 업무는, 트리에스테에 있는 저택과 카페에다 예전에 번창하던 부르주아 도시의 신비롭고도 정연한 미를 되살려주고 있는 제네랄리 보험회사가 대개 담당한다. 산마르코 카페에서 상당 부분의 삶을 보내며 여기로 우편물도 받곤 하던 한 작가가 있었으니, 카페 입구에서부터 그를 그린 초상화가 한때 번창했다가 사라진 이 도시에 대해 (하지만 다른 사람들의 향수나 잡담을 통해 소문으로만 들어 아는 것에 대해) 이것저것 질문을 해대는 방문객들을 맞이하는데, 들어가는 사람의 왼쪽 벽에, 저명한 단골에게 바친 명패들이 붙은 게시판 맞은편에 걸려 있는 그 그림은 로마 출신 현대 화가 발레리오 쿠자가 그린 것으로, 그의 초상화를 떼어내고, 그 대신 조끼 차림에 한 손에는 서류를 들고 다른 한 손에는 거위 깃펜을 든 채 입술에 유대인처럼 모호하고 알 수 없는 신중한 미소를 띠고 있는 공원 옆 폴리테아마로세티 극장(현 프리울리베네치아줄리아 상설극장) 휴게실에 걸린 보험회사 대표 마시노 레비의 오래된 19세기 초상화로 갈아끼워 내건다고 해도, 동기야 충분하고도 남을 것 같다. 그 생명보험업자 메피스토펠레스는 수두룩한 약관이 든 계약서를 들이밀며 그에게 영혼을 넘기는 대가로 당신에게 혈기 넘치는 중년기를 보장해줄 보증인이다.

게다가 그런 중년이나 중년을 넘긴 나이에도 멋진 기회들이 주어질 테고, 늦었지만 즐길 만한 패자부활전이 제공될 것이다. 어떤 날들에는 저녁 태양이 벽의 원형 그림 주위에 있는 커피나무의 널따란 황금빛 잎사귀를 붉게 물들인다. 차츰 이동하는 빛이, 멀리서 불타며 바다로 기우는 태양의 마지막 빛살이, 반짝이는 테두리에 갇힌 그림자 호수로 변한 탁자 너머 거울로 빠진다. 어두운 거울 물속에 반쯤 잠긴 얼굴들 위로 밝디밝은 바다의 향수, 진정한 삶의 은밀한 부름이 반사된다. 하지만 너무 집요하면 곧바로 그 얼굴들은 입을 다물게 되고 말

것이다. 카페랑 인접한 유대교 사원을 들락날락하곤 하던 일부 착실한 단골이 언젠가부터 더이상 보이지 않게 되고 단골로 앉던 제 탁자에서 하나둘 사람들이 사라져가는 일이 생겨도, 설사 얼마 전까지만 해도 사원을 빠져나와 원기를 되찾고자 카페에 오던 그들과 곧잘 잡담을 나누었던 이들이라 해도, 그러니까 그들의 부재에 대해 채신없는 질문은 하지 않는다.

카페 공기는 베일로 덮여 있고, 그 막은 멀리 떨어진 곳도 보호해준다. 어떤 돌풍도 돌연 지평선을 열어젖히진 못하겠지만, 황혼의 붉은 빛은 잔에 담긴 포도주 같다. 크레파츠 씨란 사람이 있는데, 분명 그는 자기 청년 시절을 후회하고 있진 않다. 아니, 잘 완결짓진 못했지만 고쳐나갈 수 있는 그림처럼, 이제 그는 바야흐로 그 시절을 다시 다듬고 제대로 손보는 중에 있다. 젊었을 때 그는 여자들과 잘되지 않았다. 정말이지 조금도, 일말의 드라마도 없었다. 젊은 시절 산마르코 카페에서 몇백 미터 떨어진 공원 내 야외 영화관에 다 함께 있었을 때부터 그랬다. 여인들은 친절했고 그와 함께 있는 것을 좋아했지만, 영화『바운티호號의 반란』화면에 비치는 하얗고 검은 바다, 짙푸르게 보이는 밤처럼 시커먼 파도와 새하얀 거품만을 보고 있었을 뿐, 주위가 온통 선선하면서도 어둡고 들리는 소리라고는 나뭇잎들 사이에서 나는 소리뿐이고, 젊은 여성들은 눈빛을 반짝이며 어둠 속에서 그를 향해 행복을 약속하는 온화한 웃음을 지어 보였는데도, 그한테는 이 모든 것이 자신을 위한 게 아니라고 여겨졌다. 집으로 갈 때 목을 휘감던 볕에 그을린 그 팔들과 자기 사이에는 장벽이 있다고, 자기 몸이 거북해한다고 느꼈던 것이다. 비록 어둠 속에서 손 하나를 잡은 게 다일지언정, 그래봤자 다른 사람들에 비하면 아무것도 아닌 일이었을 텐데도 말이다.

거의 언제나, 어쨌든 제법 자주, 그는 그랬다. 물속의 꽃처럼 피어나는 그 아름다운 여인들 곁에서 속절없이 시간은 흘렀고, 손을 다른 손 위에 얹는 기술은 미지의 입문으로 남게 되었다. 그러다 세월이 한참 흘러 어느 날 마침내 그는 라우라를 다시 보게 되었고, 얼굴에 주름살이 생기고 풍만한 가슴이 이미 예고된 듯 은은히 시들어가는 중인데도 여전히 그녀는 무척이나 아름다웠다. 별안간 라우라가 그를 다른 눈으로 바라보았고, 그러자 빗장이 다 풀리면서 모든 게 너무나 쉬워졌다. "너는 정말로 설익었었어." 몇 달 뒤에는 침대에서 학교 짝꿍이던 클라라가 그렇게 말하고 있었다. 여기저기 희끗희끗하지만 예전처럼 숱 많은 검은 머릿결을 그의 얼굴에 드리우면서.

그렇게 그의 삶은 바뀌었다. 플레이보이가 된 건 아니다. 이와는 전혀 달랐다. 그는 충실한 사람이 되어 오직 젊은 시절에 헛되이 욕망했던 여자들에게만 관심을 갖게 되었으니, 말하자면 그는 본전 생각이 나서 셈을 따져보고 싶었던 것이다. 그는 체계적으로 탐색하기 시작했다. 여자 동료들이 그를 뒤에 떨궈두었건마는, 그는 추격해서 여러 명을 따라잡았다. 상황이 천천히 새로 정리되면서 균형이 맞춰지기 시작했다. 마리아와 바닷가에서 헛되이 고통스럽게 보낸 그날을, 그녀가 바위 위로 올라가게 도와주면서 느꼈던 메울 수 없던 그 거리감을 그는 만회했고, 점심시간에 오직 조르조한테만 시선이 향하던 루이사의 신경쓰이던 곁눈질을 바로잡아, 이제 너무나 멋지게 욕망에 불을 댕길 줄 아는 부드럽고 약간 통통해진 그녀의 손가락을 그만을 위한 것으로 만들어놓았다.

차츰차츰 점점 더 뒤로 거슬러올라간 그는, 이제 공원의 자전거 대여 광장에 있던 하얀 양말을 신고 있던 소녀에게까지 이르렀다. 부루퉁하게 찡그린 표정으로 그더러 무언가를 고쳐달라고 해서 고쳐줬더니 뒤도 안 돌아보고 쏜살같이 가버렸던 그 소녀는, 이제 탐욕스럽고 도도한 입술을 지닌 그의 시녀가 되어, 그 당시 그녀가 이혼하고 난

후에 우연찮게 잠깐 만났던 사람들 중 하나에게서 낳아 기른 그녀의 아리따운 딸도 부러워할 만한 처지가 되었다.

그다음으로는 훨씬 더 오래전에 그를 괴롭혔던 부인들이 있었는데, 자기 친구 어머니들과 자기 어머니 여자친구들로, 향수를 뿌린 우아한 그녀들은 언제나 다른 아이를 안고 귀여워하면서 볼에 입을 맞추며 쓰다듬거나 손톱에 매니큐어를 칠한 손가락으로 입안에 초콜릿을 넣어주기도 했던 여성들이다. 심지어 최근에는 그가 타우버 부인과 잠자리를 했다는 소문까지 돌았다. (하지만 산마르코 카페에서는 쉽사리 이야기가 부풀려지곤 한다.) 아마도 이런 그의 취향과 관련하여 원조나 다름없을 그녀는, 거의 오십 년 전에는 정말로 미인이었을 테고 지금도 콧대가 높은지라, 정정당당히 그에 대한 권리를 내세울지도 모른다. 어쨌든 그는 신사답게 이 소문과 관련해 일언반구도 없었다. 이름난 부인이었던 그녀가 남아 있던 몇몇 친구들과 때때로 여전히 카페에 같이 오곤 했기 때문이다.

들어서자마자 보이는 오른쪽 구석에 있는 탁자에는 몇 년 전부터 조르조 보게라*가 앉는데, 그는 불쾌하고도 경이로운 걸작, 마음을 격분시키고 괴롭히는 포기에 관한 기하학 책, 삶에 대한 모든 유혹을 돌연 드러내보이면서도 삶에 대항하여 쓴 책 『비밀』에 나오는, 진정한 주인공이자 저자로 추측되는 인물이다. 보게라 옆에는 마찬가지로 능력 있는 여성 작가들이자 온화한 사촌 누이들, 아무것도 묻지 않는 오랜 친구들, 문학의 낡은 영광에 매달리는 작가 지망생들, 두세 달마다 트리에스테에 대해 똑같은 질문을 반복하는 저널리스트들, 논문 주제

---

* Giorgio Voghera(1908~1999). 트리에스테 출신 소설가이자 평론가. 뒤에 나오는 소설 『비밀』은 1961년에 익명으로 출판되었는데, 초기에는 그의 아버지 구이도가 쓴 것으로 여겨지기도 했다. 『죽음이라는 우리의 귀부인』은 1983년에 출판되었다.

를 찾는 학생들, 인근에서 여는 참신한 연회에 대한 냄새를 맡고 멀리에서 온 학자들이 있다. 구전문학 선생이자 어쩌면 결코 존재한 적이 없는지도 모르고 소멸되어가는 중인지도 모를 세계주의적인 트리에스테 대부르주아의 전형적 인물인 작가 피에로 케른이, 리우데자네이루 여행사한테 당한 강탈 사건에 대해 이야기하면서 그 도둑들이 얼마나 전문성이 빈약한지를 비난하고 있는데, 그가 문제삼고 있던 건 그보다는 도리어 그 여행사의 또다른 희생자였던 어느 뚱뚱한 미국인의 딱한 처신이다.

너그러우면서도 인내심 있게 건성건성 귀를 기울이던 보게라는, 그를 비롯해 다른 사람들이 하는 말이 우주의 거대한 무관심 속으로 빠져들어가도록 내버려둔다. 삶이 지닌 다른 면, 뒤집어진 면을 보았던 그 말간 하늘빛 눈이, 온화한 시선으로 탁자들 사이를 떠돈다. "결과적으로 나는 낙관론자야. 왜냐하면 모든 게 언제나 내 어두운 예상보다 더 나쁘게 돌아가니까." 이렇게 되뇌기를 좋아하는 그는, 무엇보다 젊었을 적에 그 속으로 떨어지지 않고는 못 배길 정도로 고된 심연들, 그 가까이서 역사적 대재난과 개인적인 지옥을 겪어낸 사람이었다.

약속의 땅에서 멀리 벗어나 사막에 있기란 쉽지 않다. 사막에는 단지 거대한 모래폭풍, 정신을 잃게 하고 모든 것을 휩쓸어가는 세찬 바람만 있는 것이 아니다. 아주 유독한 함정들이 있고, 사방에 들러붙어 피부에 공기를 차단하는 모래먼지, 몸을 탈수시키고 영혼의 림프액까지 말려버리는 갈증이 있다. 아마 젊었을 때, 자신과 다른 사람의 미숙함을 너그럽게 받아들이기 전에, 보게라는 분명 감당하기 힘든 사람이었을 것이다. 부정확하고도 얼렁뚱땅 넘어가는 생활은 낙제시키고야 마는 신랄한 교수 같았을 것이다. 하지만 그의 문장은, 마치 뒤엉키지 않고 미궁을 빠져나가는 아리아드네 실 같은 그의 문장은, 산

뜻하고 고르면서도 집요할 정도로 솔직하고, 우발적이고 고통스럽고 그로테스크한 현실 모습을 냉정하게 보여준다.

이런 문장으로 글을 써내려간 보게라는 자신의 만화경을 통해 사무원들 세상의 불필요한 덕성을, 아무짝에도 쓸모없는 것에 몰두하는 근면함과 체계적인 정확함을 찬양하고, 사회와 역사를 매개하는 데 있어 불가피하게 최악의 것을 야기하고 마는 윤리적 역선택의 과정을 묘사하며, 존재의 희극에서 곧바로 통속적이고 잔인하게 오해되는 뒤틀린 진실을 드러내는 정신분석학처럼 영혼의 구석진 곳을 파고드는 학문에 대해 이야기하기도 하고, 망명 시절을 비롯해 특히 그에게 인고의 고된 노고를 안겨주었던 팔레스타인 전쟁을 회상하기도 한다. 세상에 대한 그의 시선, 미혹되지 않고 연민에 가득한 그 시선은 다른 행성에서 오는 것만 같다. 카오스에 대한 관조가 믿음과 환상을 없애주긴 해도, 훌륭한 태도라든가 글쓰기에 있어서의 명료함, 선함을 보여주는 형식 중 하나로서 19세기의 전형인 우수 어린 이 존중심까지 잃어버리게 만드는 건 아니다.

"그래, 알아. 이 세상에서는 모두들 할일이 많지." 마치 자신은 이 세상 사람이 아니라는 듯 보게라는 이렇게 중얼거린다. 이제 나이도 많이 먹어 몸이 불편한데도, 그는 종종 못되게 굴곤 하는 늙은 여성 작가를 찾아가 함께 지내곤 한다. 모두한테 잊힌 존재인 그녀는 오랫동안 그를 붙잡아놓고 괴롭히고 귀찮게 군다. 그녀로서는 보게라가 자기한테 남은 유일한 희생자니까. "저한테서 무슨 말이 듣고 싶은데요?" 그가 거의 변명하듯 늘어놓는다. "외로움이 뭔지, 외롭고 잊힌다는 게 무슨 의미인지 전 알고 있습니다…… 그녀가 예전에 우리 부모한테 참 잘했어요. 솔직히 그런 거랑은 상관없지만요. 하지만 다른 건 다 떠나서 만약 내가 그녀한테 안 갔다 칩시다. 그러면 그녀가 나한테 전화해서 끝도 없이 이야기를 늘어놓고 훨씬 더 날 피곤하게 만들기 때문이지요……" 그가 거주하고 있는 유대인 휴식의 집에서는 밤에 이따금 기억을 잃은 옆방 노파가 방을 잘못 찾아 그의 방으로 들어왔다가 침대 위에 앉아 몇 시간 동안 머물다 가기도 한다며, 이렇게 덧붙인다. "오십 년 전에 이랬다 한들 별 수 있었겠습니까……"

하느님은 끊임없이 욥을 상처로 뒤덮고, 보게라는 거기에 대해 기록한다. 논란의 여지가 있지만 잊힐 수 없는 책『죽음이라는 우리의 귀부인』은 그가 목격한 죽음들, 자기 아버지, 어머니, 레티치아 아주머니, 주세페 아저씨, 올가 아주머니, 친구 파올로, 사촌 체칠리아의 죽음에 대한 일기다. 보게라가 목격한 증인이자 아마 마지막 기록자가 될 트리에스테 유대인들이 무대에서 물러나는 이야기. 자막으로 지나가는 엑스트라들처럼, 마지막 순간에 그 많던 인물이 차례로 스쳐지나간다. 응급실 입원이라든가, 방광 출혈, 노년과 질병이 야기한 악취, 병원 입원 수속, 동맥경화, 환자들이 부리는 난폭한 광기와 이들을 돌보는 사람들의 이기주의, 교활함, 고통이라든가, 괴로워하고 죽어가는 사람이 지닌 커다란 이질감 같은—줄줄이 거쳐야 할 행정 절차들 같은 임종을 맞으며.

이 최후의 기록자는 더없이 불결한 것들을 포함해 숨구멍을 틀어 막는 구토에서부터 응급구조대의 버릇없는 오만함까지 붕괴 과정에서 일어나는 어떤 사소한 것들도 놓치지 않는다. 마치 몽둥이나 매를 맞으며 짐을 운반하는 짐승처럼 무력하게 수동적으로 매를 맞고 있지만 눈을 들고 이렇게 말하는 것 같다. "조심해, 내가 모든 걸 기록하고 있으니까." 매 장마다 이어지는 그런 입원과 죽음은 결국 뜻하지 않게 우스꽝스러운 효과도 낸다. 마치 과장된 불행의 연속이 처음에는 모두 연민을 불러일으키지만, 일정 한계를 넘어서면 듣는 사람으로부터 폭소를 자아내듯이. 이처럼 막을 수 없는 불행의 희극성은, 비참함의 과도한 무게에 짓눌린 인간에게서 존엄성마저 박탈하고 우스꽝스러운 상태에 처하도록 발가벗겨 찌꺼기만 남을 때까지 졸아든, 인간 조건의 극단적인 허약함을 까발린다.

어떤 의미에서 보게라는 「욥기」를 다시 쓰고 있는 셈이지만, 욥이 아니라 욥의 아들딸 편에 서 있다. 욥이 시련을 당하는 동안 사막 바람에 휩쓸려 무너진 집의 폐허 속에서 죽어간 양떼 같은 아들딸들은, 그들의 기억이 아버지 욥의 때늦은 행복을 거슬리게 하지 않은 채 모든 게 잘 풀린 결말에 가서 양떼나 낙타떼처럼 교체되었을 뿐이다. 욥은 끔찍하지만 자신을 부각시키기 위해 가동되는 이야기 속 주인공이다. 그의 관점, 주님과 주님의 적이 지대한 관심을 기울이고 있는 사람의 관점에서 바라보면, 삶은 비극들에도 불구하고 의미가 있다는 것을 인정하기가 보다 쉬워진다. 무너진 집에 깔려 죽은 욥의 첫 자식들이 단지 욥의 영광을 드높이기 위해서만 존재할 뿐인 단순한 엑스트라들로서의 자기네 운명을 받아들였을지 아닐지, 받아들였다면 어찌 그럴 수 있는지, 누구 하나 질문하는 사람은 없다. 만약 이름 없는 그들의 운명과 자신을 동일시해본다면, 만물의 이치를 떠받들기란 더 어려워질 테니 말이다.

보게라는 짓밟히고 홀대받는 창조물들의 관점, 건축가들이 거부한 돌의 관점, 당신 집의 주춧돌로 삼겠다고 한 주님의 약속을 기억하면서도 어쩌면 의심하고 있는지도 모를 그 관점에 서 있다. 객관적이면서도 엄숙한 그의 글은 패배자들의 위대한 기념비다. 하지만 그 글을 무엇인가가 틀어막고 있고, 흐려놨으며, 눈물 젖은 시선이 베일처럼 덮고 있고, 선의는 혼탁해져 어쩌면 오염되어 있는지 모른다. 그가 이 뛰어난 『비밀』의 작가이든 아니든, 그 주인공이 된다는 것, 이야기 속에서는 마법과 사랑에 파멸한 자이지만 삶에서는 치유되기 어려운 흉터를 남기는 혹독한 광기와 억압에 시달리는 영웅이 된다는 것은, 어쨌든 결코 쉽지 않은 일이다. 만약 이 위대한 책을 쓴 저자가, 다른 사람들에게 무엇을 믿게 하려 했는지 모르겠으나 반복해서 말하고 있다시피 바로 그의 아버지 구이도 보게라였더라면, 그래서 이것이 혼란스럽고 괴로운 불행을 짊어진 아들에게 부당하고 거의 근친상간적인 모독이 되었더라면, 더더욱 그럴 것이다.

수정처럼 투명한 그의 문체와 그가 선호한 주제들(사랑의 마법, 삶에 대해 매긴 악평)은, 때로는 『비밀』의 한 페이지에서 끄집어낸 것 같지만, 종종 꼬치꼬치 장황하게 따져묻는 와중에 무뎌지고 묽어지기도 한다. 명징하면서 매력적인 단순함이 진부함으로 미끄러져들어가고, 공손함이 애매한 복종으로 퇴색하기도 한다. 혹시 보게라는 가짜 선량꾼, 삶이 무자비하다는 걸 배워야 했고 또한 이것이 싫지 않았던 사람이었는지 모른다. 그의 글을 칭찬하면 그는 소심한 표정으로 물러나 얼굴이 빨개져서는, 집안의 진정한 작가는 자기 아버지, 아저씨, 아주머니라고 말한다. 하지만 만약 상대방이 결국 이 말을 믿는다는 인상을 준다면, 대화자 너머를 바라보는 그의 근시 눈에서는 심술기가 번득일 수도 있다.

박사학위가 있는 벨리코냐가 신문들을 얹어둔 카운터 옆에 앉는다. 그는 신문 읽는 데에는 관심이 없다. 모두가 똑같은 말을 하고 있으니까. 하지만 손에 신문을 들고 있다든가, 왼손으로 신문 펜 막대기를 들고 오른손으로 그 신문을 뒤적인다든가 하는 건 그가 좋아하는 일이다. 세상은 거기에, 그의 손 사이에 있고, 설사 재앙이 검은색 큰 제목으로 위협을 가하더라도, 세상을 엄중히 지켜보고 있는 사람은 자기라는 느낌을 들게 해주니 말이다. 벨리코냐 박사에게는 결혼 생활을 지키는 가장 확실한 방법과 관련하여 개인적인 경험을 토대로 한 나름대로의 이론이 있다. "예를 들어 내 결혼 생활은 말일세." 그가 맥주를 앞에 두고 이야기를 늘어놓는다. (물론 병맥주가 아니라, 압력과 온도가 모든 것을 결정하는 생맥주로서 적당히 거품이 있어야 하는데, 마시기 전에 흔든 과일주스처럼 병마개를 딸 때 밖으로 흘러나오는 그런 거품이라면 곤란하다.) "내 결혼 생활은 내가 두세 번 집 밖에서 밤을 보낸 멍청한 짓 덕택에 지켜낸 거라네. 눈 뜨고 깨달은 셈이랄까. 전혀 나무랄 바 없는 사람이라고 해도 영문도 모르고 어쩌다가 사소한 사건에 휘말리는 일이 있기 마련이고, 당장 그 자리에서는 그런 짓이 싫지 않을 수도 있겠지. 하지만 대개 거의 처음부터 여자들이 자기네 집에서 밤새도록 함께 머물자고 요구해오고, 웬일인지 모르지만 내가 그렇게 하는 게 그녀들한테도 더 품위 있어 보일 테니, 여러 가지 복잡한 일과 전략을 짜내야 하는데도 불구하고 어떻게 그녀들한테 안 된다고 딱 자르겠는가? 한 여인이 나를 마음에 든다는 표시만 해도 난 언제나 놀랍고 고마운 마음이 들었으니, 그녀들한테 각박하게 구는 건 좋지 않아 보였네.

사실 관대하고 공손하면 얻는 게 있지." 벨리코냐 박사가 여전히 손에 신문 막대기를 든 채 계속 말한다. "이런 친절 탓에 무대가 빨리 무너져내렸지. 누군가 괴로워하기 전에, 어쨌든 적시에 말일세. 그러고 나서 잠시 후면 침대에서 도대체 무슨 일을 하겠나? 그 여자는 절대 당신 아내가 아니야. 삶의 모든 번잡함과 고뇌 속을 내달려 당신과 함께 지나온 그 여자가 아니라고. 아무것도 안 하고 그렇게 옆에 가까이서 단지 그녀의 어깨와 숨소리만 느끼고 있을 뿐인데도 전혀 지루하지 않은 여자, 그런 여인이 바로 당신 아내가 아닌가.

반면 다른 여자라면, 세상 모두가 존경을 바칠 만하고 어쩌면 더 가치 있을지도 모를 다른 여자랑 함께 자네가 침대에 있다면, 거기 오래 누워 있다가는 잠시 숨 돌릴 참으로 일어나 책을 읽으러 갈 용기조차도 못 내고 말걸. 그래, 화장실에 가서 잠깐 그 안에 머무를 수야 있겠지. 그래봤자 단지 한 번, 아니면 기껏해야 두 번 정도지. 잠깐 눈을 붙이기도 하겠지. 하지만 너무 빨리 잠드는 것도 안 좋네. 그다지 친절한 짓은 아니거든. 그래서 나로 말할 것 같으면, 그냥 침대에 남아 있었어. 그녀가 잠들기를 바라면서 말이야. 첫 전차 소리를 들었을 때 나는 몸을 일으켰고, 도시교통회사와 그 새벽의 전령들에게 정말로 경의를 표했지. 당혹스러움이 곧 끝난다는 것을 예고해주었으니까. 아직 두어 시간 더 머문 뒤에 나오는 건 무례한 짓이 아니라 의무였어. 그녀들도 일하러 가야 했지만 신중히 행동해야 했지.

  그렇게 나는 깨달았네. 함께 잠잔다는 것, 단지 자자는 것, 어둠 속에 가까이 있는 것뿐만 아니라 살아가는 것, 무엇인지 모르지만 함께 잡담을 나누고, 웃음과 걱정거리를 함께 나누고, 영화관에 가거나 10월에 트리에스테 북쪽에 있는 바르콜라와 미라마레 사이의 바닷가 바위틈에서 마지막 해수욕을 한다는 것은, 오직 당신 인생의 여자하고만 할 수 있는 일일세. 내가 그걸 깨달은 건 다른 여자와 잠을 잤고 이튿날 아침 말없이 모든 게 끝났기 때문이네. 그렇지 않았다면 아마 한참 동안 그런 짓을 계속했을 테고, 우리 모두에게 복잡하거나 어색한 일, 혼란스럽거나 괴로운 일이 얼마나 많이 있었을지 누가 알겠나? 구이도 신부에게도 그걸 이야기해줘야겠어. 아마 오늘도 올 테니까." 신부는 맥주를 좋아하고, 예수성심교회는 가깝이 있다. "아마 결혼에 관한 설교 자리에서 멋진 주제를 이끌어내주겠지. 말인즉슨 결혼의 중요성에 대해서 말이야. 그리고 우리를 올바른 길로 인도하고 우리 자신에 대한 인식으로 인도하는 그 훌륭한 여성들에 대해서도 생각해야겠지. (오, 기껏해야 두어 명이지. 나 같은 사람에게는 두어 명도 많아.) 내가 그녀들 다리 사이에서 걸리적거리지 않는 게 그녀들한테도 나은 일이었을 테고."

  보게라와 사촌 누이들의 탁자에는 아저씨 주세페 파노가 쓴 회고록 타자 원고가 돌아다니는데, 1972년 아흔두 살 나이로 죽기 직전에 쓰기 시작한 것이다. 파노는 회고록을 통해 활동적이고 다채로운 자기 삶에 대해 이야기할 수 있었다. 그는 세계대전 이전에 이미 상인이었고, 나중에 유대인 이주자들을 돕기 위한 이탈리아 위원회의 책임자가 되었고, 그런 임무에서 불굴의 충직과 냉담한 평온으로 자신의 일상적 습관을 유지하며 영웅적인 활동을 펼쳤다. 팔레스타인으로 가기 위한 배들을 마련했고, 굽히지 않는 집요한 자세로 지원금을 모았고, 봉사단을 조직했고, 전 세계 난민들 절반을 도왔고, 다른 사람들을 위해 헌신했고, 힘을 절약해 오래 살기 위해 머리에 모자를 쓰고 가능한 한 침대에 있으려 했다.

그런데 그런 모험적이고 자비로운 위업에 대해 쓴 회고록에는 겨우 흔적만 있고, 특히 그런 일에 너그럽게 쓴 에너지를 꼼꼼히 되찾아내려는 열망이 있다. 회고록의 주인공은 공기의 흐름과 감기인데, 감기는 파노가 다른 모든 불행보다 두려워하던 것으로 심지어 여름에도 스웨터를 여러 개 겹쳐 입었을 정도였는데, 이를 두고 시인 움베르토 사바는 건강을 지키고자 그가 취한 조치들, 다른 사람에게는 어쩌면 폐렴을 유발했을지도 모를 그 조치들을 견뎌내려면 그처럼 강철 같은 건강이 필요했을 거라고도 했다. 자신을 필요로 하는 사람을 버리지 않기 위해, 그는 독일 점령 기간에도 수용소로 끌려갈 위험을 무릅쓰고 트리에스테에 남아 있었다. 9월인가 10월 어느 날엔가는 폴란드 게토에서 빠져나온 듯 보일 모피 외투 차림을 하고 나치들이 통제하는 도시를 돌아다니다가 그들을 맞닥뜨리자 전날 추위가 누그러져서 다행이었다며 독일어로 말하기도 했단다. 제3제국 전체는 그를 일상적 관례에서 옴짝달싹도 못하게 만들었다. 히틀러가 그에게 죽음의 위험을 무릅쓰게 할 순 있었어도 감기에 걸리게 할 수는 없었다.

중부유럽인 특유의 신중함으로, 파노는 회고록에서 자기 자신에 대해서는 말을 아끼며 다른 사람들에 대해 말한다. 이야기하는 나, 말하자면 그는 단지 길잡이일 뿐이다. 절대 사건을 부당하게 바꾸거나 윤색하지 않고, 주관적으로 평가하지도 않는다. 단지 모든 것과 그 반대되는 것까지 보는 하느님의 눈처럼, 세상을 있는 그대로 묘사한다. 사물들을 선택하지도, 서로 모순되는 자료들을 없애지도 않는다. 현실을 한쪽에 제쳐두거나 수정하는 조물주의 권위든 중요성의 위계를 세우는 권리든, 뭐든 부당하게 주장하는 법이 없었으니 말이다. 움베르토 사바를 높이 평가하고 존경하던 파노는, 1914년 밀라노에서 트리에스테로 돌아가야 했을 때 사바가 그한테 했던 부탁에 대해 이렇게 풀어놓았다. "나더러 자기 엄마와 이모에게 관심 좀 기울여주고, 이모가 갖고 있는 얼마 안 되는 돈이 새나가지 않도록, 이모가 자신에게 유리한 유언장을 작성하게 조치해달라고 했다. 트리에스테에 도착한 나는 꼼꼼하게 약속을 지켰고, 매일 방문한 건 아니지만, 최소한 일주일에 세 번은 그가 사랑하는 두 노파를 방문했다…… 나는 이모를 공증인에게 데려갔고, 이모는 기꺼이 조카를 위해 유언장을 작성했다……"

파노의 증언에는 조롱도, 탈신비화의 그림자도 없다. 바라지도 않고 강요하지도 않는 희극성은 현실에 대한 충실함에서 나온다. 그 증언에는 무분별하고 단절된 삶뿐만 아니라 피카레스크한 모험도 묻어나고, 매일 사랑하는 사람들과 함께 사는 가족의 서사시도 묻어난다. 그는 즐겁거나 당혹스러운 세부들을 곤충학자처럼 정확하게 기록해두었다. 의사였던 아버지가 청소년기에 사춘기 혼란을 진정시키려면 찬물로 샤워해야 한다고 하자 이 충고를 당연히 따랐던 파노다. "나는 침대에서 따뜻한 몸을 일으켜 꽁꽁 언 부엌으로 가곤 했다. 수도꼭지에다 끝에 구멍 뚫린 깔때기(일종의 물뿌리개) 같은 것이 달린 고무관을 연결시켰다…… 그런 처방은 내 신경증에는 전혀 효과가 없었지만, 폐를 튼튼하게 해주고 감기를 막아주었다……"

그의 가족 규모는 주변적인 메모에서 간접적으로 암시된다. "내가 태어나고 몇 번째를 낳았을 때인지 모르지만, 엄마는 기진맥진해 있었고, 아빠는……" 차수란 꼼꼼히 지켜져야 할 것이다. 먼 친척 하나가 있었는데, 19세기 트리에스테에서 학위를 받은 최초의 젊은 여성 중 한 명으로 그녀가 성매매 여성들에 대한 원조와 사회복귀 지원을 전문으로 하는 여러 자선단체에 깊이 관여했던 한 아주머니에게 그녀의 인맥 덕택으로 일자리를 얻을 수 있을지 부탁하자, 그 아주머니는 기꺼이 그렇게 해주고 싶지만 불행히도 "우리는 단지 성매매 여성만 지원하고 있기 때문에" 그럴 수 없어서 유감이라고 대답했다고 한다. 만약 누군가 혼선을 빚기 시작하면 일이란 게 어디서 끝나게 될지 알 수 없다면서 말이다.

19세기 실증주의적 지성은 흩어져 있는 현실의 다양성을 하나의 오만한 종합으로 합하는 것을 정직하게 거부한다. "원한다면 모두 타협하시오. 다만 어떤 종합도 해서는 안 되오!" 『비밀』을 썼다고 추정되는 익명의 작가 구이도 보게라의 경고다. 사물들은 그 자리에 있고, 형편없는 대가가 따르더라도 충실할 것을 요구한다. 그리려는 그림과 어울리지 않거나 모순된다고 해서, 혹은 이제 신뢰받는 자기 이미지와 다르다고 해서, 없애버려야 할 자료란 건 파노에게 존재하지 않는다. 회고록의 일관성과 관련해서도 신경쓰지 않던 파노는, 침대에서 이야기들을 받아적게 하는 동안 일화 전체를 다시 이야기할 때도 있었고, 이미 이야기했다는 걸 잊고 말만 바꿔가며 되풀이하는 일화도 있었는데, 여성 타자수가 이미 그 일화들은 받아쳤다고 말해봤자 그런 건 자기 소관이 아닌 걸로 보이니 신경쓰지 말고 계속 그가 받아적으라고 한 탓에, 회고록에는 이런 것들이 반복되어 그대로 나타난다.

이 회고록처럼, 모든 삶이란 각각의 열정 속에서, 몸짓 속에서, 두려움 속에서 여러 번 되풀이된다. 그의 자서전은 단편적이라는 일관성을 갖고 있으며, 억지로 결론을 끌어내려고 꾸미지도 않으며, 열린 채 미완성으로 남아 있는 현실을 존중하여, 설사 현실에 대한 어떤 이야기든 다 끼적일 수 있는 펜이 있고 영웅적이고도 희극적인 그 일에 열중하다 설사 그 펜이 부러진다 해도, 거기서 중단되어 있다. 어떤 일에서건 다른 사람들이나 상황에 대한 흔들림 없는 존중이 남아 있는 사람. "당신의 귀하디귀한 전화번호 좀 알 수 있을까요?" 누군가에게 전화할 일이 있을 거라고 여겨지면 이렇게 요구했던 사람이 파노다.

(탁월한 화가들이 그린 것으로 간주되지만 확인된 바는 없는데, 19세기 말에서 20세기 초에 활약한 실내장식가이자 등산가, 작가, 영토회복주의자 나폴레오네 코치일 거라는 게 분명하지만, 그와 동시대인 잔물결 바다의 화가 우고 플루미아니일 수도 있는) 벽에 걸린 원형 그림 속의 누드들은 "이탈리아 반도나 프리울리 지방에서, 이스트라반도나 달마티아에서 아드리아 해로, 성 마르코의 도시 베네치아의 바다로" 흘러 들어가는 강들을 표상한다. 양쪽 해안이 이탈리아 소유여야 한다며 우리의 바다*라고 한 이 영예로운 말은, 갈색 황금빛으로 물든 어느 날 저녁 빛바랜 황갈빛 고색 장식에서 약화되고 만다. 강어귀는 더 큰 홀로 이어지는, 장엄함이 가득한 출구처럼 보인다. 바티스티 거리 쪽으로 난 중앙 홀에는 미지의 신들을 달래기 위해 양팔에 선물을 들고 나아가고 있는 주세페 바리손(1853~1931)의 〈봉헌자들〉이 있다. (바리손은 '역 카페'라는 뜻의 카페델라스타치오네에다 전기학과 지리학에 관한 우의화를 그린 화가이기도 하다.) 인물들의 회색, 황토색, 갈색 위로 붉은색 망토가 불탄다. 유대교 사원 쪽 옆 홀에 있는 플루미아니의

---

* 원문에는 라틴어 'Mare Nostrum'로 되어 있는데, 고대 로마인들이 지중해를 가리키던 용어였다. 이 용어는 특히 1861년 이탈리아가 통일된 후, 이탈리아를 로마제국의 계승으로 생각한 일부 민족주의자들에 의해 널리 사용되었다.

바닷가와 석호는 눈부시다. 돛들과 바다, 모래와 진흙마저, 눈부신 한낮에 빛을 발하고 있다. 방주에서 나가 황금빛 석양으로 물든 바닷속으로 잠겨 사라지고 싶다. 단순히 석호에서 물장구를 치거나 사금으로 반짝이는 이 진흙을 손에 움켜쥐어 꽉 짜내보고 싶다.

"당신 머리가 완전히 헝클어져 있어요. 화장실에 가서 단정히 좀 하세요." 그 당시 단지 물리적으로 가까울 뿐인 이 권위를 이용해 받아칠 여지도 없이 저런 말을 건네온 나이든 여성이 있었다. 그때부터 그는 화장실에 갈 때마다, 그들이 따분하게 주고받던 대화를 끝맺었던 저 명령에 복종하고 있는 것 같다. "이렇게 작업에 열의가 넘치시다니, 브라보." 그의 옆 탁자에 홀로 남게 된 늙은 여성 하나가 이렇게 말을 걸어왔다. 자기 친구와 잡담하면서 무심결에 새로운 시대와 젊은이들을 비난한 것에 대해 용서받고 싶어서 그랬는지, 이제 그가 글쓰기를 멈추고 멍한 표정으로 주위를 둘러보는 것을 보자 자기가 한 말실수를 만회해보려고 했던 건지는 몰라도 말이다. "브라보, 정말 열심히 작업하는군요." 그가 당황스러워하며 미소를 지어 보였다. "그런데 무슨 분야예요?" "아, 그러니까, 독일 문학입니다." "대단해요. 제일로 멋지고, 제일로 흥미롭고, 제일로 정신적인 문학이지요. 브라보." 대답을 할 때마다 그는 멍한 미소를 지었다. "아니, 그런데 결혼반지를 끼고 있군요. 벌써 결혼했나봐요. 아주 젊은데…… 한데 몇 살이에요? 아, 정말로 그렇게 안 보여요. 훨씬 젊어 보여요…… 그럼요, 정말 잘했고말고요. 결혼만큼 중요한 일이 어딨겠어요. 아직 아이는 없을 것 같은데…… 아, 있다고요? 축하합니다! 애들만큼 중대사가 또 어딨다고요. 하나? 아, 둘이나! 당신은 진짜 복 받았어요. 딱 알맞은 숫자 아닙니까. 남매인가요? 아, 아들만 둘이라. 그게 훨씬 낫지요…… 인생에 형제가 있다는 게 어떤 의미인지 애들이 커가면서 알게 될 테니…… 그나저나 그렇게 젊은 나이에 결혼해서 정말 좋겠어요?" 본의 아니게 이런 식으로 이어진 단정적인 대답들이 어느 가정의 남편이자 아버지이자 근로자라는 것 말고도 젊고 만족한 사람이라는 완벽한 초상화를 그에게 덧씌워주었고, 이후 이어진 오랜 침묵을 틈타 그는 다시 글을 쓰기 시작했다. 그러다가 마침내 몇 분이 지나 나이든 부인이 몸을 숙이더니, 두 사람의 얼굴과 육체가 단지 특별한 상황에서만 넘어설 수 있는 거리를 넘어 얼굴 바로 코앞까지 가까이 다가와서는, 전체적으로 완벽한 가운데 남은 유일한 결점 하나 때문에 화가 치밀었던지 이렇게 속삭였던 것이다. "당신 머리가 완전히 헝클어져 있어요, 화장실에 가서 단정히 좀 해요!"

대개 침대에서나 나올 법한 그처럼 권위적인 어조는 복종을 강요한다. 화장실은 오른쪽 끝에 있다. 벽에는 타이 여자 무용수가 깊이를 헤아릴 수 없는 표정으로 눈을 반쯤 감고 있는 가운데, 굴곡진 아르누보 라인이 여인의 대담한 다리와 매정한 눈썹을 휘감아돌고 있으며, 파도 하나가 플리니오 씨의 왈츠처럼, 뒤쪽 출구로 안내하는 음악처럼, 허무의 소용돌이로 잦아들어가고 있다. 커피나무 잎사귀들은 식물성 번성을 되풀이하고 있고, 찡그린 아를레키노*의 얼굴상에는 은총도 이름도 없는 고통이 서려 있다.

몇몇 그림은 또다른 붓질로 되살아났다. 복원 전문가들의 말에 따르면 멀끔하게 보이도록 덧칠을 했다는 것인데, 아무리 열과 성의를 다해 보아도 보기 흉한 점을 찾기는 힘들다. 어쨌든 더러움을 다시 색칠하고 덮고 막는 일이란 나쁜 짓이 아니다. 아마 글쓰기 역시 마찬가지일 텐데, 자신의 삶에다 능숙하게 한 번의 붓질로 색을 칠하는 일, 오류를 감추는 척하는 고귀한 재능 덕에 대담한 장막을 드리워, 밑에

---

* 이탈리아 고유의 즉흥가면극 코메디아델라르테에 나오는 익살스러운 광대로, 주로 시골 출신의 소년 하인이다.

는 지저분한 것들이 남아 있어도, 솔직한 어조로 자기를 책망하며 그 오류들을 넓은 마음으로 보게끔 하는 일일 것이다. 모든 성인聖人은 작가들이다. 그렇다. 위장된 수치심으로 단단한 죄악들을 주렁주렁 매단 방탕아, 무분별한 망나니이지만, 영혼은 아름답고 위대한 것이다. 우리들 사이에 돼지가, 비열하고 사악한 진짜 돼지가 단 하나도 없으리란 게 가능한 일이겠는가?

　화장실은 비좁다. 불그스레하고 가느다란 흐름이 소변기 아래로 흐르고, 해변에 널브러진 깨진 병 조각 같은 게 몇 개 엉겨 붙어 있다. 이따금 맑은 물이 아래로 흘러내려간다. 씻고 속옷을 갈아입는다. 거울에 비친 얼굴에서 무언가 씻겨나간다. 마치 그 순간까지 얼굴과 함께 있던 것이 흩어지기 시작하는 것 같다. 머리칼이 지저분한 것이 하데스의 바닥에서 나타나는, 메두사 머리를 휘어감은 뱀들 같다. 신문 쪼가리에서 누군가 미소짓는다. 화장실은 최후의 심판 대기실, 막연한 기다림의 장소로, 영원한 건 바로 소변기를 따라 흘러내리는 물방울인 것이다. 카페로 돌아오고, 머뭇거리고, 신문을 읽는다. 물로 씻고 나니 얼굴은 말끔하지만 머리칼은 땀에 젖어 있다. 화장실에 가서 단정히 좀 해요. 바닷속에 잠기든, 석호의 얕고 미지근한 물에서 단지 손만 씻든, 달리기 후에 그러듯이 가까운 공원 음수대에 얼굴을 들이밀든, 파랗게 보일 정도로 하얀 눈雪 속에, 사슴이 물을 마시러 가는 숲속 빈터에 있는 조그마한 샘물에, 델론코 거리에 있는 예수성심교회의 아주 시원한 성수반에 얼굴을 들이밀든 무슨 상관이랴. 요컨대 모든 것이 그렇게 가까이 두어 걸음 거리에 있다. 산마르코 카페는 다리를 쭉 뻗고 잠시 세상을 돌아보고 싶은 사람에게 최적의 장소다. 이를 부동산 중개소에서는 중심지라고 할 것이다. 델론코 거리의 교회에 가려면 공원과 거쳐야 할 필수 장소들을 모두 지나는 데 단지 몇 분이면 되니 말이다.

발첼리나

푸시나는 언제나 8월 마지막 주 토요일에 열린다. 사로디니스 산기슭에 있는 널따란 풀밭에서 처음 수확한 옥수수자루들을 불에 구워 옥수수빵과 함께 먹는 축제를, 말니시오 마을에서는 그렇게 부른다. 그 마을 사람들은 걸어서 산을 오르고, 우디네나 트리에스테 또는 더 먼 곳에서 오는 사람들은 치즈와 포도주를 싣고 자동차로 온다. 젊었을 때 그곳을 떠난 사람들이나 훨씬 전에 떠난 사람들의 자식들과 손자들은 아직 거기에 남아 있는 누군가와 함께 온다. 모든 여행은 무엇보다도 귀환이다. 비록 그 귀환이 거의 언제나 아주 잠시만 지속되고 곧바로 다시 떠날 시간이 오지만 말이다. 예전에는 가난한 프리울리 산자락에서 가장 가난한 축에 들었던 이 거친 계곡에서, 남자들은 이민을 떠나 프랑스나 시베리아로 가서 광산을 캐거나 도로와 철도를 건설했고, 여자들은 나무로 만든 국자들과 숟가락들이 가득한 바구니를 어깨에 짊어지고 이 마을에서 저 마을로 그것들을 팔러 다니다 고랑이나 건초 창고에서 잠을 자기도 했지만, 누구에게나 언제든 여행의 목적이란 잠시잠깐의 귀환이다.

아주 젊었을 때 나폴레옹의 척탄병이었던 증조할머니의 아저씨, 사촌 고조할아버지도 러시아 전선에서 몇 년 동안 감옥 생활을 하고 방랑한 끝에 걸어서 돌아왔는데, 말니시오에 도착했을 때 처음에는 마을 사람들이 그를 알아보지 못했단다. 몇십 년 뒤인 1866년 제3차 독립전쟁* 동안에도, 꽤나 늙었어도 완고한 사람이었던 그는 오스트리아에 저항하는 빨치산 활동으로 이탈리아 군대를 돕기 위해 비정규 군대를 조직했지만, "나중에 프랑스인이 되기 위해 이탈리아인이 되자"라는 모토를 깃발에 수놓게 했다고 한다. 러시아 눈밭에서 겪은 궁핍과 전쟁 속에서 그의 청춘을 잃게 만든 나폴레옹 황제는, 무언가 더 위대한 것, 세상의 혁명적 변화에 대한 향수를 그에게 남겼다. 어쩌면 그 머나먼 향수 때문에, 후손들은 모든 것에도 불구하고 〈라데츠키 행진곡〉보다 〈라 마르세예즈〉†를 선호하게 되었는지 모른다.

고조뻘 조상의 이름은 알 수 없다. 말니시오 교구 명부에 그다음 세대보다 더 윗대는 나오지 않으니 말이다. 푸시나 축제도 많은 사람에게는 귀환이다. 체계적이고 단호한 태도로 축제를 조직하는 트리에스테 대학의 수학 교수 루차노 다보니는 수학에 관한 그의 업적으로, 삶의 우연성과 예측 불가능성을 공식화한 확률 계산에 대한 학문적 공헌으로 유명하다. 그에게 안성맞춤인 보좌관 내과의 다리오 마그리스 역시 히포크라테스의 기술로부터 배운바, 삶이, 무엇보다 그가 꽉 잡고 있는 죽음이란 것이 계획을 세운다고 되는 것도 아니고, 만기일을

---

* 1861년 통일된 이탈리아 왕국이 세워졌지만 북동부의 베네치아, 프리울리 등은 오스트리아에 속해 있었기 때문에 불완전한 통일이었고, 이 지역을 통일하고자 1866년 이탈리아는 프로이센과 동맹을 맺어 오스트리아와 전쟁을 벌였다. 리소르지멘토 Risorgimento, 즉 통일 과정의 역사에서 이 전쟁을 제3차 독립전쟁으로 일컫는다.
† 전자는 이탈리아 통일운동으로서 이탈리아-오스트리아 전쟁 발발 당시 이탈리아 혁명군을 무찌른 오스트리아의 영웅 라데츠키를 기리며 요한 슈트라우스 1세가 작곡한 행진곡이고, 후자는 프랑스 국가다.

존중하는 것도 아니긴 하다. 하지만 그 두 학자에게도, 8월 말의 토요일은 말하자면 세상을 지배하는 혼돈에서 벗어나는 날, 세상만사의 반역성과 불확정성에서 벗어나는 날이며, 논란의 여지가 없는 확실한 무엇이자, 지구가 자신의 축 주위를 도는 것처럼 시간이 그 주위를 둘러싸고 돌아가는, 확고한 필연성에 복종하는 주기적 기념일이다.

마을로 돌아와야 한다는 규정 법칙에 복종하는 일이 기분 거슬릴 일은 아닐 것이다. 19세기 막바지에 그 마을 출신 할아버지 세바스티아노가 열세 살 나이에 마을을 떠나 트리에스테로 가서 부르주아로 소박하게 부상하기 시작하는 동안, 그분의 형제 바르바 발렌틴은 말니시오에 남아 아흔두 살까지 밭에서 일하면서 저녁이면 (겨울에는 마구간에서) 『레미제라블』 『약혼자들』 『불쌍한 궤린』 『프랑스의 왕들』*과 두 권짜리 세계백과사전을 읽고 또 읽었다.

말니시오의 주민은 천여 명인데 성姓이 몇 개 뿐이라서, 서로가 다른 가족임을 구별하기 위해 종종 별명들이 덧붙는다. 그렇지 않으면 불분명한 마그마 안에서 서로 혼동되고 말 텐데, 여기서 가까운 마을 몬테레알레의 이단 제분업자로 자신의 은유隱喩 때문에 16세기에 화형대에서 불타 죽은 메노키오† 말마따나 우주와 인간, 그리고 하느님까지 나오게 했다고 한 응고된 우유와 비슷한 꼴이 되고 말았을 것이다. 말니시오 뒤쪽 소읍 아비아노와 포르데노네 쪽으로 뻗어내려간 계곡은 바람이 휜히 통할 정도로 널찌감치 펼쳐져 있다. 반대쪽 몬테

---

* 『레미제라블』은 빅토르 위고의 장편소설, 『약혼자들』은 알레산드로 만초니의 역사소설, 『불쌍한 궤린』은 15세기 초 토스카나의 음유시인 안드레아 다 바르베리노가 쓴, 우화와 기사문학이 뒤섞인 작품이며, 『프랑스의 왕들』은 안드레아 다 바르베리노의 또다른 기사문학 작품이다.

† 본명은 도메니코 스칸델라(1532~1600). 몬테레알레의 제분업자였는데 이단 혐의로 종교재판에 회부되어 화형당했다. 그의 사건은 특히 역사학자 카를로 긴츠부르그의 『치즈와 구더기』(1976)로 널리 알려졌다.

레알레 너머로는 그야말로 진정한 계곡이랄 수 있는 발첼리나 계곡이 깎아지를 듯 가파른 바위들 사이로 시작된다. 그곳은 20세기 초까지 라크로체 고개를 넘어가는 노새만 다닐 수 있는 경사로 외에는 세상과의 모든 소통이 단절되어 있었다. 마니아고에서 계곡의 마지막 마을 에르토까지 생존에 필요한 식료품을 운반하기 위해서는 걸어서 아홉 시간이 걸렸다.

말니시오는 옥수수밭들 사이에 끼어 있다. 늦여름의 옥수수 이삭들은 야생적인 황금빛 전리품이지만, 마을은 오랜 세월부터 최근까지 지속된 가난을 거의 잊은 듯 화려하고 평온하며, 땅을 일궈야 하는 오래된 저주 같은 노동은 땅을 극복해낸 사람들을 굳세고 단단하게 단련시켜놓았다. 불과 몇 미터 떨어진 곳에서 시작되는 밭은 멀게만 여겨지고, 농부의 가난은 길거리에 보이던 쇠똥을 치우듯 치워졌다. 예전에는 소리와 냄새, 맛을 통해 가려지고 구별되던 마을의 현실이 오늘날에는 풍경화 같은 경치와 고상함이 깃든 집들의 외관 장식에서 느껴지니 말이다. 저녁이면 다른 곳보다 강하게 부스럭거리며 굽이치는 오솔길 뒤 갈대숲, 목초지에서 돌아오는 가축들 때문에 어떤 길보다 더 잘 다져진 길, 강렬한 냄새를 퍼뜨리는 베어낸 풀 한 무더기, 입 안에서 살살 녹는 따뜻한 옥수수죽, 미국 품종인 클린턴 포도주의 향기, 집 뒤에서 수확한 프랑스 품종인 바코 포도와 북미 품종인 프라골라 포도의 약간 더 강한 맛도 예전과는 다른 것이다.

마을 중심지인 광장에서 사로디니스 산 쪽으로 '큰 오솔길'이란 뜻의 칼레그란데 거리가 시작되는데, 오늘날 리소르지멘토 거리라고 불리는 이곳이 옛날에는 '큰길' 또는 '방책 너머 길'이라고 불렸다. 침입이나 위협의 기미가 있을 때면 마을 사람들은 그 가로막이용 도랑과 울타리 뒤로 피신하곤 했다. 이 길 주위로 마을에서 가장 오래된 가문들의 집과 마구간, 약간의 밭으로 이루어진 소박한 농장들이 형성되었다.

　세례자 성 요한에게 봉헌된 광장의 교회는 오랜 세월에 걸친 개축과 복원의 역사를 갖고 있다. 텁수룩하고 야생 가죽을 두른 광야의 고집스러운 그 예언가는 거룩하고 온화한 느낌을 주지 않는다. 불가리아의 보고밀파*가 그를 어둠의 심부름꾼으로 여겼던 것이 전혀 근거 없는 생각은 아니라고 해도, 악에 사로잡힌 물질적 세계와 싸우는 만다야교† 신자들은 그를 그리스도보다 강하고 우월한 최고의 스승으로 여겼다. 말니시오의 교회도 평화보다는 굴곡진 싸움의 무대였다. 16세기 말부터 이미 말니시오 교구민들과 이웃 그리초 교구민들과의 공존은, 몬테레알레의 산타마리아 교구의 감독하에서 풀려난 것에 대해 서로가 만족스러워했음에도 불구하고 격렬한 싸움을 야기시키고 있었고, 걸핏하면 다투곤 하는 수호성인의 축제는 메노키오가 연주한 독일 깽깽이와 거리에서 먹성 좋은 사람들에게 파는 과자로 즐거워지기는 했지만 종종 유혈 싸움으로 악화되기도 했다. 예를 들어 1584년 6월 24일 그리초에 살던 오도리코 신부는 "말과 행동에서 오쟁이진 남편들"이라고 말니시오 사람들을 모욕했다가 날아드는 도끼와 창을 피하며 단검으로 자신을 방어해야만 했다. 두 세기가 지난 뒤 교구의 회계 장부를 기록하는 '총괄 관리인' 세바스티아노 마그리스도 젊은 말썽꾼들이 지붕 위까지 뒤쫓아와 신도석에 비가 퍼붓듯 기왓장들이 부서져내린 피해에 대해 한탄한 적이 있다.

　교회 안에 있는 18세기 어느 익명 조각가가 만든 〈십자가의 그리스도〉를 보니, 그 목재 조상이 자아내는 거칠고 고통에 찬 연민 속에서, 자기의 비참과 천함으로 세워올린 어느 겸허한 교회만이 새로운

---

* 10세기 무렵 발칸반도에 널리 퍼진 그리스도교 이단 종파로, 13세기에는 특히 불가리아에서 번창했다.
† 이원론적 세계관을 토대로 하는 그노시스 종교.

발첼리나 | 49

땅과 새로운 하늘을 향해 나아가는 우리의 여정에서 몸을 피할 수 있게 해줄 피난처일 거라는, 위태위태한 한 추측이 갑자기 믿음직스럽게 다가온다. 물론 오른쪽 옆문 위에 그려진 〈그리스도의 부활〉에서 무슨 '석연치 않은 구석'을 찾아냈기에 1903년 콘코르디아의 주교 프란체스코 이솔라가 그 그림을 지우고 현재의 〈설교하는 성 도미니쿠스〉*로 바꾸게 했는지 알고 싶어지긴 하지만 말이다.

오르간 자리 아래의 두 고해실은 반종교개혁의 모델들을 재현하고 있는데, 사제를 위한 칸막이 공간 옆에, 그들이 기억을 되살리도록 '유보된 사건들' 즉 오직 주교나 특정 교황 몇몇만 사면할 수 있는 죄들의 목록이 놓이도록 미리 안배해두었다. 그 고해실에서 자신의 평범한 죄들을 따뜻하게 들어줄 사람을 찾을 수 있던 때도 벌써 오래전이다. 신부는 술꾼이었고, 재주껏 이 악마에 대항하여 싸웠다. 어떤 마을 사람은 장난삼아 신부에게 술을 내주어 자정이 넘도록 취하게 해서는 다음날 그대로 미사에서 영성체를 모시는 신성모독을 범하게 하기도 했다. 신부와 술 사이의 전투에서 결국 술이 이겼고, 신부는 서글프게 끝났다. 삶은 종종 술이나 마약, 야망, 두려움, 성공과도 같이, 우리의 약점에 들어맞는 무기들로 우리를 능가하려는 수단을 찾아낸다.

사람들은 그렇게 추락한 신부가 이 고해실에서 했던 말들을, 분명 유명한 설교대나 연단에서 들었던 다른 말들 못지않게 훌륭한 그 말들과 어진 음성을 감사하는 마음으로 기억한다. 텅 빈 교회 안으로 한 사람이 들어간다. 교구 사무실이 어디 있는지 물어봐도 대답이 없던 그는, 좁고도 빛나는 틈을 슬며시 바라보다, 맨 앞줄 의자들을 향해

---

* 도미니쿠스 성인(1170~1221)은 스페인 태생으로 프랑스 툴루즈에 정착하여 도미니쿠스회 수도원을 세웠다.

뛰어가 몸을 숙여 세심히 그 냄새를 맡아보고 나서는, 광장으로 나가더니 집들 뒤로 달음질쳐 사라진다.

몇 킬로미터 너머에서 단테의 지옥 원들*처럼 계곡을 깎아내려가는 첼리나 강은, 말니시오로 가서 이제 하나의 박물관이나 다름없는 1903년의 낡은 수력발전소의 거대한 중앙 수도관들 속으로 들어간다. 조금 떨어진 몬테레알레에서는 고고학 발굴 작업으로 화려한 먼 과거가 드러났는데, 플리니우스가 상기시켜준 고대 도시 카일리나†의 것으로, 강과 개울의 신들에게 경의를 표하기 위해 강물 속에 던진 수천 년도 더 된 청동검들이 나왔다. 하지만 산업도 이제는 치받들어야 할 만큼 나이를 먹어서, 박물관이 된 그 수력발전소처럼 고유의 고고학, 터빈과 거대한 압력계들, 강물을 길들인 수염난 엔지니어들의 근엄한 사진을 전시하고 있다. 평화와 진보의 보증인 기술은 그 석관에 새겨진 천사다.

트리에스테 대학 교수이자 심리학자 파올로 보치는, 이 기술자들 중에 지옥같이 굽이진 계곡들로 물을 운반하는 수압관 전문가였던 아저씨 프란체스코 하라우어가 있었다고 기억한다. 그는 고독과 거부 속에서 진정한 삶과 진정한 믿음을 찾았던 도망자 엔리코‡의 친척인 므레울레 집안의 여자와 결혼했다. 그녀는 눈부시게 푸른 용담초 빛

---

* 단테 『신곡』에 따르면, 지옥은 땅속에 깔때기 형상으로 펼쳐져 있고 죄의 유형에 따라 아홉 개의 '원圓'으로 나뉘어 있다.

† Caelina. 사라진 고대 도시로 몬테레알레 근처에 있었던 것으로 추정된다. 고대 로마의 군인이자 작가였던 대大 플리니우스(23~79)가 백과사전적 저술 『자연사』(또는 『박물지』)에서 이 도시에 대해 언급했다.

‡ Enrico Mreule(1886~1959). 고리치아 출신으로 1909년 아르헨티나의 파타고니아로 갔다가 나중에 질병으로 다시 돌아왔다. 마그리스의 소설 『또다른 바다』(1991)는 그에 대한 이야기이다.

깔의 눈을 가진 여자였는데, 해를 거듭할수록 얼굴이 점점 복스러워지더니 눈은 더 자그마해졌다. 남편이 점점 더 수압관에 빠져드는 동안, 그녀는 나이와 비만 탓에 번잡한 생애로부터 벗어나 혼자가 되었다. 이제 기술자 하라우어가 아침부터 저녁까지 도관에 대해 이야기를 나누는 사람은 자기 누이였고, 재봉사 누이는 자기가 하는 일 외에 도관에도 흥미를 쏟게 되었다. 누이 일에는 가까운 수도원의 수도사들을 위해 자선으로 속옷을 꿰매주는 일도 포함되어 있었다. 수도원 문에는 "절제하고 참아라àbstine sùstine"* 즉 몸의 유지에 필요한 것 외에는 음식을 절제하라는 모토가 적혀 있는데, 그녀가 저 말이 사투리 동음어의 의미에 따라 '작은 똑딱단추'를 가리킨다고 생각했는지 악센트를 바꾸어 ('abstìne sustìne'로) 읽었다고 한다.

해석자들의 즐거움을 위해 압축적이고 신비로운 짧은 시구에 여러 가지 의미를 담아내는 능력이 단지 보들레르나 에우제니오 몬탈레에게만 있는 건 아니다. 기술자 하라우어의 누이는 구조주의적 해석 가치가 있는 4행시에다, 배관에 대한 오빠의 집착과 천을 자르고 꿰매는 일과 수도원 방문에 몰입된 자기 존재의 총체성을 압축시키는 데 성공했고, 일하는 동안 바늘과 실을 물고 꼭 다문 입술 사이로 그 시구들을 웅얼거리며 이렇게 낭송하기를 즐겼다. "작은 똑딱단추/ 수도사의 속옷/ 억눌린 수압관/ 나를 위한 감성돔Abstine sustine/ mudande del frate/ condotte forzate/ orate per me." 누이 자신과 오빠의 삶을 비롯해 두 행의 운율 대구를 고려해 넣은 '오라테orate'는, 어떻게 본들 여기서는 십중팔구 맛좋은 바닷물고기 돔을 가리킨다.

---

* 이 라틴어 경구는 스토아 철학을 요약한 그리스 철학자 에픽테토스의 말이라고 한다. 대개 "수스티네 에트 압스티네Sustine et abstine"로 표기한다.

말니시오에서는 무란, 보르게세, 마그리스, 온가로, 파베타 같은 한정된 수의 성들이 가지를 쳐서 서로 뒤섞여 있는데, 한 무더기로 구분된 분파들이 제각기 다양한 이름들을 나눠 쓰고 있다. 시오르, 브루술라타, 델그릴로, 미우, 팔라초는 많은 사람을 가리키는 듯하지만 아무도 가리키지 않는다. 출신의 모호함, 무의미성, 유연함을 보여주는 것이자, 이름들과 발자취들, 연대들을 찾아갈수록 더 길을 잃게 되고 마는 기억이다. 어렸을 때 부모를 잃은 손자들을 보살피던 증조할머니 산티나는 아흔 살이 넘으면서 분별력을 약간 상실했고 남편을 완전히 잊어버렸다. 흥분한 황소를 길들이기 위해 불려가곤 했던 헤라클레스 같은 남편 빨강머리 파베타와 반세기 이상 함께 살며 자식들을 낳았건마는, 손자들에게는 1848년의 전쟁에서 오스트리아 병사로 죽은 첫사랑에 대해서만 이야기하곤 했다. 좀더 유물론적 해석을 비롯하여 증조할아버지에게는 별로 즐겁지 않을 정신분석학적 해석에 이르기까지, 이를 좀더 나아가 설명해볼 수도 있을 것이다. 하지만 문맹이었던 증조할머니는 90년이 넘는 세월 동안 탁월한 기억력을 자랑했을 뿐 아니라, 다음과 같이 자신이 아는 유일한 역사적 일화를 손자들에게 들려주었다. 18세기 합스부르크가의 여제 마리아 테레지아가 헝가리 귀족들에게로 피신했을 때, 귀족들이 충성을 맹세하면서, 증조할머니의 버전에 따르면, 그녀한테 왕위를 제공했다는 일화다. 증조할머니 산티나 말로는, 마리아 테레지아가 "논 미 센토Non mi sento"라고 대답을 했는데, 여기서 'sento'가 프리울리 사투리로는 '앉다'라는 뜻도 있지만 '느끼다, 생각하다'를 의미할 수도 있기 때문에, "그럴 기분이 아니라고 말하려 했는지, 아니면 왕위에 앉지 않겠다고 말하려 했는지 알 수 없었다"고 한다.

나이가 제법 지긋한 한 여자가 내게 말한다. "텔레비전에서 너를 보왔을 때 네가 두일리오의 아들이라는 것을 알았어. 어렸을 적 우리는 그리초 녀석들에게 가서 돌멩이를 던졌지. 내가 돌멩이를 나르면 두일리오가 던졌어." 여자들은 전쟁 때조차도 비중 없는 단역을 맡는다. 늘 푸시나에 참석하는 이 아들로 말할 것 같으면, 라틴어와 특히 그리스어를 훨씬 더 잘 읽는 아버지와 겨뤄도 교양 면에서는 뒤지지 않으나, 돌팔매질로 아버지와 겨루기란 어림도 없다. 이 돌질은 아버지로 하여금 삶에 과감히 맞서고, 민족해방위원회*와 전쟁 직후의 힘든 시기에 있던 정치적 싸움들에서도 보다 자신 있게 대결하게 해주었다.

그리초는 이웃 마을로, 1784년에 이미 본당 신부는 그곳 젊은이들이 "싸움질에다 서리를 한다"며 불평한 바 있다. 조그마한 살루테[†] 교회 바로 조금 너머에 보이지 않는 경계선이 있어 경합을 부추기는데, 그 선을 넘어가는 사랑이 있으면 로미오와 줄리엣의 변주곡으로 변화시키고도 남을 만한 것이었다. 모든 정체성은 끔찍한 것이기도 하다. 왜냐하면 존재하기 위해서는 경계선을 긋고 다른 쪽에 있는 사람을 배제해야 하기 때문이다. 오직 더 큰 증오만이 더 작은 증오들을 압도하고, 작은 증오들은 더이상 공통의 적이 없을 때 다시 불붙는다. 살루테 교회 조금 전에 말니시오 공동묘지가 있다. 팔촌 발터의 무덤에는 단지 사진뿐이다. 고조할아버지와 달리 러시아에서 돌아오지 못했기 때문이다. 1942년에 실종되었다는 게 마지막 소식이었다. 그의 아버지 루벤은 쉬지 않고 그를 수소문하고 있다. 몇 년 동안 누군가 러시아에서 돌아왔다는 말만 들려도 어떤 소식이라도 들을 수 있지 않을까 하는 희망으로 그 사람을 만나러 가곤 했다.

---

* CLN(Comitato di Liberazione Nazionale). 독일군에 대항하여 레지스탕스 운동을 조직하고 이끈 단체로, 이탈리아에서는 1943년 9월 8일 이후 자발적으로 결성되었다.

† Salute. '건강, 안녕, 구원'을 뜻하는 이름.

루벤은 마차를 끄는 현명하고 재빠른 당나귀 모로와 계곡을 돌아다니곤 했다. 모로랑 긴 시간을 보낸 사람은 조만간 자기 세계관의 자그마한 일부가 모로 덕택에 빚어진 것이라는 점을 깨닫게 된다. 루벤은 조용하고 아주 튼튼한 사람이었다. 언젠가 선술집에서 격렬하게 정치적 논쟁을 벌이다가 누군가 러시아에서 아들을 잃은 게 잘된 일이라고 하자, 루벤이 그의 목을 낚아채 내던졌는데, 땅까지 일 미터밖에 안 되는 창문이었던지라 창틀 너머 길바닥으로 그가 나둥그라졌고, 그 바람에 이튿날 그네 집으로 화해를 하러 가야 했던 적도 있다.

포르데노네 천문학협회에서 설치한 그리초 망원경 주위로, 작가 줄리오 트라산나가 그의 개성에 이끌린 젊은이들을 여럿 끌어들이고 있다. 스위스에서 태어났지만 프리울리 사람이 되기로 선택해 이주민들의 고향 없는 고향에서 자신을 확인한 트라산나는 훌륭한 작가다. 구조가 단단하면서도 생동감 있는 그의 글은 삶의 덧없는 변화, 전쟁의 비극, 한 세대 또는 하룻저녁의 고통을 간결한 펜으로 포착해낸다. 그는 자신이 선택한 프리울리를 닮았고, 세상으로부터 비껴나 역사의 주변부에서 살아나가는 프리울리의 운명을 닮았다. 그의 전설이 그를 알았던 작가들과 예술가들의 기억 속에 살아 있긴 해도, 그의 단편들, 직관들, 현현들이 그에게 문학 사회가 영광스러운 이름을 공인하도록 붙잡아야 할 손쉽고 눈에 띄는 그런 걸쇠를 내주지는 않았다. 그는 슬로건처럼 히트를 칠 만한 책은 전혀 쓰지 않았다. 명성이란 게, 글의 가치를 고려하기보다는, 지적 소비대상이나 쉽게 외워지는 공식이 되려는 성향을 갖고 있으니 말이다.

지방으로서의 이탈리아란 것이 있다. 국지적 지역성 livori di campanile 과는 무관하게 종종 영화개봉관으로 여겨지다가도 때때로 쇠퇴기에 접어든 낡은 스튜디오에 불과하다고 여겨지는, 소위 대도시 도심지보다 더 풍요로운 생명력과 지성으로 가득한 지방으로서의 이탈리아란 것이. 초등학교 선생 알도 콜로넬로가 이끄는 (주민은 2천 명 남짓이고 주변 부락들을 합하면 대략 6천 명이 되는) 몬테레알레 발첼리나의 문화 동아리도 메노키오 이름을 따서 지었다. 행정 당국의 이 뿌리깊은 관습에 물들지 않은 채 지역 가치에 관심을 기울일 줄 아는 사람들이 있다. 이 관습은 오늘날 종종 이탈리아 전역에서, 아니, 유럽 전역에서 정체성과 민족성의 재발견을 너무나 무디고 퇴보하게 만들어, 트리에스테와 마찬가지로 프리울리에서도 종종 트리에스테다움과 프리울리다움으로 숨이 턱턱 막히는 걸 느낀다.

프리울리는 특히 이차대전 후에 탁월한 시 전통을 자랑한다. 파솔리니와 투롤도*는 고립된 봉우리들이 아니다. 몬테레알레도 소박하게 외따로 물러나 자신의 작은 세계 속에 숨어 사는 시인들의 중심지이며, 그들에게 프리울리 사투리들—정확히 말하면 계곡마다 서로 다른 사투리들—은 지역색을 구가하는 요소가 아니라, 예스러우면서도 현대적이고 집단적이면서도 개인적으로 다시 재창조된 원천 언어이자, 존재와 역사의 홍수 바다로 내려가는 언어다. "나는 네 눈을 바라보고, 네 무릎에 입맞춘다." 2009년에 죽은 프리울리 출신 시인 베노 피논의 이 시구는 몬테레알레와 안드레이스 마을 사투리를 계곡의 플루트 소리와 뒤섞고, 잊을 수 없는 서사적 어조로 파고들며 노래한다. "삶은 세월의 풀밭 속으로 잠긴다." 이는 몬타레알레 시인 로산나 파로니 베르토야의 시구다. 사투리를 모르는 뿌리뽑힌 계승자에게 프리울리 사투리는 일종의 언어 이전의 언어, 아기가 커다란 가슴 속에 파묻히듯이 말할 수 없는 것 안으로 파묻히는, 태어나기 이전의 옹

---

* 파솔리니(1922~1975)는 현대 이탈리아 문화계에 수많은 논란을 불러일으킨 시인이자 저널리스트, 영화감독으로, 볼로냐에서 태어났으나 어렸을 때 이사한 프리울리 지역 정서가 녹아든 여러 작품을 남겼는데, 일례로 첫 시집 『카사르사의 노래』도 프리울리 사투리로 썼다. 다비드 마리아 투롤도(1916~1992)는 우디네 출신 성직자이자 시인이었다.

알이다. 그 산들은 고갈된 가슴이다. 원초적 신화 속 어머니 대지의 젖가슴처럼 우유가 나오진 않는다. 오랜 세월에 걸친 가난은 산들을 단단하게 했지만 동시에 강하게 만들기도 했다. 프리울리 여자들에 대해서라면 민간 속담에서도 생생히 노래되었을 뿐만 아니라, 특히 야코포 다 포르치아*가 몬테레알레 여자들을 찬양한 바 있듯, 그녀들은 단단한 몸을 갖고 있다.

도메니코 스칸델라, 즉 메노키오도 나름대로 시인이었다. 그가 세운 우주 기원에 대한 가설은 어느 마을 사람이 말했듯 "말도 안 되는 헛소리bagliate"일 수도 있지만, 형이상학이나 과학으로부터 인증특허를 받은 다른 가설들이라고 해서 별다른 게 있는 것도 아니다. 정통의 수호자로 자처하며 싸우기 좋아하던 본당 신부이자 자기 딸을 유혹하려 들었던 박해자 오도리코와는 달리, 메노키오는 사랑을 알았다. 자기 존재의 핵심인 자식들에 대한 사랑과 아내에 대한 사랑을 알았다. "그녀는 내 키잡이였어." 아내가 죽었을 때 그는 절망적으로 말했다. 부부의 사랑과 공유된 삶에 대한 시 선집에 들어가도 좋을 만큼 가치 있는 말이다. 선집이란 그 주제의 중요성에 비해 너무나 초라하고 빈약한데, 시가 실제의 삶 앞에서 종종 충분하지 않다는 또다른 증거이기도 하다.

광장에서 회랑을 지나 나오는, 널찍한 마당이 있는 아름답고 커다란 집은 이제 더는 몇 세대 전부터 이 집을 소유했던 가문의 것이 아닌데, 왜냐하면 몇 년 전, 아니, 수십 년 전에 결국에는 좀이 슬고 썩고야 말 결혼 혼수품을 장만한답시고 그 집을 팔아버렸기 때문이다. 그

---

* 원문에는 야코포 다 포르치아Jacopo da Porcìa로 되어 있는데, 르네상스 시대 포르데노네 출신 인문주의자였던 야코포 디 포르치아Jacopo di Porcìa 백작(1462~1538)의 오기로 보인다.

혼수는 에스페리아 아주머니 것으로 장군과의 결혼을 내다보고 준비해두었으나 몇 년 동안 결혼이 계획만 되다 연기되었으니, 어쩌면 언제까지 미뤄질지 모르는 그 고통에서 아주머니의 마음을 돌리고 시간을 벌기 위해 그랬는지도 모르겠다.

에스페리아를 좀더 어릴 적부터 봐오던 사람들과 그녀가 노심초사하며 수다 떠는 걸 알았던 사람들은, 그녀를 잘 흥분하고 순종적인 소녀로 기억하면서, 부지런하고 근면한 학교생활이라든가, 교장 딸과 놀면서도 공손히 구는 우정이라든가, 활발하면서도 소심하게 보낸 사춘기의 그녀라든가, 고해 신부가 아침 기도를 한 다음에는 나머지 하루가 가져오는 것에 즐겁고 활기차게 몸을 맡기라고 권유했음에도 언제나 죄를 짓지는 않을까 염려하던 엄격하고 신중한 양심을 지녔던 그녀에 대해 떠올리곤 한다.

소녀이자 젊은 여인인 에스페리아는 지나칠 정도로 꼼꼼히 종교에 헌신했으며, 교회가 금지하는 모든 미신적인 의례마저도 하나같이 숭배하기에 이르렀다. 계속해서 손을 씻는가 하면, 편지를 부치기 전에도 망설였는데, 혹여 무의식적으로 어떤 실수를 하거나 지저분한 말을 쓰지는 않았는지 걱정했기 때문이다. 편지를 부친 다음에는 또 혹시 편지를 부치지 않고 버린 것은 아닐까를 두려워했다. 마치 쫓기는 짐승처럼. 삶은 언제나 죽음에 쫓기고 있고 죽음에 도달하기 전까지는 다른 재난들에 쫓긴다는 사실을 잊게 해줄 너그러운 망각이, 그녀에게는 허용되지 않았던 모양이다.

그런 집착과 공포, 의례들로 에스페리아는 방어의 미궁을 구축해, 사방에서 뚫고 들어오는 불안감을 피하고자 했다. 그래도 세상은 착하고 사람들, 그중에서도 특히 착한 사람들이 살고 통치하고 있다고, 연약한 정신의 거의 마지막 층까지 자신을 설득해내는 데 성공했다. 그리하여 일반적인 선함에 자신을 내맡겨 주위에 있는 사람들을 사랑하도록 (말인즉슨 그녀가 그들을 정말로 사랑했기 때문이다. 그녀는 천성적으로 세상과 사람들을 좋아했고, 동물들까지도 좋아하는 사람이었다. 비록 곤충뿐만 아니라 개나 고양이도 그녀한테는 소름이 돋게 하긴 했지만) 자기 마음을 내줌으로써 두려움 없이 살려고 노력했고, 자기 안에 있는 온화함을 숨막히게 할 뿐인 그 두려움을 억누르기 위해 보이지 않게 싸웠다. 내면의 깊은 곳에서 삶과 사람들의 선함에 대한 신뢰감이 흔들릴 때, 그녀는 목구멍까지 올라오는 고뇌를 급류처럼 쏟아지는 다변으로 뒤덮고 억눌렀으며, 모든 사람과 모든 것에 대해 이야기하고 또 이야기했다.

1930년대 말 그녀는 기차에서 에밀리아 출신 장교를 만났다. 그녀와 모든 사람에게 바로 장군이 될 사람이었다. 에스페리아는 구릿빛 금발에 키가 컸는데, 잇따라 일어난 불가피한 상황으로 결정적으로 그 객실로 들어가게 된 장교가 거기에 있던 그녀에게 말을 걸게 되었다. 당시는 서로 존중하던 시대였고, 장교는 여자를 속이는 것은 고사하고 환상을 심어줄 생각도 전혀 없었으며, 일시적 만남이었다고 말하는 것도 과장에 가까울 수 있을 이런 순수한 만남이 오해의 여지를 주리라고는 전혀 생각조차 못 했던 것 같다. 이처럼 거의 아무것도 아닌 것이 에스페리아에게는 곧바로 모든 것이 되었다. 흥분한 그녀는 거기에다 매우 열정적인 절대성을 부여했고, 이는 그녀의 삶에서 엄청나고 필연적인 유일무이한 실체가 되었다. 불행히도 장교는 그녀와 결혼하고 싶은 의도가 전혀 없었고, 아주 합리적인 사람 입장에서 봐도 그에게 그런 의도가 있었을 거라고 여겨질 만한 행동이랄 것도 전혀 하지 않았다. 하지만 만약 그녀에게 이렇게 말한다면 비극이 되리라는 것을 그는 깨달았다. 그래서 결정을 내리지 않기로 마음먹었던 것이다. 그러니까 이도 저도 하지 않으면서 일종의 그 예비 약혼을 무한정 연기시키로 했으니, 세월이 흐르면서 계속 질질 끌고 이어져온 관계는 갈수록 끊기가 어려워지고 말았다.

그렇게 몇 년간 모호하고 맥 빠지게 할 기다림이 시작되었다. 이런 견딜 수 없는 상황에 점점 더 빠져들어간 장교에게는 의식적인 시련의 기간이었고, 에스페리아에게는 무의식적인 흥분의 기간이었다. 그녀는 진실을 알려고 하지 않았고, 끝없이 파고드는 망상과 열병 같은 강박증은 더더욱 뻗어나가 그녀의 행동을 붙들어매었고, 그녀가 접시에서 역겨운 벌레들을 보게 만들었으며, 점점 더 친척들이나 이웃들과 시도 때도 없이 끝없는 대화를 하게 했다. 당시 직업 장교들의 결혼에 필요한 왕의 허가증이 도착한 적은 한 번도 없었다. 그는 이 부대에서 저 부대로 전근되었고, 두 사람은 출발할 때 잠시나마 종종 기차역에서 만나곤 했는데, 그런 황량함과 향수에 어울리는 풍경으로 그만한 곳도 없었다.

에스페리아의 순진함과 당대의 풍속 덕택에, 다행히 두 사람 모두 다른 만남은 상상도 할 수 없었다. 점점 더 괴로워하던 그는 에스페리아의 형제들에게 마음을 털어놓았고, 자신의 운명을 이해하고 공감해주는 그들과 함께 이로부터 빠져나올 계획을 연구했지만, 이는 더한층 불가능한 일이 되어갔다. 에스페리아는 괴롭고 격노한 메데이아* 처럼 가슴이 찢어지는 고통을 느끼며, 자기를 끊임없이 무의식중에 유혹하는 유혹자를 괴롭혔고, 자신의 고통으로 그를 박해하고 그의 양심을 고문했다. 그러는 동안 점점 더 모호해져가는 그들 관계의 이 정신력이 사랑의 숭고함이라고 생각하면서 (절대 이름을 부르지 않고 언제나 부르던 대로) 자기 장군의 편지를 큰 소리로 가족에게 읽어주었고, 벽에다 그의 제복 차림 사진 몇 장을 붙여두었다. 투박하면서도

---

* 그리스 신화에 나오는 콜키스 왕 아이에테스의 딸로 황금 양털을 구하러 온 이아손을 사랑하여 자기 아버지를 배신하고 도와준 대가로 함께 결혼하고 코린토스로 갔으나 버림받았고, 그에 대한 복수로 이아손과의 사이에 난 자식들을 자기 손으로 죽였다.

온화한 남자의 이미지에다 우직함이 고스란히 묻어나는 제복과 계급장이 거기에 권위를 부여해주고 있었다. 그동안 혼수품과 장래의 가정 물품용으로 새로운 품목이 계속 늘어나, 결국 말니시오에 있는 가족의 집을 팔 수밖에 없는 지경이 되었는데, 그럼에도 불구하고 이는 오라비들을 비탄에 잠기게 하긴 했어도 만약 이를 거부했을 경우 초래될 상상하기조차 힘든 결과 앞에서는 연민과 두려움에 사로잡히게 했다. 그리하여 시트와 이불, 카펫은 트렁크와 서랍장 안에 보관되었고, 피아노를 포함해 가구들은 지하실에 쌓아두게 되었다.

분노로 얼룩진 막막한 몇 년이 지나, 장군이 그나마 한숨 돌릴 수 있게 이차대전이 시작되었는데, 그 바람에 아프리카 전선으로 멀리 갔다가 그는 폐를 다치고 만다. 죽음에 직면해 있는데다 집에서 멀리 떨어진 상태에 있던 그에게 에스페리아가 편지를 보냈으니, 그 편지로 그는 고통을 덜게 되고 집에 돌아가지 못할 수도 있다는 생각에 그것을 귀중히 여기며 위안으로 삼게 된다. 그들에게는 행복한 시절, 또는 최소한 견딜 만한 시절이랄 수 있었는데, 전쟁의 집단적 비극과 서로 만날 수 없다는 물리적인 사실이 괴로움을 고도의 체념으로 변화시켜주었기 때문이다. 전쟁과 더불어 그런 자비로운 휴식도 함께 끝나가는 듯했지만, 이탈리아로 귀국해 에밀리아에 있는 자그마한 땅의 집으로 돌아간 장군은 트리에스테에 남아 있던 에스페리아를 다시 만나기도 전인 어느 날 밤 일부 무장한 사람들에게 잡혀가게 되었고, 레지스탕스*가 개인적이거나 사회적인 복수로 타락한 이런 장소와 이 카오스 속에서 그만 권총 살해를 당하고 말았다.

에스페리아에게 고귀한 고통으로부터 숭고하고 관대한 해방이 내

---

* 1943년 무솔리니가 실각하면서 독일군과 파시스트 잔당들에 대항하여 특히 이탈리아 북부 지역에서 레지스탕스 운동이 전개되었다.

발첼리나 | 61

려졌다. 이 순간부터 그녀는 더이상 일을 그르친 신부가 아니라 미망인이었고, 고통스럽긴 했지만 이를 잘 겪어낸 한 여인, 잔인한 비극에서 자기 남자를 잃긴 했으나 그를 소유했던 여자로 남게 되었다. 장군의 죽음으로 충격을 받은 그의 많은 가족은 그녀를 미망인으로 받아들였고, 그녀에게는 행복한 시절이 시작되었다. 망설임 없이 그녀는 더 나은 삶을 위해 떠났던 자기 배우자의 친척들을 만나러 여러 도시로 갔고, 시댁 형제자매를 만났고, 시댁 조카들과 조카의 자식들을 돌보았으며, 세례식, 견진성사, 학교행사, 결혼식에 참석하기도 했다. 예전처럼 언제든 여행을 떠나긴 했지만, 이제 세상은 그녀에게 우호적이고 매력적인 것이 되었으며, 사건들이 넘쳐나고 색깔들도 다양하고 여러 계절이 늘어나, 슬프지만 좋은 기억들로 그녀를 뒷받침해주었다.

이제 그녀는 만족한 여인이 되었다. 겉모습은 안정적이고 적당한 비만으로 통통해졌고, 피부는 더이상 젊을 때처럼 생생한 윤기가 흐르진 않았지만, 걱정 없이 만족해하면서 삶의 주름살이 생기면 생기는 대로 내버려두게 되었다. 열광은 거의 사라져, 조카들을 공원으로 데려갈 때면 다른 엄마들이나 할머니들과 구분하기 어려웠다. 특히 아끼는 조카를 위해, 늦었지만 훌륭하게도 따뜻하고 부드러운 스웨터 뜨는 법도 배웠다. 그녀는 언제나 이야기를 많이 하는 사람이었는데, 장군 이야기로, 번번이 그녀 곁에 두고두고 남은 수많은 사진을 들먹이며 시작하긴 했지만, 히스테리라고는 찾아볼 수 없이 부드럽고 평온한 달변이었다.

에스페리아에게 열광적이고 괴로웠던 첫번째 삶은 35년 동안 지속되었고, 평온하고 아늑했던 두번째 삶은 47년 동안 지속되었다. 세번째 삶은 한 달 반 동안 지속되었다. 여든두 살에 갑자기 다리가 반쯤 마비되어 혼자 걸을 수 없게 되자 트리에스테 어느 요양원에 입원했던 그녀는, 일주일 후 사층 창문에서 몸을 던졌다. 그런 높이에도 불구하고 골절은 심각하지 않았으나, 에스페리아는 더이상 병원 침대에서 내려오지 못했다. 진단상으로는 이상이 없었지만 표정이 바뀌었다. 과묵해지고 암시적으로 변했으며, 친척들의 격려나 사소한 이야기에 상투적인 미소로 답할 뿐이었다. 냉담하고 쓸쓸한 단음절이었다. 그녀 방에 있던 장군 사진들도 사라졌다. 분명 몸을 던지기 전에 없앴을 것이다.

조카가 이따금 병원으로 그녀를 만나러 가곤 했다. 종종 그렇듯이 서두르면서. 이제 그녀가 장군에 대해 어떤 말도 하지 않는다는 것을 그는 즉시 알아차리고 있었던 것이다. 그 한 달 반 동안 단 한마디도 하지 않았다. 분명 자기 삶의 공허함에, 자신이 살아온 모호함에 갑자기 눈을 뜨게 되어, 이 게임을 끝내버리기로 결정했을 것이다. 입원한 지 한 달 반 뒤, 그녀는 진단서에 정의된 대로 '심혈관 허탈'이라는 그런 모호한 원인들 중 하나로 사망했다. 어쨌든 그녀의 사령부는 자기 병사들에게, 이제 전열을 가다듬는 데 지친 기관들에게 해산하라는 명령을 내렸다. 그 공허함을 바라본 뒤 에스페리아는 더이상 살고 싶은 마음도, 살아갈 수도 없었다. 굳이 말한다면 동맥경화라고 할 수도 있겠지만, 그것은 마치 H_2O가 초연히 흘러가 사라지는 물의 시詩를 가리키듯, 똑같은 것을 달리 말하는 것이었을 뿐이다.

누군가는 이렇게 물을 수도 있으리라. 에스페리아가 기나긴 염려로 사는 동안, 최종적으로 허무를 드러내긴 했으나 자기기만으로 족한 채 살아온 그토록 기나긴 세월 동안, 언제 자신의 진실을 살아본 적이 있는가 하고 말이다. 이보다 조카는 차라리 어딘지 모르게 불편한 마음으로, 서둘러 이 병원을 뜨문뜨문 오간 일에 대해, 그가 껴입었던 겨울 스웨터들의 온기에 대해 생각하게 되겠지만 말이다.

오래된 칼레그란데 거리 근처 루벤의 집 맞은편에는 비니초 온가로의 집이 있는데, 트리에스테에 살면서도 푸시나 축제에 절대로 빠진 적 없는 그는 여름이면 매해 한 달 동안을 말니시오에서 보내기도 한다. 온가로는 의사다. 마음이 놓이게 하는 차분함과 온화하면서도 흔들림 없는 그의 정확한 성격은, 나름대로의 불안, 불면증과 공포에서 싹튼 환각, 그런 마음들을 포위하고 있는 망상들, 어둠 속으로 빨려들어가는 듯한 삶의 공허함을 갖고 그에게 가는 환자들에게 곧바로 안도감을 준다. 그는 유연한 태도로 조바심 내지 않고 듣는다. 그의 얼굴과 태도에서 무언가 소크라테스식 반어법을 바로잡아줄, 프로이트의 울적한 너그러움과 빛나는 공명정대함을 떠올리게 된다. 인내심을 지닌 날렵한 고양이처럼 고뇌의 소용돌이 안으로 파고들어가, 신중한 질문으로 그 땅을 탐색해보고는 기적을 약속하지 않으면서 약을 제시하지만, 고양이 같은 유연한 발은 불안의 뱀이 달아나게 놔두지 않고 눈치채지 못하게 고것을 슬그머니 움켜잡아 밖으로 끌어내니, 악마들에게 쫓기던 사람들은 종종 얼마 후면 전과 같이 다시 살아나갈 수 있게 된다.

환자가 없는 사이에 온가로는 타자기 앞에 앉는다. 때로는 자신을 위한 시간이 너무 촉박할 때에는 녹음기에 대고 말한다. 어느 대화에 대한 말대꾸라든가, 고립된 이미지들, 어떤 인물이나 예기치 않은 사건의 개요, 순간적인 현현, 어느 오후의 햇빛이나 한 얼굴에 드리워진 빛, 빗속에서 내리치는 번개의 번쩍임, 푸시나에서 일어나 대기 속으로 사라지는 불꽃의 궤적 같은 것들을. 그런 스케치들 주위로 조금씩 이야기가 형성되고 소설이 탄생한다. 온가로는 비밀스러운 소설가다. 유통되는 문화망 안으로 들어가기 어려운 조그마한 출판사들에서 남몰래 책을 출판했으니, 가장 비밀스러운 소설가들 중 하나다. 그래서 칭찬도 받고 진가도 인정받긴 했지만, 공식적이고 인정받는 문학 클럽으로 들어갈 입장권과 명성은 얻지 못했기에, 숨겨진 원고가 지닌 애끓는 동정을 서랍 안에서 잃고 말았다.

이데올로기적 프로그램이나 문학적 선언이라고는 모르는 온가로는, 정말이지 단순히 삶을 이야기하고, 김 서린 어느 수족관 뒤에서 보듯 내면 깊은 곳으로 다시 잠기기 전에 떠오르는 생각들, 기억들, 연상들과 같은 불투명하게 흘러내리는 삶을 포착해냈다. 그는 몸짓들, 대상들, 순간들처럼 이야기하기에는 그토록 어려운 단순하고 일상적인 현실을 다시 그려내고, 특히 의식은 베일에 덮여 있으나 체험의 알갱이들이 가라앉지 않고 표면에 떠오르는, 전의식前意識의 잿빛 구역을 묘사해낸다. 1983년에 나온 소설 『불쌍한 내일』의 주인공은 플로베르식의 단순한 마음을 지닌, 잊을 수 없는 여성 인물이다. 문학의 월계관을 쓰기에 이만하면 누군들 충분하지 않겠는가.

삶은 때로는 다른 사람의 두통을 낫게 해주는 사람에게도 두통이 생기게 하고 병을 준다. 아마도 온가로에게, 삶은 글 속에서 존재의 한 방식이 되는 편두통이지 않을까. 그래도 감각들에 여자들, 계절의 빛깔들, 정다운 열의라든가, 반짝이는 물의 반사광, 말니시오의 자기 집 앞에 있는 커다란 나무들에 관대하게 자신을 내주게 한 무언가가 존재한다. 약을 처방하고 끝없는 공포를 자애롭게 들어주던 사이사이에, 아이러니하고 소심한 온가로는 자기 이야기를 조각난 단편으로 써내려가곤 했다. 그리고 그런 단편들은 삶에서 그러하듯 그 구조와 의미가 마지막에 드러나는 정돈된 소설로 서서히 조합된다. 그늘 속에서 글을 쓰는 것도 편두통의 한 형식인지 모르겠으나, 이 두통의 학습장에서 우리는 세상을 호의적으로만 바라보는 사람들에 비해 독자적으로 인간을 이해하고 길들이고 음미하는 법을 배울 수 있을지도 모르겠다.

딱 잘라 말해 무시무시하고도 부드러운 발첼리나 계곡은 마그레도 터널을 먼저 넘어가야 시작되는데, 이 터널은 (공상)과학에서 가정하는 웜홀처럼 움직임 없는 머나먼 다른 시간으로 우리를 안내하는 것 같다. 1903년 몬테레알레 관통도로가 개설될 때까지 그곳은 오랜 세월 동안 고립되어 있었다. 전설에 따르면 훈족의 왕 아틸라와 나폴레옹이 그곳 입구까지 왔다가 되돌아갔다고 한다. 마자르족이나 다른 야만족들 앞에서 달아나던 사람들이나 그곳에 터를 잡을 수도 있었 겠지라고 풀이할 수밖에 없을 그 계곡은, 아마 그들의 정복 야망을 충족시켜줄 만한 게 전혀 없었기에 되돌아가지 않았을까 싶다. 1805년까지는 이 지역에 대한 지도들조차도 불확실하고 오류들로 가득했으니 말이다.

얼굴에 파인 주름살처럼 굴곡들을 드러내고 있는 산에는, 보라색 히스 덤불들이 포도주 얼룩처럼 흩어져 있다. 흙과 돌은 납의 색깔이자 가난의 색깔이다. 카를로 스고를론이 자기 소설에서 우리에게 그 삶을 이야기한바, 이 계곡 사람들은 자신들 위로 지나간 역사의 강물이 쌓아올린 잔해물들 속에 파묻혀 살았다. 하지만 비와 안개에 젖은 하늘 아래에서도 계곡 바닥으로 굽이져 흘러내려가는 첼리나 강은, 변함없이 눈부신 투명함을 자랑하고 그 초록빛 강물은 계곡을 밝게 만들기에 충분하다.

계곡 옆에 따로 떨어져 있는 안드레이스 마을에서는 평온하면서도 철저한 무관심이 느껴지고, 사투리마저 나름대로 자율적인 독자성이 있음을 보여준다. 나무 바구니를 짜고 다듬는 사람이 있고, 언어를 짜고 다듬는 사람이 있다. 안드레이스에는 두 시인이 있는데, 1919년에 설립된 프리울리문헌학회의 전통주의와 1945년 파솔리니가 세운 프리울리언어아카데미의 의고적 혁명 쇄신 사이에서—때때로 격렬히 대결하기도 하는—대립각을 세운 것과 마찬가지로 이론상으로 그들은 서로 맞대결하고 있다. 페데리코 타반은 일탈적이면서 순수한 '저주받은 시인poète maudit'으로, 일관성이 없는데다 소화하기 힘든 이런 기질을 지닌 대다수 작가처럼 외따로 떨어진 채 뻐딱한 인상을 강하게 풍기며 자기주장이 드센 생활방식을 고수하긴 하지만, (뇌관이 빠진 허약한 정신도 효과적인 방패막이가 되어주다시피) 언어의 밑바닥으로 내려가 곧장 그 불안 속으로 뛰어들어갈 수 있는 시인이다. "나도 밑으로 내려간다." 아흔 살이 넘은 시인 비토리오 우고 피아차는 이 멋진 말들로 훌륭한 감각과 뚜렷한 운율을 지닌 운문을 써내는 시인이다. 하지만 가로등 위로 내리는 눈송이에 이끌려 쓴 그의 서정시를 감동하며 읽을 때면, 시의 집에도 하느님 아버지의 집과 마찬가지로 수많은 거처가 있음을 깨닫게 된다. 1826년 시인 레오파르디가 많은 사람이 "시와 경박함"을 뒤쫓는 것을 통탄하며 다음과 같이 썼긴 하지만 말이다. "세상 모두가 시를 쓰고 싶어하나, 유럽은 시보다 더 건실하고 참된 무언가를 원한다."

안드레이스를 떠나면서 잠시 콜베라 계곡 내에 있는 포파브로 마을로 돌아간다. 마을은 거의 황량하고, 창문들은 공허한 눈구멍 같고, 나무문은 여기저기서 썩어가고 있다. 꽃 장식을 새기는 장인이자 그 기술과 자신이 기억하는 옛날이야기들로 널리 알려진 한 사람을 찾기 위해, 이 골목길에서 만난 유일한 행인에게 길을 묻는다. 술을 많이 마셔서 낯빛은 붉고 무표정한 어떤 늙은이이다. 위엄 있게 아는 바가 전혀 없다고 대답하더니, 자기는 기억을 잃었다고 덧붙이면서 그가 나가떨어졌던 공허함을 잠시 동안 담담히 굽어본다. 어두운색 나무에다 상감세공을 한 발코니, 계단 아래 질서정연하게 착착 끼워넣어 정리해둔 장작들, 우아한 창문들을 바라보면서 산책자들 중 하나가 집이 아름답다고 말한다. "아니, 아름답지 않아요. 안에는 얼마나 흉한지. 와서 봐요." 머리칼이 헝클어진 한 여자가 창문에서 몸을 내민다. "흉하다니까, 와서 보라고요." 귀에 거슬리는 새된 목소리로 여러 번 반복해서 말한다. 경솔한 마을 찬양자들이 벌써 길모퉁이를 돌아섰는데도 말이다.

호수가 딸린 바르치스 분지 마을 너머에 클라우트, 치몰라이스, 에르토, 카소 마을들이 있다. 먼지투성이 도로가 무쇠 같은 풍경을 가로질러 바욘트 강을 향해 뻗어올라가는데, 1963년 10월 9일 비극적인 이 몇 분 동안에 산사태로 무너져내린 산의 옆구리들에서 찢어진 상처들과 멍들, 잇몸에서 뽑힌 썩은 이 같은 바위조각들이 드러난다. 이 마을들의 옛 탄원서들에서 이르길 "고명하신 전하의 우리 불쌍한 주민들"이라 했다. 힘겨운 시절 프리울리의 비참함과 고통 속으로, 생존의 야만성에 질식되고 상실된 삶의 황량함 속으로, 역사와 존재의 이 진창 속으로, 파올라 드리고가 1936년에 펴낸 비극적이고 위대한 이야기 『마리아 제프』에 나오는 비극적이고 위대한 여주인공 마리아 제프가 걸어들어갔다.

저지대에 속하는 에르토와 카소의 집들은 비어 있고, 무너져내릴 위험에 처한 채 벼랑 끝 가파른 사면에 매달려 그 아래를 굽어보고 있다. 이곳은 지옥보다 묘사하기 훨씬 더 어려운, 연옥 같은 슬픔을 지니고 있다. 새 집들과 마주해 있는 낡은 집들에서 옛날 그림 같은 기하학적 아름다움이 느껴지는, 자기 고유의 미를 지닌 마을이다. 지진을 비롯해 여기 근처에서의 고난은 생명 에너지를 다시 일깨우는 진동이다. 오래된 긴 골목길에는 황량한 돼지우리에서처럼 진흙과 오니汚泥가 엉겨 붙어 있다. 우리를 구성하는 흙도 이와 전혀 다를 바 없으니, 그럼에도 일부만 놓고 보자면 창조주가 자기 손으로 그 모형을 빚을 만한 가치가 있긴 했던 것이다.

에르토에 사는 마우로 코로나는 손으로 사물들에서 생명을 창조하는 마법을 알고 있다. 얼핏 보기에 특이한 산사람처럼 보이는 코로나는 위대한 조각가인데, 자신이 그렇다는 것을 아직 모르고 있는 것 같다. 그의 나무 형상들에는 믿을 수 없는 힘과 함께 삶의 고통스러운 연약함이 있다. 여자의 몸들, 보편적인 노인 얼굴들, 동물들, 십자고상들, 고유의 거친 야생의 맛을 통해 오래되고 현대적인 이 계곡의 니케 상으로서 비극적인 토르소로 변신한 올리브나무가 그렇다. 조각을 하지 않을 때면 마우로 코로나는 세상에서 더없이 다양한 산들의 험준한 암벽을 기어오르고, 스포츠 용품을 광고하는 자기 사진들을 거의 무상으로 교활한 스폰서들에게 넘겨준다. 그의 육체는 강철선으로 되어 있고, 번개 같은 그의 지성은 복음을 전하는 비둘기의 단순함을 갖고 있다. 독기 어린 세상에서 파멸하지 않으려면 얼마나 많은 술책이 필요한지 의식하고, 사악한 세상의 전문가인 뱀처럼 교활해질 필요도 있다. 이런 형상들을 창조한 머리, 가슴, 손은 뱀의 신중함이 없어도 될지 누가 알겠는가마는.

　돌아오는 길에 바르치스 호수에 멈춘다. 그 인공 호수의 물은 에메랄드그린으로 빛나면서 인공적인 것도 자연 못지않게 매혹적이라는 것을 보여준다. 아니, 보다 정확히 말하면, 자연과 모순되는 것처럼 보이는 것까지 모두 만들어내고 무대에 올리는 것은 언제나 자연이기 때문에, 인공적인 것은 전혀 없다는 사실을 증명해주는 듯하다. 우리는 검은 옷을 입은 어느 노파에게 산골 공동체가 어디에 있는지 묻는다. "어디에 있겠소? 당연히 학교에 있지. 예전에는 아이들이 있었는데, 이제는 아무도 없어. 그래서 텅 빈 학교에다 이놈의 온갖 물건을 쌓아두지." 일단 건물 안으로 들어갔고, 도서관에 이 마을과 마을 역사에 관한 책들이 있는지, 특히 『발첼리나의 노래들』과 「물질에 대한 찬가」를 쓴 19세기 작가 주세페 말라티아 델라 발라타의 작품들이 있는지 사무원에게 물어봐야 맞을 것 같았다. "실례합니다만, 어디 대표로 오셨습니까?" 자기 자신을 위해 산책을 나선다거나 어떤 책을 찾아보려는 사람이 있을 거라고는 전혀 생각해본 바가 없다는 듯 사무원이 차근차근 질문을 해왔다. 그 질문은 어려웠고, 문 앞에서 저지당해 기다리고 있는 마리사와 친구들도 대답을 내놓지 못했다. 물론 누군가 온당히 자신을 대표한다고 말할 수 있을 법한 범주들이야 많다. 두 발 달린 동물, 선생, 결혼한 사람, 아버지, 아들, 여행자, 사람, 자동차, 하지만…… 그렇게 선조들의 땅에서 얻은 이 여행의 결실은 고명하신 폐하인 자아를, 개인의 독립성이 지닌 조그마한 다른 한 조각을 상실하는 일이 되고 말았다. 그러니 이제 더이상 "당신은 내가 누군지 몰라요"라는 대답 말고, "당신은 내가 누구를 대표하는지 몰라요" 하고 대답할 수밖에 없음을 감수해야만 할 것이다.

석호들

 물에 씻기고 침식되고 여기저기 해체되어 녹슨 골조만 남은 거뭇거뭇한 거룻배 몇 척이, 언제부터인지 무인도 팜파놀라 섬 옆 석호의 낮은 바닥에 정박되어 있다. 노를 저어 움직이는 바닥이 평평한 배 바텔라는 물에 거의 잠기지 않고 아주 얇디얇은 수면 위로 간신히 바닥에 스치듯이 천천히 미끄러져가고, 그라도를 등지자마자 베네치아로 가는 석호 물길을 따라 나아간다. 물길은 양쪽에 늘어선 빨갛고 검은 기둥들로 잘 표시되어 있고, 물길의 갈림길에서는 표지판이 화살표로 아퀼레이아, 베네치아, 트리에스테 방향을 가리키고 있다. 어느 브리콜라* 위에 바다의 별이자 뱃사람들의 수호자인 새하얀 성모상이 서 있고, 성모상 머리 위에는 갈매기 한 마리가 광대하고 텅 빈 여름의 투명함을 배경으로 앉아 있다.

 다리를 지나자마자 커다란 배들의 공동묘지와 더불어 석호가 시작

---

* 석호의 개펄에 박아놓은 나무기둥 서너 개를 한데 모은 일종의 받침대로, 배의 항로를 표시하거나 정박시에 사용된다.

된다. 배 한 척의 옆구리에서는 뒤집어진 기중기가 튀어나와 있고, 갑판 위에는 권양기捲揚機가 녹슬어 있지만, 밧줄은 아직 온전하고 튼튼하다. 그런 난파는 온화한 난파다. 오랜 세월 동안 생선을, 무엇보다 모래를 운반하고 난 배는, 피곤한 몸으로 평온하게 얕은 바다에 기댄 채 소멸을 기다리고 있다. 어느 거룻배는 거의 늑판과 용골만 남은 채 상당히 망가져 있는데, 기다랗게 튀어나와 있는 되바라진 못들이 추상적인 장식 같다. 그래도 다른 배들은 아직 튼튼하다. 단단한 나무로 만들어진 배의 불룩하고 힘찬 복부 형태에서, 그 배를 만든 손들의 지혜와 몇 세대에 걸쳐 쌓인 바람과 조류에 대한 지식이 엿보인다. 붉고 푸른 접합판들로 보이는 선체 측면은 색이 바래가고 있지만, 군데군데 아직 생생하고 따뜻하다.

조수와 비와 바람이 그 배들을 조각조각 해체시키다, 더 나아가 그 조각들을 썩고 부스러지게 하려면, 아직은 많은 시간이 필요할 것이다. 점진적인 죽음이자, 소멸에 맞선 형태의 집요한 저항이다. 여행은 망각에 대항하여 벌이는 헛된 전투이며, 후위後衛의 걸음이기도 하다. 해체되었지만 아직 완전히 소멸되지 않은 나무 몸통의 모습, 흩어지는 모래둔덕의 옆모습, 낡은 집에 남은 거주의 흔적을 바라보기 위해 걸음을 멈춘다.

석호는 변화의 흔적을 찾아 목적 없이 그렇게 천천히 배회하기에 적당한 풍경이다. 바다와 땅의 변화마저 눈에 보이는데다, 그 변화가 바로 우리 눈앞에서 이루어지고 있기 때문이다. 열린 바다를 막고 있는 모래언덕, 즉 반코도리오*는 그라도 출신 사업가이자 읍장이기도 했던 파비오 차네티가 학위 논문을 위해 연구하던 2년 동안에 몇 미터 이동했는데, 예외적인 북동풍 때문에 특히 서쪽으로 이동했다. 이

---

* Banco d'Orio. 그라도 석호와 아드리아 해 사이를 나누는 기다란 모래언덕.

런 움직임은 사람의 얼굴 위로 시간이 흐르는 것처럼 분명히 알 수 있다. 바람은 기발한 풍경 건축가다. 뜨거운 남풍은 부서뜨리고, 북동풍은 휩쓸어가고, 미풍은 세우고 또 세운다.

바텔라는 해초들과 얕은 바다 사이로 미끄러져가고, 석호에서 약간 솟아오른 무수한 작은 섬 중 하나인 타포* 옆으로 지나간다. 머리가 붉은 조그마한 새들이 돌아다니는 풀덤불은 몇 미터 너머 바닷물 속에 있는 해초들과 혼동된다. 바람의 입김 속에 타포의 꽃들, 라벤더색 푸른 꽃들이 움직인다. 1912년에 출판된 그라도 출신 비아조 마린의 첫 시집이 『타포의 꽃』이다. 조개껍질과 함께 이 꽃은 그의 시를 상징하고, 거기에서 지칠 줄 모르고 수액이 뻗어나가는 의식을 상징하는 것으로, 삶의 진창과 응고물에서 태어나는 창조물이다. 소금기 있는 진흙에서 가늘고 부드러운 줄기가 솟아오르고, 끈적거리는 연체동물은 조개껍질의 완벽한 무지갯빛 나선형을 생성한다. 이는 바로 마린이 둔덕에 스치는 물소리와 갈대들 사이에서 들었고 그라도의 6세기 건축물인 장엄한 산테우페미아 성당의 그늘에서 들었던, 전례 합창에서 다시 발견한 영원의 시편이다.

타포는 언제나 솟아 있지만, 벨마는 단지 썰물 때에만 솟아올랐다가 다시 물속에 잠기는 땅으로, 때로는 친숙하게 눈앞에 드러났다가도 때로는 50센티미터만 드러내고는 바닷물의 신비 속으로 잠겨버리는 그런 땅이다. 벨마는 분명히 베일에 싸인 부동하는 깊이의 신비, 손을 단지 몇 센티미터만 집어넣어도 그들의 마법을 침해하게 되는 그 이상하고 아득한 바닥의 조개껍질들과 돌맹이들의 신비이며, 물

---

* 석호의 수면 위로 솟은 작은 섬.

아래 약간의 진흙에서도 그 섬광이 빛나는 비네타*나 아틀란티스처럼 바닷물 속에 잠긴 도시의 마법이다.

모래언덕을 관통하는 수로를 통해 조수는 석호 안으로 들어가고, 그와 함께 멀리서 밀려온 바닷물이, 양식 물고기가 겨울을 보내는 골짜기, 짠 웅덩이 안으로 들어간다. 날씨가 좋지 않을 때면 안개와 푹푹 빠지는 개펄이 위험한 덫으로 바뀔 수도 있는 석호의 느긋한 고요는 바다의 얼굴이자, 담대한 무관심의 얼굴이기도 하다. 어느 바위에 말리려고 올려놓은 조개껍질 몇 개가 반짝이고 있다. 전복, 장밋빛과 보랏빛 접시조개, 소라, 삿갓조개 몇몇이.

가마우지 한 마리가 힘겹게 날아올라 수면에 스칠 듯이 날다가 깊은 수로에 이르자 물속으로 곤두박질해 들어가 사라진다. 몇 미터 저쪽에서 검은색 그 목이 잠망경처럼 솟아오른다. 오른쪽으로 라바이아리나 섬이 지나간다. 통발 설치 표시로 검은색 헝겊을 매단 장대들과 함께, 배 두 척이 두 개의 거울 사이에 매달린 것처럼 조용히 미끄러져간다. 작은 섬들 위로 '큰 집'이란 뜻의 카소네들이 보인다. 카소네는 오랜 세월에 걸쳐 주거지나 고기잡이 창고로 사용되었던 석호의 건축물로, 나무와 갈대로 지어졌으며, 문은 서쪽으로 나 있고, 진흙바닥 한가운데에 푸게르라고 불리는 화덕이 있고, 마른 해초로 채운 간이 매트리스가 있다. 아직도 집들 상당수가 그대로 있다. 몇몇 집 위로는 텔레비전 안테나가 솟아 있고, 일부 집들은 보수되거나 개축되었다. 그라도 석호가 끝나는 포르토부소†에는 이제 그런 집이 없다.

---

* 10~12세기 발트 해 남쪽 해안에 있었다는 전설적인 무역도시.
† 석호는 가운데 근처에서 행정구역이 나뉘어, 동쪽은 그라도 석호이고, 서쪽은 우디네에 속하는 마라노 석호다. 그라도의 서쪽 경계선 근처에 포르토부소 섬과 안포라 섬이 있다.

왜냐하면 아비시니아 전쟁* 때 그곳을 지나가던 어느 파시스트당 지도자가 아프리카를 문명화하기 위해 가는 마당에 자기 집터에 초가집을 그대로 놔두는 것은 합당하지 않다고 지적해서 이를 허물고 돌로 된 작은 집들로 바꿔버렸기 때문이다.

한때 카소네에 살던 사람들이 이따금 자기들이 낚은 물고기를 들고 그라도에 가곤 했다. 그럴 때면 우아한 옷을 입고 머리칼을 매끄럽게 하려고 기름을 발랐는데, 미사에 가면 그 튀김 기름내가 온통 교회 안에 퍼져 있었다. 그런 화장술과 상관없이 석호는 모든 바다가 그렇듯이 깨끗함과 더러움 사이의 통상적인 구별을 없애는 물과 바람의 거대한 세척장이다. 한 줄기 바람과 일부 조류로 조금 저쪽에서 석호는 바닷말같이, 삶의 색깔이기도 한 이 푸른 물빛으로 투명해지지만, 발은 질척거리는 개펄 속으로 쉽게 빠진다. 황금빛 모래를 더러운 갈색으로 흐리는 혼탁한 색은 따뜻하고 부드러운 원초적 진흙, 더럽지도 깨끗하지도 않은 이 생명의 진흙에서 나오는 것으로, 이것들로 인간들과 그들이 사랑하고 원하는 얼굴들이 빚어졌고, 이 진흙으로 인간은 모래성과 자기 신神들의 이미지를 만들어냈다.

이 진흙은 더러워 보이지만, 사실 상처 위의 곰팡이처럼 건강한 것이다. 팔을 한 번 휘저어 진흙에서 맑고 깊은 물속으로 벗어나는 건 기분좋게 해주지만, 어느 작은 섬에 내릴 때면 잊고 있었던 어린 시절의 이 친숙한 진흙 도가니에서 너무 자주 첨벙거리게 된다. 긁힌 곳에 바른 침처럼 이 진흙이 완화시켜주는 상처들, 이는 매일 매시간 화살처럼 몸속에 박히는 가시들이기도 하다. 명령, 금지, 위협, 권유, 탄원, 압력, 주도권 들이 육체와 영혼에 남기는 가시이며, 그 독액은 삶의

---

* 에티오피아 전쟁이라고도 하는데, 아비시니아는 에티오피아의 옛 이름으로, 파시즘 체제의 이탈리아는 뒤늦게 제국주의 대열에 합류해 1935~1936년 에티오피아를 침공했다.

맛을 망치고 죽음의 불안을 가중시킨다.

석호는 평온함, 느림, 무기력함, 축 늘어지고 게으른 방종이며, 구름처럼 목적지도 종착지도 없이 지나가는 시간들, 소음의 미세한 차이를 구별하는 법을 서서히 그 속에서 배우게 되는 적막함이기도 하다. 그러니 이는 해야 하는 것과 이미 한 것, 이미 살았던 것한테 물어뜯기고도 으스러지지 않고 남은 생명이자, 달아오른 돌의 뜨거움과 햇볕에 썩어가는 해초의 습기를 기꺼이 느끼는 맨발의 생명이다. 물어뜯는 모기들도 귀찮지 않으니, 야생 마늘이나 소금물의 자극적인 맛처럼 기분이 좋을 정도다.

어느 타포에서는 꽃들 사이에 세워진 십자가가 누군가를 기억하고 있다. 바텔라 뱃전에 앉아 모래언덕을 넘어왔을 파도, 이 거품 이는 물 위로 드리운 위성류渭城柳 덤불을 바라보고 있노라니, 죽음에 대한 두려움이 약간 줄어든다. 혹시 아직도 앞으로 시간이 많다는 환상에 빠질지 모르지만, 바닷가에서 진흙투성이가 되어 놀고 있는 아이들이 개의치 않고 놀듯이 그런 계산에는 별로 신경쓰지 않는다. 배는 고기잡이를 위한 골짜기와 농가들 앞으로 지나간다. 농가 하수구 근처에는 게 한 종이 많이 번식하고 있는데, 선호하는 그 개의 입맛 탓에 "똥 먹는 게"라 불린다. 일부 식당에서는 그란초포르라는 노나른 게와 함께 그 게를 여행자들을 위해 맛있는 수프로 요리해 내놓는 것 같다. 생명의 완벽한 순환과 재순환의 실현인 셈이다.

바다와 석호의 물은 생명이면서, 생명을 위협한다. 생명을 가루로 만들고, 물속에 빠뜨리고, 잉태하고, 흩날리고, 없애기도 한다. 20세기 전반기에 프리메로 수로와 이손초 강어귀의 스도바 곶 사이에서 동쪽으로는 해안선이 196미터 물러났고, 서쪽으로는 산피에트로도리오 섬이 한때 그라도와 연결되었다. 흙이나 모래 장벽을 뒤엎는 격렬한 폭풍들이 석호를 형성하고, 석호는 조용히 계속 육지를 침식한다. 연대기들에서는 전쟁과 전염병에 대해 이야기하긴 하지만, 그만큼이나 또 매우 자주 언급되는 건 (카롤루스대제 시대에 논쟁을 몰고 다닌 활동적인 인물인 그라도의 총대주교 포르투나토의 증언이나 11~12세기의 『그라도 연대기』에서처럼) 높게 치솟아 범람하는 "큰물"에 대한 이야기로, 산타가타 교회 안으로 들어간 바닷물이 순교자들의 무덤까지 뒤덮었다는 둥 베네치아의 권위를 대표하는 백작의 저택에 부딪쳐 산산조각 흩뿌려졌다는 둥 하는 이야기다. 몇 세기 뒤, 『어느 이탈리아인의 고백』을 썼던 19세기 작가 이폴리토 니에보는 "바다가 해마다 더한층 대주교 교회당을 옥죄어온다"고 지적했다.

바닷물에 포위된 성당은 위험에 빠져 도움을 요청하는 배인 동시에, 물속에 빠질까 두려워하는 사람에게 도움을 주는 방주 또는 제방이다. 어부와 뱃사람에게, 바다는 삶이자 죽음이며 생계수단이자 함정이다. 물은 자신을 심연과 나누어, 자기한테 발을 내디뎌 유약한 판자에 의탁한 채 믿음 없는 쓰라린 바다를 모험하는 사람에게 생명과도 같은 배의 목재를 침식시킨다. 배는 폭풍으로부터 보호를 해주기도 하지만, 항구가 있는 곳 너머 태풍과 난파를 향해 뱃머리를 돌리기도 한다. 자신의 고통 속에서, 뱃사람은 난파와도 더 가까이 있고 행복한 기슭에도 더 가까이 있는 셈이다. 심연의 바닷물 역시 거대한 세례의 샘이기도 하다.

그라도 산테우페미아 성당의 바닥 모자이크는 바다 밑바닥의 물결 모양, 파도가 모래 해변과 바다 수면에 새기는 구불구불한 그림들을 그대로 재생하고 있다. 파도는 해변과 제단을 향해 밀려가고, 둥글게 굽이치고, 하얗게 포말이 일다가, 잦아들고, 또다시 돌진한다. 영원히 요동치면서 밀려갔다 돌아오는 그 파도의 화음은, 성당의 둥근 천장 아래에서 옛날 노래로 메아리치고, 멜로디 역시 달아났다가 돌아온다. 성당의 시간도 바다의 시간도 아니다. 그것은 짧고도 즐거운 삶의 시간이다. 배를 뭍으로 끌어올리고 삶의 고통을 위해 약간의 자비를 구하는 사람의 발밑에 있는 파도와 모래여, "더러운 것을 씻어주고, 메마른 것에 물을 대주고, 다친 것을 낫게 해주오……"*

석호 바닥에서처럼 헤엄치고 있는 모자이크 바닥에 새겨진 물고기 한 마리는, 땅과 바다 사이에서 힘겹게 살아가는 사람의 일용할 양식으로서 육화된 주님의 상징이다. 썰물이 질 때면 때로 물고기 한 마리가 웅덩이에 남아 있는데, 그걸 갖고 아이들은 양동이에 집어넣어 손으로 장난치며 즐거이 놀지만, 퍼덕거리면서 부르르 떨며 아가미를 벌렸다 닫았다 하는 물고기에게 어느 누구 하나 그런 장난이 괜찮은지 묻지 않으며, 아이들에게 뭔가 변화가 생기는 것도 물고기가 더이상 움직이지 않는 순간, 비로소 그때가 되어서다. "적을 멀리 쫓아주시고, 평화도 끊임없이 주시고…… 모든 악을 피하게 해주소서……"†

그래도 석호는 젊다고 지질학자들은 말한다. 누군가는 알프스산맥의 지각변동에 따른 습곡과 강들에 의해 퇴적된 충적토에서 머나먼 기원을 염두에 두고 1만 2000년이라고 말한다. 또 어떤 사람은 그 형성기를 더 가깝게 보고, 인간의 짧은 기억으로 측정할 수 있는 역사시대에 위치시키기도 한다. 석호의 시간에는 역사와 자연이 뒤섞여 있다. 기억할 만한 사건들은 대부분 재난들이다. 그것이 인간에 의한 것이든 환경적인 요소 때문이든 그런 건 별로 중요하지 않다. 452년 아퀼레이아를 파괴한 훈족의 침입, 582년 바다의 분노, 586년 롬바르드족의 약탈, 589년의 대홍수, 869년 사라센의 습격, 1237년의 페스트, 1810년 영국인들이 저지른 화재,("아틸라가 하느님이 내린 형벌이

---

* 가톨릭교회의 전통적 기도문 중 하나인 「오소서, 성령이여」의 일부.
† 9세기에 라바누스 마우루스가 썼다고 전해지는 찬가 「오소서, 창조주 성령이여」의 일부.

라면/ 영국인들은 그 형제들이다."*) 1925년의 '시온sión' 즉 태풍과 1939년의 태풍이 그렇다. 오랜 세월 동안 성당의 탑에 걸린 종 페스카도라는 폭풍을 알려주고, 기도 행렬이나 탄원, 액막이까지 동원하여 재난과 모든 큰물로부터 보호를 청한다.

그라도는 그곳을 시적 신화로 만든 비아조 마린의 서정시 덕택에 문학적 풍경이 된다. (같은 그라도 출신의 문인 세바스티아노 스카라무차의 관습적 시구들만 봐도 독자보다는 방언학자에게 이 서정시들이 더 의미 있듯) 마린 이전에는 미미했거나 거의 없긴 했지만, 반짝이던 금쪽 몇 개처럼 얼마 안 되는 이 시도 거의 무에서 탄생한 조개껍질 자개처럼 감동을 준다. 도메니코 마르케시니, 1850년에서 1924년 사이에 살았던 일명 메네고 피콜로가 그라도 사투리로 쓴 시와 산문도, 그러잖아도 그 존재가 완전히 불분명해졌으니 후손들의 기억에 남기란 힘들 것이다. 하지만 그의 한 시구를 보면, 불쌍한 어부들은 "개펄의 지휘관"으로 나온다. 이 개펄 속에서 이뤄지는 그들의 고된 노고 위로 세레니시마†의 영광이 반사되고 있는데, 말하자면 그라도는 세레니시마의 어머니였다. 하지만 곧바로 뒤이어 그가 말하기를, 비록 그들이 노동을 통해 개펄의 지휘관이 된다 할지라도, 그들의 생계수단이 걸린 이 개펄이야말로 그들의 "주인"인 것이다.

삶에서 시 한 구절은 하찮은 것이 아니다. 메네고 피콜로가 한 세기 전에 선장 직업을 버린 뒤 '친구에게'라는 뜻의 주막 '알리아미치'를 열었듯, 주막을 여는 일도 하찮은 일로 볼 게 아니다. 이 일이 사회적 신분 하락은 아니었다. 세레시니마 시절에 주막은 일종의 권위였고,

---

* '하느님이 내린 형벌'은 아틸라의 별명이기도 했다. 1810년에 그라도는 나폴레옹 치하 이탈리아 왕국에 속해 있었는데, 영국 해군이 점령하고 약탈했던 도시다.
† Serenissima. '가장 평온한 (나라)'라는 뜻으로, 베네치아공화국의 호칭.

공화국 대표와 직접 거래했으며, 좋은 포도주와 미풍양속을 책임져야 했다. 주막과 교회는 존중받을 만한 인류의 모든 주거공간 중에서도 가장 중요한 두 장소이며, 섬도 마찬가지다.

비슷비슷한 이 두 장소는, 잠시나마 그늘에 앉았다 앞으로 나아가게 도와주는, 오래된 성상이나 포도주 한잔 앞에서 길을 가다 멈춰 쉬고 싶은 여행자에게 열려 있는 장소들이다. 자유로운 두 장소에서는 들어오는 사람한테 어디서 왔는지, 어떤 깃발이나 표식 아래에서 싸우는지 묻지 않는다. 그리고 교회 안에서는 의무적으로 돈을 지불할 필요도 없다. 촛불을 켜라고 권하긴 해도 강요는 하지 않는다. 아마 교회는 오늘날 배를 타고 있는 것과 비슷하게 가장 자유롭게 호흡할 수 있는 장소들 중 하나일 것이다. 원할 때 들어가면 그만이고, 왜 미사에는 안 가는지, 혹은 왜 열시 미사는 안 가면서 여덟시 미사는 가는지, 누구도 다그치지 않는다. 문화행사를 위해 조직된 위원회에서, 최소한의 자기 자유를 지키고 싶은 조그마한 욕망이나, 토론에 참석하는 대신 산책을 하러 나가고 싶은 일말의 찜찜한 욕망에 대해 힘겹게 설명해야 하는 것과는 다른 일이다. 사회적 의례들은 종교적 의례보다 더 강제적이고 비타협적이며, 실제로 회피하기가 더 어렵다. 본당 행사의 공고문에 위협적인 '회신 요망' 같은 문구가 나붙는 것도 아니며, 기껏해야 배를 타기 보다는 약간 더 점잖은 옷을 입고 교회에 가라고 합리적으로 권해줄 뿐이다.

산피에트로도리오 섬은 메마르고 무더운 열기로 방문객을 맞이한다. 이 마른 오징어뼈들의 왕국은, 최소한 지금 같은 정오 시간이면, 허먼 멜빌의 동명의 단편집에 들어 있는 '마법의 섬들'* 중 하나라고

---

* 허먼 멜빌의 단편집 『마법의 섬들』의 배경은 갈라파고스 섬이다.

해도 되겠다. 진흙 껍질이 햇볕에 갈라져 있고, 도마뱀 한 마리가 조약돌 위에서 귀찮은 방문객들을 뚫어지게 바라본다. 그 눈에 내가 담긴 듯 빤히 응시하는 시선, 오래된 이 눈동자 앞에서, 멍해지고 다른 시공간으로 옮아간 느낌이 든다. 도마뱀이 자갈 밑으로 사라진 다음에야 당혹감에서 벗어난다. 수많은 모기, 해변의 갈대, 불어오는 바람 소리가 아카시아 숲이 시작되는 곳까지 벌판을 뒤덮는다. 몇 주 뒤 산딸기나무에는 그라파* 향처럼 쓴 쑥 내음이 나는 새콤달콤한 산딸기가 매달릴 것이다.

이 섬에는 베네딕투스회 수도사들이 돌보던 성지聖地가 있었고, 그 이전에는 벨레누스† 신의 신전이 있었는데, 나중에는 신들도 바뀌고 제단들도 바뀌면서 그와 함께 독일군 벙커도 들어섰다. 양차 대전 사이에 이 섬에 살던 한 남자가 있었는데, 잡초와 염소들만 달랑 데리고 외롭게 살던 그는 고집스럽게도 도시든 어디든 사람 사는 곳이라면 절대 아무데도 가려 하지 않았다. 아마 조금이라도 삶이 견딜 만하려면, 가능한 한 모든 바닥짐을 비우고, 특히 너무나도 버거운 타인의 존재를 비워내야 한다는 것을 그는 깨닫고 있었던 모양이다. 모든 거부에는 순수하든 오만하든 나름대로 위대함이 있다. 어쨌든 바다에서는 결단코 진정 외로울 일이 없다. 이 은빛 석호, 끊임없이 해독해내야 할 다채롭고 미세한 이 소리들이 대화하려는 몸짓을 요청해오니 말이다.

조수에 따라 나타났다 사라지는 곳들을 헤아리지 않더라도, 섬들은 많다. 그 섬들을 무심히 스쳐지나가는 여행이란, 집으로 가는 길을

---

* 포도주를 만들고 남은 찌꺼기를 증류한 술로, 알코올 도수가 높다.
† 켈트 신화에서 알프스 남쪽 갈리아 지방에서 섬기던 신으로, 로마의 아폴론과 동일시되기도 했다.

진정 모른 채 세월의 끝으로 우리를 끌고 가는 이 일상의 여정처럼, 피상적이고 무관심하다. 앞으로 뒤로 물고기처럼 떠도는 바텔라는 사냥철이면 오리, 도요새, 물닭이 물속으로 곤두박질하는 얕은 바다들 사이에서 뱃길을 찾곤 한다. 숭어를 잡으려고 쳐놓은 그물 옆을 지나, 물결치는 머리칼처럼 비스듬하고 기다란 금발 해초 위를 지나, 이따금 로마 시대 항아리가 나타나는 마리나디마차 섬 옆을 지난다. 고대에는 여기에 커다란 창고가 있었나보다. 모랫바닥은 고대의 놀라운 암포라 항아리들, 잠들었던 바닷물에서 솟아오르는 에로스 상들을 토해낸다. 솟아오르고 나타난다는 말은, 주로 모랫바닥 아래 대략 1.5미터에 있는 항아리들을 회수하는 불법적인 작업에 대해 종종 쓰는 정말로 완곡한 표현이다. 한때 그라도에 살던 유명한 가족들 중 일부는 이 귀한 유물의 위치를 알고자, 특히 죽은 사람들보다는 법 규제에 더 취약한 어부에게서 이 귀중한 정보가 나왔다는 걸 감추고자, 심령 모임에 몰두한 적이 있기도 했다.

지금은 황량한 마리나디마차 섬은 몇 년 전까지만 해도 모험적인 파포 슬라비츠의 왕국이었으나, 나중에 그는 세네갈로 몸을 피해 떠났다. 섬은 황량하고, 물속에 반사되어 배가된 위성류과 활엽수로 둘러싸인 장벽은 마치 열대우림 같다. 먼 바다 쪽으로 트라조, 즉 얕고 미지근한 바닷물 구역이 널따랗게 펼쳐져 있는데, 물고기와 물고기 알들을 위한 요람이다. 이차대전 막바지에 베네치아로 후퇴하던 독일군들은 영국 전투기들의 기관총 사격을 받았고, 모래언덕과 개펄 사이로 달아날 수 있으리라는 희망에 바닷물로 몸을 던졌다. 하지만 때로는 움직이는 모래처럼 사람을 가두는 개펄에 사로잡혀 진흙 속에 빠지게 되었으니, 결국 하나하나 쓰러지고 말았다. 며칠 동안 석호 여러 곳을 막은 시체들이 얕은 여울과 수로들에 둥둥 떠다녔다. 마을에 떠도는 소문 가운데 독일군들이 버린 금괴에 대한 이야기도 있는데, 법정으로 가기도 하는 공방과 수군거림 사이에서 들리는 말로는 그라도에 살던 이런저런 가족이 갑자기 부자가 된 건 그 금괴를 발견했기 때문이라고도 했다.

한편 파포 슬라비츠에 의해 희생된 건 단지 굴뿐이다. 그는 그라도 굴을 (사실 일본 굴이었던) 포르투갈 굴로 대체할 생각이었고, 그래서 그 굴을 대량으로 양식하는 일에 착수해 양식과 수확을 위한 대형 설비들을 세우기 시작했다. 섬에는 지금도 잡초가 무성한 버려진 수조들, 차단된 세척 펌프들, 갓 세워지고 있던 제국의 잔해들이 보인다. 포르투갈-일본 굴들은 방파제에도 둘러붙어 왕성하게 번식했고 그라도 굴들을 질식시키고 파괴했다. 그러니까 사업은 성공했다. 다만 사람들 말마따나 그 이국적 해산물에서 수박 맛이 난다는 사실만 빼면 말이다.

이 섬들 중에서도 가장 아름다운 모르고 섬은 마법에 사로잡힌 듯 명상에 빠지게 하는 섬이다. 빽빽한 소나무들, 느릅나무들, 거대한 갈대들, 뒤엉킨 산딸기나무들, 몇 그루 용설란이 안으로 들어가는 길을 가로막는다. 갈라진 숲 틈새로 나방 애벌레들이 몸통을 갉아먹어 거칠고 헐벗은 나무들이 재난을 당한 듯 창백하게 솟아 있다. 해변 근처 바닷물은 장다리물떼새의 깃털로 온통 하얀색이다. 배가 다가가면 하얀 구름처럼 허공으로 날아오르는 희디흰, 왜가리와 비슷한 장다리물떼새들은, 가볍게 부서지는 파도에 흔들리는 하얀 물거품 같다. 해변에는 조수에 휩쓸려온 게들이 하얗게 메마른 채 발아래에서 바스락거리며 부서진다. 마치 방금 삶은 신선한 게가 이 사이에서 부서지는 것 같다.

한때 동물들이 가득하고 자급자족이 되던 이 낭만적인 섬은 낭만적인 이야기 하나를 간직하고 있다. 빽빽한 숲속에 감추어진 어두운 빈터에 몇 년 전까지만 해도 납골 항아리와 받침대가 있었다. 일차대전 후 빈 출신 백작의 딸 마리아 아우헨탈러는 어느 "젊은 박사"를 사랑했는데, 그라도에 살고 있던 그 남자는 거부할 수 없을 정도로 매력적인 돈 후안으로, 지금도 많은 사람이 특히 유혹에 유용한 액세서리 같은 그의 군용 장화를 기억하고 있을 정도다. 종종 어머니가 딸보다 더 매력적인 법이라서, 백작의 딸은 어머니가 자기 연인과 함께 하는 것을 현장에서 목격했고, 빈으로 돌아간 딸은 자살하고 말았다. 그녀의 유해는 모르고 섬으로 옮겨져 이 어두운 숲속 빈터의 자그마한 기념주에 놓였다. 이제는 더이상 남아 있지 않다. 번지르르하거나 웃기지도 않은 위안의 말들로 치장된 묘비나 무덤보다 더 지독한 이 공허가 죽음을, 상상조차 못할 허무를 깔아뭉개고 앉아 있다. 그녀의 어머니가 어떻게 되었는지 뱃사공은 기억하지 못한다. 독일군들에 우호적이었던 형제 하나는 이차대전 후에 알토아디제로 갔고, 거기에서 천천히 술 속에서 난파당했다. 가족 중에는 빈 분리파 양식의 그림들을 그린 재능 있는 화가도 있었으니, 몇몇 그라도 호텔이 그 그림들로 아름답게 꾸며져 있었다.

"1962년 7월 26일 그라도에서. 사랑하는 친구, 내 말 좀 들어보게. 이제 막 자네 편지를 내 일기에 옮겨 적는 일을 끝냈네. 오늘 아침 모래언덕에 갔는데…… 운이 좋게도 조그마한 조개낙지를 발견했지 뭔가…… 움푹 오므린 내 두 손에 든 그걸 내려다보는데 어찌나 생긴 게 기막히던지. 이 희귀한 조개껍질을 보면서 얼마나 가슴이 벅차올랐나 몰라. 그리고 집에 돌아와 조개낙지 못지않게 멋진 자네 편지를 발견했지…… 어제는 아들 팔코*가 죽은 지 19주기 되는 날이었고, 우리는 그애 무덤에 붉은 장미와 카네이션으로 불을 밝혔다네. 커다란 불꽃이었어. 자네가 곁에 있었으면 했지. 자네는 내 삶의 일부이니까…… 물론 자네는 그라도로 돌아와야 해. 어느 날 저녁 증기선으로 돌아와 다음날 아침 나와 함께 모래언덕으로 가면 좋겠네. 자네가 나랑 모래언덕도 안 가보고 산마르코 솔숲도 안 가보고 어떻게 나를 좋아한다 하겠는가. 그런 다음 정오까지 배에 남아 자네는 여자친구랑 수영을 즐기면 되겠군. 그러다 오후 다섯시가 되면 산마르코 솔숲에 가면 될 걸세. 그렇게 하루에 많은 걸 볼 수 있을 거네. 자네 여자친구가 우리 집에서 잘 지냈다니 기쁘군…… 자네에게 포옹과 함께 인사를 보내네. 자네 부모님께도 안부 전해주기 바라네. ─비아조 마린.*"

마린과 함께 있으면 시간을 허비하지 않는다. 그는 이를테면 본능적으로 진부함이란 걸 모르는 사람으로, 우물쭈물하는 이 태도로 허무를 소진시키고 허공으로 몸이 기우는 걸 가로막아 때때로 진실이 가하는 폭력을 피해간다. 빈에서 공부한 그는 합스부르크가의 마지막 몇 해를 노련하게 환기시켜주는 인물이지만, 분명히 오스트리아 특유의 상냥하고 아이러니한 과묵함의 기술, 호프만슈탈의 동명의 희곡에 나오는 "까다로운 남자"가 지닌 회피적인 우아함은 몸에 배어 있지 않다. 때로는 상황에 어울리지 않을 정도로 본질적이고, 바다의 신처럼 쉽게 화를 내거나 미소를 짓지만 웃을 줄 모르는 마린은, 우발적인 것을 곧바로 내려놓고는 절대적인 것 또는 불완전한 삶에서 적어도 절대적인 것에 가까운 어떤 것에 도달했다. "어떻게 인간이 영원할 수 있는가"를 가르칠 줄 알았던 사람, 사람들이 자신에게 털어놓는 어떤 불안이나 의혹을 풀어주고자 하는 그의 몸짓은, 입었던 속옷을 세탁

---

* 비아조 마린의 아들로 아버지처럼 시인이었는데, 이탈리아 포병 중위로 이차대전에 참전했다가 1943년 7월 25일 슬로베니아에서 전사했다.

물 바구니에 떨어뜨리는 무심한 손짓과도 같이, 사람들의 심리적 괴로움을 없애주고, 그들로 하여금 그림자에 맞서 자신의 고유한 한계와 자기만의 규칙을 받아들여 두려움이나 우상 없이 자기 길을 가도록 도와주었다.

채울 수 없을 만큼 탐욕스럽기까지 한 활력을 지닌 마린은 어린애 같았고, 때로는 갖고 싶은 장난감을 다른 아이에게서 빼앗아버리는 아이처럼 짓궂을 정도로 인정받기를 갈구했지만, 그래봤자 그것은 식욕과 같다는 것을, 그 즐거움에 빠질 수야 있지만 아무 가치도 없다는 것을, 충족되었다고 해서 행복해지는 것도 아니지만 충족되지 않으면 기분이 나빠지는 식욕과 매한가지라는 것을 알고 있었다.

마린에게는 그야말로 자연처럼 단지 존재하는, 다른 사람들의 시선에 기대지 않는 어린이들과 일부 노인들처럼 당당한 자족성이 있었다. 여러 가지 사건과 오류, 패배가 가득한 삶에서, 그는 아들 팔코의 죽음이라는 비극과 고통, 어려움은 알았어도, 고통보다 더 사람을 쇠진시키고 손에 진땀이 나게 하는 걱정이나 불안은 몰랐다. 친구에게 하는 말이나 긴장되고 힘든 공적인 상황에서 하는 말이나 그에게는 그게 그거였고, 스트레스라는 개념과 현실은 그에게 완전히 이질적인 것이었다. 바로 그런 이유로, 그는 온전히 밝은 정신과 탁월한 건강함으로 아흔네 살까지 살았다.

경이롭고 놀라운 활력이 빚어낸, 종양처럼 다양한 그의 비정상적인 개성은, 가까이 있는 사람을 압도하면서 뻗어나갈 수 있었다. 디드로가 라신에 대해 말했듯, 마린 역시 거대한 나무였다. 높게 자라 오랫동안 생명과 시원함을 주겠지만, 성장 과정에서 주변의 초목들을 질식시키고 마는 거대한 나무였다. 때로는 그의 내부에 고귀한 사람과 낮은 사람, 관대한 사람과 탐욕스러운 사람 등 많은 사람이 있었던 것 같다. 그가 특히 잘 가르칠 줄 알았던 이 가치들을 그 스스로 터득하는 법은 늘상 모르고 있었다. "나는 나 자신이 부끄럽다." 언젠가 조르조 보게라는 이렇게 썼다. 젊었을 때 특히 그랬지만, 나중에도 마린은 전횡적이고 파괴적이었다. 드물게 올곧은 정신을 지녔던 아들 팔코의 편지와 일기는 애정과는 별도로 부가된 무거운 증언이다. 그렇긴 해도 그의 생생한 활력과 전횡은 고도의 정신성을 통해 세공될 수 있었다.

마린은 삶과 삶의 흐름, 탄생과 죽음에 내재하는 비극적인 불화를 깊이 느꼈다. 그것을 철학적 차원에서, 종교적 차원에서, 역사적 차원에서, 아드리아 해 연안 동부 이탈리아의 드라마 속에서도 느꼈다. 일차대전에서 파시즘을 옹호하고, 민족해방위원회의 레지스탕스로 활동하고, 힘들었던 전후 시기를 보내기까지 그가 당사자이자 증인이었으니 말이다. 그는 말했다. "만약 세계정신이 아드리아 해 동부 세계에서 천년에 걸친 베네치아의 흔적을 지우기로 결정했다면, 나야 고개를 숙이고 '당신 뜻대로 하소서'*라고 말하겠지만, 이어 내 나름대로 이렇게 덧붙일 것이다. '빌어먹을……'" 그리고 고전적인 욕설이 뒤따랐다.

그럼에도 고통스러워했던 모든 갈등을 넘어, 마린은 선악의 저편에서 내면적 삶에 대고 '아멘' 하고 말했다. 고통이나 죽음 속에서조차 어디서든지 삶의 통일성을 보고 느꼈던 그는, 죽음까지 포함하여 모든 것을 바람직하다고 보던, 불안정하고 도취된 감수성과 함께 그런 통일성을 지니고 있었다. 여름 하늘로 날아가는 갈매기뿐만 아니라 모래밭에서 죽어 썩어가는 갈매기까지, 이 모두를 거의 열망하듯이 손안에 받아들였다. 그에게 있어 창조물들의 영원함은 모두의 삶 속에 있는 고유의 의미였고, 재빨리 부서지는 순간까지 아직 무너지

---

* 「마태오 복음서」 6장 9~15절 '주님의 기도'에 나오는 표현.

지 않은 바다 파도의 물마루였다. 그의 시는 모든 개별 존재가 죽고 다시 태어나는 초목처럼 꽃피고 시드는 그런 통일성을 노래한다.

그러니까 삶은 비극 속에서도 그에게는 한 편의 노래였고 긍정이었다. 마린은 부정을 몰랐다. 아킬레우스의 탄식뿐 아니라 이름 없이 목소리마저 내지 못하는 굴욕적인 고통의 절망적인 신음에도 귀를 기울이려면 사람과 동물, 초목, 살아 있는 것을 사랑하면서도 때로는 우주에, 빅뱅에, 빅뱅에 뒤따른 모든 유혈의 카니발에 대고도 말할 수 있어야 한다는 것을 말이다. 하지만 삶에 대한 마린의 사랑에는 건설적인 구석이 전혀 없었다. 모든 것에도 불구하고 삶이 지닌 풍부한 매력에 대한 강렬한 사랑을 보여주는 그의 시는, 그런 매력을 음악적 마술로 포착하고 재창조해내어 미래의 속삭임에서 탄생시킨 듯한, 아직은 말로 표현해낼 수 있는 이성과 역사 이전의 세이렌들의 노래 같다.

그 조개낙지, 1962년 7월의 편지에서 말하는 조개껍질은, 그의 시의 상징이자, 얼굴에서처럼 삶의 흐름이 모양을 짜나가는 조화다. (젊었을 때 분명 견딜 수 없을 정도로 열성적이었을) 그의 개성과 마찬가지로, 마린의 시는 시간이 흐르면서 세련되고 성장했다. 마치 세월이 지나친 활력을 정화시키고 균형감각과 고귀함을 부여해준 듯하다. 초기 시집들에 이미 일부 걸작이 들어 있었지만, 드물었고 뚝뚝 끊겨 있었다. 만약 마린이 예순이나 예순다섯 살에 죽었더라면 문학적으로는 주변부 인물로 남았을 것이다. 가장 멋진 서정시들은 일흔, 일흔다섯, 여든 살에 쓴 것들이다. 잠재적으로는 무한하며 일련의 끝없는 변주로 반복될 수 있을 그의 엄청난 시들 중에서 단지 일부만 살아남을 것이라고 말하면, 화를 내곤 했던 그다.

하지만 결코 적지 않은 이 일부는 진정 시인의 작품이다. 한 개인이나 그의 시를, 살면서 입었던 다른 모든 옷처럼 빌려온 자질이 아닌 그 개인과 그 개인의 시 자체를 넘어서는 초월성을 향해 나아가는 것이, 무언가 영예롭게 하는 일임을 그 스스로도 잘 알고 있었다. 이 가르침이 개인의 초라한 두려움으로부터 벗어나게 해준다. 그러므로 그의 커다란 과오들에도 불구하고 그에게 고맙다고 말할 수 있겠다. 마치 자신을 낳아준 아버지이자 함께 길을 가다 맞붙기도 하는 형제이자 우리보다 더 오래 대를 이어갈 아들에게도 감사해야 하듯이. 혹은 아주 오래전부터 존재했고 또한 우리 이후에도 오랫동안 존재할 그 오래된 커다란 나무들 중 하나에 대고도 고맙다고 말하고 싶은 이 마음처럼 말이다.

여행한다는 것은 이야기하는 것, 살아가는 것과 마찬가지로 무언가를 지나쳐가는 것이다. 순전한 우연으로 어느 해변에 닿고, 다른 해변은 놓치게 된다. 일부 주민이 못생기기로 유명해서 '멋쟁이 섬'이라 불리는 섬에는 한때 늙은 마녀 벨라가 살았다. 바람을 일으키곤 하던 벨라는, 자신에게 친절하지 않은 사람에게는 고기잡이가 소득 없게 만들었고, 비슷한 이유로 손짓 한 번으로 언젠가 정찰기를 떨어뜨린 적도 있다고 한다. 악마적 원소인 물은 사악한 정령들에게 우호적이다. 그라도의 모래언덕에서는 사악한 마귀 발라린이나 방랑하는 유대인*을 두려워하기도 했고, 주현절 밤이면 바람이 울부짖고 문들이 삐걱거리는 소리를 타고 바다에서 오는 복수의 여신들 바르부올레의 소리가 들렸다고도 한다.

잔인한 편견으로 모욕당하고 노쇠한 탓에 벨라 노파의 얼굴은 분명 흉측했을 거라고, 불행을 가져오는 여자로 그녀를 모욕한 사람은 정말로 자주 빈손으로 집에 돌아와야만 했을 거라고 짐작해볼 수 있

---

* 유럽 그리스도교 전설에 나오는 인물로, 수난당하는 그리스도를 몰라본 죄로 최후의 심판 때까지 끊임없이 계속 방랑해야 하는 유대인을 가리킨다.

다. 여행자는 진리를 좇는 자로, 그럴 수 있는 때가 되면 비이성적인 신화의 맹목과 잔혹의 미망으로부터 깨어나는 자다. 키르케가 다음과 같이 불렀듯 "마법에 걸리지 않는 사람" 오디세우스는 마녀들과 거인들, 세이렌들이 지닌 무서운 능력을 무력화시켰던 자다. 불행을 가져오는 자로 낙인찍힌 사람에 대해 갖는 악의는 이방인 거부라는 가장 사악한 인종차별주의다. 모든 미신과 마찬가지로 궤변적이고 과시적인 천박함으로 위장되어 있으니 말이다.

석호의 카소네에서 파솔리니는 마녀이자 탁월한 이방인 희생자 메데이아의 이야기를 무비카메라로 이야기했다.* 무서운 존재이긴 해도 자신에게는 친숙한 대지와 밤의 신들에게 헌신적이고, 불확실한 삶의 총체성으로서 아주 오래되고 어두운 신화의 뿌리에 가까이 있는 메데이아는, 사랑하는 남자 이아손의 세계에서도, 오랜 세월 동안 모든 사람의 보편적 고향으로 찬란하게 빛나는 그리스에서도 이방인이었다. 그리하여 최악의 형벌에 처해졌으니, 이방인들 중에서 가장 이질적인 여자, 받아들여지기 힘든 가장 이상한 여자가 되어야만 할 운명이었다. 말인즉슨 그녀 자신이 당한 폭력과 기만이 가장 보편적 감정인 모성애를 위반하도록 몰고가, 그녀는 자기 자식들을 죽인 살인자가 되어버렸으니, 고향 세계 콜키스, 그리고 자신이 선택한 세계 그리스에서도 이질적인 여자가 되었고, 자기 자신, 자신의 마음에 대해서마저 괴물처럼 이질적인 여자가 되고 말았다.

그녀의 비극은 예나 지금이나 몇 세기에 걸쳐 셀 수 없이 많은 재창조 작업으로 메아리치고 있지만, 그 엄청난 이야기는 근대의 모든

---

* 파솔리니는 그라도 석호에 있는 조그마한 모타사폰 섬의 카소네를 주요 배경으로 1969년 소프라노 가수 마리아 칼라스가 주연한 영화 『메데이아』를 촬영했다. 이 영화는 크게 성공하지 못했지만 그라도에서는 많은 인기를 끌었다.

심리적 상대주의에 완고하게 저항하고 있다. 메데이아 신화에서 어둡고 순진한 마법의 세계를 유혹하고 파멸로 인도하는 건 이성이다. 메데이아의 마법과 묘약은 이아손과 그리스인들의 계산적인 교활함 앞에서 무기력하였고, 생명처럼 강렬하고 야생적인 그녀의 열정 자체는 속이고 질식시키는 문명의 매개 그물에 손쉽게 걸려든 먹잇감이었다. 사랑 때문에 고유의 가치를 배신한 그녀 덕택에 황금 양털을 손에 넣은 아르고호 영웅들은, 그리스 젊은이답게 무섭고 무책임한 힘을 갖고 있었다. 궤변적이면서 동시에 순수한 그들에게, 세상은 알려지지 않았거나 위협적이더라도 정복하고 약탈할 대상으로 보였을 것이다. 세계 문학에서 창조되고 재창조된 다양한 메데이아 이야기들에서, 그리스가 지닌 명료함은 불안정한 빛이자 공포가 지닌 악마적 투명성이다. 고전적 조화도 아니고, 디오니소스적인 광포함도 아니다. 그리스 정신은 콜키스를 약탈하러 가는 배처럼 완전무결하고도 순진난만한 기만이자, 허무 앞에서도 뒷걸음질치지 않는 강탈이며, 신성한 무언가를 지닌 모두와의 거래다.

끝없이 펼쳐진 믿지 못할 바다는, 율법과 제단을 깨뜨리며 나아가는 거침없는 모험의 공간이자 아무것도 금지된 것이 없는 공간으로, 신성모독의 이야기 공간이다. 그리스 정신이란 바로 이 바다처럼 시시각각 변화하는 유동성이다. 반면 형제뿐만 아니라 자기 자식들까지 살해한 메데이아는 신성의 수호자로서, 그녀가 언제든 넉넉히 거부할 태세를 갖추고 있는 고유의 제식을 지닌 케케묵은 신성이 아니라, 모든 생명에 깃든 신성을 지키는 수호자다. 그라도 석호의 마법적인 부동성은 충분히 이 신화의 상징적 배경막이, 메데이아가 성장했고 이아손에 대한 사랑을 통해 그리스의 세속적이고 합리적인 문명의 힘에 의해 강제로 떨어져나온, 신들과 다이몬들의 공동체가 되어줄 수 있을 것이다.

그리스 문명이 승리했지만 이 승리는 드래곤들이 있는 콜키스의 어둠 못지않게 어두운 공포를 함축하고 있다. 자신이 배신하고 파멸을 자초해 죄를 지은 자기 세계로부터 뿌리뽑혀나와 죄책감과 이질감에 사로잡힌 채 자기 세계를 희생했으나 그 안으로 들어가지는 못한 메데이아는, 그리스 세계로부터 거부당하고 모욕당했으며, 전부를 희생하고 사랑한 이아손에게마저 배신당하고 짓밟혀 격노한 고통에 사로잡히는 바람에 끔찍하게도 자기 자식들을 살해하고 마는데, 이는 이아손을 향한 복수이자 무엇보다 자기 자신을 향한 복수이기도 했다.

에우리피데스의 비극보다 더 오래된 전통으로 거슬러올라간 크리스타 볼프가 자신의 소설 가운데 『메데이아』에서 암시한바, 승리자들의 기억이 진실을 조작해 코린토스 사람들이 저지른 범죄를 야만적인 이방인 여자에게 돌렸고, 말하자면 폭력이 터져나온 한복판에서 메데이아의 자식들이 죽게 했다고 했다. 신화에서는 아무것도 일어나지 않았고, 모든 건 단지 이야기될 뿐이며 언제나 이야기되는 일만 일어날 뿐이다. 자기 자식들의 살해자 메데이아가 그렇게 해서 더한 희생자가 되었기에 더 신빙성 있고 더 진실처럼 보인다. 본연의 인간성을 잃고 악행을 저지르며 자기 자신까지 잠식당할 정도로 고통에 찢기는 사람보다 심한 희생자가 어디 있겠는가. 파솔리니의 영화에서도 메데이아의 야만적 복수는, 서구 폭력이 그들로부터 소외당한 제삼세계에서 유발시키고 있는 야수성이자, 야만적인 질서에 대항하는 야만적 무질서다.

그렇기는 해도 『메데이아』는 비극이다. 그 비극이 도덕적인 면을 거스르긴 했어도 이에 대한 이 끔찍한 사건들의 불가피성을 인정하지 못한다면 비극이 아닐 수도 있겠지만 말이다. 그리스 문명은 그 모든 것에도 불구하고 하나의 빛이다. 결국에는 어둠의 드래곤들을 섬기는 원시적 콜키스 이상으로 인간성을 확산시켜나갈 빛이다. 비극은, 이 등불을 옮기는 자가 바로 어울리지 않게도 이아손이며, 그와 함께 코린토스, 즉 그리스의 통치자들과 백성이라는 사실이다. 이아손은 거짓말쟁이로, 자신의 죄의식에 무감각해져 달리 선택의 여지가 없다는 확신으로 악행을 저지르기 위해 다른 사람뿐만 아니라 자기 자신까지 유능하게 속일 수 있는 사람이다. 일관성이라고는 없을 만큼 무슨 짓이든 할 준비가 되어 있는 그는, 자격도 없고 중심도 없고 깊이도 없는 사람이며, 유혹과 외교적이고 에로틱한 매력, 멋진 영웅적 행위로 자신을 은폐시키고 있는 피상적인 사람이다. 확신이 없어 오로지 자기 이미지에만 몰두하고, 필연성을 뛰어넘는 다른 명목으로 파렴치하게도 자신을 무죄방면할 태세를 갖추고 있는 남성적 허영의 원형이다.

살인의 격분 속에서도 메데이아는 사랑과 감정, 가치들의 진정한 의미를 알고 있었다. 그러나 자기 부족의 흉포함을 지닌 콜키스는 존재를 근원에서 포착한 호메로스, 소크라테스, 플라톤, 신화, 로고스의 나라 그리스에 대한 가당찮은 맞수다. 야만의 안갯속에서 헬레니즘의 빛을 전달하는 자가 보잘것없는 이아손이며, 아르고호 원정이라는 획기적인 과업의 대가인 그 희생자가 이아손보다 훨씬 더 위대한 메데이아라는 사실은, 비극적이게도 시니컬한 신들의 변덕에서 나왔다는 점이다. 하지만 훨씬 더 비극적으로 시니컬한 것은, 그 신들의 변덕이란 것이 그리스 문명의 본질적 요소라는 점이다. 이런 가혹한 변증법은 때묻지 않은 순수한 천국에 대한 건 꿈도 꾸지 못하게 하며, 이 천국을 서양과 견주는 것조차도 더는 허용치 않는다. 영화에서도, 석호에서 풍기는 잠에 취한 듯 넋을 쏙 빼놓는 망각은, 잠깐이나마 이 이야기가 주는 견딜 수 없는 공포를 완화시켜준다.

모든 『메데이아』마다 서로 다른 문명들 사이의 상호이해가 얼마나 어려운지를 들려준다. 또한 이방인에게는, 다른 사람들에게 진정으로 더이상 이방인으로 보이지 않기란 얼마나 어려운가에 대한 이야기를 들려주는, 비극적으로 현실적인 경고다. 메데이아는 서로 다른 개인과 사람들 사이에서 벌어지는 객관적인 갈등과 이질성의 승리를 보여준다. 그렇기에 그릴파르처*는 동명 제목의 연극에서, 메데이아가 차라리 태어나지 않았더라면 좋았겠지만, 만약 태어났다 한들—이아손처럼 자신을 동정하거나 불평하지 않고—단지 이 악을 견뎌야만 할 수밖에 없었을 거라고 말할 수 있는 것이다.

그라도 석호는 안포라 섬과 포르토부소 섬에서 끝난다. 일차대전 이전까지 그 너머에 이탈리아가 있었고, 그라도의 영토회복주의자들과 아우소니아† 동아리의 공화주의자들은 밤에 조국의 땅바닥을 손으로 짚어나가볼까 싶어 수로를 가로질러가기도 했다. 1915년 이탈리아 어뢰정이 그라도 섬의 벙커에다 대포 몇 발을 쏘자 오스트리아 군인들은 두어 발 응사한 다음 벙커를 버리고 달아났고, 이리하여 오늘날에도 재발 위험이 있는 대혼란이 시작되었다.‡

그 수로는 치명적인 경계선, 세계적인 갈등의 전선이었다. 그라도 자체가 서로 다른 영역들을 표시하는 하나의 선, 경계선이다. 땅과 바다, 열린 바다와 닫힌 석호 사이의 경계선이며, 특히 대륙 문명과 해양 문명 사이의 경계선이다. 그라도는 아퀼레이아에서 탄생했지만 두 소읍을 나누는 11킬로미터는 아주 깊은 거리감을 드러낸다. 옛날부터 아퀼레이아는 내륙의 교구들로 권위를 확장했다. 아퀼레이아와 그

---

* 여기서 언급되는 그의 작품 『황금 양털』(1821)은 『손님들』 『아르고호 원정대』 『메데이아』로 이루어진 삼부작이다.

† Ausonia. 그리스어로 이탈리아 남부를 가리키던 용어로, 이탈리아의 다른 이름으로 사용되기도 한다.

‡ 그라도는 원래 베네치아공화국에 속했는데, 1797년 베네치아공화국이 무너지면서 오스트리아의 지배를 받았고, 1918년에 이탈리아에 병합되었다.

곳 대주교들의 위대한 역사는 독일, 헝가리, 제국의 중부유럽을 향해 뻗어나갔다. 그라도는 이스트라와 해양 베네치아 교구들의 중심지가 되어, 지중해와 아드리아 해 문화를 향해 열려 있다. 사투리도 그라도와 아퀼레이아 사이의 11킬로미터에서 달라져 프리울리 사투리가 되었다.

이 11킬로미터는, 탁 트인 바닷가의 베네치아 문화에서 문제 많은 대륙 중부유럽, 즉 공허와 죽음을 전문으로 하는, 문명의 불안을 보여주는 장엄하고도 울적한 실험실로의 이행을 표시한다. 미켈슈테터*가 태어난 고리치아와 매우 인접해 있으며, 이미 묵시록에 대한 비범한 잣대를 갖고 있던 이 문화적 대륙은, 삶의 풍랑에 맞서 두툼한 외투로 싸매어 단추를 잘 채워놓은 세계였다. 일차대전 이전에 고리치아의 고등학생이자 아우소니아 동아리의 창립 멤버였던 마린은 이탈리아 땅바닥을 만져보고자 그 수로를 헤엄쳐 건넜는데, 옷을 벗어던지고 중부유럽의 위대한 학교에서 배운 이 모든 방어망에서 벗어나 바다로 뛰어들어 생명의 흐름에 몸을 맡기면서, 분명 그는 크나큰 즐거움을 맛봤을 것이다. 수로를 건너갔다가 다시 돌아온 마린은, 자기 자리가 어디인지, 자기 조국이 어디인지, 어느 곳에 서야 할지 더이상 모르는 사람이 되어 있었다. 몇 년 뒤에야 이를 습득했는데, 그러니까 그가 자신이 공부하던 빈에서 1915년 3월 학장과 격렬한 대화 도중에 자기를 오스트리아와 전쟁을 벌이려고 열망하는 이탈리아 애국자라고 선언했던 그때, 불과 몇 주 뒤에는 이탈리아에서 자원병으로 입대한 이탈리아 군대의 촌뜨기 대장에게 항의하면서 자신은 보다 시민적인 양식과 어조에 익숙한 오스트리아 사람이라고 선언했던 때에

---

* Carlo Michelstaedter(1887~1910). 고리치아 출신의 뛰어난 유대인 철학자이자 작가였으나 이십대 초반에 자살로 삶을 마감했다.

말이다.

경계선들은 종종 피의 희생을 요구하고 죽음을 부른다. 1023년 아퀼레이아의 위대한 대주교 포포네*는 그라도를 유혈로 유린했고, 1915년과 1918년 사이에 이탈리아 동부전선은 대학살의 무대였다. 경계선들의 치명적인 힘을 중화시키기 위한 유일한 방법은 아마 자신이 언제나 다른 편에 서 있다고 느끼는 것일지도 모른다.

신화적 전통에 따르면, 다뉴브 강이 그 지류인 사바 강에서 나온 어느 강을 통해 이 석호로 흘러들어왔다고 한다. 바로 이스트로스 강이었을 텐데, 이 강은 다른 시각에 따르면 다뉴브 강 자체다. 아르고호 영웅들도 다뉴브 강을 거슬러올라가 아드리아 해에 도착했는데, 어깨에 짊어진 배를 다른 강들로 옮겨가며 바다에 이를 때까지 다시 항해했다는 것이다. 대륙적인 중부유럽의 강이자 그 위대함과 울적함, 집착을 보여주는 강인 다뉴브 강은, 아드리아 해로 흘러들어가야 옳다. 왜냐하면 아드리아 해는 바다 중의 바다로, 모든 것을 설득하고 모든 것을 방류하는 바다, 진정한 삶과 어울리는 조화의 바다이기 때문이다. 아르고호 영웅들은 콜키스의 안개와 괴물들에게서 달아나 치레스 섬과 로신 섬에, 압시르티네스†의 완벽한 나냅에, 키르케의 섬에 이드

---

* Poppone di Carinzia(본명은 Wolfgang von Treffen). 독일 출신으로 1019년에서 1045년까지 아퀼레이아의 대주교를 역임하면서 아퀼레이아의 부흥에 많은 기여를 했다.

† 치레스(이탈리아어로 케르소) 섬은 로신 섬과 함께 이스트라반도 아래 크로아티아의 크바르네르 만에 있는 섬들 중 하나로, 인접한 두 섬은 원래 하나의 섬이었고, 고대 그리스 사람들은 그 섬을 압시르티데스라고 불렀다. 아폴로니오스 로디우스에 따르면 이아손과 함께 황금 양털을 갖고 달아나는 메데이아를 그녀의 오빠 압시르토스가 추격하자 메데이아가 속임수로 오빠를 살해하게 했다. 그리고 그 시체를 조각내 사지를 바다에 던졌고, 거기에서 새로운 섬이 솟아올라 압시르티데스가 되었다고 한다. 압시르토스를 죽인 것에 제우스가 분노했고, 아르고호 영웅들은 키르케에게 가서 정화를 받아야 했기에 키르케가 사는 아이아이에 섬(일명 치르체오 곶)으로 갔다.

렀다. 하지만 그 절대적인 섬들은 아르고호 영웅들 자신이 흘린 피에서, 이아손에 대한 사랑 때문에 또다시 죄를 짓는 메데이아의 속임수로 배신당하고 살해당한 뒤 토막이 난 채 그 불멸의 바닷물 속에 던져진 그녀의 오빠 압시르토스의 육신이 흘린 피에서 탄생한 섬들이다. 그 아름다움과 조화도 범죄와 기만의 산물이다. 다뉴브는 이 해변과 모호하고 푹푹 빠지는 얕은 물길을 따라 메데이아와 그녀의 고통, 그녀의 격분과 파멸, 이아손의 기만을 실어온다.

안포라 섬의 식당 아이초디 앞에 펼쳐진 수로 너머에는 마라노 석호가 있다. 마라노 사람들은 대범하고 공격적인 어부들로 통한다. 그들 말로는 유고슬라비아가, 나중에는 슬로베니아와 크로아티아가 순찰선을 띄워 아드리아 해 맞은편 해안을 수시로 습격했다고 하고, 그라도 바다까지 침범한다고 불평하면서, 최근까지만 해도 그라치아디오라는 사람이 포르토부소에서 엽총을 쏘아 그들을 쫓아냈다고 회상한다. 밖에서는 진정한 바다의 호흡인 북서풍이 불어온다. 바다와 석호를 구분하는 선이, 고유의 필연성과 무상함을 지닌 모든 경계선이 그러하듯 불분명하면서도 피할 수 없게 눈에 들어온다. 바다 사이의 경계선이든, 색깔, 나라, 사투리 사이의 경계선이든, 그런 건 중요하지 않다. 반코도리오에서 돌아오는 어느 어부는 3킬로그램에 가까운 농어를 잡았다. 반짝이며 외부의 태양과 내부의 죽음 덕택에 감지할 수 없을 만큼 색깔을 바꾸는 농어 비늘도 경계선의 퍼덕거림이다.

크리스티아노는 자기와 함께 안포라 섬의 모래 해변으로 진짜 대합조개를 찾으러 가지 않겠느냐고 묻는다. 그는 열두 살인데, 명랑한 표정에 자신만만한 얼굴이다. 그가 대장이다. 배를 어디로 어떻게 몰고 가야 할지 알고, 경험의 서열에 대한 본능적인 존경심과 함께 우리를 자신의 명령대로 움직이게 한다. 평온하게 노를 교차하며 젓는 모습이 우리를 안심시켜준다. 썰물로 드러난 모래 위에 대합조개가 숨은 곳을 가리키는 조그마한 구멍 두 개도 놓치지 않는다. 미세하고 집요한 생명들이 바글거리는 시커먼 진흙을 칼로 뒤집어 껍질 안에 숨은 조개를 꺼낸다. 해변은 햇살과 조개껍질, 부서지는 파도로 하얗다. 몇 미터 저쪽에, 잡초와 갈매기 둥지 사이에서, 거대한 바다거북 사체가 썩어가고 있다. 그 거북 옆에서 크리스티아노는 며칠 전에 개 한 마리를 구했다. 갈증으로 거의 죽어가는 개를 우연히 발견했는데, 배에 오르지도 못할 정도로 기진맥진한 것으로 보아 오래전부터 모래언덕에 있었던 모양이다. 개는 집에서 물을 두 동이나 마셨고 거의 이틀 동안 잠만 잤다. 늙고 청력이 좀 약하긴 했어도 눈에 고귀함과 당혹감이 가득한 그 멋진 세터에게 크리스티아노는 애정을 느꼈다. 주인이 개를 버렸기를 바랐다. 그래야 자기가 데리고 있을 수 있으니까. 그리고 개를 이반이라고 불렀다.

 그 이름은 새로 지어낸 것이 아니다. 이반은 20여 년 전 포르토부소의 조그마한 막사에 머물던, 세무 경찰이 데리고 있던 마렘마 양치기 개였다. 지금은 버려진 막사 옆으로 "부표 감시원"의 초라한 집이 있었는데, 그는 먼 바다에 뜬 부표와 더불어 외롭게 살면서 부표의 등잔에다 기름 채우는 일을 했다고 주세피 치가이나가 기억을 떠올린다. 어느 날 세무 경찰이 개에 싫증이 났던지 모래언덕으로 데려가 총을 쏘았단다. 개는 상처를 입고도 살아남았다. 오랫동안 목숨을 부지하여, 아무도 가까이 다가오지 못하게 하면서 갈매기 알과 일부 동물을 잡아먹으며 사는 법을 터득했고, 밤에만 안포라 샘물을 마시러 내려왔다고 한다.

 해변의 잡초 덤불과 모래 사이로 나타났다 사라지곤 하던 그 하얀 개는, 사람들의 기억 속에 남아 있었다. 사람들은 그 개의 이름을 기억해냈고, 그리하여 크리스티아노가 그랬듯이 다른 개한테 그 이름을 붙이는 일은 하나의 유산을 전달하고 새 개에게 권위를 부여하는 조그마한 의례가 되었다. 개 주인이 잃어버렸던 이반을 다시 데려가기 위해 왔을 때 크리스티아노는 아마 모든 이야기가 거기서 끝장났구나 하고 느꼈을 것이다. 하지만 옛날 그 횐둥이 개를 부르던 이름은 남게 되었다. 비록 원래 이름이 무엇인지, 그 세무 경찰이 누구였는지, 아무도 기억하지 못하지만 말이다.

어부의 마디진 손들, 대합조개와 바닷가재를 손질하던 탁자나 배의 목재 안에 박힌 옹이들, 바다로 던지는 그물이나 배를 정박시키는 밧줄 매듭들, 그라도 예술가 디노 파키네티의 판화들에는 그런 힘과 인내의 이미지들이 반복해서 나타난다. 바닷물, 노고, 여러 세대에 걸친 노동의 길고 느린 템포에서 배운 이미지들이다. 그 시학은 경건함, 소박함, (1991년의 어느 작품에서 환기시킨 '석호의 땅'에 가까운) 삶을 나눈 형제로서의 즐거움이다. 그 아득한 땅의 바닷물은 검고, 바텔라는 평온하게 미끄러져가고, 배를 이끄는 손은 세월을 따라 얼굴에 주름을 새겨나가는 법을 알고 있고 풍경의 윤곽을 아로새길 줄 안다. 그라도와 그라도 석호를 물감이나 연필로 노래한 사람들이 있다. 시로코를 그린 데그라시, 쌍돛대 범선을 그린 안토니오 코체아니, 제방과 파도를 그린 모르고 섬의 불행한 백작의 딸 이름을 가진 아우헨탈러 같은 예술가들이. 그 끈질기고 마디진 손들은 오래된 나무가 지닌 투박한 선량함을 닮았다. 석호의 오래된 삶은 사물들에 관심을 기울이는 예술, 현실에 봉사하는 예술을 암시한다.

한 바퀴 순회를 마무리하고 돌아오는 길로 향한다. 그라도 북서쪽 산줄리아노 섬에는 6세기 교회, 멋진 과수원, 물고기를 잡기 위해 막아놓은 곳들이 있다. 해변 진흙에서 이스트라반도의 돌이 하얗게 돋보인다. 그래도 사람들은 모래를 운반하러 이스트라에 갔다가 그 하얀색 돌들을 가져왔다. 그란키우사, 카소니타를라오, 몬타론, 부시아리 섬들은 아퀼레이아의 종탑 선상에 올라야 눈에 들어오는데, 그 탑은 시야에서 벗어난 눈부신 성당 상공에 우뚝 솟아오른, 키비타스와 같은 도시의 상징이다. 타포의 꽃처럼 이 개펄에서 도시와 역사도 피어올랐다. 이 석호에서 베네치아가 탄생했다. 그가 도착하기 전에 지옥의 불바람부터 몰아닥쳐 아퀼레이아 사람들이 '개새끼'라고 부르던 아틸라가 아퀼레이아로 내려왔을 때, 그곳 섬들 사이로 피신한 피난민들이 세계의 위대한 나라들 중 하나의 기초를 세웠다. 주교 파올리노가 쓴 것으로 간주되는 어느 시는, 광장들과 저택들이 파괴되고 황량한 교회들은 여우와 뱀 소굴이 되어버렸다고 전한다. 파멸한 도시에 대한 탄식은, 수메르의 아주 오래된 도시 라가시에서 앵글로색슨의 애가에 나오는 도시 바스에 이르기까지 세계 문학에서 반복되어 나오는데, 위대하고 찬란한 것의 덧없음에 대한 진정한 문학 풍속도를 보여준다.

아이네이아스가 도주해와서 로마가 탄생했듯이, 제국은 망명에서 탄생한다. 미래의 토대는 과거의 고통스러운 상실과 탈출에 뒤이어 세워진다. 이 바닷물에서 세레니시마의 시작과 종말이 만져진다. 지금은 개간된 첸테나라 섬에서 도제*들 가문의 후손인 그라데니고 가문의 한 사람이 양어장 관리인으로 살았는데, 진흙이 너무 많을 때면 물을 배수시키고 마른 잡초와 그루터기들을 불태우는 일을 해왔다고 한다.

동쪽으로 대략 물라디무자 모래언덕 앞에 바닷물 속에 잠긴 조그

---

* Doge. 라틴어 dux에서 나온 말로 '지도자'를 의미하는데, 특히 베네치아의 최고 통치자를 가리킨다.

마한 섬 산그리소고노가 있는데, 전해지는 바로는 아직 물 위로 솟아 올라 있던 때인 3세기 말에서 4세기 초반 로마 황제 디오클레티아누스 시대에 참수당해 묻혔다고 하는, 아퀼레이아 출신 순교자의 이름을 딴 섬이라고 한다. 그러니까 만약 전해지는 이야기가 사실이라면, 바텔라는 이렇게 석호의 수로들에서 잠시 벗어나 우리 가족의 무덤 위로 미끄러져가고 있는 셈이다. 왜냐하면 머나먼 시절 그리스에 속했던 달마티아 출신의 그리스고노 가문, 항구도시 스플리트에 정착해 세레니시마 시절에 달마티아의 여러 도시를 빛낸 문인과 학자를 배출한 소귀족 집안에서, 나의 외할아버지 프란체스코 데 그리소고노가 태어났기 때문이다. 천재성을 스치고 우울함을 구석구석 가로질러가면서, 그분은 언어와 기호의 우리 안에다 세상을 가두는 '오만hybris'과 향수를 손자에게 남겼다.

사후에 읽히도록 쓴 어느 마지막 글에서 프란체스코 데 그리소고노 외할아버지는 "사는 것을 시작하겠다 해서 한 건 아니었어도 계속 존재하는 건 나 그만두겠노라"라고 썼다. 자기의 "열렬한 소명"은 절대적인 고독 속에서 타오를 운명이었음을, 쓰라린 불운과 고립 탓에 자신의 지성이 기이한 천재의 불모성으로 쇠락한다든가 마음의 풍요가 억압된 원한으로 변질된다든가 하지 않도록 이를 다스릴 줄 아는 능력에 따라 자기 인생이 결정될 것임을, 그는 일찌감치 의식하고 있었다. 1861년 달마티아의 시베니크에서 태어나 어려운 상황에서 성장해 그토록 사랑하던 철학과 수학 공부를 빈에서 끝마칠 수 없었고, 오랫동안 오스트리아 제국의 해군 장교로 있다가 (이탈리아 영토회복주의자이긴 했으나 독일 문화를 무척이나 사랑했고 가문의 한 줄기가 속해 있던 크로아티아 문화의 예찬자이자 훌륭한 감식가이기도 했으며) 마지막으로 트리에스테 직업학교의 평범한 교사로서 살다 간 프란체스코 데 그리소고노 외할아버지는, 평생 온갖 다양한 역경에 가로막혀 학문 연구의 세계와 접촉하는 데 있어 철저히 배제된 삶을 살았다.

철학자이며 과학자였고, 우주공간 항해 시스템과 이를 목적으로 지구의 중력에서 벗어나기 위한 도구를 만들어낸 고안자였으며, 위대한 수학자들 이외에 칸트와 쇼펜하우어, 니체의 애독자이자, 그런 깨우침을 담아 재치 넘치는 철학적 경구들을 썼던 작가이기도 했던 프란체스코 데 그리소고노 외할아버지는, 당시의 위대한 철학과 과학 문화와는 단절되어 있었고, 그런 사실을 본인도 잘 알고 계셨다. 분명 그 경이롭고 혁명적인 계절에 그분이 기여할 수도 있었을 테고, 거기에서 당신 사상의 자양분을 얻어 질식할 만큼 외롭고도 끈질긴 노력에서 벗어날 수도 있었을 것이다. 그분 스스로는 이렇게 말했다. 실현될 방법을 찾지 못하고 머릿속에서 더욱 늘어나는 계획들과 사상들, 햇살 없는 땅에 떨어져 말라죽는 씨앗들이, 마치 증기가 과도하게 넘치지만 움직이지 못하고 있는 자기 상태를 의식하고 있어야만 할 뿐인 기계처럼, 스스로를 억압하면서 흥분했노라고 말이다.

돌아가신 후 출판되어 오랜 세월 뒤에 물리학자 엔리코 페르미의 관심을 끌었던 주요 저술의 제목이 말해주듯, 그 "새로운 과학의 씨앗들"은, 기분좋은 가벼움으로 위장하는 것이 당신 자신과 다른 사람들에 대한 의무라고 여겼던 그 불굴의 노력으로 실제로 열매를 맺을 수 있었다. 소박한 서재에서, 또는 일요일에 가족이 산책하고 점심을 먹으러 크라스에 갈 때에도 갖고 가던 작은 접이식 탁자에서, 세 아이가 놀고 있고 외할머니가 당신의 건강을 위해 달걀을 많이 먹게 하려고 애쓰던 그 시절 동안, 프란체스코 데 그리소고노 외할아버지는 냉정한 경구들과 애정 어린 환상적인 글을 썼으며, 최소 구별의 정교한 원리를 다듬었고, 형이상학에서 벗어난 실증적 비판철학의 창조를 열망했으며, 도덕의 금기와 명령의 정체를 폭로했고, 전설적인 순교자 선조에 어울릴 정도로 진실에 헌신하고 윤리적 책무를 다함으로써 진리 개념을 무너뜨렸고, 지식의 목적에 부합하는 권력 이론을 세웠고, 당신 상황의 무능함을 평온히 받아들이며 살아갔다. 특히 당신 삶의 기본적 꿈이었던 "개념적 계산" 즉 엄격한 수학적 토대 위에서 천재성의 모든 직관과 발견, 작업을 창출할 수 있는 '조합 기술ars combinatoria'에 몰두했다.

과학의 진정한 엄밀성과 고립된 지역성에서 나오는 불가피한 성격인 섣부른 직관, 낡아빠진 궤변, 외골수 같은 순진성이 뒤섞인 거대한 격정 속에서, 프란체스코 데 그리소고노 외할아버지는 운명의 부당함과 우연의 변덕으로부터 인간의 창조성을 해방시키고 싶어했다. 당신 자신이 너무나 잘 알고 있었듯, 인간의 창조성을 제한하고 갉아먹는 게 바로 그것이었기 때문이다. 만약 천재성이란 것이 불가피하게 존재의 우연성에 좌지우지되는 것이라서, 개념적 계산이 그의 장치와 더불어 가능한 한 모든 작업에 불변의 논리를 부여해준다면, 천재들을 포함하여 사람들을 헤아리는 데 있어 족쇄가 되어 온 우연성에 대해 제법 초연해질 수 있을 테니 말이다.

그런 독창적 계획에서 가장 매력적인 측면은, 현실에서 가능한 발명과 발견을 모두 이끌어낼 조합들의 자료를 체계화할 수 있도록, 세상의 무한한 다양성의 목록을 작성하기 위해 『새로운 과학의 씨앗들』에서 도표들을 작성해 편집했다는 것이다. 원소들의 종류와 하위 종류(감쌀 수 없는 것들: 세균성의 것들, 아치 모양의 것들, 비틀린 것들, 둥글게 휘감는 것들)를 분류하고, 무게가 나가는 것을 재는 서른여섯 가지 측정법 또는 사건을 가늠하는 스물한 가지 측정법을 분류하고, 어법들과 위치이동 작업들, 전기발생 도구들과 소리발생 도구들, '교차광선 발생기'의 열일곱 가지 부분, 백마흔세 가지 행동 양식, 스물여덟 가지 생리적 현상들과 그와 똑같은 숫자의 심리적 현상들, 분말성 물질, 엽상 물질, 점액 물질, 거품 물질, 부식성 물질 등을 분류했다.

또 때로는 천재적이고 때로는 기발한 실험 연구를 제안했고, 빛의 효과를 통한 셀레늄의 전기적 저항 변화에 대한 진공의 영향 연구, 또는 주어진 $X(2)^n$이 사체의 부패를 억제할 수 있는지 검증하기 위한 실험을 제안하기도 했다.

이 도표들, 계산들, 수학적 기호들 사이에서, 세상의 유혹과 지루함, 우주 공간의 방대함과 마음의 심연은 포착할 수 없을 만큼 세분화되어 드러난다. 전능함을 다루는 이 총체적 '오만'은 무한함 속에서 길 잃은 개인의 무방비한 왜소함을 적나라하게 발가벗길 뿐만 아니라, 더 나아가 수수께끼 같은 유한의 사물들 사이에서 마치 그물로 바다를 잡으려는 어부처럼 당신이 붙잡으려고 애쓴 삶에 대한 괴로운 사랑을 들춰낸다. 오직 가식 없는 수학만이, 세속적인 사람한테는 상형문자처럼 난해할 고유 기호들을 통해 삶의 신비롭고 무서운 축복을 드러낼 수 있다. 이것이 바로 형이상학을 없앨 수 있다는 준엄한 태도와 순진한 확신에 찼던 19세기 실증주의자들이 지닌 정직한 멜랑콜리로, 마치 연산에서 생긴 계산 착오처럼, 그들이 악착스레 몰아내고 함구한 이 신비라는 의미에 진정성을 부여해주고 있는지도 모를 일이다.

프란체스코 데 그리소고노 외할아버지가 사람들이 항해를 나설 수 있도록 실제로 치밀히 고심했던 무한 공간은 종종 외로운 연구자의 셋집으로 응축되었는데, 거기에는 마음을 터놓고 계획이나 결과를 보여줄 대화자도 없었으니, 외로움 때문에 기괴한 망상을 하지 않도록 조심해야 했다.

프란체스코 데 그리소고노 외할아버지는 고립과 우울함에 내재한 함정을 알고 있었고, 당신이 처한 질식할 듯이 협소한 현실에 비해 지나치게 크고 풍부한 마음이 빠질 수 있는 소용돌이를 알고 있었다. 당신 자신에 대해 말했듯이 "자신의 모든 꿈이 하나하나 죽어가는 것을 인내심 있게 장난하듯이 견뎌냈으며…… 그렇게 쓰라린 실망 속에서도 사람이나 사물을 증오하지 않았고, 자신에게 가시들만 안겨준 삶을 지치지 않고 사랑했다…… 그렇게 우울한 평정 속에서 나이를 먹어, 이해받지 못한 천재처럼 우스꽝스럽게 보이지 않기 위해 평범한 사람의 모습으로, 어두운 자기 운명의 십자가를 짊어졌다."

순교자 아니면 학자, 둘 중에서 무엇이 더 힘든 운명이었는지 말하기란 어렵다.

"정말이지 나는 잘 몰라요." 아르카디오 스카라무차는 말한다. "집안에서는 거기에 대해 그도 통 말이 없었고, 우리도 아무것도 묻지 않았어요. 알다시피 당시 체포되고 소송이 진행되는 며칠 동안에 머리카락이 빠지더니, 그때 대머리가 되셨지요. 그래서 우리는 질문을 하거나 그때를 상기시키지 않는 편이 좋겠다고 생각했고요……" 그러니까 그의 아버지 안토니오 스카라무차는 코토르*의 그날들, 자신의 지휘하에 달마티아의 항구가 크론시타트†로 전환된 듯 보이고 아드리아 해에 붉은 10월‡이 당도한 것처럼 보였던 날들에 대해, 가족에게 이야기하지 않았다. 아들의 말에 의하면 그는 혁명에서 대머리가 되어 돌아왔고, 최소한 가족의 눈에는 탈모에 대한 불쾌감이 그런 역사적 위업에서 나온 용기와 영광보다 더 무겁게 그의 저울판을 짓눌렀던 것 같다.

---

* 이탈리아어로는 카타로. 아드리아 해에 면한 몬테네그로의 도시로 오랫동안 베네치아가 지배했으며, 일차대전 중에는 몬테네그로와 오스트리아-헝가리 제국 사이의 치열한 전투장이 되었다. 특히 뒤에서 자세히 이야기하듯이 1918년 2월 1일 그곳에 주둔하던 오스트리아-헝가리 제국 함대의 선원들이 반란을 일으켰다.
† 러시아 레닌그라드의 항구도시로, 1921년 이곳에 주둔하던 해군 병사들이 볼셰비키 정부에 대항하여 벌인 반란으로 유명하다.
‡ 1917년 11월(러시아력으로는 10월) 러시아에서 일어난 프롤레타리아혁명.

안토니오 스카라무차는 1918년 2월 1일 코토르에서 일어난 반란을 조직하고 이끈 자들 중 하나였다. 오스트리아-헝가리 함대의 수병들은 기함旗艦인 철갑 순양함 장크트게오르크호*를 포함하여 일부 전함을 장악했고, 사령관 한사 제독과 장교들을 체포했으며, 갑판에 모인 수병들이 선출한 혁명수병위원회Matrosenkomité를 조직했다.

장크트게오르크호와 두 척을 제외하고 반란에 가담한 다른 함선들은 붉은 깃발을 올렸지만, 제국의 아주 다양한 국적에 속하는 수병들 사이에서 러시아혁명의 메아리와 프롤레타리아의 요구들, 그러니까 전쟁의 종결, 노동자 조직의 자유, 국제적 형제애, 군대와 시민 생활의 민주화 요구는, 선상에서 겪은 처우에 대한 항의처럼 즉각적인 이유에서뿐만 아니라 제국 내 여러 민족의 영토회복주의와도 뒤엉켜 있던 문제에서 나온 것으로, 각자가 바라던바 오스트리아의 붕괴와 거의 하루가 멀다 하고 이웃 민족과 싸우는 자기네 민족을 굳건히 확립하는 게 목표였다.

실행 면에서는 단호했지만 단기간 성과를 내며 주춤했던 반란은 매우 효과적으로 극비리에 준비된 것이었다. 조직에서 중요한 역할을 한 스카라무차는 15년 후 트리에스테 신문 『일 피콜로』에서 서로 이질적이었던 반란의 목석들에 대해 회상했다. "우리는 이탈리아인들에게는 자유를 약속했고, 크로아티아인들에게는 세르보-크로아티아 국가를 약속했고, 반反세르비아 슬라브인들에게는 이탈리아를 제외한 연합국에 선박 판매와 수익금 분배를 약속했고, 보헤미아 사람들에게는 공화국을 약속했고, 독일인들과 헝가리아인들에게는 장교들의 보다 나은 처우와 풍성하고 맛좋은 식사, 더 많은 급료를 약속했다." 하지만 함선에서는 프랑스 국가 〈라 마르세예즈〉가 울렸고, 빈 정부에

---

* Sankt Georg. 독일어로 '성 게오르기우스'를 뜻한다.

전신으로 보낸 혁명위원회의 성명서가 요구한 건 즉각적인 평화조약, 민족자결주의 원리와 윌슨의 14개 조항 수용, 특히 국가 민주화였다.

확산될 것처럼 보이던 혁명은 사흘 만에 실패했다. 그 사흘 동안 격론이 붙고, 빈에 긴급 전보가 가고, 뒷거래가 있었고, 독일 잠수함 세척을 쫓아낸 몇 발의 포격이 있었으며, 요새에서 유산탄榴散彈 한 발이 날아와 응사하라는 명령을 내리기 위해 '크론프린츠 루돌프'*호의 포탑 위로 올라간 봉기 지도자들 중 한 명인 빈 출신 자그너의 목을 잘랐고, 그 바람에 그가 머리 없이 붉은 깃발에 둘러싸인 채 엄숙하게 만灣 속에 묻히는 일이 있었다.

그 몇 시간 동안 코토르의 수병들은 어떤 조치를 해야 할지 망설였지만, 침착하면서도 대담하게, 지나칠 정도로 넉넉한 자세로 처신했다. 가령 자신들의 포로인 한사 제독이 복통을 호소하자 뭍으로 사람을 보내 로신의 의사 케르시 박사를 데려오는가 하면, 의사가 육류 중심 다이어트를 처방하자 쇠고기 스테이크를 사오도록 다른 보트를 해안으로 보내기도 했다. 풀려나기 직전 한사 제독은 어떤 수병도 머리카락 하나 다치지 않게 하겠다고 약속했지만 복통이 사라지자 약속을 잊었고 네 명을 총살했다. 그중에서 포레치 출신 안토니오 그라바르는 이례적일 정도로 드높은 패기에 찬 자세로 죽음을 맞이했다. 소송에서는 고된 징역형 선고가 많이 있었지만, 전체적으로 볼 때 오스트리아 법정은 전쟁 동안 8천 명 내지 1만 명이 연루된 무장 반란에 대해 지나치게 무거운 형벌은 내리지 않았다. 스카라무차는, 장크트게오르크호에서 범인들을 색출하라는 임무를 받은 위원회가 아마 그 일원인 이탈리아인 피치크와의 우정 때문인지 반란자들 사이에서 그를 본 적이 없다고 진술한 덕에 살아남았다.

---

* Kronprinz Rudolf. 독일어로 '루돌프 황태자'를 뜻한다.

그런 행운을 제외하면, 스카라무차에게는 다른 행운이 거의 없었다. 어쨌든 유능하게 조직했던 그 실패한 혁명이 그의 직업 생활, 그러니까 착수하긴 했으나 제대로 풀리지 않던 생활에까지 뒤따라와 실패의 그림자를 드리웠던 건지, 그가 세운 영화관도 불에 타고 말았다. 하지만 그는 낙담하지 않았다. 그라도에서는 그를 크고 강건하며 어떤 상황에서도 대담한 용기를 가진 사람으로 기억한다. 몇 년 뒤 파시즘이 코토르의 반란과 거기에서 그가 했던 역할을, 단지 오스트리아에 저항한 이탈리아의 애국적 열정에 의해서만 고취된 운동으로 해석하여 찬양하려고 하자, 분명 그는 별로 내켜하지 않는 기색이었다.

실제로 1934년 『일 피콜로』는 코토르의 반란을 찬양하는 일련의 기사를 실었는데, 그 기사에서는 붉은 깃발에 대해서는 침묵하고 볼셰비키로서의 측면은 모두 없앤 채 삼색 깃발* 아래서 전부 이루어진 일로 간주했다. 저널리스트 R. D.가 혁명위원회의 열세 명 위원들 중 한 명이었던 트리에스테 출신 노동자 안젤로 파코르를 만나기도 했는데, 그를 매우 호감 있게 묘사하면서도 공산주의가 함축된 모든 우발적인 의미는 지우려고 애썼다. "그는 우리 이탈리아에서 지성을 갖춘 노동자들 중 한 명으로…… 소박하고…… 대담한 성격이었다…… 자식 사랑 때문에 참았던 고난들에 맞서 강렬히 저항해온 탓에 주름살이 패인 그의 얼굴은, 신뢰감과 믿음을 불어넣는 미소로 환하게 빛났다. 아시아 혁명가로서의 모습은 전혀 없었고, 그 솔직한 얼굴에는 두려움도 전혀 없었다……"

레닌의 망령은 우발적인 신체적 특징 면에서도 쫓겨난 신세다. 『일 피콜로』의 저널리스트는 반反볼셰비키 인상학을 제시하면서, 도대체 무엇 때문에 그 착한 트리에스테 노동자가 몽골 사람의 외관을 가져

---

* 녹색, 하얀색, 빨간색으로 된 이탈리아 국기를 가리킨다.

야 하는지에 대해서는 자문해보지도 않았다. 1922년 드레스덴 노동자들과 군인들의 평의회에 참여했고 전투적 투사였던 프리드리히 볼프는 4년 전에 희곡 『코토르의 수병들』(1930)에서 혁명적이고 프롤레타리아적인 정서로 그 달마티아 만에서 휘날리던 붉은 깃발을 찬양했다. 주인공은 바로 그런 항의와 희망과 난파의 진정한 합창대라 할 수 있는 수병들 집단이다. 사회주의리얼리즘의 시각에서, 볼프는 이 반란의 부적절함과 모순, 끝까지 반란을 그렇게 끌고 간 자기네 지도자들의 무능함, 그리고 무엇보다 폭력을 근절시키고자 일으켰으나 성공하기 위해서는 나름대로 폭력을 수행해야 하고 만약 이를 망설였다가는 진압당하고야 마는 모든 혁명이 그렇듯이, 그 혁명 자체 안에 내재된 비극적인 불화를 조명했다.

오늘날 볼프의 혁명적 파토스는 극복된 것처럼 보일지 모른다. 그러나 교묘한 특수효과와 함께 그 청산이 지닌 희망과 비극을 유혈의 소극笑劇에서 나온 조명 속에 놔두려는 이 세기말 무대에서, 코토르 반란 같은 사건은 목졸린 현대사의 증거로서 뜨겁고 감동적인 현재성을 되찾는다. 안토니오 스카라무차가 거기에 대해 말하고 싶어하지 않았던 것도 이런 이유가 아니었을까. 그리고 결국 자신에게 우호적이었던 그런 파시스트적 해석에 대해 반박을 할 수도 없는데다, 억지로 자신한테 둘러씌워진 그런 긍정적이고 칭찬받을 만한 역할을 하는 데 당혹감을 느꼈으므로 별말을 하지 않았던 것이다. 1934년에 이를 다시 회상하며 그가 한 언급은 신문에서 낸 입장과 동일하지만, 빈약하고 간결하다. 아마도 차라리 다른 일을 하고 싶었던 모양이다. 나중에 트리에스테 북서쪽 해안 지역 시스티아나에서 '솔숲에서'란 뜻의 '알라피네타' 여관을 운영했던 것처럼. 비록 그것마저 결국 넘겨줘야 하긴 했지만 말이다.

역사적 순간들과 특별한 모험은 종종 그것을 체험한 사람을 침묵하게 만든다. 시베리아해방군단*에 가담했던 아우구스토 트로얀과 다른 그라도 사람 일곱 명은 세계사 페이지 하단을 떠도는 덧없는 각주脚註가 된 자신들의 믿을 수 없이 기나긴 방랑에 대해 전혀 이야기한 바가 없다. 하지만 일차대전과 함께 시작된 이 오디세이아에서, 지금도 우리를 둘러싸고 조건지우고 있는 모든 것, 아직도 해결되지 않은 우리 운명의 모든 가능한 사건이 태어났다. 그 그라도 사람 여덟 명은 (그중 한 사람 베냐미노의 먼 사촌 루치아노 산손이 이야기하는 바에 따르면) 1914년 오스트리아-헝가리 부대에서 전쟁에 소집되어 카르파티아 산맥†의 전선으로 보내졌다. 1915년 5월 24일 이탈리아도 전쟁에 참여했을 때 영토회복주의자 트로얀은 탈영하여 러시아군에 투항했다. 다른 사람들도, 그와 똑같이 하거나 아니면 포로가 되었고, 어쨌든 애국심 때문에 오스트리아-헝가리 군대를 떠난 프리울리베네치아줄리아 사람들과 함께, 이탈리아의 군사적 임무를 위해 조직된 지원병 부대에 가담했다.

그들은 이손초 강 전선에 투입되어 오스트리아 군대에 대항하여 싸워야 했기에 이탈리아로 귀국해야만 했다. 첫번째 편성부대가 백해와 면해 있는 항구도시 아르한겔스크에 도착했는데, 배를 타기 전 얼음과 러시아혁명 때문에 가로막히고 만다. 트로얀과 다른 사람들은 이탈리아로 가는 뱃길을 찾기 위해 블라디보스토크로 가기로 결정했고 장엄한 행진을 하며 시베리아를 가로질러갔지만, 블라디보스토크에 도착하자 이탈리아를 포함한 연합군이 중국을 경유하여 보낸 원

---

* 일차대전 당시 2만 5천 명이 넘는 이탈리아 군인들이 오스트리아-헝가리 제국의 군대로 참전하여 러시아 전선에서 포로가 되었다가 풀려났는데, 그들 중 일부가 이탈리아를 위해 싸우기로 맹세하여 구성한 부대. 이들은 시베리아 동부와 만주 지역에서 볼셰비키 군대에 저항하여 싸웠다.

† 유럽 동부의 산맥으로 체코, 폴란드, 슬로바키아, 우크라이나, 헝가리, 루마니아, 세르비아에 걸쳐 있다.

정군과 합류하라는 요청을 해온다. 동맹국의 동부전선을 무력화함으로써 협상을 약화시키고 있던 러시아혁명을 저지하기 위해서였다. 트로얀은 블라디보스토크의 이탈리아 원정군에 남았다. 다른 사람들은 시베리아로 돌아갔고, 그 거대한 영토와 혁명, 내전의 혼란 속으로, 너무나도 크고 텅 비어 있지만 역사와 변화들로 가득한 공간 속으로 들어가게 되었다. 방랑은 길고, 모든 귀환은 힘든 법이다. 그라도 사람들은 트리에스테까지 그들을 실어다준 일본 증기선을 타고 1920년 4월 12일에야 이탈리아로 돌아왔다.

역사와 눈 덮인 스텝 지대를 가로지르는 이 여행, 20세기를 특징짓는 개인들과 민족들의 수많은 도피와 순례를 세밀화로 추적하는 이 방황에 대해, 『일 피콜로』에 실린 부치아노 산손의 기사를 제외하면, 아무것도 남아 있지 않다. 소나기와 우박 사이를 피하듯이 그 부대가 분명 이리저리 빠져나가면서 피하려고 애썼던 전투에 대한 언급도 없다. 어쨌든 그렇게 특이한 사건을 체험한 사람은 침묵하려는 경향이 있다. 아마 말을 할 줄 모르기 때문이거나, 만약 거기에 대해 말하면 조작을 하게 될지도 모른다고 여겨서일 수도 있다. 아니면 어떤 모험을 하는 동안에는 예외적인 것처럼 보이지만 나중에 집에 돌아와 이야기하려고 하면 그에 대한 적당한 말을 찾지 못하기 때문일 수도 있다. 놀라워 보이던 것들이 사라지고 흩어져버리거나, 아니면 그다지 놀라워 보이지도 않아서, 차츰차츰 머릿속에서 더이상 떠오르지 않게 되고, 결국 마치 아무 일도 일어나지 않았던 것 같아져, 말할 수 없게 되는지도 모른다.

산테우페미아 성당 꼭대기에서 회전하고 있는 성 미카엘 대천사는 널찍한 날개, 떠도는 술 장식의 구름, 몸을 호전적으로 곧게 세워 바람이 부는 방향을 가리키며 팔과 검지를 쭉 뻗은 자세인데, 루시퍼와 반역 천사들을 아래로 내동댕이쳐 일시적 승리를 거두었으나 분명 전투는 아직 끝나지 않았다는 것을 하늘에서도 의식하고 있는 천사답게 역시나 멋지고 위엄 있는 모습이다. 하지만 이따금 성 미카엘 천사는 복원을 위해 그 꼭대기에서 내려와 일정 기간 동안 성당 내부에 놓여 있기도 한다. 지역색을 찾는 저널리스트나 현학적인 연대기 기록자는, 그렇게 지상에 내려온 천사를 볼품없이 흉하며 흐린 눈동자에 공격적인 구석이라고는 없는 어리숙한 거인처럼 묘사한다. 잘 알다시피, 붙잡힌 신천옹信天翁은 멀리서 보이던 분위기와 고귀함을 상실하고 만다. 하늘과 바람의 깃발들 사이에 드높이 있던 천사가 많은 것을 굽어보며 다스리고 있는 듯해도, 아래로 내려오면 마치 무엇을 말할지 모르는 사람처럼 그 역시 당황한 모습이다.

고유의 성소聖所 덕택에 유명한 그라도 북동쪽 바르바나 섬은, 바닷물 위로 온전히 완만한 곡선의 조화를 드리우는 어머니 같은 둥근 천장과 종탑이 우거진 녹음 사이로 솟아올라 있어, 멀리서 보면 아름답다. 배에서 내리면, 교회보다 커다란 소나무, 느릅나무, 삼나무 사이로 불어오는 바람에 사로잡히고, 만화 이야기에서 충성스러운 선조들이 자신들이 기적적으로 막아낸 온갖 종류의 재난과 재해에 대해 이야기할 때 나오던 그 봉헌물들에 마음을 빼앗기게 된다. 7월 첫째주 일요일에 '바르바나의 용서'란 뜻의 '페르돈데바르바나' 축제가 열리는데, 이 축제는 깃발로 장식된 배들의 행렬로, 전설에 따르면 6세기 말 폭풍우에 떠밀려 섬으로 운반된 성모 마리아를 축하하기 위한 것이다. 그 나무 성모상은, 어느 나무의 가지들 사이에서 발견되었다고도 하고 나무 몸통에 기대어진 채 발견되었다고도 한다. 아기 예수를 안고 근심 어린 시선을 멀리 던지고 있는 현재의 성모상은, 오랜 세월이 지났지만 비교적 최근의 것이다. 바르바나에서 모시는 첫번째 성모상도 아닐 것이고 그렇다고 두번째 성모상도 아닐 것이다. 첫번째는 전함으로 쓰인 비잔티움 제국의 팔란드리아나 드로몬 갤리선의 이물에 있던 검은 성모상으로, 먼 바다에서 왔을 수도 있고, 아니면 단순히 뱃머리에 장식으로 서 있던 여인상이었을 수도 있을 텐데, 이를테면 바다와 금세 다가올 폭풍우를 깜짝 놀란 눈으로 바라보는 뱃머리 장식용 조각이었다가 단지 뭍에 발이 닿음으로써 성모상이 되었을 수도 있다.

파도에 실려온 조각상에 피난처와 받침대를 제공한 나무가 있던 곳에 교회가 세워져 있고, 그 주위에는 작은 공동묘지가 있다. 다른 무덤들 사이로, 그 성소에서 살다 죽은 "마리아의 근면하고 즐거운 종" R. P. 마우로 마테시라는 사람이 누워 있다. 오래전부터 문학은, 산피에트로도리오 섬의 은둔자처럼 세상에서 물러난 사람들, 섬이나 익명의 군중 사이에 숨어 모든 것을 벗어던지고 즐거움은 아닐 수도 있겠으나 자유는 되찾게 된, 은둔자와 도피자들에 대해 이야기하고 있다. 즐거움이란, 베네딕트회나 프란체스코회 수도사들에게만 예비되어 있고, 종교적 서원보다 더 철저한 자기희생, 삶의 본질을 찾고자 그 삶이 완전히 메마르고 헐벗을 정도로 철저히 자기희생을 실천해 나가는 근대의 세속 은둔자들에게는 차단되어 있는 것만 같다. 근대 문명은 맹목에 가까운 어떤 절대자를 공_空으로 이끄는 이런 탈주를 눈여겨보게 한다.

다시 한 바퀴 돈 다음 돌아온다. 저녁 속으로 멀어져가는 하늘 아래, 또다시 팜파놀라 섬과 모래밭에 정박된 배들이 보인다. 처음 떠날 때와 똑같은 모습들이 다시 보인다. 출발점을 향해 뒤로 넘겨보는 앨범 사진들 같다. 여행은 언제나 다시 되돌아오는 일이며, 결정적인 최후의 것은 땅이나 집안에 다시 내딛는 이 발걸음에 있다. 트리에스테를 향해 다시 출발하기 전에 머무르는 아우구스토 추베르티의 식당이, 이미 오래전부터 집처럼 여겨진다. 기억에 남을 만한 만찬으로 끊임없이 축하받기를 좋아하던 마린의 생일이나 영명축일 잔치를 했던 곳이 바로 여기다. 매년 차례로 지명된 연설자가 마린에게 사람들 모두가 보내는 축하 인사를 전하며 그한테 갑작스레 닥칠지 모를 종말의 그림자를 몰아내기 위한 연설을 했고, 그러는 동안 마린은 눈꺼풀 하나 깜짝하지 않고 이를 듣고 있곤 했다. 세월이 흘러 그 연설자들 역시 이제 더이상 젊지 않은데다 저세상으로 간 사람도 있는데, 축하하던 사람들보다 더 오래 살라는 염원과 더불어, 마린은 새로운 책들로 풍성해진 모습으로 아직도 그 자리에 남아 있다.

"나는 타인의 삶이 합류하는 만灣과 같다." 어느 날 저녁인가 여기서 마린이 했던 말이다. 그 만에서, 그는 사랑하는 사람들과 자기 존재를 구성하는 데 있어 떼려야 뗄 수 없는 동료들, 부모, 그 모래언덕에서 하루를 보낸 뒤 맺어진 영원한 여자 친구, 그리고 오랜 세월이 지나 그동안 각자 자기 여자 친구와 함께 모래언덕으로 갈 나이가 된 아들들과 함께 살았다. 장소들도, 사물들도, 사랑하는 사람들과 그 주변 이미지들과 떼놓을 수 없는 것이니, 바다, 소나무 사이로 부는 바람, 시끄러운 매미 소리, 갈매기, 호박琥珀 빛깔의 여름도 이와 함께 존재한다. 진정한 여관은 바로 만이며, 특히 여행하면서 멈추고 싶은 사람이 열망하는 항구다. 마린의 할아버지는 초기 그리스도교 시절에 있던 은총의 성모 마리아 성당 가까운 곳에서 '세 왕관'이란 뜻의 술집 '트레코로네'를 운영했다. 그곳이 진정 미래 시인을 키워낸 진정한 아카데미였을지 누가 알겠는가.

스네주니크[*]

처음에 들린 소리는 사메츠 씨의 목소리였다. 슬로베니아어 's'를 발음할 때 나는 감지하기 힘든 쉭쉭거리는 소리와 함께, 약간 쉰 듯한 나지막한 목소리. "그래서 내가 그분께 말했지요." 그가 다시 말을 시작하면서, 오랜 세월에 걸친 숲속의 습기 탓인지 가벼운 관절염으로 갈고리처럼 굽은 새끼손가락을 들어 옆 사람을 슬며시 건드렸다. "실례합니다만, 각하, 만약 허락하신다면……" 처음이거나, 거의 처음과 닿아 있던 상태. 그러니까 숲속에 들어서면 모든 게 언제나 이미 시작되고 있었거나 언제나 이미 끝나가고 있었으니, 땅에 떨어져 해마다 쌓인 숱한 낙엽과 수많은 세월은 흙 속으로 부스러지고 붉은빛 토층 속으로 썩어 파묻혀 더이상 분간할 수 없는 상태였다. 어린 날 처음 숲속에 들어가면서 어찌 된 일인지 처음이 아니란 생각에 젖었고, 자기의 고유한 역사도 오래전에, 나무 몸통에 새겨진 나이테에 보존되

---

[*] Snežnik. 트리에스테 동쪽 슬로베니아에 있는 높이 1796미터의 산으로 석회암으로 이루어진 카르스트 고원을 특징으로 한다. 이탈리아어 이름은 몬테네보소Monte Nevoso로 '눈 덮인 산'이라는 뜻이다.

고 측정된 시간보다 더 이전에 시작되었을 것이라고 여겨졌는데, 이런 의식에 흥분이라든가 우울이라든가 하는 건 없었고, 단지 그렇다는 것과 그것으로 충분하다는 고요한 느낌뿐이었다.

사메츠 씨는 자기 이야기를 끝까지 맺은 적이 거의 없었고, 반면 다른 사람들은 이미 여러 차례 끝까지 들은 얘기라고 치부했는데, 이는 루디가 〈자 킴〉 연주를 시작해서 그랬을 수도 있고, 또는 그가 자기 조상에 대해 회상하며 아마도 자기는 귀족 출신이거나 좀더 나아가 보면 황족 출신일 것이라고 떠들면서, 이를테면 자기 할아버지가 (아니면 그 아버지나 증조할아버지가) 빈의 쇤브룬 궁전 정원 덤불에서 울고 있는 갓난아기로 발견된 것만 봐도 아마 아주 고위급 신분이었던 자가 죄를 범하는 바람에 불법적으로 태어나 그랬을 거라는 등의 이야기를 꺼내서였을 수도 있다. 혹은 언제나 그렇듯 등산 대피소 플라닌스키돔 앞에 있는 출발지 스비슈차키 빈터의 그 테이블에서, 사메츠 씨한테는 신경도 안 쓴 채, 누군가가 볼리오티스 씨 별장 이야기를 꺼내어 이목을 집중시키기 일쑤였는데, 일찌감치 아내랑 자손들을 불러모아 은혼식 잔치를 했던 그 오두막이 지속적으로 확장되고 꾸며지고 있는 걸 보면 볼리오티스 씨가 몇 년 전부터 자기가 살던 트리에스테에서 포르노 영화관을 인수해 운영한 게 분명 전에 종사하던 목재 거래보다 더 큰 수익을 벌어들여줬을 거라며 이러쿵저러쿵 하는 이야기 때문이었을 수도 있다. 물론 볼리오티스 씨는 단지 더이상 돌아다니지 않고 가족에게 더 많이 헌신하려고 하던 일을 바꿨을 뿐이라고 반박했지만 말이다. 하지만 사메츠 씨가 자기 이야기를 끝맺지 못하게 막는 것은 누구도 아닌 아내 안나 부인이었다. 세월과 더불어 주름살이 생긴 얼굴에 코는 납작하고 탐욕스러우면서도 온화한 아몬드 눈을 가진, 아름답지만 가늠할 수 없는 그녀가, 사메츠 씨더러 이제 그만 일어나 자기네 별장으로 다시 자신을 데려다달라고 신호를 보내왔던 것이다.

사메츠 씨가 이야기하려던 각하는 당시 이탈리아령이던 피우메(현 크로아티아 서북부 항구도시 리예카)의 어느 파시스트 관리로, 곰 사냥에 나서던 그 관리를 수행하던 사메츠 씨는 그 사람한테 치명적이었을 수도 있었을 경솔한 행동을 하지 않도록 그를 신중하게 설득해 호감을 샀단다. 그런 경솔함의 대가는 어느 사냥터지기였던가 나무꾼이었던가 하는 사람이 치렀는데, (하지만 여기서 이야기가 뒤죽박죽되어 듣는 사람들이 인내심을 잃고 그 자리에서 중단시키는 바람에 이야기가 끊겼는데) 수곰 또는 암곰이 어떤 자의 턱을 깨물어 부숴버려서 애먼 사람이 남은 일생 동안 빨대로 음식과 음료를 먹게 되었다는 얘기였다. 그렇다고 그 불행 때문에 파시스트 관리가 고마움의 표시로—당시에는 이탈리아식 이름으로 빌라델네보소였던—일리르스카비스트리차에 있는 사메츠 씨의 커다란 마구馬具 가게에 제공한 약간의 혜택—어느 정도의 특혜와 주문—에 불이익이 가는 일은 없었단다.

그때든 언제든 그럼에도, 그 당시에는 역시 일리르스카비스트리차라고 불렸겠으나, 이름들이란 국경을 넘어가는 사람이 착각하듯 사라지는 것이 아니라, 그때 그 사람, 그 장소, 또는 그 곰이 그런 이름으로 불렸을 때 일어난 사건을 이야기할 때마다 살아 있는 것이니, 그렇게 계속 불리는 것이 이름들인 것이다. 숲 또한 이름들에 대한 기억을 지니고 있다. 가령 1921년에서 1923년 사이 사람들 손에 붙잡히지 않아 스네주니크 숲을 공포에 떨게 했던 '외로운 늑대'란 뜻의 '볼크사모타르'로 불리던 늑대, 1903년 이후 슬로베니아 중부 프레발레에서 땔나무로 지은 오막살이에 살았으나 사람들한테는 마치 몇몇 성을 다스리던 영주처럼 기억되곤 하는 벽돌공 요세프 론코, 1893년 스네주니크의 영주 헤르만 폰 쇤부르크발덴부르크 군주가 첫 곰 사냥을 나갔을 때 군주 보호차 따라나섰다가 부상당한 곰 앞에서 나무 위로 달아나 곤경에 처한 그를 오히려 군주가 구해내야만 했던 사냥꾼 파즈스트리치에 대한 기억처럼 말이다.

  숲의 기억이 들려주는 건 무엇보다 숲을 소유한다는 것의 덧없음이다. 숲의 심호흡은 무사공평하면서도 동시에 관대하고 끊임없이 샘솟는 초연한 마음으로 삶을 느끼라고 가르치는데, 그것은 처음 숲으로 들어갔을 때부터 느꼈고 들어갈 때마다 다시 느끼는 감정으로, 나중에는 자식들도 그것을 느끼고 영원히 익혀가는 것을 보게 되고, 그리하여 얼마 후 그런 느낌은 모두에게 마치 숨쉬기가 그렇듯 그 시작은 기억할 수 없으나 영원히 계속되는 감정이 된다. 처음에는 오스트리아, 그다음에 이탈리아, 유고슬라비아, 마지막으로 슬로베니아에 속하게 된 그 숲은, 그런 이름들과 경계선들의 변화를 비웃으며 누구에게도 속하지 않는 무엇이 되었다. 혹시 어떤 사람이든 어떤 것이든 이 숲에 속할 수 있을 법한 최소한의 무언가가 있다면, 오히려 숲에 속할지도 모르는 건 기타 등등의 다른 것들일 텐데, 왜냐하면 그토록 오래전부터 존재해오던 숲조차도 사람들 앞으로나 총구 앞으로 새벽 풀숲에서 갑자기 나타나는 노루처럼 언젠가 사라져버리고 말 무엇이기 때문이다. 그 노루의 삶이란 건 (또 존경할 만한 제국이나 덧없이 짧은 연방공화국*의 삶보다 훨씬 더 긴 노루 종種의 삶이란 것도) 단지 그 순간 동안만 지속될 뿐이다. 만약 포모치나키 빈터의 붉은 전나무 위로 스러지는 8월의 샛별이나 큰곰자리를 향해 시선을 들어봤다 치면, 그 빈터에 갑자기 나타나 떠오른 그 순간에만 그 삶은 지속될 뿐인 무엇이다.

  스네주니크 산 아래에 있는 분주한 익명의 산업도시 일리르스카비스트리차는 거대한 숲의 중심지다. 숲은 거기에서 곧바로 북동쪽으로

---

* 이차대전 후에 형성되어 1991년에 해체된 유고슬라비아 사회주의 연방공화국을 가리킨다.

올라가기 시작하여 꼭대기 너머에서 한쪽으로는 마슌*을 향해, 다른 한쪽으로는 산에서 북쪽인 개암나무들의 계곡인 레스코바돌리나† 와 포스토이나‡ 쪽으로 코자리슈체 마을을 향해 다시 내려가고, 동쪽으로 완만하게 널리 펼쳐지면서 크로아티아와의 국경선까지 이른다. 특히 너도밤나무, 전나무, 낙엽송 등이 있는 숲의 허파는, 녹색 생명 속에 고스란히 보존되어 절도 있고 현명하게 관리되고 있는데, 숲 관리는 시간을 강제한다거나 혁신하려는 초조함 없이 나무들의 시간을 존중하면서, 이따금 숲속으로 일부 길을 내더라도 그동안 다른 길들과 조화롭게 숲에 통합되어 거의 티나지 않도록 살피고, 몇 년 동안 일정 지역을 평온하게 놔두고 다른 지역에서 작업함으로써, 특히 밀라노 사냥꾼들한테는 약간 관대하게 굴지도 모른다는 걸 빼면, 건설이나 개발, 남용을 막으며 숲을 지켜나가는 일이다.

스네주니크 산 22만 7600헥타르에는 호텔이 없고 집 몇 채, 일부 오두막과 움막, 폐허로 남은 이탈리아 막사 두 채, 꼭대기와 스비슈차키 빈터의 대피소, 이층침대가 놓인 방 세 개짜리 플라닌스키돔이, 스네주니크의 왕궁이자 중심지로 있을 뿐이다. (가장 고귀한 지도는 아흔 살이 넘은 스네주니크의 수호신 드라고 카롤린 교수가 손으로 그려 엽서로 재탄생시킨 것으로) 만약 지도에 '성모'를 뜻하는 마테르데이라든가 의사·약사·환자의 수호성인이자 쌍둥이 의사 형제 코스마스와 다미아누스 같은 오래된 성인 이름들이 적혀 있다면, 이는 그 이름이 적힌 돌을 가리키거나, 아니면 기껏해야 예전 돌을 다듬어 교체해 최근에 새로 단장시킨 성모 마리아의 조그마한 벽감을 가리킬 뿐이

---

* Mašun. 스네주니크 산 북서쪽 해발 1025미터의 지명이다.
† Leskova Dolina. 스네주니크 산 북쪽 숲속의 지명으로 코자리슈체에 속한다.
‡ Postojna. 일리르스카비스트리차 북쪽의 도시로 이탈리아어 이름은 포스투미아다.

다. (1929년 이후 이탈리아 군대가 오를로비차 산, 아퀼라 산으로 이어지게 깐 도로처럼 여전히 지금도 이용할 수 있도록 견고하게 닦아 멋진 길을 낸) 스네주니크의 도로 건설 때를 생각하면, 폰 쉰부르크발덴부르크 군주를 모시던 숲지기 요세프 폰 오베라이그너가 떠오른다. 그는 19세기에 산길과 오솔길을 표시하고 관리했으며 이름을 붙여 그 길들의 외관을 갖추게 했다. 오늘날 드라고 카롤린 교수의 지도-엽서는 그 우주를 그린 전도로, 거기에 보이는 작은 세부는 마치 지도제작자가 불분명한 숲의 혼돈상태로부터 이 길들을 구해내려고 했듯 모두 관심을 기울여 그 정체를 밝혀볼 만하다.

스네주니크 산에 있는 건축물로는, 나무들 사이에 세운 망루라든가 흔들의자, 나무로 단단히 지은 오두막, 신선하고 튼튼하거나 아니면 오랜 세월과 습기로 썩은 판자들, 짐승들을 기다리면서 경우에 따라 합법적 망루 소유자가 그러듯이 그들을 죽이거나 불법 이용자가 그러듯이 단지 그 짐승들을 관찰하려고만 세운 매복 시설뿐이다. 곰 한 마리를 죽이기 위해 1만 5천 달러까지 지불했던 사냥꾼 말로는, 불법 이용자들의 냄새가 짐승들을 놀라게 해서 망루에서도 멀어지게 하고 죽음으로부터도 멀리 달아나게 만들기 때문에 숲을 오염시키고 있다고 한다.

하지만 일리르스카비스트리차는 (스네주니크 산이 트리에스테와 리예카 사이 중간쯤에 있어) 단지 여행하는 동안 서둘러 지나가게 되는 경유지이자, 온갖 뾰족한 것과 돌멩이로 뒤덮인 도로에서 불가피하게 펑크 난 바퀴를 수선하거나 휘발유를 채우기 위해 멈추게 되는 곳이다. 진정한 중심지는 스비슈바차키, 즉 해발 1242미터의 다른 빈터보다 조금 더 넓은 빈터이며, 전통적으로 거기에서 정상까지 가는 간단한 등산이 시작된다. 슬로베니아 등산협회의 대피소 플라닌스키돔을 중심으로 빈터 주위를 오두막 몇 채가 둘러싸고 있고, 멀리 떨어지지 않은 곳에 새로 들어선 스비슈차키의 자그마한 최신 집들이 다닥다닥 서로 붙어 있는 게, 나무들 사이에서 겨우 눈에 들어온다.

스네주니크 산을 처음으로 마주한 이후 많은 세월이 지났고, 이제 두 아들도 자라 세상을 돌아다닐 나이이지만, 여전히 그 숲이 집어삼킨 옛 오솔길과 계곡에 대해서는 구구절절 알고 있는데다, 다른 곰보다 더 크고 털이 검은 곰을 기다리며 빈터에서 꼼짝 않고 여러 밤과 새벽을 보내면서 우리 넷만 빼고 어쩌다 자동차를 타고 대피소로 오다가 우연히 다른 사람들이 봤다던 그 곰의 출현과 관련한 이야기에 대해서도 다 알고 있건마는, 역사는 플라닌스키돔에서 보낸 여름들에, 어느 왕국의 왕조처럼 꿰여 있는 대피소 경영인이자 숙소 관리인들의 계보에 보가 맞춰져 있다.

더구나 왕조가 교체될 때마다 매번 고통스럽고 곤란한 일이 생겼는데, 왜냐하면 새 경영인한테 우리는 처음에는 모르는 사람들이었기 때문이다. 지나가는 관광객이나 순진한 초보자로 오해받아, 우리 집이자 고향인 이곳에서 우리가 그 새 경영인으로부터 이방인처럼 대우받는 건 모욕적인 일이었다. 저기 위에서 나는 내가 누구인지 안다, 라고 자신이 오른 율리안알프스 산맥에 대해 말한 위대한 산악인 율리우스 쿠기*의 말은, 스네주니크 산에 있는 우리에게도 해당되는 말이다. 하지만 다른 사람들도, 최소한 우리 거주지인 그 대피소를 공식적으로 관리하는 당국도 이를 알아야 한다. 따라서 이반카가 메리의 뒤를 잇거나, 또는 발렌치치 부부가 푸겔 부부의 뒤를 이을 때, 우리는 카롤린 교수에게 슬로베니아어로 스네주니크 산에 대해 우리가 지닌 애정과 적응해나가야 할 불편함을 특별히 언급해주기를 덧붙이

---

* Julius Kugy(1858~1944). 이탈리아 고리치아에서 태어나 트리에스테에서 사망한 오스트리아-헝가리 제국의 산악인으로, 이탈리아어와 독일어로 쓴 여러 저술을 남겼다.

면서 한가족으로서 모두가 지녀야 할 품성을 예찬하는 편지를 써달라고 부탁했다. 그 편지를 들고 새로운 경영인들에게 가서는 거기 다락방에 머물게 해주십사, 그것도 제법 오래 머무르게 해주십사 했던, 아직 톨라르로 바뀌지 않은 디나르*를 조금 벌게 해줬을 뿐인 이 유일한 가족의 부탁에, 그들도 깜짝 놀라곤 했더랬다.

스네주니크 산은 후지 산과 비슷하게 스비슈차키 빈터에서 보면 솟아오른 숲들의 바다다. 거의 매년 일리르스카비스트리차의 목재산업 노동자들의 휴양소로 사용되는 집 하나가 있는데, 빈터 맞은편 플라닌스키돔과 마주한 그 집은 밀리보이란 자가 운영했었다. 그는 긴 콧수염에 몽골족 눈을 가진 세르비아 사람으로, 소문으로는 빨치산 전쟁에서 세운 공로 덕택에 그 숙소를 얻었다고 한다. 슬로베니아인이냐 크로아티아인이냐 세르비아인이냐 유고슬라비아인이냐 하는 문제를 유혈로 해결했어야 할 모순이었다고, 사람들은 지금도 (아니 두번 다시라도) 그렇게 생각할 것 같지는 않고, 오히려 스네주니크 산을 정당하게 슬라브족에게 돌려주었을 뿐만 아니라 부당하게 이탈리아 땅을 살찌우게 해준 유고 연방의 붉은 별을 자랑스럽게 여기는 것처럼 보였는데도, 밀리보이가 했던 몇몇 잔혹한 행동들에 대해서만큼은 그들 사이에서 애매모호한 추측과 의혹이 떠돌았다. 실제로 언젠가, 저녁이면 술에 취해 그가 허공에다 총을 쏘던 때가 있었는데, 플라닌스키돔의 관리인 밀카가 나서서 사람들한테는 자기 남편은 (물론 그녀는 '우리 남편'이라고 했지만) 술에 취해 고주망태가 되면 조용히 가서 자는 사람이라고 장담 투로 주지시켰다는 것이다. 어찌됐건 밀리보이는 연방공화국이 무너지기 전에 죽었는데, 문명들 간에 극명

---

* 슬로베니아의 화폐는 유고 연방 시절에 디나르였으나, 연방이 몰락한 후 1991년 10월 8일부터 톨라르로 바뀌었다. 그리고 유럽 연합에 가입한 뒤 2007년 1월 1일부터는 유로화를 사용하고 있다.

한 대비를 보이던 연방에 잠복해 있던 이 격론이야말로 허공에 대고 하는 총질로 끝날 문제도, 단지 취하면 터져나오는 행동으로만 끝날 일도 아니었던 것이다. 숲에서 일하며 허공에든 어느 다른 곳에든 총질 한번 안 하던 조용하고 근면한 보니스아 벌목꾼들도 숲에서 자릴 떠버렸건마는, 스라소니들은 계속해서 잘도 번성하고 있다.

플라닌스키돔에서 판매되는 엽서 하나에 1907년부터 1972년까지 대피소의 역사가 요약되어 있지만, 현재의 대피소 옆에 있다가 빨치산들이 폭파해버렸던 단눈치오*의 대피소에 대해서는 일언반구도 없다. 몇 년 전까지만 해도 그 존재의 희미한 흔적이 남아 있긴 했다. 단눈치오가 그곳에 언제 오긴 왔었나 싶다. 이 이미지메이커†에게 스네주니크는 하나의 낱말로서, 이 낱말에서 나온 음악이자 빛, 그 광채였다. 사실 1924년 리예카가 이탈리아에 병합되기 전날, 그는 비토리알레‡에서 자신의 공훈을 인정하는 하나의 '표시'로서 별다른 생각 없이 스네주니크의 군주 또는 아드리아 해의 군주라는 칭호를 달라고 제안하기도 했다. 하지만 환기력이 짙은 말로 단눈치오다운 이런 요구를 하기 이전에, 그는 아마 다른 무엇보다 메두사와 무사 여신§ 같은

---

* Gabriele D'Annunzio(1863~1938). 이탈리아의 대표적인 탐미주의 작가이자 극우파 민족주의자였다. 일차대전의 협상 과정에서 이탈리아계 주민이 대다수이던 리예카를 넘겨주기로 결정하자, 1919년 9월 22일 2000여 명의 지원병을 이끌고 리예카를 점령하여 이탈리아 왕국의 섭정 지역으로 선포했지만, 1920년 이탈리아 해군의 포격을 받고 물러났다. 이후 리예카는 1924년 이탈리아가 점령했다가, 이차대전이 끝난 뒤 유고슬라비아 영토가 되었다.
† 원어 Imaginifico는 18세기 이탈리아의 그리스어 학자 안톤 마리아 살비니가 플라톤의 작품을 번역하면서 만들어낸 용어인데, 단눈치오가 자기 소설에서 사용한 후 주로 그를 가리키는 칭호로 사용된다.
‡ Vittoriale. '승리의 저택'이라는 뜻으로, 단눈치오가 이탈리아 가르다 호수 옆에 지은 별장인데 1921년부터 사망할 때까지 거기에 살았다.
§ 메두사는 그리스 신화에 나오는 괴물 고르곤 세 자매 중 하나다. 무사 여신들은 제우스와 기억의 여신 므네모시네 사이에서 난 아홉 쌍둥이 자매로, 예술과 학문을 수호한다.

근대성의 기술에서 오디세우스적 매력을 포착했는지, 가르다 호수 옆의 소읍 가르도네에다 조그마한 개인 비행장을 갖고 싶다는 욕망을 표했다. 결국 '단·눈·초'라는 듣기 좋은 삼음절짜리 자기 이름으로만 만족해야 했던 모양이긴 하다.

처음에는 곰이 아니라, 곰에 대한 이야기가 있었다. 스비슈차키의 동료들은 사메츠 씨에게 관심을 기울이지 않았다. 턱이 으스러져 빨대로 음식을 섭취해야 했던 사냥꾼 이야기를, 사메츠 씨를 알기 훨씬 전부터 먼저 알고 있었기 때문이다. 소문은 그 이야기를 전혀 다른 곰과 사냥꾼, 장소와 연결시킨다. 1977년 출판된 초록색 소책자 『스네주니크』에서 권위 있는 드라고 카롤린 교수가 소개한 버전에 따르면, 그 불행한 사건은 1900년 7월 19일 헤르만 폰 쇤부르크발덴부르크 군주의 손님이었던 하인리히 폰 메클렌부르크 공작을 수행한 사냥꾼 안드레이 즈니다르쉬치가 겪었다고 되어 있다. 코자리슈체에서 스네주니크 숲 보호구역을 세심한 애정으로 극진히 관리하고 감시하는 책임자 베르체는 그 일화를 부정한다. 그의 말에 따르면 사건은 다른 곳에서 일어났고, 공작의 사냥 이야기와는 다르지만 위험하긴 마찬가지였는데, 새끼 곰을 살해한 귀족에게 다행이었던 것은 단지 그를 공격하던 어미 곰에게 분노보다는 모성애가 더 우세하여 다른 새끼 곰을 살리도록 해서 유인해낼 수 있었다는 것이다. 어쨌든 그럴듯해 보이는 이 이야기 버전에 으스러진 턱이나 빨대 같은 건 나오지 않는다.

이들은 이야기와 장소를 달리하며 반복해서 나온다. 가장 탁월한 원형은 분명 율리우스 쿠기의 이야기인데, 1871년으로 거슬러올라가 트렌타 계곡에서 일어난 사건을 보자면, 부상당한 사람은 등산이나 사냥시 같이 가는 동료인 안토니오 토츠바르, 일명 스피크였으며, 그는 혀와 함께 언어능력을 잃었다고 한다. 이 일화는 쿠기의 명성뿐 아니라 탁월한 법학자이자 변호사 조반니 가브리엘리의 권위 덕택에 널리 알려졌다. 크라스나 비파브스카돌리나 계곡으로 긴 여행을 갈 때면 그때마다 조반니가 어찌나 그 이야기를 반복했던지, 제일 관대하게 굴던 친구들조차 이제 그 얘기는 그만하라고 했다고들 한다. 그렇게 변형된 상투적 이야기에 따르면, 어떤 사람이 곰에게 공격당했다는 건지 공격당한 사람을 도와주려던 누군가 도끼를 휘두르며 흥분한 나머지 도리어 자기가 다소 심각한 부상을 입게 되었다는 건지는 몰라도, 어쩌다보니 도끼에 자기 넓적다리가 찍혀 다리가 잘렸다든가 혹은 그보다는 덜하지만 잔인한 피해를 당했다든가 하는 식이다.

이삼 년 여름마다 이야기는 다시 거론되고 확장되었다. 한번은 장소가 스타레오겐체였다가, 또 한번은 슬라드케보데가 됐으며, 곰은 언제나 새끼를 보호하는 어미 곰이었다. 코리트니체에서 어미 곰이 새끼랑 물탱크에 빠졌다가 벌목공들이 기어오를 나무 몸통을 던져준 덕택에 거길 빠져나왔다는 이야기처럼, 보다 고상한 일화도 있지만 말이다.

어쨌든 어미 곰과의 싸움에서 부상당한 사람의 반복되는 모티프는 하나의 기원으로까지 거슬러올라가는데, 마테르데이 근처에서 일어난 사건으로, 수도원에서 휴가중이던 어느 마자르 백작이 새끼 곰을 갖고 싶어해 잡아 오도록 사람을 보낸 데에서 생겨났다는 것이다. 하지만 이것이 실제이든 꾸며낸 것이든 모든 사건 이전에 이미 그 이야기가 있었고, 곰을 생각하며 이야기를 고안해내는 상상력과 현실을 창조하고 세우는 언어가 있었던 건 아닐까 하는 생각이 든다. 태초에 말씀이 있었으니, 하늘과 땅, 숲과 어미 곰도 그다음에 생겨났던 것이다. 숲은 말이 없다. 숲은 모든 사물과 형태를 자기 품속에 다시 끌어들이는 태초의 혼돈이며, 바라볼 수도 없고 말할 수도 없는 아르테미스 여신이며, 끊임없는 변신을 구별해내는 언어를 모른 채로 생명들을 해체해나가는 생명이다. 이야기는 하나의 형식을 붙잡아 구분을 짓고, 흘러가는 것과 망각으로부터 구해내어 뭔가를 고정시키는 일이다. 곰에 대한 그런 전설과 상상력은, 빽빽한 숲속에서 움직이는 검은 짐승에게 의미와 질서를 부여하는 일이자, 숲에 드리운 그림자에 맞서 문명이 내건 패자부활전이다.

숲은 어디에서 시작하는가? 문은 보이지 않는다. 하지만 언제 열리고 언제 닫히는지, 언제 숲속에 있게 되고 언제 밖에 있게 되는지 분명하게 지각할 수 있으며, 이는 나무들에 둘러싸여 있든 그렇지 않든 이와는 별개의 문제다. 아마 주관적이겠지만 하나의 입구를 들자면 '매우 축축하다'는 뜻을 지닌 포모치냐키 빈터인데, 그곳은 눈이 많이 내리는 파데주니차 평원과 미리네의 집 두 채, 이름이 뜻하는 바대로 마디진 나무들이 있는 그르초베츠 빈터, 풀밭이 무성한 트라브니돌치 빈터를 연결하고, 이어서 정상을 향해 올라가는 주요 길과 다시 합류하는 길(통행할 수 있는지 어쩐지는 장담하지 못할 숲속 샛길) 옆에 있다. 어느 날 아침, 포모치냐키 빈터에서 방금 솟아오른 태양이 풀밭에서 피어오르는 수증기로 몇 초 동안 완벽한 빛의 성당을, 가느다랗게 솟아올라 뾰족한 끄트머리로 끝나는 성당 형상을 창조해낸 적이 있다. 거대한 고딕식 문과 같은 빛나는 구름은 그 너머 숲을 감추는 눈부시고 촘촘한 커튼이었다. 옆 풀밭에 앉아 있던 형상이, 바로 이 순간에도 가까이 있고 오랜 세월 동안 가까이 있어온 그 형상이, 숲 가장자리 풀밭에서 일어났다. (우리는 모두 그곳 어둠 속에서 만물이 솟아나기를, 그 분명한 새벽 내음에서 예고되는 뭔가가 솟아나기를 기다리거나, 샛별이 바로 맞은편 붉은 전나무 꼭대기에서 스러지기를, 반짝이는 이런 빛 속에 있다가 즉시 보이지 않게 되기를 기다리고 있었다.) 형상은 천천히 이 빛의 문을 향해 걸어가 이 문을 넘어 꿰뚫을 수 없는 밝음 속으로 들어서더니 시야에서 사라졌다.

　이 순간 사라진다는 것은, (조금 전 숲속 빈터에 나타났던 노루가 산중에 메아리치는 총소리와 더불어 어느덧 분명 넘어가버렸을) 그 마지막 문턱 너머로의 사라짐까지도, 단지 그런 막 하나를 가로질러넘어 간다는 것일 뿐이니, 이렇다면 해마다 차츰차츰 사물들이 걸치고 있던 의미를 거두어가는 어둡고도 괴로운 이 두려움을 끙끙 앓고 있어야만 할 이유도 없던 거라고 자신할 수 있게 되었다. 하지만 데이지와 초롱꽃, 하얀 향쑥, 홍자색 아르메리아가 구분되어 드러나기 시작하는 황금빛 풀밭에서 사라졌던 그 형상이 다시 나타난 이 빈터와는 달리, 숲은 아무것도 되돌려주지 않았다. 사라진 것은 영원히 사라졌으니, 연민에 찬 거짓말도 매장에 대한 환상도 없이 축축한 땅속으로 해체되거나 삼켜져버렸다. 돌치체 빈터에서 본 목 잘린 사슴이나, 산꼭대기 아래 가장 높고 불안한 후미진 곳 트리예칼리치로 가는 길가에서 본 그 오소리처럼 말이다. 황금빛 풀밭은 퇴색했다. 단지 흘러가고 해체되고 사라지는 시간에 의해 갈색 황금빛으로 바래졌다. 동물이 나타나기를 기다리면서 오랫동안 씹다가 마침내 뱉은 전나무 껍질, 축축한 흙에 뱉어내 그 흙에 뒤섞이기 전까지 이에 물고 있던, 침이 나오게 자극하던 신선하고 쌉싸름하고 맛좋은 그 껍질처럼 말이다.

　어쨌든 거기서, 곧바로 자취를 감추던 이 성당의 문 너머로, 숲이 펼쳐졌다. 언젠가는 거기를 가로지르려는 사람을 막아세우던 적도 있었고, 그 주위를 둘러싼 울창한 숲에 이질감을 느끼게 하던 때도 있던 숲이다. 파데주니차, 포모치냐키, 그르초베츠, 트라브니돌치, 돌치체, 트리예칼리치, 추르니돌, 추르나드라…… 이 빈터들은 공유된 역사로서, 세세연년으로 사유와 감정을 내는 빛깔이자, 얼굴에 나타나는 윤곽 같은 것이 되었다. 틀림없이 사랑에 안성맞춤인 풍경인데, 왜냐하면 본 상태 그대로 어둠 속에서 드러나는 가까운 그 얼굴을 사랑하기에는 새벽이 더 쉬우니 말이다. 이 그림자 속에는 그 누구랄 것도 없으니, 모든 개인적인 초라함을 벗어던지고 쉽게 사랑하게 된다. 사랑과 삶 사이에 개입할 건 아무것도 없으니까. 하지만 삶에서는, 사냥꾼이 야생동물에게 펼쳐놓는 것과 같은 함정, 덫, 장애물과 얼마나 자주 부딪치던가. 새벽의 강렬한 동물적 냄새 속에 반드시 떨쳐내야 할 진흙이란 한 줌도 없다. 포모치냐키에 있는 웅덩이 속에 잠깐 몸을 던졌다가 다시 나타나 가볍게 폴짝 뛰어올라 달아나던 암사슴이 등에 묻은 걸 털려고 몸을 흔들지 않은 채 묻히고 간 그 진흙, 맑은 물과 같이 본래 자기 것인 듯 제 피부처럼 딱 묻어간 그 진흙처럼 말이다.

포모치냐키의 암사슴, 더 중대한 임무에 걸맞은 노련한 기술을 모방해왔어도 암컷이 부르는 짝짓기 소리가 들리자 내달려왔다가 실망한 채 울부짖으며 사라지던 트라브니돌치의 노루, 트리예칼리치에서 아주 가까이에서 몸을 돌리던 커다란 황갈색 늑대, 안드레아 성인의 조그마한 샘물에서 몸을 숙이고 있던 사슴 두 마리, 플라니네츠의 오솔길에서 졸고 있다가 깜짝 놀라던 유럽동면쥐, 팔레스에서 본 조심스럽고 주의깊은 멧돼지, 매, 야생 고양이, 몇 번째인가 곰을 보려고 기다리던 와중에 봤던 나무 위 망루에서 밤새도록 일하던 들쥐…… 하지만 몇 년 동안 계속 다른 사람들은 모두 곰을 보았다고 하건만, 심지어 부산을 떨면서 여기저기 부스러기를 떨구며 숲을 돌아다니던 사람들도 보았다고 하는데, 단지 우리만, 동물들이 동면하거나 새끼를 낳으러 들어가는 소굴까지 알고 있던 우리만 전혀 곰을 보지 못했고, 여름마다 이런 기다림과 탐색, 그리고 실패는 계속해서 이어졌다.

보리스조차도 우리를 정확한 순간에 정확한 장소로 데려가주지는 못했다. 얼굴에 귀티가 가득한 사냥감시원 보리스 말로는, 자기는 곰을 수십 번이나 봤다면서 한꺼번에 네 마리를 보기도 했다는데, 팔레스에서 옥수수를 뿌리거나 동물 사체를 미끼로 놔두었을 때에는 어김없이 곰을 보았다고도 하고, 한번은 곰이 와서 이틀 전에 죽은 암소를 묶어놓은 기둥을 뽑아 숲속으로 끌고 가버렸다고도 하는데 말이다. 하지만 우리를 데려갔을 때에는 말의 사체로 유인했는데도 곰은 코빼기도 내밀지 않았다. 해가 바뀌어도 우리는 곰을 보지 못했고, 기껏해야 방금 흘린 흔적이나 최근의 배설물만 보았을 뿐이다. 그사이 다른 사람들은 한 해 내내 기다린 끝을 장식한 한철의 이 배설물을 두고 우리에게 웃으며 축하를 보냈다. (게다가 우리 아들들까지 나서서 여름 한창에 찾기 힘든 이 곰을 찾는 일에 열중했는데, 다른 일은 틀림없이 다 제쳐두고 덤볐던 아들들마저도 저런 결과를 납득하기 싫어하긴 했지만 말이다.)

고만체에는, 땅을 덮을 정도로 울창하고 가지가 뒤엉킨 그곳의 어느 전나무 아래에는, 총알구멍이 뚫린 독일군 헬멧이 아직도 분명히 있을 것이다. 우연히 발견했으니 그 아래에 다시 갖다놓는 것이 옳다. 한때 머리에 썼다가 분명 사라져버렸을 사람을 위한, 유일한 대리 무덤일 것이다. 왜냐하면 들판과 달리 숲에는 세상에 어느 정도 질서를 부여하여 이를 식별할 수 있는 매장 장소가 없기 때문이다. 스네주니크 숲은 빨치산 전쟁의 중심지였다. 번개 같이 빠른 작은 부대들이 활동하던 이 숲에 그들의 주요 사령부가 있었는데, 특히 티토*가 거느린 제9병단의 원거리 부대와 비밀 접촉을 유지하는 전령들의 기지가 있었다. 스네주니크는 특수한 정치적 조직능력, 군사적 효율성, 용기를 발휘해야 하는 유고슬라비아 레지스탕스의 무대 중 하나였다. 물론 용맹하고 잔인한 숲의 반란자들이 총체적으로 무능하고 기생적인 지

---

* 크로아티아 출신으로 유고슬라비아 연방 대통령을 역임한 요시프 브로즈(Josip Broz, 1892~1980)의 당명. 이차대전중인 1941년 독일·이탈리아 양군이 유고슬라비아를 점령한 후에는 80만 명의 빨치산을 거느리고 그들과 싸웠다.

도계급이 되었을 때, 그러니까 사령관 티토의 재능과 천재적 신비화의 그늘 아래서 오랫동안 인위적으로 목숨만 부지하며 살아남은 지도계급이 되었을 때는, 그런 자질이 사라졌지만 말이다.

빨치산 병원은 벨리브르흐와 포쟈르에 숨어 있었고, 독일군은 일리르스카비스트리차에 사령부가 있었으며, 몇 킬로미터 떨어진 자비체에는 도브로슬라브 예브제비츠* 지도자가 이끄는 한 무리의 체트니키† 동맹자들이 있었다. 모렐레와 아퀼라 산에 있던 이탈리아 막사들은 1943년 내버려진 채 있다가 파괴되었다. 일부 이탈리아 병사들은 티토를 추종하는 빨치산들과 합류했고 자기네들이 큰 대가를 치러야 한다는 걸 즉시 알아차렸으니, 파시스트들에게 억압당하던 민족의 정의롭고 자랑스러운 재탄생이 이번에는 잔혹하고 억압적인 민족주의로 전환되고 있었던 것이다. 곰을 찾아 이 숲속을 떠돌아다니면서 이상하게도 아버지나 할아버지를 떠올리게 됐다. 아버지는 몰락의 순간 파괴된 막사를 떠나 트리에스테로 돌아가기 위해 이 숲을 가로질렀다. 바로 이 오솔길에서도 사람 목숨이라고 해봤자 동물 목숨보다 더 나을 것도 없던 그 시절에 말이다. 이처럼 하나의 발자취가 모렐레로도 안내하고, 한때 누군가 살던 집이었거나 초라한 소굴 또는 감옥이 있던 곳의 폐허로도 안내한다. 세월이 흐르면서, 그 누군가의 얼굴과 몸짓도 그를 더욱 닮아가는 아들의 얼굴이나 몸짓과 점점 더 구별되지 않게 되나보다.

빨치산들은 들쥐 지방으로 기름칠을 한 소총으로 잘도 싸웠다. 산

---

* Dobroslav Jevđević(1895~1962). 보스니아 출신 세르비아 군사 지도자로 1941년 추축국들이 유고슬라비아에 침입했을 때 보이보다, 즉 체트니키 운동의 군사 지도자가 되었고 나중에는 유고슬라비아 빨치산들에 대항하여 이탈리아군과 독일군에 협력했다.

† 20세기 전반기에 조직된 세르비아 민족주의자들과 군주주의자들의 준準 군사조직으로 특히 이차대전 동안 많은 활동을 했다.

남쪽 클란스카폴리차에서 독일군에게 총살당한 벌목공들도 죽음과 직면할 줄 알았던 사람들이다. 가장 중요한 충돌은 마슌에서 있었는데, 그곳에서 톰시치 여단은 레스코바돌리나로 퇴각하기 전에 단호하게 적의 통로를 저지했다. 그 숲속 전쟁에서는, 세계적인 맥락에서 사유하여 단지 한 나라를 해방시키는 것뿐만 아니라, 새로운 사회질서를 세우려는 야망까지 염두에 둔 정치적 맥락이 짜여 있었다. 1943년 9월 마슌의 빨치산 회의에는 군사 지도자들과 함께 에드바르드 카르델리*도 있었는데, 어쩌면 잔인하고 수치스러운 몰락으로부터 연방공화국을 구할 수 있는 티토의 유일한 후계자가 될 수 있었을지도 모를 슬로베니아 지도자였던 그는, 몇 년간 냉전에 동조하지 않던 대부분의 나라에서 모델로 활용해봄직했던 현실적인 제삼의 사회주의 길이자, 잘 알려지지 않은 공산주의 국가들의 실질적인 국내 자유화를 위한 도구로 여겨지기도 했고 또 실제로 그랬던, 이 노동자자주관리체제의 창안자였으며, 위대한 지도자이면서도 18세기 허풍선이 남작 뮌히하우젠 같은 자질로 국제적 차원에서 티토가 실행한 정책을 만들어낸 첨병이었다.

그러니까 카르델리는 아드리아 해 북부의 황량한 섬 골리오토크의 창안에도 깊이 가담했는데, 티토 정권은 그곳에다 정치적 반대자들, 특히 스탈린과의 결별 후에는 스탈린주의자들, 그리고 사회주의 건설에 기여하고자 자발적으로 유고슬라비아로 이주한 이탈리아 공산주의자들을 가두기 위한 강제수용소를 만들었다.

이처럼 역사의 한쪽으로 물러나 평화롭게 있던 이 숲, 기껏해야 1528년 터키인들의 습격이나 1758년 이슬람화한 루마니아 남부 평

---

* Edvard Kardelj(1910~1979). 류블랴나 출신의 저널리스트이자 이차대전 동안 슬로베니아 비밀 공산당의 지도자들 중 하나였다.

원지역 왈라키아 사람들의 습격만 알았던 이 숲에서, 그 전쟁 동안에는 희망과 거짓, 기획된 자유와 전체주의적 폭력의 음모, 희생정신과 탐욕스러운 지배로 얽힌 복잡한 그물이 짜이고 있었다. 숲속에는 이름도 없는 조그마한 피라미드가 묻혀 있어 무명의 빨치산들을 기억하고 있다. 숲은 저명한 무덤도 묘비도 알지 못한다.

카르델리, 티토, 스네주니크, 그리고 당연히 곰은, 위탁자 공산당이 찾아가지 않아서 일리르스카비스트리차의 어느 다락방에 놓여 있는 익명의 그림에도 나온다. 그림에는 숲, 화톳불, 그 불과 쓰러진 곰 주위의 사냥꾼들, 무릎에 손을 올리고 있는 티토, 소시지를 먹어서 그런지 뺨이 자줏빛인 카르델리가 분명 방금 죽였을 곰의 위협적인 발톱을 몸짓으로 흉내내고 있는 모습이 묘사되어 있다. 불행히도 거기에는 그림이 완성된 직후 실추된 지도자 카브치치*도 있었으니, 그림은 자기 자리를 응당 찾을 수 없게 되어 배포는 안 되었다. 땅바닥에 있는 곰은 통통하고, 마치 죽은 게 아니라 행복하게 잠들어 있는 것 같고, 코 고는 소리가 들린다고 여겨질 정도다. 이 모든 극적인 반전 사이에서 곰만 유일하게 즐기고 있는 듯하다. 한쪽 눈을 살짝 뜨고 사냥과 정치의 지도자들을 조롱하듯 흘겨보는 것 같다. 역사를 응시하기에 적합한, 곁눈질로 은밀히 바라보는 시선이다.

그러니까 이 산속까지, 역사는 자신의 무대 시설과 장식을 끊임없이 바꿔가면서 밀고 들어갔다. 이 계곡에서 싸울 때 사람들은 자신이 유고슬라비아 사람이라고 생각했고, 파시즘의 억압으로부터 벗어난 것에 대해 자부심을 느꼈는데, 이 떳떳한 해방은 오로지 유고슬라비아의 통일 덕택에 가능했다. 또한 유고슬라비아의 이름으로 이탈리아

---

* Stane Kavčič(1919~1987). 슬로베니아의 현대 정치에 커다란 영향을 남긴 인물이었으나 1969년 이후 티토의 신임을 잃었다.

인들에게 자행된 부당함도 수긍 가능한 것이 되었다. 언제나 슬로베니아 소유로 있다가 1918년 이후 이탈리아에 복속되는 바람에 빼앗겼던 스네주니크 산에서가 아니라, 오를로비차 산이나 스네주니크 산의 정상에서 볼 수 있는 곳으로서, 유고슬라비아가 그곳 사람들을 혹독하게 박해하며 1945년 이후 회복하게 될 이스트라반도에 속한 이탈리아 땅에서 벌어졌던 그 짓에 대해서 말이다. 스페인 전쟁에서 싸웠던 슬로베니아 공군의 에이스였고 자신의 추모 기념비가 있는 야르모베츠 근처 치프레 산 인근의 이 숲에서 의문의 사고로 추락했던 요시프 크리쟈이는, 바로 최근까지만 해도 유고슬라비아의 영웅이었다. 얼마 전부터 1948년 세르비아 사람들이 그를 추락시켰다는 소문이 돌고 있다. 코자리슈체 성 박물관은 헤르만 폰 쉰부르크발덴부르크 군주의 누이동생 안나 루이세 공주의 초상화가 반환되기를 기다리고 있다. 초상화는 여러 성에서 나온 다른 귀중품이나 그림과 함께 브르도*에 있는 티토의 화려하고 호사스러운 별장들 중 하나를 장식하기 위해 가져갔던 것이다. 이제 다른 그림들처럼 선조의 영지로 돌아갈 것이다. 역사는 이사하기, 즉 다락방에 있던 장식품들을 멋진 거실로 옮긴다든가 혹은 그 반대로 옮긴다든가 하는 일이기도 하다.

코자리슈체에 있는 스네주니크 성은, 17세기에 귀족 출신 과학자이자 작가였던 야네즈 발바소르가 슬로베니아의 역사적 지역 크란스카를 찬양하며 쓴 그의 기념비적인 작품에서도 언급된 바 있는데, 슬로베니아의 다른 성들과 달리 이 성은 이차대전 동안에도 파괴되거나 불타지 않았다. 회계관리인 레온 사우타 덕분으로, 체코 출신의 그는 소유자 쉰부르크발덴부르크 군주를 위해 성을 관리해온 사람이다.

---

* Brdo. '언덕'이라는 뜻으로 슬로베니아 여러 곳의 지명으로 쓰인다.

당시 승리자들이 와서 성을 장악하고 불태우려 했을 때 그가 말하길, 이제 이 성의 새로운 주인은 그들이며 성은 그들 소유로 남을 것이니 파괴하는 것은 무의미하고 그들 자신의 손해라고 했다고 한다. 이탈리아인들, 독일인들, 빨치산들에게도 그렇게 말했고, 단순하고 흠잡을 데 없는 이 논리는 그때그때마다 점령자와 해방자를 설득해냈으니, 논리학과 문법적 분석이란 것이 이에 대한 약간의 신뢰감을 갖고 있다면 많은 파괴를 막아낼 수 있으리라는 것을 증명해준 셈이다. 레온 사우타는 많은 사람에게 좋은 본보기가 될 만하다. 특히 오늘날 서로를 파괴하고 있는 구유고슬라비아 사람들에게 그렇다. 하나의 국가를 세우려던 티토의 위대한 시도가 비극적으로 실패하면서, 그들은 가장 어리석은 형제 살해 전쟁에서 자신들이 파괴하고 있는 삶이 곧 자신의 삶이라는 사실을 잊고 극렬하게 자기 도시를 무너뜨리고 서로의 목을 자르는 데 몰두해 있다. 하지만 이 숲이 보여주는 문명은 슬로베니아 전체의 문명처럼 문명화 이전의 이 야만성과는 거리가 먼 것이다.

연대기들은 국경과 경계선에 대해 집착하듯 집요하게 말한다. 그런 역사의 요약본 하나가 필사본으로 코자리슈체 성에 보관되어 있다. 독일어로 쓴 게 있는데, 저자 프란츠 숄마이어가 그 땅, 특히 자신이 봉사하던 쉰부르크발덴부르크 군주들 땅의 변천사를 요약하기 위해 1923년에 작성한 것이다. 시간이 흐르면서 (저자와 이전 연대기 작가들에게는 독일식 명칭으로 슈네베르크라고 불렸던) 스네주니크 산의 영주들과 라르스 도시 사이에서 생겨난 갈등은, 모든 복잡한 사법적 일들과 함께 반복되었다. 특히 스네주니크의 벌목공들과 클란스카폴리차 너머 소읍 차바르의 벌목공들 사이의 갈등이 그러했다. 이 경계선은 집요하고 숙명적인 선이다. 틀림없이 게피다이족과 켈트족 사이에서도 이미 분쟁 대상이 되었을 이곳은, 스코르디스키족과 대항하던 로마의 경계선이기도 했고, 오랜 세월이 지나 오스트리아 제국과 헝가리 왕국이 그 선을 놓고 서로 다투기도 했으며, 1913년에야 겨우 오스트리아-헝가리 연합위원회에서 결정적으로 경계선 구역이 조정된 다음에는, 이탈리아와 유고슬라비아 사이의 경계선이 되었고, 마지막으로는 슬로베니아와 크로아티아, 그러니까 어제까지만 해도 동일한 유고연방이었던 두 공화국, 지금 전쟁중은 아니지만 서로를 불신하는 두 국가 사이에 놓인 경계선이기도 하다. "당연히 크로아티아 사람이지요." 스비슈차키에서 플라닌스키돔을 운영하던 밀카는 자기 딸을 두고 남편과 이혼했을 적 이야기를 꺼내면서 그렇게 말했다.

역사에서 전개되는 제국들 사이의 전쟁, 밀렵꾼들 사이의 전쟁, 가족 사이의 다툼, 구역들 간의 돌멩이 싸움, 그리고 숲속 오두막의 일상적인 사소한 일들. 연대기들에서 슬로베니아든 크로아티아든 각각의 침입에 대해 탄식하는 이 벌목공들은, 종종 경계선에 요구되는 수백 년에 걸친 폭력의 공물을 상징하며, 피의 희생을 요구하는 우상이다. 경계선이 지닌 필연성, 열병, 저주다. 경계선이 없으면 정체성도 없고 형식도 없고 존재도 없다. 경계선은 존재를 창조하고 불가피하게 발톱으로 무장시킨다. 마치 생존하기 위해, 자기 보금자리를 사랑하기 위해 검은지빠귀에게 돌진해야 하는 매처럼.

숲은 경계선을 찬양하면서 동시에 지운다. 포괄하고 용해시키는 거대한 통일성 속에서도, 서로 다르고 대립적인 세계들의 다수성을 보여준다. 숲속에서는 빛도 서로 다른 풍경과 서로 다른 시간을 동시에 창조하는 뚜렷한 모습이다. 아주 깊고 빽빽한 숲속은 검은빛이 나고, 오솔길에 있는 둥그렇게 아치 모양으로 뒤엉킨 나뭇가지들 아래는 물속을 들여다볼 때처럼 녹빛이다. 황금빛 빈터에는 아직 한낮의 가벼운 투명함이 있는데 반해, 몇 미터 저쪽 숲속만 해도 벌써 저물녘의 묵직한 그림자가 져 있다.

하지만 악타이온*이 자신의 개들에게 갈가리 찢긴 이후로, 숲은 디오니소스적 파괴의 세계이자 구별이 없는 세계이며, 태초의 마그마로 돌아가는 귀환이다. 이 신화는 숲이 지닌 두려움에 대해 말해준다. 길을 잃고 사라지는 것에 대한 두려움 말이다. 기나긴 여름, 계곡과 덤불숲과 오솔길이 주는 친근함만으로는, 진정 이 미지 안으로 들어가기에 충분치 않다. 미세한 소음과 메마른 나뭇가지가 우지끈하고 부러지는 소리가 나는, 바람 불고 유리처럼 투명한 대기 속을 가을날 가로지를 때에도, 저기 멀리에 있는 그 미지. 나이 많은 드라고 카롤린 교수, 그 사람, 저기 숲속에 있었던 그는, 도시로 내려왔을 때에도 숲에서 절대 벗어나는 법이 없었다. 스네주니크 산의 빈터들이 일평생 그를 감싸고 있었다. 그처럼 숲속에 있자고 몇 시간이고 그 옆에서 걷는 걸로는 부족하다. 그는 스네주니크 산을 가로지르면서 갈림길에 표지를 세우고, 색이 바랜 낡은 글씨에 색을 입히고, 아주 작디작은 오솔길까지 표시가 된 지도를 그리고, 희한한 형상을 한 뿌리를 주워 다듬고, 길을 잘못 들었을 때면 성이 나서 모자를 발로 짓밟기도 했다가, 그런 다음에는 곧바로 장중한 옛날식 독일어로 자기 아내, 유쾌한 이다 부인에게 권위 있는 어조로 조용히 하라고 하고는 다시 손님들과 대화를 시작하곤 했다. 스네주니크 산에 고귀한 그림과 시도 바쳤던 드라고 카롤린, 그리하여 그는 스네주니크의 그늘에서 피어난, 무사 여신들에게 바친 봉헌의 조그마한 전통, 즉 야네즈 빌츠의 19세기 그 지역 이야기들, 주판치치 또는 마리치카 주니다르시치의 시들, 아브친의 묘사들, 포로치니크의 사진들로 이루어진 전통 속으로 들어갔다.

---

* 그리스 신화에 나오는 사냥꾼으로, 우연히 아르테미스가 목욕하는 모습을 보았다가 사슴으로 변했고 자신의 사냥개들에게 물려 갈가리 찢겨 죽었다.

카롤린 교수에게 숲은 열려 있는 곳으로, 단정히 보살피고 관리해야 하는 집이나 정원이었다. 안드레아스퀠레, 슬로베니아어로는 '안드레예우 이즈비르'라고 불리는 안드레아 성인의 샘물 주위에 있는 이끼와 수백 년 묵은 전나무들과 스라소니는, 깨끗이 광을 내서 보존해야 하는 수납장이나 부엌의 고양이와 같았다. 숲은 다른 사람들에게는 자기를 거의 내주지 않았으니, 아이러니하게도 이들을 헛되이 열광하는 도시의 어색한 이질감 속으로 몰아넣었다. 바로 그랬기에 곰도 나타나지 않은 모양이다. 숲에서 집에 있듯 편히 있으려면 어쩌면 카롤린 교수의 이 상투적인 시구를 쓸 줄도 알아야 하지 않을까.
"숲들이 몸을 흔드는 저기 저 머나먼 곳……"

옛 합스부르크가의 오스트리아에서 성장한 슬로베니아 사람 카롤린 교수는 언제나 의례적인 옛날식 독일어로 말했고, 간접화법 형식을 즐겨 사용했다. 예를 들면 우리와 함께 멧돼지가 출몰하는 빈터로 조심스레 들어가면서 그는 이렇게 말했다. "아내한테 말했지요. 존경하는 우리 친구한테, 그러니까 바로 당신 자신한테 물어봐줘요. 혹시 존경하는 부인이 그라파를 곁들인 기바니차*를 좋아하시는지, 아니면 넣지 않는 것이 좋으신지……"
한번은 그가 아프다는 소식에 얼굴을 보러 갔다. 이제 아흔두 살인 그는 몇 주 전부터 침대에 누워 있었는데, 순환계통 장해 때문에 말하기가 약간 어려웠다. 땀에 젖고 열이 나 기진맥진해 있었지만, 언제나처럼 여전히 눈빛은 형형하고 선하고 온화한 얼굴에는 수십 년간 새겨져온 엄격한 권위가 묻어났다. 침대 곁에는 꾸러미와 상자 몇 개가

---

* 호두, 아몬드, 잣, 건포도를 넣어 만든 슬로베니아의 전통 케이크로, 여기에 넣는 그라파는 포도주를 담그고 난 뒤 남은 찌꺼기로 만든 도수 높은 술의 일종이다.

있었는데, 간신히 표하긴 해도 늘 그렇듯 최종 결단을 내린 어조로 의사를 전달하던 그의 바람에 따라, 아내가 (책, 괴상한 뿌리, 박제된 담비나 노루의 머리, 산 사진과 그 스케치, 그림, 편지, 서류, 기념품 등) 그의 물건들을 정리하던 중으로, 나중에 그것들을 소각 처리해야 했기 때문이다.

그는 자기 삶을 송두리째 이사중이었다. 열정적으로 정성을 다해 애지중지하며 모아오던 것들을 비워내고 있었다. 자신의 삶을 정돈하고 싶어했고, 그 삶을 장식하던 모든 것을 단념하고 싶어했다. 합스부르크가 황제들이 바로크식 의례에 따라 카푸친 납골당에 받아들여지기 위해서는 자기 영광의 상징들과 칭호들을 벗어던져야 했던 것처럼.

작별할 때 카롤린 교수는 방문자들에게 스네주니크 산이 그려진 엽서를 선물했는데, 뒷면에는 슬로베니아어로 쓴 자신의 시 일부가 인쇄되어 있었다. 아내의 부축을 받아 베개 위로 몸을 일으킨 그는, 커다란 렌즈 두 개에 의지해 큼지막하고 떨리는 필체로 그 구절을 독일어로 번역해주었다.

그 독일어 시구 네 행이 적힌 종이는 유언이자 최종적인 봉인 같았다. 하지만 얼마 후 독일어로 쓴 편지 한 통이 도착했다. 봉투에 적힌 커다랗고 불확실한 글씨는 누가 쓴 글씨인지 곧바로 눈에 들어왔다. 그러나 논리적이고 통사적인 순서, 구두점과 정서법, 띄어쓰기, 줄 바꾸기를 보노라니 떨면서도 엄격히 적어나갔을 그 노인의 필체가 맞을 거라는 제한적 추정 외에 확실한 결정을 내리기란 어려웠다. "존경하는 친구, 당신이 사랑하는 부인과 함께 마지막으로 우리를 만나러 왔을 때, 내 시 일부를 독일어로 번역해주었지요. 글을 쓰는 동안 옆에서 지켜보던 아내는 내가 '산'이란 뜻의 독일어를 '데어 베르크der Berg'가 아니라 '다스 베르크das Berg'라고 썼다고 우깁니다. 만약 내가 그랬다면 통탄할 만한 그 실수를 수정하고 용서해주기 바랍니다.

여러 가지 순환계통 문제에다 일부 순간적인 건망증도 있었으니, 내가 그런 실수를 저질렀다면 분명히 그런 상태에서 그랬을 겁니다. 이제는 조금 나아져서, 일어나서 숲 근처에서 산책도 했습니다."

카롤린 교수는 실수를 정정하지 않고 또 이에 대한 모든 의혹을 자기 자신과 다른 사람에게 해명하지 않고 간다는 것을 용납할 수 없는 사람이었다. 몇 주 동안 곰곰이 생각하면서 정말로 남성정관사 대신 중성정관사 'das'로 잘못 썼는지, 아니면 단지 아내가 그릇된 인상을 갖고 있었던 건지 기억해내고자 분명 애썼을 텐데, 그동안 상당히 괴로웠을 것이다. 열정은 활력에서 탄생하지만 활력을 자극하기도 하는 법이다. 문법적 실수에 대한 번민과 그 실수를 고치려는 강렬한 욕망 덕택에 카롤린 교수는 자신의 숲과 세상, 생활을 어느 정도 되찾았을 테니 말이다.

언어의 정확함은 도덕적 명료함과 정직함의 전제조건이다. 숱한 악행과 폭력의 남용이 나타나는 것은, 문법과 통사가 혼란해지고, 목적어 대신 주어를 쓰거나 주격 대신 목적격을 쓰고, 카드들을 복잡하게 뒤섞고, 희생자와 죄인 사이의 역할이 뒤바뀌고, 사물의 질서를 바꾸고, 사건을 실제와는 다른 원인이나 책임자에게 돌리고, 개념들과 감정들의 기만적인 무더기 안에서 구별과 위계를 없애고, 진실을 왜곡할 때이다.

이처럼 잘못된 곳에 찍힌 쉼표 하나가 지구의 숲을 파괴하는 화재를 유발하고 재난을 일으킬 수도 있다. 하지만 카롤린 교수의 이야기는 언어, 말하자면 진리를 존중함으로써, 생명력도 강해지고 자신의 다리로 조금 더 확고하게 서 있을 수 있으며, 기만과 자기기만의 뒤엉킴에서 풀려날수록 더 자유로운 감각적 활력을 가지고 세상을 즐기면서 산책할 수 있다고 말하는 듯하다.

아홉 무사 중 역사를 수호하는 여신 클레이오에게 기원하면서 시작되는 숄마이어의 충실한 연대기는, 스네주니크 산의 전체 역사를 요약하고 있긴 하나 "쇤부르크 군주 가문이 소유한 스네주니크"에 헌정된 것이다. 세월과 사건의 흐름 속에 스네주니크 산과 성은 한 가계에서 다른 가계로 넘어갔지만, 가장 일체화된 가계는 분명 1853년 그곳을 소유하여 1945년 국유화될 때까지 유지한 쇤부르크발덴부르크 가문이다. 그 마지막 영주들은 몇 세기 전부터 슬라브 세계와의 접촉에 익숙해진 독일인들로, 좋은 기억을 남겼다. 즉 19세기 초 첫번째 소유자로서 한 번도 발을 들인 적은 없었으나 성을 서른 개나 갖고 있던 안톤 빅토르 각하, 벌목공 자식들에게도 공부를 시켰을 뿐만 아니라 초보적인 사회보장정책을 시행하면서 최초의 슬로베니아어 산림학교를 설립했던 게오르크 군주, 1848년 봉기 동안 농부들이 학살한 동물들이 숲속에 다시 번창하도록 조치를 취했던 헤르만 군주 등이 그들이다.

헤르만 군주는 독일식으로 이름을 바꿔 부른 별칭 같은 것으로, 바로 스네주니크의 영주를 의미한다. 독일인으로 그는 드레스덴 근교에 거주했지만 코자리슈체 성에서 일 년 중 몇 달을 보내곤 했다. 7곳에는 지금도 농양식 홀과 베네치아식 홀, 이집트식 홀, 그리고 사냥 잡지 『야크트차이퉁』 장정본과 18세기의 『세계사』 스무 권 이외에 법학과 문학 작품이 가득한 도서관이 고스란히 남아 있다. 영주의 이 홀들에서는 개인과 자기네 감정들보다 가문이 중요했다. "귄터는 열두시에 도착했고, 열두시 십오분에 우리는 약혼했다." 안나 루이세 폰 쇤부르크발덴부르크 공주는 일기에 자신의 감정적 삶을 영원히 결정하게 될 만남과 구애를 그렇게 요약했다. 헤르만 군주의 초상화는 울적하고 주름살이 패인 얼굴인데, 귀족이 지닌 활력보다는 체호프나 슈니츨러를 상기시키는 부르주아적 내면성이 엿보인다. 군주에게 봉사하는 전설적인 사냥꾼 가족 출신 중 하나일 뿐 아니라 옛 위업들을 노래하는 노래꾼 빈코 스테를레는, 영주의 손자가 사슴을 등 뒤에서 쏘려 했는데 영주네 사람들 중 한 명인 마르틴 마티아치치가 총신으로 눌러 손자를 저지했다는 이야기를 꺼내면서, 스네주니크 영주가 아랫사람에게는 호의를 베풀고 자기 손자한테는 엄격하게 굴었다는 이야기를 후손들에게 전한다.

    스네주니크의 전설적인 수석 사냥꾼은 빈코의 할아버지 프란츠 스테를레였는데, 그에게는 숲속에서 맡은 자기 임무를 위해 오두막에서 주인과 함께 잠잘 수 있는 권한이 있었다. 한번은 뇌조雷鳥 사냥 전날 밤에 옷을 벗으면서, 최근에 산 훌륭하고 두툼한 플란넬 속옷을 입고 있던 프란츠가 군주의 속옷이 열 군데나 서로 다른 헝겊으로 덧대어 꿰맨 것을 보게 되었고, 그래서 폐하에게 더 나은 속옷을 입을 수도 있지 않느냐고 말을 청했다. 그러자 폐하가 이렇게 투덜거렸단다. "아, 프란츠, 자네도 하녀들과 똑같군. 바느질이나 세탁을 하지 않으려 하고, 셔츠를 꿰매 입지 않고 내버리려고 한다니까."

    헤르만 군주는 자신의 첫번째 곰을 1893년 5월 16일 쓰러뜨렸다. 220킬로그램 무게가 나가는 그 곰은 박제되어 현재 성 현관에 세워져 있다. 군주는 나뭇가지들 사이에 있는 안전한 잠복 장소로 올라가는 대신, 직접 곰과 마주하기를 기다렸다. 왜냐하면 (빈코 말로는) 그런 용기를 증명함으로써 숲의 주인이 될 권리를 정당하게 얻어내야 했기 때문이라는 것이다. 이런 내향적 시선에도 불구하고 군주의 유산은 아마 그에게도 선조들의 미신을 각인시켰을 것이다. 그러니까 피는 필요한 세례이며, 죽이는 것은 사랑의 한 방법이며, 죽음은 희생자와 죽인 자 사이의 일종의 교감이라는 미신 말이다. 하지만 언젠가 존재와 죽음의 고통에 고귀함을 부여하려는 그런 찬양이 지닌 초라한 기만에 눈을 떴을 것이다. 군주는 이미 늙었고, 자신이 언어를 공부시킨 스네주니크의 또다른 스승인 빈코의 아저씨 로이제 스테를레와 함께 사슴을 사냥했다. 군주는 총을 쏴 맞추었고, 사슴이 쓰러진 숲속으로 들어갔다. 로이제가 뒤따라가려 했지만 군주는 그 자리에 있으라고 소리쳤다. 로이제는 잠시 동안 기다렸다가 호기심에 걱정이 되어 덤불 사이로 들어갔다. 늙은 군주는 웅크리고 앉아 있었고, 죽은 사슴의 뿔을 붙잡고 울고 있었다.

아마 단지 연민은 아니었을 것이다. 그 순간 분명 자신이 하고 있던 짓과 모든 것의 헛됨을 보았을 것이다. 마치 총을 쏘고 숲속으로 들어감으로써, 뒷문을 열고 현실 속으로 들어가 무대 뒤의 이면을 본 것처럼 말이다. 그 뿔은 어처구니없게도 벽에다 못으로 박아놓은 또다른 전리품이 되었을 것이다. 벽과 계단 위에 나란히 늘어놓은 이 모든 사냥 전리품들, 이를테면 유리 눈의 새, 광대처럼 찡그린 표정을 한 부자연스러운 곰, 다 해어진 누더기 뭉치와 비슷한 늑대 머리로 끝나는 카펫은, 한순간 그 공간을 매료시키지만, 약간의 화약과 잘 기름칠된 총구로 천과 짚, 스프링, 단추로 만들어진 동물처럼 될 때까지 갈데없이 해체되고 와해되는 모든 생명의 운명, 그 비천하고도 불가피한 퍼레이드였다.

헤르만 군주는 사냥을 계속했다. 하지만 빈코 스테를레가 열정적으로 들려주는 끝없는 사냥 이야기에는, 숲속의 죽은 사슴 옆에서 군주가 만난 공허감이 희미하게 서려 있다. 가령 프란츠가 가슈페리예 브흐리브 근처에서 늑대 한 마리를 추격하여 총으로 부상을 입힌 후 육탄전 끝에 개머리판으로 쳐죽였는데, 나중에 알고 보니 그 광경을 주변에서 바라보고 있던 네 마리 새끼를 가진 어미 늑대였다거나, 1923년 마티야는 두려워하던 외로운 늑대를 집요하게 추격하여 혼자 몇 시간 동안 달빛 아래 눈 속에서 뒤쫓고 끈질기게 추격하느라고 늑대와 마찬가지로 기진맥진했고, 어디에 발을 딛는지도 거의 깨닫지 못하고 나아가다가 마침내 덤불 뒤에 보이는 무언가를 쏘았고 늑대를 맞췄는데, 총을 맞고도 살아 있던 늑대는 지쳐서 잠을 자다가 죽을 때까지 깨지도 않더라는 이야기가 그렇다.

그런 이야기들은 숲이 지닌 가외적 성격을 말해준다. 숲은 접근할 수 없게 뒤로 물러나고, 포착되지 않으며, 오솔길에다 거짓 흔적과 착오, 숨어서 서로에게 총을 쏘고 만 주말 사냥꾼들의 사고와 비슷하게 어리숙하고 잘못된 오해를 뿌려놓는다. 트랙터와 시멘트가 매일 점점 더 숲을 점령해 들어가는 바람에, 더이상 위협적인 숲이 아니라 오히려 위협당하는 숲이 되고 있지만, 숲은 어떤 식으로든 이런 것들로부터 벗어나왔으니, 페클로라는 지옥으로 가는 길에서 사랑에 취한 나비들이 섬세하게 손가락 사이에 붙잡힌다거나, 숲속으로 사라지는 붉은색 암캐 리나가 날카롭게 울부짖고 짖어대며 반나절 동안 담비를 뒤쫓는다든가 하는 일이 있음에도 불구하고, 여름이면 매번 무엇인가가 빠져 있다는 걸 일깨운다. 전혀 볼 수 없는 곰이나 사메츠 씨의 목소리, 자기 이야기를 끝내기 전에 사라져 말을 맺지 못하고 중단된 채로 숲의 나무들 사이 어딘가 걸려 있을 그 목소리처럼 말이다. "그래서 내가 말했지요. '미안합니다만, 각하, 만약 허락하신다면……'"

콜리나[*]

그래요, 바로 거기, 마돈나델라스칼라에 있는 우물 근처예요. 콜리나에서 가장 아름다운 장소들 중 하나지요. 언젠가 피에로가 야간 근무를 할 때 입장하는 고객들을 향해, 최소한 얼마 전부터 알고 있던 단골들에게 방 열쇠를 건네주기 전에 장난을 치면서 가능한 한 늦게까지 다른 사람들을 붙잡아두려고 애쓰며 했던 말이다. 조만간 바로 거기로 여러분을 데려가고 싶군요. 그 사람들이 온 게 페라고스토, 그러니까 8월 15일 성모승천대축일 때였어요. 피에로가 이어서 말했다. 세 사람 모두 2킬로미터 정도 떨어진 캄비아노에서 함께 와서는, 사흘이나 나흘, 기껏해야 일주일 동안 머물렀지요. 천막을 치고, 절인

---

[*] Collina. '언덕'이라는 뜻인데, 여기에서는 마그리스가 대학 생활을 하고 독일 문학을 강의했던 토리노 동쪽 포 강 건너의 널따란 구릉지대를 가리키며, 공식적인 이름은 콜리나토리네세, 즉 '토리노의 언덕'이다. 언덕이라고 말하지만 해발 700미터가 넘는 곳도 있고, 따라서 나중에 본문에서 지적하는 것처럼 '산'이라 불러도 무방할 것이다. 마돈나델라스칼라를 비롯하여 뒤에서 언급되는 캄비아노, 산피에트로, 키에리, 페체토, 발디세로, 숄체, 산펠리체, 레빌리아스코, 에레모, 카보레토, 파바롤로, 바르다사노 등은 그 주변 지명들이다.

잉어와 멸치 통을 우물 옆에 갖다놓고, 조금 저쪽에다 포도주 병들을 놓고 천으로 덮어두었어요. 거기에 하루종일 머무르면서 잉어와 멸치를 꺼내고, 카드놀이를 하고, 피에몬테산 적포도주 프레이사를 마시고, 이따금 물을 한 모금 마시거나, 우물에서 양동이로 물을 길어 머리에다 부었지요. 무더위로 머리카락과 셔츠가 엉겨 붙고, 모든 게 딱 들러붙어 꼼짝도 않고, 우물의 검은 구멍에서 올라오는 양동이에서는 별들만이 떨리고 있었어요. 우물은 다른 세상으로 통하는 구멍이지만, 다른 쪽으로 얼굴을 내밀어 어딘지 모를 곳으로 간다는 생각이 썩 유쾌한 생각은 아니었어요. 적어도 일주일 휴가 동안에는 말입니다.

그 풀밭이 어찌나 좋았던지. 특히 저녁이면 날이 선선해지고, 내가 옆으로 지나갈 때면 캄비아노 출신이 아니라 산피에트로 출신인데도 잠시나마 자기네와 함께 앉아 있게 해주었지요. 피에로는 덧붙였다. 우물의 물은 포도주처럼 검었고, 바닥이 깊은 멋진 항아리 같았는데, 우물가에 서서 그 아래에 뭐가 있다든가, 우리가 절대 보지 못할 달 표면에 무엇이 있다든가 하는 건 누구도 생각하려 들지 않았지요. 왜냐하면 그런 건 볼 수 없다고 결정났다면, 그게 맞는 말이니까요.

포도주를 마시고 맛있는 걸 들면서, 카드를 돌리며 특히 정치 이야기도 하고, 캄비아노에 남아 있는 각자 자기네 아내와 가족에 대한 얘기도 했지요. 아니, 험담을 했다고 해야겠네요. 그럴 만한 이유야 당연히 있기 마련이니까요. 아니면 그 고장에서 일어난 옛날 유혈 사건을 끄집어내거나, 이탈리아 포플러나무와 아카시나무 숲에서 발견된 목 잘린 매춘부나 커다란 플라타너스나무에 매달려 느린 춤곡처럼 부는 저녁 바람에 흔들리는 모습으로 발견된 어느 이방인 때문에 '목 매단 자들의 숲'이라 부르는 숲에 대해서도 이야기했지요. 미노트는 산피에트로 계곡에서 있었던 살인사건에 집착했어요. 남자는 도끼로 살해되었고, 집 앞에 찍힌 발자국만 봤을 뿐 남자를 살해한 도끼는 찾지 못했는데, 혹여 포도주 통들 중 하나에 감춰둔 게 아닐까 싶어 경찰이 도끼를 찾는답시고 통들을 깨뜨렸고, 그 바람에 결국 술을 정도 이상으로 퍼마시기도 했다는 얘기지요.

그래요. 피에로는 호텔의 조그마한 홀을 두 배로 보이게 만드는 거울 앞 소파에 앉으면서 말했다. 그렇게 그 사람들은 한 해의 모든 독소를 깨끗이 씻어내고, 일주일 뒤에 집으로 돌아가 아내와 세상과 다시 화해하고, 언제나처럼 다시 일할 채비를 했지요. 몇 년 전 한 사람이 죽었어요. 그 사람은 몇 달 내내 점점 더 많은 피가 나오는데도 '나는 치질 정도야 우습게 생각해'라고 말했답니다. 그러다 마침내 가서 증상을 보여줬더니 그땐 이미 베라우도 박사의 손을 떠나 돈 브린 신부의 일이 되어 있었대요.

돈 브린 신부는 그의 고해성사를 들어줬지요. 죄라고 해봤자 제재소에서 주먹손에서 손가락 하나를 들어올려 매번 하던 욕지거리가 전부라는 건 알고 있었으니까요. 실제로 그 사람이 이따금 손가락을 내밀며 그런 모욕적인 짓을 하긴 했으니 말입니다. 신부는 그런 그를 축복해주었는데, 땀과 성수에 젖어 멍해진 그 사람 얼굴이 마치 너무 많이 이야기하지 말고 달의 뒷면에 대해 모두 다 아는 척하지 말라고 말하려는 듯했고, 이런 의혹의 눈길로 신부를 바라보는 것을 보자 신부가 손으로 그 사람 등을 철썩 때리면서 '이렇게 어리석다니' 하고 말했는데, 그러자 그가 깜짝 놀라 더이상 숨도 쉬지 못하더란 겁니다. 그러던 그가 며칠 전까지만 해도 프레이사와 바르베라 적포도주를 마셔대긴 했지만 말입니다. 입에서 구역질이 올라오고 (마치 쇠를 씹는 것 같았다고 말했어요) 딸꾹질에 트림과 함께 모두 위로 게워내는데도 불구하고요(아니면 거의 먹지 못했으니까 아무것도 올라오지 않았을지도 모르죠). 그렇게 그 사람은 우물을 가로질러갔어요. 그래도 최소한 몇 년간은 그런 휴가를 즐겼지요. 그래요. 피에로는 결론을 내렸다. 만약 마돈나델라스칼라 우물가 그 사람들처럼 카드와 포도주와 잉어와 함께 그런 날들을 보냈던 사람이라면 나름대로 잘 살았고 그에 대해 불평할 순 없다고 생각해요.

이런 이야기 말고도 또다른 이야기로 피에로는 시간을 끌려고 들었다. 포르타누오바 역 근처 구역에서 한밤중에 즐길 만한 오락거리란 별로 없고, 간혹 불쾌하긴 한데 그다지 놀랍지는 않은 뜻밖의 일이 일어날 수 있는 호텔에서의 밤 시간이란 것도 끝없이 길기만 했으니 말이다. 가령 예전에 손으로 배를 붙잡고 갑자기 호텔로 뛰어들어온 어떤 사람 이야기를 꺼냈는데, 분명 누군가 의도를 갖고 그를 밑에서 위로 찔렀던지, 카운터에 손을 짚었을 때 피로 뒤덮여 있던 손은 물론이고 바지에서도 피가 흘러나왔더란 얘기다. 하지만 두어 마디 잡담을 하려고 그때까지 머물러 있던 손님들도 서서히 밤 인사를 하고 사라졌다. 마지막에 방으로 올라간 사람은, 얼굴을 덮는 커다란 모자 아래 언제나 반쯤 졸린 눈을 하고 있다가도 필요할 때면 깨곤 하던 백작부인이었다. 틈만 나면 그 부인은 어떻게든 슈테판 츠바이크가 쓴 자전소설 『어제의 세계』에 대해 언급하려 들었는데, 그도 그럴 것이 그 호텔을 집 삼아 거주중이던 교양 있는 어느 고객에게 멋지게 보이기 싫었던 것이다. 하지만 사람들 얘기로는 호텔 정기 고객인 비즈니스 여행자 두세 명과 함께 그녀가 볼링을 치러 간 적이 있었는데, 그때 그녀가 쓰던 언어는 덜 다듬어져 세련되지 못하더란다.

백작부인은 오래전부터 이 호텔에서 살았다. 혼자였고, 매달 들어오는 조촐한 금액이 잠잘 곳과 카페라테 말고도 가족이 그립지 않게 해줄 동료들까지 보장해주었다. "알다시피, 선생, 난 스물두 살에 결혼했고, 서른하나에 과부가 되었고, 지금 여든세 살이라오. 뭘 더 말할 게 있겠어요? 그렇다고 오해를 사고 싶진 않군요. 불쌍한 내 남편을 비난하고 싶지는 않지만…… 그 사람하고 산 걸 두번 다시 반복해서 겪고 싶지는 않다는 정도로만 말해두지요."

혼자가 된 나이든 부인들은 이 호텔을 먹여 살리는 단골이었다. 백작부인 외에 은퇴한 여선생, 고위 장교 중에서도 특히 공군 장교의 미망인, 그리고 눈에 광증이 서린 나이든 여자가 있었는데, 늘 녹색 옷에다 뒤축이 닳은 신발을 신고 있던 그녀는, 종이가 시커멓도록 열광에 차서 글을 써서는 때때로 거길 지나가는 첫번째 사람에게, 미국 대통령과 베로나에 있는 나토군 사령관이 (매일 저녁 둘이 이탈리아 시간으로 일곱시에 전화통화를 하는 걸로 아는데) 세계와 만인의 문제를 일시에 완전히 해결해줄 자기 글을 받았을지, 못 받았을지를 묻는 거였다. 세계의 구원과 평화를 위해서는 필히 그 글을 읽어야 한다고 덧붙이면서 말이다. 한데 누군가 그녀한테 미국 대통령에게 무슨 언어로 썼느냐고 묻자, 그녀는 물론 이탈리아어로 썼다면서 어쨌거나 백악관에는 번역자가 수두룩하다고 답하며 이렇게 말했다. "어떻든 내 말은 알아서 잘할 거다, 이 말입니다."

알아서 잘할 것이다. 이 말은, 불쌍한 사람이 미숙하게도 약간 고분고분해 보일 경우 세상이 그를 뻔뻔하게 짓누르고 농락하며 들이대는 요구조항에 대해, 맞받아칠 수 있는 대답이 될 수도 있겠다. 방으로 올라가 세상이 알아서 잘하도록 내버려두는 동안, 숱한 저녁나절과 세월이 뒤섞여들더니 승강기 같은 잠의 대기실에서 검은 구멍으로 떨어진다. 아케이드 아래를 걸어 호텔로 가기 전에 지나는 그 회랑들도 잠의 현관들로서, 모든 구분이 사라질 때까지 눈꺼풀 아래에서 점점 더 똑같아져가는 규칙적인 사물들의 기하학이다. 잠든다는 게 아무것도 아닌 일이지만, 잠들지 못할 때가 되면 그게 무슨 뜻인지 깨닫게 된다. 마돈나델라스칼라 우물가 그 세 사람은 재빨리 잠에 빠져들곤 했고, 때로 어둠 속에서 저녁의 불그스레함이, 피처럼 검고 어두운 붉은색이 어슴푸레 보일 때도 그러했다. 정말이지 분명한 건 그 당시 행복했다는 것이다. 어쨌든 피에로 말이 맞다. 그곳은 필히 가봐야 할 곳이다. 물론 루소가 인간의 눈이 만날 수 있는 가장 멋진 그림 같은 풍경이라고 했고, 사르디니아공국 시절 내각 수상이기도 했던 작가 체사레 발보가 과장하지 말라는 피에몬테 고유의 권유를 잊고 지상천국이라고까지 했던, 이 콜리나 전체를 볼 수 있는 곳인 만큼 말이다.

콜리나를 가로지르며 이를 묘사하기 좋아했던 마우리치오 마로코 신부님이 1870년 간행한 자그마한 책자에서 좋아하던 산책에 대해 쓰기를, 토리노에서 출발하여 페체토로 올라가는 길로 가로질러가기를 권했다. 반면 다른 사람들은 중세 상인들의 노정을 따르라고 권하는데, 그들에게 콜리나는 알프스로 가기 위해 키에리에서 페체토를 거쳐 포 강으로 넘어가는 '산'이었다. 사실 위험과 함정이 많은 빽빽한 숲이었고, 프랑스와 커다란 세계로 넘어가기 위한 길이자 장벽이었다. 지금이야 생생하고 푸릇푸릇한 들판에 가깝긴 해도, 그 아름다움을 맛보려면 비록 이성의 시대이지만 "어느 정도 역경은 감내해야" 한다. 적어도 1853년 주세페 필리포 바루피는 그렇게 생각했는데, 왕립 토리노 대학의 실증주의 철학교수이자 사제였던 그는 터키, 페르시아, 헝가리, 이집트, 러시아, 토리노의 콜리나를 걸어서 여행한 위대한 여행자이기도 했다.

골치 아픈 문제야 어디든 끊이지 않고 널려 있겠지만, 그렇다고 해서 콜리나 팬이 없을까봐 염려할 필요는 없다. 그런데 푸르게 물든 포도나무 이랑들, 그늘 속에서 서로 교차되며 흐려졌다 드러났다 하는 나무 지지대들의 파도치는 행렬, 황금빛과 갈색으로 얼룩진 밭들, 때로는 언덕 위에서 보면 거의 보랏빛으로 보일 정도로 몹시 짙고 강렬한 그 푸르른 하늘을 사랑한다고 해서, 꼭 그렇게까지 역경을 감내해야만 했을까? 바루피는 세상을, 사막의 피라미드를, 발디세로의 여관들을 보았을 테고, 수확되어 군대처럼 늘어선 그 언덕의 영광을 즐겁게 바라보고자 할 때 그 입문이 고통스러웠다고 할 사람은 정말이지 메마른 가슴을 가진 자뿐일 거라는 걸 분명 알았으리라. 아마 그 반대도 맞는 말일 것이다. 곁에서 잠자는 사람의 옆구리처럼 부드럽게 굽이치는 포 강의 풍경을 내려다볼 때 볼품없는 역경이나 단순한 치통이 그걸 망치지 않게 하려면, 강한 가슴과 명쾌한 정신이 필요하다. 하지만 사제이기도 했던 바루피는 아마 갑자기 기를 꺾는 잔인한 혼돈상태에도 의미를 부여했을 테고, 그것을 콜리나에서 즐길 소풍과 휴가를 위한 예비과정으로 여길 필요가 있다고 생각했을 것이다.

어쨌든 오래전부터 틈날 때마다 포 강 건너의 길과 오솔길로 산책을 가곤 하던 사람은, 물론 굳이 역경을 겪었어야 할 필요는 없긴 하지만, 자신이 겪었던 불행은 잊어버리고 앞에 숨어 있다 들이닥칠 역경을 피하기 위해 애를 써본다. 앞으로 갔다 뒤로 다시 돌아왔다 배회하면서, 처음 나타나는 오솔길에서 방향을 틀기도 하면서 말이다. 그 오솔길은 최소한 몇 시간 동안은 세상을 약간 혼란스럽게 만들고, 다른 길에 빠졌던 사람들을 더 따라잡기 어렵게 만들고, 판도라의 상자에서 나온 다른 너저분한 것들까지도 머리에서 비워내게 해주는 길이다.

오늘 저녁 숄체에서 당연히 먹을 수 있으리라 기대하고 있는 그 아스파라거스 수프는 맛도 좋을 뿐 아니라, 이 지당한 평가를 받자고 굳이 역경의 양념을 칠 필요도 없는 맛이긴 하다. (적어도 예전에는 그랬다. 친절하고 너그러운 그 여학생의 음식은 실망시키는 법이 없었다.) 아스파라거스 수프가 아니더라도, 무엇보다 벌써 졸업이 가까운 딸이 요리할 경우, 다른 요리도 마찬가지로 다 맛있다. 예를 들어 기억할 만한 코테키노 소시지 요리를 맛본 게 분명 3년 전이었을 것이다. 숄체에 가면 혹시 초대받지 않은 한두 사람이 저녁을 먹으러 식탁에 앉더라도 눈치를 볼 필요가 없다. 나무들 사이에 있는 그 집에는 커다란 테라스가 있으니, 다른 사람들이 알아서 잘할 것이다. 일단 숄체에 도착하면 조금 더 내려가는 일만 남는데, 그러면 바로 평원이 눈에 들어오니, 콜리나 위를 둘러보는 일도 끝나게 된다.

지금으로서는 둘러보는 그 일은 이제 막 시작됐고, 마돈나델라스칼라 쪽에서부터다. 무너진 농가들, 저녁의 새들이 울고 가는 높다란 곳의 포플러, 단풍나무, 아카시아, 거친 잡초들 사이에 있는 오래된 빌라파사템포*에서 바루피의 서글픈 관찰이 엿보인다. '파사템포'라는 조화로운 이 네 음절 안에 치명적이고 깊은 불안이 메아리치고 있다. 새순이 돋아난 나무의 높은 저곳, 묵상에 잠긴 듯한 무성한 그 그림자는, 시간의 흐름을 막거나 마치 황금빛 송진이 폭포처럼 떨어지는 게 아니라 나무 몸통을 따라 미끄러지듯이 적어도 그 시간이 천천히 흐르도록 하기 위해 여기에 있는 것 같다. 한데 그 이름은 이렇게 말하고 있다. 즉 정면에 이중 계단과 제국식 삼각형 페디먼트가 있는 그 신고전주의 빌라에 거주하던 베루아의 두 귀부인은 시간이 빨리 지나가기를, 벌써 지나가서 끝에 가까이 다다랐기를 원했다고 말이다.

사랑할 줄도 모르고 행복해할 줄도 모른다는 것, 시간을 불태워 당장 끝장내려는 격분을 누른 채 끝까지 시간과 순간순간을 살아낼 줄 모른다는 것, 아마 원죄란 이런 것이 아닐까. 설득으로도 안 되는 것, 미켈슈테터는 그렇게 표했다. 원죄는 죽음을 끌어들이고, 죽음은 삶을 소유하여 시간의 흐름 속에서 모든 순간을 견딜 수 없게 만들어 삶의 시간을 파괴하며 질병이라도 되는 듯 빨리 지나가버리도록 다

---

* Il Passatempo delle Dame di Verrua, 즉 '베루아 귀부인들의 시간 보내기'라는 뜻을 지닌 빌라로, 'passatèmpo'는 시간을 흘려보낸다는 의미로 '소일거리, 기분전환, 오락'이란 의미가 있다. 17세기 후반 콜리나 북동쪽 마을 베루아의 스칼리아 백작이 나이 어린 아내를 위해 세운 빌라로, 정원이 9헥타르에 달한다.

그친다. 시간을 죽인다는 것은 완화된 형식의 자살인 셈이다.

신고전주의나 바로크식 빌라 앞에서는 모자를 벗어 예술에 합당한 경의를 표하는 게 마땅하겠지만, 그다음에는 가던 길을 계속 가다 숙박소 깃발처럼 나부끼는 나뭇잎들 아래서 피난처를 찾아보려 해도 좋을 것이니, 모든 게 잠잠해 보이는 그곳에서 그것 말고 더 무엇이 필요하겠는가. 콜리나 여행은 돌이킬 수 없는 화살처럼 날아가는 시간의 직선 궤적을 따르지 않고, 지그재그로 가면서 시간에 훼방을 놓고 또 그 시간을 요요처럼 던졌다가 다시 손으로 붙잡기도 하는 여행이다. 혹시 캄비아노까지 못 가고 끝날 수도 있다. 키에리에서 불과 몇 킬로미터밖에 안 되지만, 말하자면 모든 길이란 구만리가 될 수도 있는데다 복잡하게 일이 꼬이지 말란 법도 없으니 말이다. 예를 들어 캄비아노의 그 사제는 종종 미사 동안에 성체를 꺼내려고 할 때면 감실이 제대로 안 열렸는데, 그에게는 이게 정말로 수난이었다. 열쇠를 돌리고 또 돌렸으며, 무릎을 꿇은 어린 복사服事가 뒤에 있는데 피에몬테 사투리로 "어떤 악마가 여기 들어왔나"라며 중얼대기도 했으니, 그 결과 미사를 마무리짓지 못하기도 했다.

여기저기 거닐다보면, 사마르칸트에서는 죽음이 기다리고 있는데, 사마르칸트로 달아나기를 꿈꾸는 사람이 페체토에 도착한다면 벌써 많이 간 셈이다. 바루피도 동양의 사마르칸트나 트라브존* 같은 곳을 여행한 다음에 콜리나로 가기를 더 선호했다.

캄비아노 쪽으로 비스듬히 방향을 돌린다. 키에리는 뒤쪽에 있는데 그곳의 탑들도, 집들도, 교회들도 붉은색이고, 이와 가까이 있는 몬페라토 쪽은 더 붉은데, 이 색은 바로 피에몬테 군대와 포도주 빛깔

---

* 사마르칸트는 현 우즈베키스탄 중동부 도시로 고대부터 동서양을 잇는 교역의 중심지로 발전했으며, 트라브존은 현 터키 북동부 흑해 연안 도시로 비단길을 통해 다양한 종교와 언어, 문화가 융합되는 도시였다.

이다. 돈 보스코*의 축복을 받으며 키에리를 떠난다. 조금 지나칠 정도로 숭배받고 있는 인물 돈 보스코는 산타마르게리타 성당에서 예수와 성모 마리아 옆의 특권적 자리를 차지하고 있고, 두오모 성당에서는 그의 옆에 〈헬자포핀〉 브로드웨이 뮤지컬(1938)과 영화(1941) 효과를 제법 본 듯 요한 바오르 2세 교황이 있다. 조금 저쪽으로는 커다란 돈 보스코 석조상이 동정의 눈길로 바라보고 있는 성 주세페 코톨렌고†가 있다. 하느님이 자신의 모습과 비슷하게 인간을 창조했다는 생각은 아마 모욕도 아니고 허풍도 아닐 것인데, 코톨렌고가 그랬듯 괴물성은 존재하지 않으며 단지 사랑의 결핍에서 오는 형언할 길 없는 고통만이 있을 뿐이라는 사실을 깨닫는 것, 그것이야말로 하느님에 버금가는 위대함이기 때문이다.

코톨렌고 성인은 종종 의자에서 잠을 잤고 자면서 신음소리를 냈으며 코담배를 즐겼다고 한다. 이 점이 그를 시성諡聖하는 일에 약간 방해가 되었던 것 같다. 성인이 되기란 쉽지 않다. 단지 자기 자신과 세상의 반대뿐만 아니라 교회의 반대에도 부딪치기 때문이다. 산타마르게리타 성당에서 섬기는 도메니코 사비오‡ 성인도 죽음을 두려워했다는 것이 알려지는 바람에 교회에서 그를 시성하지 않으려 했다고 한다. 두오모 탑 위에는 해시계가 있는데, 특정 순간의 태양시太陽時뿐만 아니라 평균시平均時도 가리킨다. 그 평균시가 무엇을 의미하는지는 분명치 않다. 서머타임 때 조금 일찍 잠자러 가는 게 맞는지 아니면 조금 늦게 가야 하는지를 살피는 것도 어려운 사람에게는 특히

---

* 피에몬테 아스티 출신 사제로, 1859년 살레시오 수도회를 창립한 조반니 보스코(1815~1888)를 가리킨다. 돈don은 성직자 이름 앞에 붙이는 칭호.
† 피에몬테 출신 성직자 코톨렌고(1786~1842)는 자선단체를 설립해 운영했고 키에리에 있는 형제의 집에서 말년을 보내다 거기서 사망했다. 1934년 성인으로 시성되었다.
‡ 사비오(1842~1857)는 키에리 출신 사제로 돈 보스코의 제자였고, 1954년 성인으로 시성되었다.

그렇다. 저 위에서야 그런 시간을 믿는지 누가 알겠느냐마는. 해시계는 그 시간들이란 피할 수 없는 것, 돌이킬 수 없는 것, 변경할 수 없는 것이라고 공표하는 시끌벅적한 글들을 거기에 새기려는 집착과 함께 극도로 교만해지기에 이르렀다. 하지만 그 시간들을 사라지게 만드는 데 구름 한 점이면 족하니, 파문된 시간의 비어 있는 왕좌인 이 텅 빈 그림자 속 시계판을 바라보는 것이 여간 흐뭇한 일이 아니다.

보다 커다란 세력들을 연루시키고 경계선을 이동시키는 전쟁, 동맹, 배신에서, 바로 어느 곳보다도 특히 키에리와 아스티가 콜리나의 지배권을 두고 다투었다. 피에몬테 전체가 알프스산맥을 따라 하나의 기다란 국경을 이루고, 이것이 차츰차츰 하나의 국가, 누구의 소유도 아닌 무인지대가 되더니, 구심력을 지닌 중앙집권적 세력이 되었다. 캄비아노 출신 아리만니는 자랑삼아 회자되듯 키에리에 결코 복종하지 않았다. 지리적으로 복잡한 중세시대에서 야기된 뒤얽힌 경계선 문제는, 캄비아노의 아리만니나 스네주니크의 코세지* 같은 자유민들의 공동체를 만들어냈는데, 그들은 국가 당국의 규제에는 저항하면서 기껏해야 제국, 아마 죽은 거나 다름없겠으나 여전히 빛을 발하는 별과 같은 이 제국이 지닌 추상적이고 멀리 떨어진 주권을 존중했을 뿐이다.

피에몬테를 형성하거나 창안한 군주들은 아메데오 8세부터 에마누엘레 필리베르토, 비토리오 아메데오 2세†에 이르기까지 경계선의

---

* 아리만니Arimanni는 서로마제국 몰락 후 이탈리아 북부에 정착한 롬바르드족 왕국에서 전략적 주요지의 상주 수비대에 배치된 왕의 직속 전사들을, 코세지Kosezi는 중세 알프스 동부 슬라브 지역에서 형성된 특수한 사회계층을 가리킨다.

† 사보이아 왕가의 아메데오 8세(1383~1451)는 사보이아의 공작이자 피에몬테의 군주였다. 에마누엘레 필리베르토(1528~1580)는 아스티의 백작이자 사보이아의 공작, 피에몬테의 군주였다. 비토리오 아메데오 2세(1666~1732)는 사보이아의 공작, 살루초의 후작, 몬페라토의 후작, 피에몬테의 군주였다.

다양성을 정리하고 통일시킨 위대한 조정자들이었다. 아메데오 8세의 통치 규약을 보면 심지어 의상까지 해당되었고, 에마누엘레 필리베르토는 신하들의 생활에 대한 통제를 강화했고, 비토리오 아메데오 2세는 관료적이고 계몽된 전제정치를 창안했으며 시대와 장소에 따라 다양하게 형성된 낡은 관습은 받아들이지 않고 보편적 이성원칙으로부터 영향받은 법률을 공표했다.

콜리나는 굽이지고 물결치며 각양각색이다. 그 아래 대도시는 기하학적이고 규칙적이다. 최소한 겉으로 나타나는 질서 또는 무질서 중에서 가장 신비로운 건 무엇일까? 게다가 콜리나도 정확한 규칙에 따라 구분되고 나뉘어 있긴 한데, 그렇다고 이런 점이 매력을 감소시키지는 않는다. 그 안에서는 기꺼이 목적 없이 길을 잃지만, 이런 방랑도 하나의 질서이며, 삶을 규제하고 동시에 옆에서 함께 걷는 다른 삶들을, (설사 불규칙적이거나 불완전할 수 있을지는 몰라도) 마치 공리公理를 이루는 구성요소나 노래의 음계처럼 구별되면서도 뒤얽힌 존재들을, 서로 연결시키는 통사의 어미변화이자 동사변화 같은 것이다. 그리고 그렇게 함께 나아가다가 얼마간 강한 충돌로 흩어지기도 하지만, 비록 약해졌어도 곧바로 대열을 이루는 부대처럼 공통의 법칙을 따른다. 질서에 대한 신비로운 열정, 나란히 늘어선 포도밭 이랑들, 불가피한 최종적 실패를 향해 형제처럼 나아가는 행진 대열이다. 하지만 그러는 동안 다른 쪽에 도달하기 전에, 붉은 언덕을 가로지르기도 하고 나뭇가지 아래에서 걸음을 멈추기도 한다.

이 사람과 저 사람의 삶이 청동 난간의 뾰족한 창들처럼 규칙적으로 교차하고 있을지라도, 덩굴식물은 계획된 질서를 뒤엉키게 할 요량으로 각자의 주위를 휘감으며 뒤덮는다. 그러나 오그라진 나뭇잎, 제멋대로 구부러지고 비틀리는 가지, 길로 떨어지기 전에 발코니에서 활짝 피는 꽃과 함께, 이런 혼란은 얼마나 아름다운가.

신비롭고 잘 구획된 피에몬테, 이곳은 위대한 서사시 양식과 마찬가지로 규칙적이고 말끔히 짜여 있고 본질적이기에 신비스럽다. 그 양식이란 것이 존재를 하나의 단일성으로 압축시켜 거기에다 의미를 부여하며, 어수선하게 흩어진 사물들의 다양성으로부터 핵심을 추려내고, 과거가 아닌 머나먼 곳 위대하고 이름 없는 삶의 시간으로부터 와서 균일한 호흡으로 스며들어 사물들을 통일시키듯이 말이다.

질서는 어쩌면 따분해질 수 있는데, 소문에 따르면 에마누엘레 필리베르토는 피에몬테 사람들을 의무에 충실하고 진지한 것에 몰두하게 이끌었고, 반면에 비토리오 아메데오 2세는 학문의 엄격함에서 지나치게 세세하고 까다롭고 별별 사소한 것들은 몰아내려 했다고 한다. 『쿠오레』(1886)로 유명한 아동문학 작가 데아미치스에게는 토리노의 건축마저 "민주적이고 평등한 것"이다. 이 모든 것에는 발을 맞춰야 하는 행진에서 묻어나는 병사의 울적함이 있다. 수페르가에서 바라본 피에몬테의 알프스는 무솔리니 치하의 이탈로 발보에게는 "군사적 파노라마"였다. 피에몬테는, 그 알프스에다 조그맣고 곧바로 쓸모없어진 경계초소와 요새를 사방에 세운 18세기 사르디니아 공국의 군인 파파치노, 건축가 베르톨라 덱실레스 같은 기술자들이 세운 지역이기도 하다.

규율과 질서의 시는, 1796년에 나폴레옹이 자신의 야전장에 불을 밝혔던 피에몬테의 옛 요새들처럼, 붕괴되는 질서의 시이자 꺾여버린 방어의 시이며, 끊임없이 삶을 무너뜨리려 드는 공격에 대한 저항의 시이기도 하다. '매력적이고 떠도는 작은 영혼'*은 두려움과 죽음에 짓눌리지 않기 위해, (고통스러운 구원의 역사로 이해되든 아니면 무의

---

* animula vagula blandula. 이 라틴어 표현은 로마의 하드리아누스 황제(재위 117~138)가 다음 자리에 오를 마르쿠스 아우렐리우스 황제(재위 161~180)에게 보내려고 쓴 편지의 서두에 나온다.

미한 파멸로 이해되든) 역사의 필연성에 맞서기 위해, 전투 와중에 서로 뒤엉켜 끊어질지라도 사물들을 연결하고 있는 끈을 잃지 않기 위해, 어둠 속으로 돌진하여 주요 덕성* 가운데 용덕에 몸을 맡긴다.

이탈리아의 통일성을 이룩한 데 있어 이 통일성을 확고히 드러내면서도 그 이상을 발휘하고 있는 현대 이탈리아와는 반대로, 자기네들의 자치주의와 더불어 이탈리아보다는 프랑스적이고 사보이아적인 것에 가까운 옛 피에몬테에 대한 향수가 아직 남아 있다.† 말하자면 코스타 드 보르가르, 칼란드라, 카를로 펠리체, 또는 솔라로 델라 마르가리타 같은 옛 가문들의 피에몬테인데, 특히 정치가 솔라로 델라 마르가리타는 사보이아 왕국이 이탈리아 속에서 자가해체되는 것을 내키지 않아 했고, 그런차네나 레리의 영지에서 자기네 들판과 이탈리아 반도를 근대화하던 카보우르‡의 기술혁신처럼 농업을 합리화하려는 이 근대적 편집증을 경멸했다.

아주 급격한 사회변혁의 순간에 활력을 띠는 옛 피에몬테에 대한 향수는 또다른 발전 가능성, 즉 역사 속에 있는 잠재된 가능성이자 그 흐름에 늘 짓눌려 있던 가능성에 대한 요구다. 하지만 사보이아가의 중앙집권주의와 이탈리아 통일을 실현한 옛 피에몬테의 이름으로 비난받은 이 강력한 근대화는, 그 자체로 옛 피에몬테가 지니고 있던 가

---

* 고전 작가들과 그리스도교 신학에서 강조하는 4추덕四樞德―지덕智德, 의덕義德, 용덕勇德, 절덕節德―을 가리킨다.
† 사부아(사보이아)는 알프스산맥 서쪽, 즉 이탈리아 북서부와 프랑스 남동부에 걸쳐 있는 지역 이름이자 그곳을 통치한 가문 이름이다. 피에몬테를 중심으로 하는 사보이아 왕가의 사르디니아 공국은 이탈리아 통일의 주역이었고, 그 결과 1861년 통일이탈리아왕국이 선포되었다.
‡ 카보우르 백작 카밀로 벤소(1810~1861)는 토리노 출신 정치가로, 이탈리아 통일에 결정적으로 기여했다. 피에몬테 남부 마을 그린차네는 지금은 카보우르 가문에 대한 경의의 표시로 그린차네카보우르로 불린다. 벤소 가문이 영토를 갖고 있던 피에몬테 북동부 마을 레리도 공식적인 이름은 레리카보우르다.

치와 전통에서 나온 산물이다. 바로 옛 피에몬테를 만든 사람들, 그러니까 이탈리아보다 사보이아에 더 가까운 알프스 산자락의 장관들, 알프스에 요새를 세운 기술자들, 1561년에 자기네 농부들과 함께 괭이와 낫을 들고 일한다며 토리노 서쪽 소읍 빌라르바세 읍장으로부터 진즉에 비난받던 이 농촌 지주들이, 피에몬테로 하여금 스스로를 넘어서서 이탈리아를 창조하게 만든 지극히 평범하고도 유명한 덕성을 형성시켰으니, 그 덕성이란 자기 의무를 다하고, 과장하지 않고, 역사와 삶의 고통에 인내심 있게 저항하는 것이었다.

옛 피에몬테와 새 피에몬테는 고베티와 그람시*가 추적한 근대성에 대한 위대한 전망 안에서 다시 만난다. 고베티는 18세기 피에몬테의 군주정이 카보우르 가문 내에서, 기업 자유자본주의 내에서, 이를 계승한 후계자이자 실행자들인 피아트 노동자들 내에서 지속되며 실현되고 있다고 보았다. 그람시는 특히 산업 프롤레타리아트와 진보에 개방적인 자유주의 계급 덕택에 "근대적이고 위대한" 토리노에서 나온 시민적이고 해방된 이탈리아의 "조직 가능성"을 찬양했다.

이런 전망이 오늘날 적어도 일시적으로는 이 '포스트모던'에 패배한 것처럼 보이는데, 젤라틴 같은 포스트모던 상황에서 모든 건 정반대되는 것과 상호교환될 수 있고, 검은 마법의식에 쓰이는 잡동사니는 성 아우구스티누스의 사상과 동일선상에 있는 상황이니 말이다. 포스트모던의 이런 승리가 이탈리아 문화 내에서 토리노의 리더십,

---

* 피에로 고베티(1901~1926)는 토리노 출신 저널리스트이자 정치가이자 반파시스트 활동가로, 이탈리아 19세기 중엽 통일운동인 리소르지멘토 운동의 계승자로 간주되었다. 감옥에서 쓴 『옥중수고』로 유명한 안토니오 그람시(1891~1937)는 사르데냐 섬 출신으로, 토리노 대학 시절부터 사회주의 운동에 투신해 1899년 설립된 토리노 자동차 공장 피아트의 노동자 간의 공장평의회 운동을 이끌다가 공장 점거와 더불어 이 운동이 패배한 이듬해 1921년 이탈리아 공산당을 창당했다. 고베티와 그람시는 함께 『올디네 누보』지 문예란을 맡아 펴내기도 했다.

즉 에이나우디, 고베티, 그람시에서 출발해 노르베르토 보비오에 이르는 계보랑 일치한다는 건 우연이 아니다.* 공중의 빛띠에 일렁이는 먼지처럼 불분명한 이것들 앞에서는 "사물들을 선명히 머릿속에 전투대형으로 정렬시키는" 군사적 덕목이 더욱더 필요해 보이는데, 이는 18세기 비토리오 아메데오 3세의 탁월한 식물학자 카를로 알리오니가 찬탄받던 덕목이기도 하다.

캄비아노에는 장수로 널리 알려진 사람이 있다. 그는 얼마 뒤면 백한 살이 될 테지만 몇 달 전부터 기분도 안 좋고 화가 나 있는데, 왜냐하면 백 살을 맞아 잔치를 하고 만찬을 벌인 이후로 더이상 예전 같지 않은지라 마음이 동요하여 이 감정으로 괴로웠기 때문이다. 그리고 말하기를, 자기 나이 또래 사람들을 헤아려줘야 하지 않겠느냐며 제발 자신의 백한 살 생일을 축하해줄 생각은 누구도 하지 말아 달라고 말이다. 이 노인은 단시短詩「장수의 영약靈藥」을 쓰다가 1862년에 죽은, ("메테르니히와 그의 커다란 가발, 이것들을 쓸어가버릴 악마에게 보낼 것이니"라고) 피에몬테 사투리로 노래했던 애국 시인 노르베르토 로사처럼 죽고 싶지는 않은 것이다.

몇십 년 전 연금을 받을 무렵, 이 노인은 독신 딸과 함께 살아 있는 동안에는 누구도 내쫓지 않을 것이라는 암묵적인 이해 속에서 키에리의 한 조카가 소유한 집으로 가서 살게 되었다. 이런 것들에 대해 조카의 마음속에는 일절 생각이 없었던바, 세월은 흐르고 흘러 노인의 딸도 늙어 그녀 자신도 더이상 어린 나이가 아니었으니 그렇게 집

---

* 줄리오 에이나우디(1912~1999)는 피에몬테 출신 출판인으로, 1933년 세운 에이나우디 출판사는 이탈리아 지성인들의 요람 역할을 했다. 그의 아버지 루이지 에이나우디(1874~1961)는 정치가로서 1948년부터 1955년까지 이탈리아공화국 대통령이었다. 보비오(1909~2004)는 토리노 출신의 뛰어난 철학자로, 1984년 종신 상원의원에 임명되었다.

을 오래 차지하고 있는 것에 대해 가책을 느끼기 시작했고, 그래서 조카가 그들을 만나러 와서 문을 열 때면 그때마다 양해를 구하기 시작했다. "알다시피, 거북스럽지요." 조카가 재차 말한다. "이제 더이상 안 찾아갈 거예요. 무슨 말을 해야 할지도 모르겠고 그렇다고 제발 편히 지내시라, 급할 거 없다고 말하기도 그렇잖아요. 그런데다 앞날을 서두르라고 할 수도 없잖습니까……"

캄비아노는 문화적 야망이 있는 곳이다. 길거리의 그림 주간, 광장에서의 거리 연극공연, 몇 미터 저쪽에 전시된 커다란 토마토, 그림게시판 색깔로 생생해진 길모퉁이만 봐도 그렇다. 교회 맞은편에 있는 한 집은 스테파노 야코무치가 『섬세한 바람』 초고를 집필했던 곳이다. 1988년에 나온 이 소설은 삶의 덧없음과 공허함, 위대함, 계절의 빛, 다가오는 그림자에 대해 잊힐 수 없을 만큼 강렬한 이야기를 들려주는데, 이 속에는 "은유들이 죽는 어둠을 향해" 장엄하고 온화하게 나아가는 감정 속에 자비와 각성이, 얽매인 데 없는 피에타스와 피카레스크소설 속 악한의 아이러니가 함께 뒤섞여 있다.

또다른 야코무치 소설 속에 등장하는 죽음을 앞둔 교황은 "우리 곁을 스쳐지나간 삶에서 거의 전적으로 아는 바가 없는 이야기에 귀 기울이는 것이, 삶에 작별을 고하는 가장 행복한 방법이다"라고 생각하는데, 저승에 대한 이런 위대하고도 연약한 신비의 느낌 속에서, 1939년 사후에 나온 요제프 로트의 자전소설 『거룩한 술꾼의 전설』 속 술꾼이 그랬듯, 구원의 희망이 번개처럼 펼쳐질 수도 있는 법이다. 소설 속 화자는 모든 것이 존재한 적도 없던 것처럼 흩어지고 사라지지만 그리 외로워할 필요가 없다는 것을 알고 있다. 『섬세한 바람』의 주인공 파나마 알 브라운이 붙잡을 수 없는 것의 의미를 어디서 찾을지 모르고 있듯이, "사람들 말로는 마음속에 있다고 하나, 마음속에는 거대한 혼돈이 있을 뿐이고 마음이란 전혀 믿을 수가 없는 것이니……"

마법으로부터 벗어나는 것이 마법에 걸려들고야 마는 확고부동한 그 능력을 옹호하는 것이다. 즉 마음의 모호함에 대한 우울한 의식이, 삶에 대한 두려움과 떨림을 간직하고 삶의 고통스러운 오류들을 사랑하고 그 범용의 무게를 인식하도록 함으로써, 그 짐이 형제의 어깨를 너무 짓누르지 않도록 자기 어깨에 그 짐을 나눠 짊어지도록 이끈다.

스테파노는 지상의 소금이다. 그와 함께 있으면 떠들썩하고 공포스러운 상황 속에서도 덜 외롭다고 느꼈다. 그가 더이상 존재하지 않게 되자, 이제 많은 사람이 웃으며 살아가는 일이 더 어려워졌고, 매 순간을 깊숙이 있는 그대로 향유하기도 힘들어졌다. 그는 여전히 이런 이야기를 들려준다. "놀고 있는 어린 성 루이지 곤차가[*]에게 어느 경건하고 거만한 친척이 물었다지. '만약 네가 몇 분 뒤에 죽는다는 걸 알면, 넌 뭘 하겠니?' 아이가 답했다지. '계속 놀 거예요.'"

산피에트로와 페체토의 관계는 알바론가[†]와 로마의 관계랑 같다. 산피에트로 도시 구역이 코바초로 불렸던 때에 무장한 남자들 마흔네 명이 새 구역인 페체토를 세웠고, 얼마 지나지 않아 원래의 요람보다 페체토가 더 중요한 곳이 되었으니 말이다. 원래 카나페라 불리던 개울은, 1345년 4월 22일 몬페라토의 후작이 로베르토 단조가 이끌던 병사들의 피로 그 개울을 붉게 물들인 후 그곳에 파묻혀 있던 시체들에서 나온 뼈들로 덮여 있던 탓에, '뼈들로 만들어진 개울'이란 뜻의 '바요르스' 개울이라고 불렸다.[‡] 패배한 단조의 군대를 따라갔던

---

[*] 라틴어 이름 알로시우스로 불리기도 하는 16세기 귀족 출신 예수회 수도사로, 전염병 환자들을 돌보다가 감염되어 사망했고 성인으로 시성되었다.
[†] 로마 남동쪽 지명으로, 그곳 출신 로물루스가 세운 로마에게 정복당했다.
[‡] 1345년 4월 22일 벌어진 가메나리오 전투에서 몬페라토의 후작 조반니 팔레올로고

어느 시인이 잔혹한 그 전투에 대해 노래한 게 있는데, 서두만 보면 불행이 뒤따르리라고는 전혀 짐작이 안 간다. "온화한 시절 동안 다시 푸르러지더니/ 만물과 숲은 꽃을 피우네……" 하지만 모든 노래란 이렇게 시작하여, 대개의 경우 슬프게 끝나기 마련이다. 어린 시절의 '도둑과 경찰' 놀이란 것도 훗날 그 아이의 목숨을 앗아갈 암이나 자동차에 대해서는 전혀 예상치 못하게 하고, 어느 날 저녁의 부드러운 사랑 놀음이란 것도 낙태 수술을 할 의사의 비열한 방법이나 공동 자산으로 얻은 아파트 때문에 법정으로 갈 싸움에 대해서는 생각도 못 하게 할 테니. 일이 잘 돌아갈 때가 있다 해도, 마지막은 어쨌든 파멸이다.

여름날 저녁 갈대 옆 풀밭에 누우면 즐겁다. 밤은 깊어가고, 파랗게 보이는 검은 하늘이 교회의 애프스처럼 둥글게 드리운다. 아주 검은 머리칼도 때로는 파랗게 보인다. 이따금 고개를 들어 높은 하늘을 응시해봐도 별 하나 찾지 못한다. 아마 어둠 속으로 잠겨버렸거나 불꽃놀이의 불꽃처럼 어둠이 삼켜버린 모양이다. 은하수는 검고 빛나는 강물처럼 반짝인다. 바다에서처럼 그 안으로 전부 떨어지지나 않을까, 저 위나 저 아래로 곤두박질하지나 않을까 염려할 필요는 없다. 사라지는 것도 축제가 될 수 있을 것이다. 저녁이면 바다처럼 보이는 언덕들 사이에서, 길고 강한 호흡으로 다가오는 커다랗고 평온한 파도 사이에서 길을 잃듯 사라지는 일이란.

산펠리체는 마돈나델라스칼라에서 멀지 않다. 그 조그마한 마을은 녹음 속에 숨어 있다. 포도나무와 덩굴식물, 정적, 가을의 노란 뚱딴

2세(1321~1372)는 나폴리 왕국의 군대와 싸워 승리했다. 원문에는 로베르토 단조(1277~1343)의 병사들이라고 되어 있지만, 실제로는 그의 후계자로서 여왕이 된 딸 조반나 1세(1327~1382)의 병사들이다.

지 꽃, 조금 멀리 카스텔베키오의 황갈색 탑들이 있다. 멈추고, 잠자고, 사라지는 것. 하지만 언제나 떠날 시간은 있다. 젊은 양치기 여성이 노래한다. "멋쟁이 애인이여, 당신 갈 길이나 가세요."

레빌리아스코, 이곳은 젊은 날 다첼리오*가 자기 가정교사 돈 안드레이스 신부한테 주먹을 날렸던 곳이자, 나중에는 파시스트 4인방 데베키†가 정착했던 멋진 빌라가 있는 곳이다. 돈지로토 광장에는 교구 성당 옆에 머리 없는 천사가 있는데, 성모 마리아에게 등을 돌리고 있는 것이 분명 세상의 역사를 바꿀 소식‡ 같은 건 전하고 싶지 않은 모양새다. 소박한 개울 위에 놓여 있던 조그마한 다리도 레빌리아스코 본당 주임신부 이름을 따서 마찬가지로 돈지로토 다리로 불렸는데, 지금은 진보의 흐름 속에 무너지고 없다. 레빌리아스코는 1760년의 영성훈련보고서에서 정의하고 있듯 언제나 "공기가 가장 훌륭한 곳"이며, 그런고로 눈부신 발전을 해왔다. 그러니까 널따란 도로 건설로 초라한 다리 하나가 없어진 것쯤이야 이상할 일도 아니다. 불행히도 역사는 언덕에 있는 새 빌라에 쉽게 접근할 수 있게 하려고 경솔하게 그만 그 다리 이름이 적혀 있던 비석 위로도 지나가고 말았다.

자기 고장에 있는 오래된 모든 돌을 사랑한 레빌리아스코의 목수 펠리체 씨도 그 존재를 증언하는바, 그 비석에는 다리가 헌정된 그 인물의 삶이 묘비명처럼 장엄하게 요약되어 있었다. 『스푼 강 앤솔러

---

* 마시모 다첼리오(1798~1866)는 정치가이자 작가, 화가. 사르디니아 공국의 내각총리를 역임했다.
† 1922년 10월 28일 무솔리니가 지지 세력을 이끌고 '로마진군'으로 정권을 잡을 때 주도적 역할을 한 네 사람 중 하나인 피에몬테 출신 정치가 체사레 데베키(1884~1959)를 가리킨다.
‡ 가브리엘 천사가 성모 마리아에게 아기 예수의 잉태를 알리는 수태고지를 가리킨다.

지』*에서 드러나듯, 무덤에 새겨진 글은 한 사람의 삶이 담긴 짤막한 소설이며, 그 의미가 담긴 묘비명이다. 각자 모두는 틀림없이 자기 존재의 행위들을 통해 유일한 시를 쓰고 있고, 비문은 그 행위들을 요약하고 옮겨 적으며, 이를 묘지들로 구성된 방대하고 끝없는 '전집opera omnia'이 떠맡는다.

레빌리아스코에서 사라지고 만 그 비석의 주인공은 분명 부러워할 만한 사람이었으니, 그에 대하여 이렇게 적혀 있었다. "돈 지로토(1857~1943) 다리/ 철학자-라틴학자-포도주 전문가/ 52년 동안 레빌리아스코의 주임신부." 철학자-라틴학자-포도주 전문가, 이 세 명칭은 그의 자서전이나 기억할 만한 말들, 즉 후계자가 수집하여 출판했고 그의 모든 인격과 마찬가지로 그 콜리나 언덕 사람들의 기억 속에 남아 있는 말들보다, 훨씬 더 잘 표현된 돈 지로토에게 바쳐진 기념비다.

레빌리아스코의 주임신부에게 철학은, 특히 인간의 모든 경험이 마주하고 있는 무한함의 위대한 배경에 비해, 자기 자신을 비롯해 유한한 모든 것이 갖고 있는 조그마함에 대한 의식이자 유머이며 아이러니였던 것 같다. 그런 의식은 너무 진지하게 생각하지 않게 해주므로 불확실함과 오만함의 위험에서 벗어나게 해줄 뿐만 아니라, 위대하다고 내세우는 그 어떤 것도 너무 진지하게 받아들이지 않게 하여 두려움에서 벗어나게 해준다. 영원함 앞에서, 모든 것은 작아 보이지만, 그 조그마함 속에서도, 설사 위력을 과시하는 것들이라 해도, 다른 모든 것과 똑같은 존엄성을 지닌다. 아이러니는, 창조물을 뒤엎으려는 세상의 공허한 허영에 맞서, 가장 힘없고 가장 감춰져 있는 것일

---

* 미국의 시인이자 극작가 에드거 리 매스터스(1868~1950)의 시집 『스푼 강 앤솔러지』는 가상의 마을에 살았던 사람들의 삶을 묘비명 형식으로 기록하고 있다.

지언정 그 모든 창조물을 보호하는 유연하고도 끄떡없는 방어벽이다.

(돈 니콜라오 쿠니베르티 신부가 모은 돈 지로토 신부의 "속어들"하며) 그의 어록들은, 너그럽고도 신랄한 그의 발상, 윗사람을 당황하게 만든 유명한 회보會報에 적힌 솔직하고 불손한 언어, 파시스트 관리들에 대한 노골적이고도 날카로운 반박, 초라하고 선하고 악착스러운 몸이 지닌 현실, 기본적으로 육체적인 삶에 대해 허물없는 친밀감을 드러낸다. 애정과 재치가 넘치는 이 신부의 신앙심에는 무엇보다 "이목을 신경쓰는 면"이 없었는데, 이는 자주 부르주아 정신과 대립하는 것으로 종교적으로 열려 있는 마음에서 나온 것이었다.

그의 농담들을 출판한 사람은 "섬세한 의식을 지닌 사람들"은 읽지 말 것을 권했다. 그런 사람들은 신부가 지닌 기묘한 발상이라든가 프랑스 루르드 순례지에서 다리에 경련 발작이 생겨 침대에서 일어나다가 바닥으로 미끄러지는 바람에 머리를 두 번 찧었다는 사고 이야기에서 충격을 받을 수도 있을 테니 말이다.

작고 야윈데다 마른 얼굴에 차림새에는 개의치 않는 것이 마치 피에몬테 땅과 그곳 포도주를 대변하는 초상화 같았던 돈 지로토 신부는, 자기네 교구 사람들, 19세기 피에몬테 출신 수도사이자 역사학자 카살리스가 『역사지리 사전』에서 "튼튼하고 강하며, 멋진 몸매에 건강하고 장수하며, 점잖고 근면하다"고 묘사한 레빌리아스코 주민에 적격인 인물이었다. 존재의 시인이자, 즐겁게 살기라는 고난이도 기술면에서 타고난 대가였던 레빌리아스코의 그 주임신부는, 혼란스러운 사회 변화를 겪던 고통스러운 시기에 그들 양떼를 위한 진정한 목자였다. 비둘기처럼 단순했지만 동시에 뱀처럼 교활하고 신중했으니, 이는 목자라면 자기 양떼를 보호하기 위해 세상의 약하고 가난한 자가 늑대들 한가운데에 있는 양과 같음을 알아야 하고, 따라서 늑대를 식별할 줄 알아야 하며, 경우에 따라 늑대에게 멋진 몽둥이찜질을 할 줄도 알아야 하기 때문이었다. 마을에서는 그의 너그러움뿐만 아니라, 수확 때가 되면 본당 땅에서 일하는 농부들이 눈치 보지 않고 뭔가를 훔쳐갈 수 있도록 자리를 비우곤 하던 역설적인 그의 신중함에 대해서도, 잘 기억하고 있다.

철학자-라틴학자-포도주 전문가. 그가 지닌 비밀은 아마 이 세 낱말 안에 있을 것이다. 그의 이름을 간직한 기도실에는, 오늘날에도 선반과 탁자에 장엄한 피에몬테 적포도주 병들이 다양하게 놓여 있다. 세 낱말 사이의 하이픈, 세 낱말을 함께 묶는 연결고리는, 아마도 미지의 비석 제작자가 올바르게 한가운데에 놓은 낱말 라틴학자일 것이다. 주임신부에게 라틴어는 신학교의 '라티노룸'*이었고, 신자들을 미사로 불러들이고 미사가 끝난 뒤 집으로 돌려보내는 언어였다. 그것은 특히 고전적 명료함이었고, 세상의 혼란한 먼지에 위계질서를 부여하고 사물들을 제자리에 두는, 주어를 주격에 두고 목적어를 목적격에 두는 통사였으며, 가벼운 죄와 치명적인 죄, 불분명한 생각의 그림자와 확고한 의도, 행위와 환영을 구별하고 분류하고 확인하고 정의하고 판단하는 질서였다. 그 대칭성 안에 모든 것을 위한 자리가 있었다. 계시된 진리와 좋은 포도주, 계절의 흐름과 습관과 관습의 변화, 성인들 삶의 건설적인 일화와 익어가는 밀알에 감추어진 서사시, 눈송이의 기하학적 결정체 구조와 허무 속으로 녹아들어가 사라지는 것, 이런 것을 위한 자리가.

죽은 지 몇 세기가 지난 라틴어는 아이러니의 언어로, 단지 말로만 존재하는 언어이자, 정감 어린 미소가 나오게 하는 근거 없는 장중한 비현실 때문에 사랑과 존경을 얻는 언어다. 포도주 전문가인 라틴학

---

* latinorum. '라틴어'를 뜻하는 이탈리아어 'latino'에 라틴어의 복수 속격屬格 '-orum'을 붙인 것으로, 라틴어를 경멸하거나 비하하는 표현이다.

자는 알고 있었을 것이다. 라틴어의 매끄러운 그 표면이 바르베라 포도주나 돌체토 포도주 맛과 같음을, 잔과 목 안으로 단숨에 미끄러져 넘어가는 그 맛, 옛날에 이미 여기 출신 알라시아 신부가 자신이 생산한 포도주를 독점으로 토리노 시내 카를리나 광장으로 가져갈 수 있는 왕실 특권을 얻었다시피 이곳 콜리나 언덕에서는 드문 일이 아닌 신학과 포도주학 사이의 공생과 더불어 그가 포도나무가 준 선물에 들인 공과 역량에 걸맞은 그 맛임을.

피에몬테 사람 중 또다른 고집쟁이 독일어문학자 조반니 비토리오 아모레티는 고등학교 시절 스콜로피 기숙학교에서 공부할 당시 이야기를 꺼내곤 했는데, 오직 라틴어로만 말하고 규율도 매우 엄격했던 거기서 여자들 꽁무니라도 쫓을라치면 침대 시트를 이용해 창문을 타고 내려가 달아나야 했다는 거였다. 어느 날 저녁 돌아오다가 감독 신부에게 들켰고 허무하게도 어느 울타리 뒤로 숨었다가 라틴어로 "아모레티, 이리 나와!" 하는 엄격한 명령에 그만 나와야 했다고. 라틴어로 책임 신부한테 심문을 받은 그가 '시트'를 로마 언어로 뭐라 했는지 떠오르지 않아 말을 더듬거렸고, 그러자 책임 신부가 그한테 작은 처벌을 내렸는데, 유감스럽게도 그 처벌이란 것이 당시 나이를 고려하면 죄를 감면해줄 법도 한 도망질 때문이 아니라, 그런 장난에 기여한 시트를 가리키는 라틴어 이름을 몰랐기 때문이라고 했다. 기도는 사물들에 대한 관심이며, 창조된 것에 대한 감사이기도 하다.

라틴어 공부와 포도주 공부는 돈 지로토 신부에게 이 지상에서 손님으로 즐겁게 지내다 가는 기술이자 철학적 지혜가 되었다. 그는 라틴어로 토리노 서쪽의 자기 고향 오르바사노와 그곳의 옥수수죽 폴렌타를 찬양하는 시를 쓰기도 했다. 현실의 부조리가 담긴 라틴어 문장 아치 아래로 악동 같은 순진무구함이 묻어나는데, 돈 지로토 신부의 전기 작가 돈 쿠니베르티 신부가 레빌리아스코와 인근 페체토 두

도시 사이에 오간 해묵은 경쟁을 살피며 탁월하게 기록한 어느 글에서 보여준, 믿기 힘들 만큼 침착한 객관성과 비교해보지 않을 수 없다. 돈 쿠니베르티 신부는 차분히 다음과 같이 썼다. "두 마을 사이의 이러한 원한은 일 년 중 가장 신성한 날에 의무처럼 폭발하곤 했다. 성 금요일 미사 후 젊은이들은 각자 본당에서 출발하여 가릴리아 개울의 양쪽 기슭으로 갔고, 거기서 전통적인 돌멩이 싸움이 일어났으며, 이는 양측 모두의 부상과 상처로 끝났다."

포도주 연구와 라틴어 사랑은 이웃에 대한 자비와 존재의 희극성에 대한 의식을 자극하고, 믿음과 각성은 다정하고 강건한 철학으로 합류한다. 돈 지로토 신부가 지닌 "유쾌함"은, 사람들 사이, 그러니까 보편적 천재와 불쌍한 사람 사이의 지성이나 위대함의 차이가 커 보이지만 실제로는 죽음, 고통, 전쟁, 그리고 천재도 그 전쟁을 예견하거나 막지 못하는 무능력, 불면, 가난, 치통과 비교해보면 아주 작디작다는 사실을 깨달은 사람의 자유로움을 보여준다. 삶이 지닌 단순한 현실 앞에서 특별한 천재적 능력이란, 히말라야 산 앞에서 뛰어봤자 벼룩이란 말이다.

이런 철학을 갖고 있으면 죽음의 얼굴을 바라보는 일이 덜 힘들 것이다. 분명 햄릿 같고 바로크적 감각을 갖고 있었을 그 후계자 신부는, 기도실 옆 정원에서 방문객에게 "나는 당신과 같았고, 당신은 나와 같을 것이오"라는 글귀를 보여주고 있는 이 경고의 해골을 사랑했을 것이다. 여든여섯 살 먹은 돈 지로토 신부는 죽기 직전 성당에서 '위령의 날' 미사를 거행하면서 이렇게 또다른 재치 있는 말을 했다. "이제 내 차례요." 그리고 덧붙였다. "누군가 날 앞질러가려 한다고 해도 기분이 상하진 않을 텐데 말입니다."

콜리나에서 가장 유명한 마을 페체토는 "부드러운 기후, 건강에 아주 좋은 공기, 아늑한 장소, 깨끗한 하늘, 매우 비옥한 땅, 맛좋고 풍부한 과일들"과 함께, 그 찬양자 돈 니콜라오 쿠니베르티 신부 말마따나, 분명 "튼튼한 체질"뿐만 아니라 "열린 마음"도 보장해줄 곳이다. 교수는 이제 면사무소가 된 빌라벨리오의 홀에서 다른 사람들을 기다리며 하얀색과 검은색 송로버섯 수확 일정표를 읽고 있는데, 모든 지성인이 바라는 열린 마음을 얻는 데 하룻밤 자보는 것으로도 충분하겠지 싶은 그 논리에 그가 지나칠 정도로 열성적이다. 다섯 차례나 내각 총리를 지내다 1928년에 죽은 졸리티의 제안에 따라 페체토 언덕에 그 유명한 버찌나무들을 심었던 면장 마리오 모냐의 이름을 딴 모냐 거리 56번지 하얀 집을 공식 관저 삼아 몇 년간 지냈던 교수 자신에게 실제로 그런 마음이 들었듯이 말이다. 하지만 휴양객, 그러니까 일 년에 단지 며칠만 거기서 지내는 사람들의 얼굴에도 "즐거움과 충직한 우애가 새겨져 있다"고 그곳 찬양자가 장담하니, 그렇게 되리라고 바라볼 수도 있으리라.

콜리나의 길과 오솔길은 텅 빈 지평선으로 안내하지만, 페체토를 단번에 유명하게 만든 조경예술은 서양식 정자 퍼걸러나 반원천장들 아래서 즐겁게 쉬엄쉬엄하며 계속 가로질러가도록 이끈다. 어둠은 생각보다 빨리 내려앉고, 때로 뒤에, 아주 뒤에, 누군가 남아 뒤처지기도 하는데, 아마 그를 부르는 소리가 들릴 텐데도 그는 너무 늦어지고, 각자의 한 조각이 그렇게 돌아오지 않는 그 사람과 함께 남아 있기도 한다. 마지막으로 남은 그 사람은 자기 차례가 올 때 떠나는 일이 아주 힘들지는 않을 것이며, 자신의 일부였던 그 많은 조각을 파묻고 난 후 깃털처럼 가벼워질 것이다. 그래도 그 대열은 고스란히 남을 테고, 이름들도 모두 거기에 언제까지나 있을 것이다. 새로 온 사람들까지도. 물론 동료들이야 그 세월 동안 내내 하릴없이 손가락이나 만지작대고 있진 않을 테고, 하느님의 더 큰 영광과 미래 세대의 행복을 위해 얼굴 윤곽, 시선, 독특한 몸짓이나 목소리를 잃지 않고 전달해나갈 것이다.

세월이 흐르면서 작별의 조총弔銃 소리는 점점 늘어갈 것이며, 일제히 울려퍼지는 북 소리에 그 소리가 새해 첫날을 위한 것인지 장례식을 위한 것인지도 더이상 알 수 없게 될 것이다. 어쨌든 페체토에서는 공동묘지조차 밝고 잘 정돈되어 있으며, 그 무덤들이 "새로운 휴양객들과 이방인들의 선망 대상이 되어가고 있다"고 비토리오 베네데토 신부는 장담했다.

1995년에 죽은 또다른 페체토 찬양 시인이자 지리학자 카펠로 대령 말로는, 페체토에서 늑대가 사라진 건 19세기 초다. 곰과 사슴, 멧돼지는 그 이전에 사라졌고, 코끼리 비슷한 마스토돈은 훨씬 더 이전에 사라졌단다. 이탈리아 서북부 리구리아에 살던 옛 켈트리구리아족, 타우리스키족, 바기엔니족, 스타티엘리족, 에부리아티족은 몇천 년 전에 이미 지층이 되었다. 역사는 이름들, 사람들과 도시들, 군주들과 반역자들의 목록이기도 하다. 카스카롤로, 브라촐라타, 궤르나차, 모스토소, 카리오, 만차네토, 아바날레, 마우사노, 카스타냐초 같은 포도주 이름도 옛 왕조의 이름처럼 영광스럽고 덧없는 울림을 준다. 프랑스대혁명 시절 브란다 데루초니*는 자신이 이끄는 그리스도인 대중과 함께 자코뱅파를 근절시키겠다고 여기에 와서는, 십자가를 세우고 영성체를 한 다음 온갖 맛난 것을 가져오게 하여 술에 취했다.

바루피와 마찬가지로 마로코 역시 "모든 사람에게, 특히 군주에게 아주 유익한" 역경이 지닌 장점을 강조한다. 한데 그 군주들이 이 장점을 더한층 이용해보고자 전쟁과 죽음이 계속해서 맹위를 떨치도록

---

* Branda de Lucioni(1740~1803). 오스트리아 군대에 봉사한 이탈리아 군인으로, 특히 나폴레옹에 반하는 봉기의 선두에 있었다. '그리스도인 대중Massa cristiana'은 1799년 피에몬테 지방의 반나폴레옹 봉기과정에서 만들어진 비정규 군사조직이었다.

역경을 가중시킨 탓인지, 이로운 건 그다지 얻지 못한 것 같다. 정성을 다해 열정적으로 가꾼 죽음이 여태 결정적인 마지막 말을 던지지 않고 있는 게 때때로 이상해 보인다. 삶은 죽음에 대한 예측이나 사망 선고를 부정한다. 1740년 페체토에서 "젊은이들이 사랑의 불장난을 완전히 그만두었다"고 지적했던 그 신부의 만족스러운 확언이 삶에 의해 부정당했듯이.

대체로 페체토와 콜리나 전체를 찬양했던 이들은 성직자나 신부들이지만, 반교권주의 성격을 지닌 피에몬테는 이에 공감하지 않았다. 신부들은 갖은 애를 썼으나 그다지 성공하지 못했다. 이를테면 1870년의 돈 페를로 신부처럼 말이다. 당시 신부는 어느 술 취한 사람의 권총 공격을 받고도 그를 용서하고 포옹했건마는, 그 취객은 자리를 떴다가 생각을 고쳐먹었는지 되돌아와서 그에게 또다시 총을 쏘았고, 틀림없이 숱하게 불발이 있었을 테고, 이로써 10년이 지나 마차를 타고 공동묘지 앞을 지나던 돈 페를로 신부는 다시 총알 서른 발을 맞게 되었으니 말이다.

카를로 에마누엘레 2세*가 추진해 1682년 암스테르담에서 인쇄된 『사보이아 공국, 피에몬테 군주국, 키프로스 왕국의 고상한 왕실 상황』에 실린 지도제작자 조반니 토마소 보르고니오의 삽화에는 페체토 위로 높게 솟은 웅장한 성이 보인다. 그렇지만 그 성은 건설된 적이 없으며, 현실과 그 목록 사이의 이런 불일치는 "아무데도 아닌 곳"(합스부르크 여행자 헤르만 바르 말마따나 트리에스테)에서 온 이 사람,

---

* 카를로 에마누엘레 2세(1634~1675)는 사보이아 공작, 피에몬테 군주, 살루초 후작, 아오스타와 모리아나, 니스 백작이었고, 동시에 키프로스 왕이라는 직함까지 갖고 있었다.

존재하지 않는 것을 사랑하고 스베보*처럼 부재 속에서 자기 운명을 찾는 사람에게는, 그 불일치가 싫지 않다. 누차 사람들 입에서 회자되듯, 콜리나 언덕 풍경은 신체적 안정감과 정신적 확신을 주며, 그리하여 공허하게 추파를 던지던 마음을 기탄없이 제자리로 돌려놓으면서 현실과 그 현실을 포착하는 지각에 대해 의심하지 않도록 이끈다. 앞에서 이미 휴양객들의 관상학자로서 언급된 비토리오 베네데토 신부는 산세바스티아노 성당의 건축 날짜가 불확실한 것에 성이 났는데, 모든 불확실함은 쉽게 전염된다는 것을 알고 있던 그는 유서 깊은 성당의 존재 자체마저 불확실함에 연루되는 것을 막고자 애를 썼고, 그래서 이렇게 썼다. "페체토토리네세의 산세바스티아노 성당이 존재한다는 것은 사실이며, 최소한 외부 감각들이 진리의 기준이 되는 한 그 성당이 건축되었다고 우리는 결론을 내릴 수 있고 또 그래야 한다. 놀논란이 되는 중대 현안은 건축 시기를 정확히 파악하는 것이다……"

20세기 초 극작가 루이지 피란델로 같은 의혹이 드는 어지러운 시대라면 현실의 객관성을 확인해보는 게 좋은데, 안 그랬다가는 일이 잘못되기 마련이다. 콜리나에서 빌라제네로라는 멋진 공원과 거기 빌라에 이름이 남아 있는 토리노의 은행가이자 하원의원 펠리체 제네로는, 화폐 위조자들과 거래하다 결국에는 미친 척을 했고 그러다가 정신병원에 감금되고 말았다. 객관적 상관물들은 하느님 덕택에 존재한다. 성당은 창조된 세상을 확인하듯이 저기 눈앞에 있다. 빌라와 일체가 된 튼튼한 포도밭이나 매혹적인 로도비카 파스타처럼 말이다. 로도비카가 지닌 아름다움은, 지나가던 사람들에게 그녀를 바라보는 걸 즐겁게 해준 콜리나 아래의 피초타 분수까지 유명하게 만들 정도

---

* 이탈로 스베보(본명 아론 헥토르 슈미츠)는 트리에스테 출신 소설가로, 대표작 『제노의 의식』(1923)은 정신분석학을 문학에 원용한 심리소설로 손꼽힌다.

였다.

베르무트 술 주조업자와 제과업자를 위한 학교가 있는 콜리나는 현실을 위한 좋은 학교이기도 하다. 불신자가 산세바스티아노 성당으로 들어가면 대리석 성수반을 건드리게 되고, 사도 도마처럼 신자가 안 될 수가 없다. 색이 바래가는 프레스코화 〈세족례〉에, 아주 아름답고 수수께끼 같은 한 여인의 얼굴이 있다. 신비는 현실 속에, 존재하는 사물 속에, 그 미지의 잊을 수 없는 얼굴 안에 있다.

산피에트로에서 페체토로 올라가면 왼쪽에, 19세기 토리노 건축가 주세페 탈루키 이름을 딴 빌라탈루키가 있다. 문은 담쟁이덩굴과 아메리카담쟁이덩굴에 파묻혀 있고, 정원에는 거대한 레바논삼나무 아래 야자수와 목련이 보인다. 레바논에서 떠납시다, 오, 나의 신부여.* 샌들을 신은 그대 발은 얼마나 아름다운지, 오, 군주의 딸이여! 그대의 가슴은 둥근 잔 같고, 그대의 배는 곡물 더미 같고, 그대의 젖가슴은 두 마리 쌍둥이 노루 같다오…… 길거리와 어둡던 세월이 밝아오고, 저멀리 얼굴 하나가, 죽음 앞에서도 꺼지지 않은 그 얼굴이 (달처럼 아름답고 태양처럼 찬란하며 자기네 깃발 아래 모인 군대처럼 무서운 모습으로) 떠오르는 새벽처럼 나아와서는, 영원히 언제까지고 옆으로 전진해와서는, 지금도 지고 있고 오래전부터 지고 있던 밤은 스며드는 빛 같은 그 미소에 속수무책이 되니, 어둠은 끝없이 순해져 두 팔로 가슴을 꼭 껴안고는, 웃고 있는 어두운 두 눈 속으로 잠겨들고……

작가 실비오 펠리코†는 너무나도 딱한 사정을 지녔던 사람이다. 그

---

*「아가」4장 8절의 구절 일부.

† Silvio Pellico(1789~1854). 이탈리아 작가이자 애국자로 통일운동에 가담했다가 체포되어 사형선고를 받기도 했으며, 당시의 경험을 토대로 한 대표작『나의 감옥생활』(1832)을 남겼다. 뒤에서 언급되는『프란체스카 다리미니』와『지스몬다』는 그의 주

레바논삼나무 아래서 연극배우 제자(테레사 마르키온니)의 환심을 사고자 몬칼리에리 근처에 있는 그의 빌라바롤로에서 여기로 올라오곤 하던 그 무렵만 해도, 그는 몸이 병약한 상태였고, 제자는 사촌 카를로타 마르키온니와 함께 휴가차 거기에 와 있었다. 카를로타는 사르디니아 공국의 왕립극단 주연 여배우로서 펠리코가 쓴 비극작품 『프란체스카 다 리미니』와 『지스몬다』 공연으로 엄청난 성공을 거두었더랬다. 하지만 『나의 감옥생활』(1832)을 쓰기도 했던 작가 펠리코는 그런 성공에 자만하지 않았다. 사람들의 마음을 자유주의적 애국심으로 불태웠던 시와 비극적 몸짓이 담긴 책이, 그에게는 다른 사람이 쓴 것처럼 공허하고 쓸모없어 보였다. 이제 그는 그런 전율에서 다시 달아나 성당 그늘에서 피난처를 찾았고, 마음과 열정의 불이란 것도 약간 열린 성당 문틈으로 불어들어오는 한 줄기 바람에 꺼지고도 남을 만큼 이미 약해져, 그 불마저 꺼달라고 기도했다. 대양을 넘어가는 자기 명성의 메아리에 무관심했던 그는, 아마 제자의 거부에도 무관심했을 것이다. 소심하게 제자에게 사랑을 호소하긴 했으나, 만약 그녀가 그를 받아들였다 해도 그 사랑은 그가 든 촛불에 비해서는 너무 센 강풍과 같아, 외려 그는 혼돈에 빠지고 말았을 것이다. 로사리오 기도를 낭송한다든가 집사의 지출 항목을 메모한다든가 하면서 그 사랑을 잊었을 때, 오히려 그는 편안했을 것이다.

강한 자의 비극이 있고 약한 자의 비극이 있다고 쓰면서, 노르베르토 보비오는 자살한 작가 체사레 파베세를 후자의 예로 꼽았다. 아마 한층 굴곡진 다른 비극도 있을 텐데, 그런 비극은 바로 자신의 근원적인 나약함, 삶과 역사와 불화하는 자기와 최종 대결을 벌이면서 무능함을 존엄으로 뒤바꾸기 위해 투쟁하는 비극일 것이다. 그 비극은 침

요 비극작품이다.

묵과 망각의 비극이며, 한순간 강렬한 삶을 산 후 그 순간을 지우고 자기 자아까지 지워 희미한 잿빛으로 스러지게 만들어 그 순간이 하나의 피난처가 되도록, 다른 사람 또는 자기 자신으로부터 강요받은 사람의 비극이다.

펠리코의 말년은 온건하고 위장된 버전으로 자기 자신과 나누는, 공허하고 현기증 나는 작별의 시간이었다. 그는 역사와, 또 한때는 그 역사에 기여했던 자기 자신과는 관계를 맺을 수 없었고, 또 그러기를 원하지도 않았다. 자신을 지우기에 몰입해 있던 시간이었다. 제자에게 하던 미지근한 사랑의 호소는 아마 그 끔찍한 작업으로부터 달아나는 작은 기분전환이었을 것이니, 이를테면 카프카도 『소송』 한 장을 쓰고 다른 장을 쓰는 사이에 산책을 하며 다리를 쭉 폈듯이 말이다.

빌라들은 자주 감미로운 에로스와 연관된다. 가령 비냐디마다마레 알레*에서의 사랑, 영국 출생 이탈리아 작가 애니 비반티가 빌라베르갈리에서 『나자 트리푸디안스』(1920)를 쓸 때 고통받기를 즐기던 비서이자 연인 마니스칼키를 잔인하게 괴롭히던 일, 17세기 사보이아 왕가의 마우리치오 추기경이 나라를 위해 직책을 버린 뒤 열세 살 조카 루도비카를 신부로 맞아 빌라델라레지나에 두고 신중히 보호하던 일 등. 콜리나 언덕에 있는 빌라들은 특히 독일어문학자들이 좋아했다. 에레모 근처에 있는 바르바라 알라손의 빌라, 페네스트렐레 거리에 있는 아르투로 그라프의 빌라, 카보레토에 있는 아르투로 파리넬리의 빌라와 레오넬로 빈첸티의 빌라만 봐도 그렇다.

---

* 사보이아 공국의 비토리오 아메데오 1세 공작과 결혼해 남편이 죽은 뒤 섭정한 크리스티나 디 보르보네(프랑스어 이름은 크리스틴 드 프랑스, 1606~1663)가 세운 빌라. '왕실 마담의 포도밭'이라는 뜻으로, 그녀가 프랑스 루이 13세의 누이이자 사보이아 공국을 섭정했기에 그렇게 불렸다.

이탈리아의 독일어문학자들에게는 여기가 바로 그들의 집으로, 이 언덕들과 그 발치 밑 대학 사이에서 바로 그들이 태어났다. 아르투로 그라프는 여기서 자신의 시와 교육을 위한 몇몇 독일어 원전을 참조했고, 파올로 라파엘레 트로야노는 특히 토리노에서 뿌리내릴 니체 숭배를 예상하고 미리 알렸으며, 청년 그람시는 일차대전 직전에 이탈리아 독일어문학 연구의 창립자 파리넬리의 강의를 열심히 들었다. 물론 나중에는 그의 서정적 수사학을 거부했지만, 당시 그람시 눈에 파리넬리는 화산처럼 보였고, 새로운 문화적 대륙의 열광적인 발견자이자, 그곳을 발견하도록 학생들을 이끄는 지도자로 보였다.

파리넬리는 천재적이면서 저속했고, 존재를 위해서는 귀중한 선물이지만 삶에 대한 무비판적인 거짓 지혜의 이름으로 과장되게 자신을 부정하도록 이끌릴 때에는 다른 사람의 존재와 사상 자체에 종종 채찍이 되는 그런 불굴의 생명력이 풍부했던 자다. 그는 이탈리아에서 최초로 독문학 교수가 되었고, 보편적인 문학 영역을 섭렵해 문학의 보편적 의미를 전달하는 재능을 갖고 있었지만, 문헌학적 엄격함보다는 무엇보다 자신에게 따라붙을 전설에 더 관심이 많았다. 예를 들어 해외 이탈리아문화원을 공식 방문하는 동안 후대 사람들에게 일화를 남긴답시고 마치 생각에 잠긴 채 호수를 보다 돌멩이를 던져 물수제비를 뜨면서 무심코 자기 금시계까지 물에 던지는 시늉을 했던 자가 바로 파리넬리다.

이런 기질로는 파시즘의 유혹을 뿌리칠 수 없었을 것이다. 그래도 뛰어난 이탈리아 독문학자들 중 일부가 그가 속한 동아리에서 나왔다. 그중 첫번째가 레오넬로 빈첸티였는데, 어쩌면 그다지 열광하는 마음 없이 콜리나의 카보레토에 있는 파리넬리 집 옆에 거주했을지도 모르겠다.

독일 문학과 문화가 대부분 토리노에서 싹텄다 이탈리아로 전파된 건 우연이 아니다. 시와 철학이 공생하는 독일 문학은, 근대 개인의 운명에 대해 근본적인 질문을 제기했다. 그러니까 사회구조가 점점 더 복잡해지고 몰개성화되어가는 상황에서, 구원의 신기루이자 메두사의 망령과도 같은 이 개인이 역사 속에 구체적으로 뿌리내리든 산산조각을 낸든 자기 자신을 충분히 실현할 수 있는가 없는가를 질문해왔다. 독일 문학은 다른 문학과 달리 근대성이 지닌 시대적 특성, 즉 인간과 세계의 근본적 변화, 약속의 땅을 향한 여정 또는 그런 전망의 붕괴, 진정한 삶의 추구 또는 유배에서 의미망을 포착해왔다. 그람시에 따르면 "이탈리아 반도의 근대적 도시" 토리노는 그런 근대성의 심장이었고, 정치 안에 뿌리를 내렸지만 정치에 종속되지 않는 문화를 창조했다.

그런 문화는 좋든 나쁘든 자신의 운명이 새로운 산업 현실과 프롤레타리아트, 즉 이탈리아의 디트로이트나 레닌그라드라 할 수 있는 토리노의 프롤레타리아트와 연결되어 있음을 보았는데, 이 프롤레타리아트는 산업 현실과 투쟁을 통해 그람시뿐만 아니라 고베티의 전망에서도 보다시피 보편성을 갖춘 일반 계급이 되어야만 했다.

토리노 출신 독일어문학자라는 말은, 운명과도 같은 근대와 타협하고, 마르크스주의의 요람이자 그 유토피아의 강점과 약점을 보여주는 이데올로기적이고 역사적인 무대였던 독일과 타협할 것을 뜻했다. 토마스 만이 말했듯, 횔덜린을 읽는 마르크스의 꿈, 말하자면 소외로부터 해방된 세상의 산문과 마음의 시 사이의 타협은 근대 독일 문학의 핵심이었고, 토리노의 문화는 그 꿈을 충분히 체험했다. 1996년에 죽은 출판인 줄리오 볼라티 말을 빌리면, 토리노의 문화는 기대와는 다르게 전개된 역사의 무게에 짓눌려 1950년대에 이미 죽어버렸다. 만약 이 말이 사실이라면, 오랫동안 찬란하게 비추던 빛은 오랜 세월이 지나 그간 꺼져 있던 행성에서 나오던 빛이었을 것이다. (또다른 친구였던 그의 부재가 우리의 걸음을 더욱 불확실하게 하고) 볼라티 자신이 그런 진단을 공식화하긴 했어도, 그 빛이 꼭 죽은 것만은 아니라는 것을 증명해주는 그의 책이 있으니, 이 책만으로도 그는 여전히 이 빛을 되살려주고 있는 셈이다.

물론 현재로서는 우리가 짊어지고 다니는 진정한 삶에 대한 고베티와 슬라타페르*의 희망이 꺾여버린 것처럼 보인다. 유토피아는 무너지고, 에덴의 문은 등 뒤 사방에서, 점점 더 모든 곳에서 닫히고 있다. 아담과 하와는 잘못된 사과를 먹고 지상천국에서든 단지 고상한 어느 곳에서든 쫓겨나고 있을 뿐이다.

트리에스테와 토리노가 지닌 이중적 유산과 지켜지지 않은 약속이 무거울 만도 하다. 단지 유곽遊廓에 있는 대기실과 연관되어 있을 뿐이지만, 플로베르 『감정교육』에 나오는 청년 프레데릭 모로가 말하듯, 그 대기실이야말로 우리가 가진 최상의 것이니까. 그러니까 그 모두에도 불구하고 그런 길로 나아가는 것이다. 그리고 독일어문학자들은 뒤에 짊어지고 다니는 책들, 종종 벽돌처럼 무거운 책들에도 불구하고, 예를 들어 이곳 출신 조반니 비토리오 아모레티처럼 가벼워질 줄도 안다. 아름다운 것에 지나치게 민감하고 종종 활력에 넘치며 논문을 잘 확인하지 않던 아모레티도 시간이 지나면서 점점 나아지더니, 1920년대에 이미 『라 스탐파』 기고자였고 아흔 살에 『가체타 디 파르마』에 정기적으로 기고하기 시작하다가, 아흔여섯 살에 토리노 몰리네테 병원에 입원해 있으면서 이제는 그다지 젊지 않건마는 더 젊은 동료에게 이런 메모를 썼단다. "가능하다면 『코리에레 델라 세라』에 두어 줄 작별의 말을 자네한테 부탁하려는데 너무 뻔뻔스러운

---

* Scipio Slataper(1888~1915). 트리에스테 출신 작가로 적극적인 영토회복주의자로 활동했다.

가?"

 며칠 뒤 『일 코리에레 델라 세라』에 그 두어 줄이 실렸다. 어쨌든 그 편지는 나중에 확인될 상황을 살피면서도 죽음의 고뇌에 조금도 괴로워하지 않으며 이렇게 결론을 내리고 있다. "두고 봅시다." 이 말은 결정적으로 죽었다고 체념한 고베티와 그람시의 꿈까지 포함하여, 돌이킬 수 없는 종말의 파토스가 너무 만연할 때 요긴한 말이긴 하다. 두고 봅시다.

 피에몬테 사람들이 이탈리아를 만들었다. 하지만 통일되기 6년 전인 1855년 체사레 발보는 썼다. 자연은 그들을 "가능한 한 덜 이탈리아 사람"으로 만들었고, 그들은 "우리가 이탈리아 사람이고, 또 그래야 한다고…… 원하고, 바라고, 믿게" 되었다고 말이다. 모든 정체성, 특히 바꿀 수 없는 자연의 자료라고 자랑하는 민족적 정체성은, 강압적인 모든 도덕처럼 인위적이고 영웅적인 의지가 만들어낸 행위다. 1917년에 죽은 토리노 출신 작가 조반니 체나는 "우리 피에몬테 사람들이 지닌 이탈리아의 사명"에 대해 말한 바 있다.

 만약 정체성을 의지의 산물로 본다면, 그것은 바로 자기부정이다. 왜냐하면 명백히 그렇지 않은 무엇이 되고 싶은 사람, 그러니까 자기 자신과 다른 사람이 되어 스스로를 변화시키고 혼혈되고 싶은 사람의 행위이기 때문이다. 1831년 즉위한 사르디니아 공국의 왕 카를로 알베르토가 나라를 다스리던 시절, 정치가이자 문헌학자 톰마소 발라우리는 가령 18세기 후반에 활동한 롬바르디아 출신 이탈리아 문학사가 티라보스키 같은 "이방인" 학자가 이해하지 못하는 "피에몬테 민족"의 문학적 영광을 삽화로 보여주자고 왕에게 제안하기도 했다. 하지만 피에몬테의 정체성은 이탈리아의 정체성 못지않게 이데올로기적이고 모호하다. 모든 정체성은 집합체로서, 소위 나눌 수 없는 분자에 도달하고자 그것을 해체하는 일은 별 의미가 없는 것이다. 시인이자 비평가 엔리코 토베츠가 암시했듯, 피에몬테 사람이라는 것만으로 충분히 수사학에 면역되어 있다는 생각도 과장일 수 있다.

18세기 비극작가 비토리오 알피에리 이후 진정한 피에몬테 사람은 "피에몬테를 넘어설" 수 있는 사람이라며, 오늘날 비평가 카를로 디오니소티가 이 문제를 건드린 바 있다. 자신이 사랑하는 뿌리를 넘어설 수 있는 그런 능력이, 피에몬테를 반파시즘의 요새로 만들었고, 현대 문학비평가이자 역사학자 나탈리노 사페뇨로 하여금 피에몬테와 반파시즘을 거의 동일시하도록 이끈 역사, 자유, 유럽에 대한 일부 의식을 형성시켰다. 오늘날 레지스탕스에 대한 숱한 수사학 이후, 그러면서도 동시에 신화를 재평가하고 진리를 증명하고 상대편을 서로 존중하도록 하기보다는 오히려 아우슈비츠의 도살자들과 그 희생자들마저 모두 모호하게 동일선상에 올려놓으려는 의심스러운 수정주의 앞에서, 우리는 우리 자신을 피에몬테 사람이라고 말하지 않을 수 없다. 콜리나는 1944년 4월 2일 파시스트들에 의해 스물여섯 명이 학살당한 피안델로트가 있는 곳이기도 하니까.

발디세로, 파바롤로, 바르다사노, 숄체. 나뭇잎은 빨갛고 노랗다. 태양을 향해 반쯤 눈꺼풀을 감은 뒤로도 모든 게 붉다. 붉은색이 나아오고 넓게 퍼지더니 어두워진다. 잦아드는 매미 소리는 멀리서 낫이 스치는 소리 같고, 이미 수확했거나 앞으로 수확해야 할 황갈색 들판의 기하학적 사각형들은 커다란 방패에 새겨진 문장紋章처럼 맑은 하늘 속에서 빛나고 있다.

"이 언덕 지역에 있는 장소들의 다양성은 말할 수 없을 정도다." 1840년 작가 다비데 베르톨로티의 말이다. 홀로 돌아다녀도 좋겠다. 이 언덕들, 밤나무와 애참나무를 몰아내고 있는 회화나무, 그 녹음 속에서, 물속에 잠긴 듯 나뭇잎 사이로 퍼지는 빛살 속 오솔길에서, 만나는 사람과 몇 마디 잡담을 나누도록 넉넉히 트여 있고 사람들이 싫지 않은 외로움으로 이끄는 삼나무들이라면 충분히 동무가 되어주고도 남을 테니.

푸른 포도밭, 황갈색과 녹슨 빛깔로 얼룩진 들판은 파바롤로 집에 살던 화가 카소라티한테 자기 그림에 쓸 색조들을 암시해주었다. 콜리나는 색깔들의 축제다. 18세기에 토리노 과학아카데미 회원으로서 현실의 언어를 배우기 위해 수학을 공부한 스위스 자연과학자이자 등산가이도 했던 드 소쉬르 씨는 하늘의 다양한 푸름 정도를 측정하기 위해 시안계를 발명했다. 콜리나에서 가장 높은 마달레나 언덕에서는 거의 보라색으로 강렬한 빛을 띠고, 더 위에서는 창백한 하늘빛으로 희멀겋게 된다. 멀리 떨어져 있는 것, 부재의 정도, 결여된 것이 내는 색깔이다. 발디세로 우물가에 살던 한 사람은 눈동자 색깔을 위한 시안계도 필요할 거라고 말했지만, 거기에 대해서는 아무것도 이뤄진 바가 없다.

바르다사노는 조용하고 햇살 속에 잠겨 있다. 외로움 속에 솟은 높다란 붉은색 방호벽과 함께 강건하면서도 부드러운 성城 틈새에서 돋아난 잡초에 꽃이 피고 있다. 마을은 텅 비어 있고, 노파 두 명이 창가에 나타나 알아들을 수 없는 말로 뭔가를 묻고는 사라진다.

이 조용한 집들 가운데 한 집에 판사 하나가 누이와 함께 살았는데, 누이는 매일 아침 그를 토리노까지 데려다주고 저녁에 다시 가서 바르다사노로 데려왔다고 한다. 판사, 이 호칭이 그 부지런하고 친절한 신사를 일반적으로 부르던 이름이었는데, 모피 깃이 달린 외투 차림에 늘 불룩한 서류 가방을 든 채, 그 판사는 몇 년간 계절을 불문하고 토리노 거리를, 주로 대학 복도를 돌아다니곤 했다고 한다. 언제나 세계위원회 활동에, 그리고 세계위원회가 모든 사람의 합의로 이뤄진 선善을 위해 기분좋게 해결해나가야 할 힘들고도 지속적인 문제들을 모든 사람에게 알리는 일에, 신중하면서도 완고하게 몰두해 있던 그였다.

판사는 특히 대학 강의실과 연구소를 자주 드나들었다. 처음에는 혼잡하고 혼란스러운 가운데 방해하지 않으려고 애쓰는 그의 친절한 존중심 덕에 눈에 띄지 않았다. 때로 강의에 필요한 책을 가져가려고 독일어연구소로 뛰어들어가면 교수 좌석에 앉아 타자기를 두드리는 데 몰두한 그를 발견하곤 했지만, 그는 곧바로 일어나 정중하게 인사를 하고 자리를 내주었다. 정기적으로 책상과 타자기를 사용하곤 했지만, 항상 모든 것을 제자리에 그대로 놔두었고 서류에 손대는 일도 절대 없었다.

판사는 세계위원회를 설립했고, 권위주의에 이끌리지 않고 아주 유능하게 세계의 리듬을 주재해나가며 평화롭고 질서 있게 그 리듬을 유지하게 하는 작업의 결실에 대해 교수들에게, 최소한 자신에게 신뢰감을 주는 교수에게 지속적으로 알려주었다. 그는 존슨 대통령, 브레즈네프, 마오쩌둥, 노동조합, 영국 수상, 무정부주의자, 교회 당국, 대학총장협의회 의장, 지하조직, 회사중역협의회, 학생대표, 장관, 신문발행인, 정당, 스포츠연맹과 만났다. 아마 영구적이라고 해도 좋을 본부를 두었음직한 그 세계위원회가 중동 문제, 베트남 전쟁, 핵무기 확산, 대학의 과잉 혼잡, 우체국 파업, 강의실 부족, 교통 혼란 등의 위기를 해결해오고 있진 않았을지.

판사는 언제나 평온했다. 자기 위원회의 현실 속에서 완벽하고 행복하게 편안했다. 그의 완벽한 조화 속으로, 다른 사람들이 사는 다른 현실, 세상의 강자들이 모두 상대방에게 치명적 타격을 가할 기회를 탐색하기 위해서만 만나는 현실, 강의실이 부족하고 교통이 막히고 사람들이 서로 갈가리 찢는 현실에서 나온 쓰라린 존재는 절대 그 속으로 뚫고 들어갈 수 없었다. 세계위원회가 유지해나가는 현실에서는 모든 것이 딱 들어맞고 평등해지고 해결되었으며, 모든 사람이 형제처럼 결속되었고, 악이 존재하지 않았다. 그 조화로운 현실에서 판사는 늙지도 않았고 자신의 검은 머리칼 그대로 언제나 똑같은 모습이었다. 일흔 살일 수도 있고 동시에 마흔다섯 살일 수도 있었으며, 보통 사람들의 존재를 방해하고 어지럽히는 신경질환이나 신경통, 감기를 몰랐다.

분명히 세계위원회는 세계경찰을 갖고 있었다. 하지만 단순히 형식상의 불필요한 예방조치라서, 판사 말로는 현실적으로는 불필요했다는 것이다. 강의가 있을 때 그는 문을 열고 잠시 동안 정중하고 평온한 모습으로 나타나 교수에게 말했다. 어떤 경우라도 세계경찰은 준비되어 있지만 자신은 평온하게 있을 수 있다고, 모든 것이 잘 진행되고 있으며 세계경찰이 개입할 이유는 전혀 없을 것이라고 말이다. 선임자 대부분이 세상을 언제나 사악한 사람들이 가득하고 독재와 엄격함이 필요한 곳이라고 상상하며 강철 같은 주먹으로 그 세상을 장악하기 위해 보편적 지배를 꿈꾸었던 것과 달리, 판사는 단지 선한 의지에 훌륭한 의도로 고취된 사람들만 있는 세상에 살았다.

세계위원회는 분명 정신적이거나 이데올로기적인 우월함이 아닌 경험에서 나오는 아버지처럼 너그러운 권위로 일부 현명한 충고만 했고, 이를 들은 다른 사람들은 자기 견해를 말한 후 보다 나은 선택을 해나갔다. 세계위원회는 노동조합이 하는 요구나 사악한 시대에, 또는 현대 젊은이들에 대한 무차별적인 비판에, 종종 애석하지만 단호하게 반대한다고 이야기하기도 했다. ("우리 모두 젊은 시절이 있었어요. 자, 조금만 참읍시다.") 그러면서 오히려 고등학교 졸업 자격시험 동안에는 전 학교를 방문해 (교육부에서 나온 검열관이 아닐까 오인받을 정도로) 열광적으로 시험관들이 지닌 열정, 학생들의 근면성, 학교 수위들의 열의를 찬양하곤 했다.

사실 그는 조금씩 독일어문학 게시판을 차지해나갔는데, 시험 날짜나 면담 시간을 알리는 자그마한 교수의 공고 옆에다 자신의 성명서를 게시했다. 그런 성명서에서 그는 "전체에게 뜨겁게 인사"했고, 특히 "대학교수 계층" 또는 "유기적인 대학 - 일반 - 교수 통합체" 전체에 대고 인사했으며, 명예 위원을 지명했고, 특히 토크빌의 제자로서 자유, 아니, 보다 정확히 말하면 자유들을 옹호했다. 사실 종종 수수께끼 같은 약호들이나 이해할 수 없게 이어진 음절들의 끝없는 행렬로 와해되는 성명서에서 그는 "무개입", "위협적인 자들"의 제거, "권리, 안전하고 합법적이고 넉넉한 좌우동거, 모든 좌천옹호파들로부터의 보호에서 나오는 연맹" "재과세금" "교수 자격의 청명함" "대화의 실시간성" "보편적 접근가능성"을 주장했다.

등사기로 인쇄된 그런 성명서들이 강의실과 복도에 돌아다니곤 했다. 판사가 1970년대 그 열기 가득한 학생 집회에서 말을 할 때면, 평온한 목소리로 위원회, 사회적 물갈이, 구조화 등 당시 어휘에 적합한 풍성한 용어들로 몇 분 동안 청중을 휘어잡으며 교수들을 비난하는 모욕을 중단시키기도 했지만, 결국에는 부드럽지만 단호한 어조로 어김없이 형용사 "달빛스러운"을 언급해 청중을 당황시키기도 했다.

그는 그런 비난과 항의에 동의하지 않았지만, 거기에 대한 모든 지나친 비판도 단호하게 거부했고 그에 대해 불분명한 주장을 내세우기도 했다. 세상은 착하고 단지 너그러운 질서가 필요할 뿐이며, 무엇보다 모든 것이 제자리에 있다고 말해줄 누군가가 필요했다. 따라서 교통 소통에 협력하기 위해 거리 한복판으로 들어가거나 극장 입구에서 관객에게 자리에 앉으라고 권할 때에는, 무엇보다 마음을 평온하게 가라앉히고 모두를 편안하게 만들기 위해 그랬던 것이다. 유감스럽게도 그는 단지 공포심을 조장하는 사람에게만 엄격했다. "유일하게 행복한 섬"인 한 학부만 예외로 하고 대학 위기를 고발한 신문에 보낸 편지에서, 그는 "모든 대학, 아니, 전 세계가 행복한 섬"이라고 반박했다.

당시는 납의 시대*였고, 거리가 피로 얼룩진 테러리즘의 시대였다. 판사는 붉은 여단† 단원들에게도 성명서를 발표했고, 그들을 "오, 영원한 전주곡의 옹호자들이여" 하고 불렀지만, 언제나 그랬듯 무력 사용을 전면 거부했고 세계경찰을 개입시킬 생각 같은 것도 하지 않았다. 자신이 일부 폭력주의자들에게 공격당하고 맞았을 때에도 마찬가지였는데, 그런 그에게 어떻게 지내느냐고 묻자 곧바로 인내심을 발휘해 자기 개인 문제에는 몰두할 시간이 없는 사람처럼 위엄 있게 세계위원회에 대한 이야기로 넘어가버렸다.

토리노의 합리성이 섬망(譫妄)이라는 비밀스러운 이면을 갖고 있는데다 장기판 같은 거리들이 총체적 제도에 관한 꿈을 조장한다고 누가 말했던가? 결국 그 세계위원회가 유엔이나 다른 고위급 조직보다 훨씬 더 비현실적이랄 것도 없었다. 물론 판사도 일부 편견을 갖고 있긴 했다. 언젠가 언짢은 어조로 세계위원회에는 모든 사람, 러시아인과 미국인, 장군과 히피를 위한 자리까지 모두 다 있다고 말했다. "한데 정말 필요한 게 아니라면, 우리로서는 기호학을 갖고 싶지 않군요……"라고 했지만 말이다.

황혼의 잔불이 콜리나를 지울 수 없을 것 같은 불꽃으로 불태우고

---

* 1970년대와 1980년대 초반 이탈리아에서 극단적인 정치적 혼란과 함께 무장투쟁과 테러리즘이 난무하던 시기를 가리킨다.
† 1970년대 초 이탈리아에서 결성된 극좌파 테러조직으로, 선진 자본주의에 대항하기 위해서는 무장투쟁이 필요하다고 주장했고 1978년에는 알도 모로 수상을 로마에서 납치해 끌고 다니다가 살해했다.

있지만 밤이 다 되었다. "하루는 죽을 수 없을 것이다." 이미지의 창조자는 그렇게 노래했다. 하지만 하루는 죽는다. 영광스러운 하루도 죽는다. 그것을 그는 잘 알고 있었고, 모든 것을, 죽음과 아름다움의 매춘, 유혹과 강간의 공허함도 이해하고 있었다. 조반니 아넬리 상원의원이 1928년 마달레나 언덕 위에 세운 날개 달린 승리의 여신상을 무사 여신의 영감으로 제막해 달라고 요청했을 때, '운둘나*'라는 불멸의 불가능한 낱말을 창조했던 단눈치오는 비문이 말하듯 곧바로 가장 상투적인 표현으로 "빛이 있어라" 하고 내던졌는데, 누가 감히 그렇게 외칠 수 있었겠는가. 그렇게 고상함의 딱지를 긁어내고 임금님은 벌거숭이라고 외치는 것이 다른 어느 누구한테도 어울리지 않으리라는 것을 잘 알고 그랬던 것이다. 돈은 시를 사지만, 시는 돈에 대고 엉덩이를 내보인다.

그러니까, 하루는 죽는다. 마리사는 그것을 늘 알고 있었어도 두려워하지 않았다. 거의 모든 사람이 간다. 숄체 너머에서 콜리나는 내리막이다. 서둘러야 할 시간이다. 분명 저녁은 준비되었을 테고, 너무 춥지만 않다면 야외 정원에서 먹지 않을까 싶다. 아마 여주인은 그 커다란 나무 아래 이미 식탁을 차려놨을 테지. 교수의 취향을 잘 알고 있고, 그 나무를 얼마나 좋아하는지 알고 있으니까. 교수는 여러 해 전부터 종종 식사하러 온다. 아니, 무슨 말인가? 여러 해라고 해봤자 언제나 아주 적은 세월이고, 모든 건 이제 막 시작되었다.

누군가는 콜리나의 정해진 노정에 경의를 표하기 위해 수페르가에 잠시 멈추고 싶어했다. 하지만 비토리오 아메데오 2세가 토리노를 포위한 루이 14세 군대를 물리치고 이 승리에 대해 하느님에게 감사하

---

* Undulna. 단눈치오의 시집 『알키오네』(1903)에 실린 시에 나오는, 노래하는 말馬 이름이자 시 제목.

기 위해 세운 그 차갑고 화려한 기념비 때문에 저녁식사에 늦게 도착하는 일은 없어야 할 것이다. 정말로 그 군주를 생각해봐야겠다면, 콜리나 언덕 위에 선 승리자로서의 모습보다는 왕좌와 삶에서 쫓겨나 몬칼리에리에 있는 성에 아들의 죄수로 갇혀 비참하게 늙어간 그 모습을 떠올려보는 게 더 나으리라. 모든 승리가 그러하듯, 그 승리의 성당은 죽음과 어울리고, 메멘토 모리는 지나칠 정도로 많다. 물론 수페르가에서 망가진 토리노는 오늘날 어떤 축구팀이라도 이길 것이다. 콜리나의 곡선과 조화를 이루는 곡선으로 칭찬받는 그 성당의 기하학은 이성의 기념비이며, 잘 알다시피 이성에는 종종 불안한 이면이 있다. 수페르가에 올라간 바루피 신부가 권하기를, 다리를 벌리고 머리를 아래로 숙여 그 사이로 주위 풍경을 바라보며 감상하라고 했다. 세상이야 이제 잘 알려져 있지만 지방은 거의 알려져 있지 않다, 라고 18세기 말 건축가이자 측량사이자 감정인 아메데오 그로시가 쓴바, 아마 이런 이유로 바루피 신부가 지방에서 비범한 전망을 찾으려 하지 않았을까. 한데 이따금 세상도 그런 자세로 바라봐야 할 필요가 있는 곳이다.

압시르티데스

벨리로신에 있는 페트리나 저택에 관한 이야기는, 니노가 항상 하던 이야기인데도 언제 처음 들었는지 기억하기 어렵다. 저택과 이 저택을 세운 피에트로 선장에 대한 이야기로, 바다에서 세레니시마에 봉사함으로써 이미 오래전부터 영광에 휩싸여 있던 이 옛 가문 이름을 저택에 붙였던 사람이 이 선장이다. 그는 특히 알제리 해적 하디 베시르를 키프로스 바다에서 격퇴한 후 기껏해야 장루樓樓가 격파당하고 앞 돛만 찢어진 채 큰 피해 없이 터키 아나톨리아 남부 카라마니아 해안까지 추격해, 산마르코 기사 작위, 황금 훈장, 저택을 세우는 데 쓴 금을 하사받았지만, 그 저택에서는 단 하룻밤만 잤다. 사실 선장은 바로 그 전투에서 승리한 배 '신성한 은총'을 뜻하는 '그라치아 디비나' 호를 타고 곧바로 다시 떠났고, 아주 도통한 사람도 금세 거죽을 벗겨가고 만다는, 세상에서 가장 저주받은 장소 중 하나로 꼽히는 영국 서남부 콘월반도에 있는 실리 제도까지 가서, 그곳의 끓어오르는 거품으로 넘쳐나는 암초에 난파당해 그만 죽고 말았다. 배의 이물 장식이 파도에 밀려 맞은편 트레스코 섬 내해內海 해변에 닿았는데, 푸른 보랏빛 붓꽃과 나리꽃이 피어 있고, 바닷물이 화강암 해변에서 하얗고 파랗게 부서지며 황금처럼 빛나는 곳이었다. 하지만 이후의 이야기에서 피에트로 선장 다음에 곧바로 그의 손자 또는 증손자 마르코가 나오는데, 그는 그동안 읍사무소 소유로 넘어가 공공 자선기관이 된 바로 이 저택에 살다가 죽었다.

처음 이야기한 것이 언제였든 간에, 니노는 트리에스테 집에서도 자주 그 이야기를 꺼내곤 했다. 그리고 뒤쪽 우현으로 불그스레한 땅과 무화과나무들, 암초 위로 눈처럼 하얗게 부서지는 짙푸른 바닷물과 함께, 위쪽에 있는 큰 섬 벨레오리울레와 아래 작은 섬 말레오리울레를 뒤로하고 배가 벨리로신이 보이는 곳에 이를 때마다, 니노는 해변 위로 솟은 교회 종탑 쪽으로 바람 속에 솟은 커다란 나무를 손가락으로 가리키며 집들 사이에 숨은 페트리나 저택이 어디 있는지를 보여주었는데, 그렇게 이름높은 저택인데도 불구하고 다른 집들과 크게 구별되는 바는 없었다.

적어도 어느 한순간 니노에게만은 이 이야기가, 단지 일반적인 운명의 변덕뿐만 아니라 보다 구체적으로 몇백 년 전부터 이 섬들에 살았던 이탈리아인의 운명도 암시해주었던 것 같다. 배 주인이자 크로아티아인들에게 주인 행세를 하는 데도 익숙해져 있던 이탈리아인들은, 나중에 이차대전이 끝나면서 슬라브인들이 이탈리아를 꺾고 그 땅을 재탈환하여 복수하자 거기서 쫓겨나 달아나게 되었으며, (집터 아궁이와 배를 비롯해 나머지 전부를 버려버린 니노처럼 모두 버리고) 탈출하던 와중에는 뿔뿔이 흩어졌거나, 집에 그나마 남아 있던 소수도 더이상 자기 터가 아닌 곳에서 고통과 협박에 시달려야 했다.

하지만 (바다에서 배로 가는 경우는 드물고 대개 자동차로 가서 이스트라반도 동쪽 해안의 브레스토바 항구에서 여객선을 타고 치레스 섬의 포로지나에서 내려) 그 섬들에 도착할 때면, 아직도 생생한 여러 흉터에서 드러나는 역사의 모든 부속물이 도로 가장자리에 난 키클롭스 같은 새하얀 절벽과 바다 위로, 굴곡진 심리와 원한을 위한 자리라고는 없는 호메로스의 서사시 같은 풍경 위로 드리운 햇살의 반사광 안에서, 안개처럼 흩어져 사라진다. 역사는, 비나 우박이 카르스트지형의 바위틈 사이로 흡수되듯이, 눈부시게 새하얀 이 돌들과 더 낙낙하고 오래 지속될 여름 빛살의 시간 속으로 스며들어간다. 역사가 가한 상처와 흉터는 곪지 않으며, 배에서 맨발로 섬에 내려 뾰족한 돌멩이를 디디다 발바닥에 긁힌 자국처럼 마르다가 아문다.

크바르네르 만까지 급경사를 이루는 산등성이는 금작화로 불타고 바람결에 물결치는 푸른 깨꽃들로 뒤덮여 있다. 절벽은 바다 위로 몸을 내밀고, 바닷물에는 나무들이 그림자를 드리운다. "숲이 수면에 그림자를 드리운다"*라고 루카누스는 노래했다. 루카누스는 이 바다에서도 싸운 카이사르와 폼페이우스 사이의 내란 때 보다 어울렸던 혹독한 겨울과 아드리아 해 동북풍 보라를 그냥 지나치지 않았다. 수직 절벽 아래에 놓인 양 바다 사이로 (한쪽에는 이스트라반도, 다른 한쪽에는 크르크† 섬이 있고, 더 너머에는 크로아티아 해변이 있다) 섬 이름이 된 중심지 마을 치레스를 향해 달리는 도로에서는 모든 것이 맑게 보인다. 깨꽃, 도금양나무, 소나무 내음, 피부에 묻어나는 소금기, 얼굴에 스치는 건조한 바람, 끊임없이 울어대는 매미 소리, 정오에 다갈빛처럼 엉겨 붙는 꿀벌과 여름의 구릿빛. 모든 사람이 이미 체험했거나 앞으로 다가올 것보다 더 오래된 유년기에 대한 기억, 자기 저택에

---

* 고대 로마의 정치가이며 철학자, 시인이던 루카누스(39~65)의 서사시 『파르살리아』(또는 『내란기』) 제4권 456행에 나오는 표현. 이 작품은 카이사르와 폼페이우스 사이에 벌어진 내란에 대해 이야기하는데, 두 진영의 군대는 아드리아 남동 해안도시 디라키움, 즉 오늘날 알바니아의 두러스에서도 충돌했다.
† 이탈리아어 이름은 벨리아. 치레스 섬 동쪽 크바르네르 만에서 가장 큰 섬으로 본토에 가깝다.

있는 산마르코 기사처럼 편안하게 있을 수 있는 장중하고 커다란 세상에 대한 기억 또는 예감이 바다로부터 우리를 향해 올라온다. "마치 거울을 바라보듯 쓰라림과 마법으로 변화무쌍한 그 풍경을 바라보면서, 내가 발견한 것은 나 자신이었다." 마리사 마디에리는 『녹색 바다』*에서 어른이 되어 처음으로 고향을 다시 보고, 거기에서 이제는 존재하지 않는 잃어버린 과거가 아니라 유년기가 약속해주는 세상에서 행복하게 사는 모습을 다시 발견하고는 그렇게 말했다.

약속은 언제나 취소되곤 하지만 절대 부정되지는 않으니, 깊은 곳에 보관되어 있는 그 약속은 모든 사람의 가장 깊은 진실, 가장 진정한 얼굴, 삶이 빼앗아가는 모든 것으로부터 아직 훼손되지 않은 유년기의 얼굴이기 때문이다. 바다의 거울로부터 이 얼굴이 솟아오른다. 그 강어귀, 그 파도, 그 절벽은 세월의 흐름 속에 윤곽이 잡혀나가고 덧대어 기운 가면을 용해시키면서 다시 떠오르는, 상하지 않은 얼굴의 이목구비다. "나는 몸을 돌려 그 입술에서 내 미소를 보았다." 마리사 마디에리는 브라질 작가 기마랑스 로사의 『거대한 오지 베레다스』(1956)에 나오는 리오발도의 말을 빌려, 이 풍경 속에다 스스로를 되비쳐보며 자신을 재발견해내면서 말을 잇는다.

누구든 이 바다의 거울에 자신을 비춰보는 사람은 왕의 아들을 보게 되니, 그를 두고 전에는 모르던 사람이라고 해야 할지 아니면 잊힌 사람이라 해야 할지 모르겠다. 성대한 여름은 상처를 입힌다. 활짝 펼쳐진 수평선에 모든 게 다 있다. 잃어버린 것과 앞으로 계속 잃어버릴 것도 모두 있다. 비록 이 바다 앞에서 어떻게 이런 일이 일어날 수 있는지 이해하지 못한다 해도, 자신이 왕의 아들이라는 사실을 잊고 거

---

* 크로아티아 리예카에서 태어난 이탈리아 작가이자 마그리스의 아내이기도 한 마리사 마디에리의 1987년 작품으로, 고향 리예카에 대한 회상을 담고 있다.

지처럼 낯선 문을 두드리며 세상 각지를 떠돌게 되기란 어쩌나 쉬운 일이던지. 페트리나 선장도 분명 그 저택이 자기 것이라는 사실은 잊어버렸을 것이다. 틀림없이 자신이 침입자라고 느껴져 방해하지 않으려고 곧바로 적대적이고 쓰라린 대양으로 나가 종말을 맞이했을 것이다.

니노도 오랜 부재 뒤에 그 섬에 다시 들어갔을 때 처음에는 자기 집에 가는데 허락을 얻기 위해 여권을 보여줘야 하는 게 불합리하다고 생각했지만, 나중에는 심지어 거기에서도, 그러니까 어디에서든 자신은 망명자이자 이방인이라고 느끼는 데 익숙해졌다. 섬으로 돌아오면서 어쩌면 죽음도 그렇게 망각에 익숙해지는 것의 산물이자, 아마 자신이 불멸이라는 것을 잊기에 죽는 게 아닐까 때로는 생각해보게 된다. 키플링의 단편 「황도대의 아이들」에 나오는 황도대의 황소는 멍에로 쟁기에 묶여 피가 나게 맞으면서도 자기와 마찬가지로 똑같이 예속되어 있는 사자에게 뭐라고 말했던가. "기억하라, 형제여. 한때는 우리 모두가 신이었다." 하지만 기억해내고 멍에를 떨쳐버리기에는 너무 늦었다. 아마 멍에는 정당한 것이리라. 사랑과 행복을 알았거나 단지 이를 예감한 다음에 잊어버린 죄, 왕국을 갖고 있으면서도 그걸 깨닫고 있지 못한 죄에 대한 형벌이리라. 니노와 그의 식구들을 이방인으로 만든 망명은 자기들 옆에 살던 (그리고 지금은 그들이 정복자가 되어, 말하자면 제 집에서 이방인으로 살고 있을) 사람을 애초부터 이방인으로 대한 것에 대한 가혹한 형벌일 것이다.

치레스는, 대 플리니우스가 꼼꼼하게 헤아리기도 했던 아드리아해 동부에 있는 섬 천 개 중 하나다. 1771년에도 유보가 없지 않았지만 진보를 믿는 계몽주의 여행자였던 알베르토 포르티스 수도원장은 치레스 섬과 로신 섬을 하나의 섬으로 간주했다. 머나먼 선사시대의 초기 정착 시대에 벌어진, 오소르에서 두 섬을 나누고 있는 좁은 해협이 있음에도 불구하고 말이다. 치레스 섬과 로신 섬은 크바르네르 만을 수직으로 나누며, 그 중심지에 있다. 남쪽 끝에서 왕관처럼 둘러싸고 있는 작은 섬들인 일로비크, 스베티페타르, 두 오리울레 섬 너머에는 다른 바다, 다른 세상이 펼쳐진다. 크바르네르 만은 바람과 빛이 먹감는 베네치아적인 것과 리예카에서 마침내 아드리아 해로 흘러들어가는 무겁고 대륙적인 중부유럽이 만나는 곳으로, 해안의 새하얀 집들이 저음과도 같이 차분하게 밀려드는 친밀감을 준다. 그 너머로 돌 투성이의 거친 고독이, 더 광막한 바다가, 또는 더 풍성한 초목이 보다 방대하게 펼쳐지기 시작하는데, 이스트라반도 바위들 틈바구니와 크바르나르 섬들 사이에 여전히 남아 있는 북방의 이 거친 사나움이 잘 단련시키지 못한, 더 풍요로운 동방과 남방 세계의 시작이다.

오소르 해협도 서로 다른 풍경들 사이에 놓인 아주 작은 문턱이다. 치레스 섬은 동북풍 보라와 카르스트지형의 단층들이 두드러지게 나타나는 더 혹독한 곳이다. 그곳에 보이는 꽃들은 깨꽃과 금작화이고, 해변 건물은 조그맣고도 밝은 어부들의 집들이며, 도회지 건물은 날렵하고 장식적인 베네치아식 저택들이다. 로신 섬에는 용설란과 야자수, 보라색 부겐빌레아, 새하얀 유카, 오렌지나무와 레몬나무, 1월에 벌써 꽃이 피는 아몬드나무가 있고, 합스부르크가의 카를 슈테판 대공의 빌라 같은 오스트리아-헝가리 빌라와 정원들이 있었으며, 매끈한 해안은 (자코모 스코티가 그 섬들에 대한 유별난 안내서에서 알려주듯) 베누스가 겨울에 지내길 선호한 겨울 거주지였고, 지난 19세기 말에는 빈과 부다페스트의 귀족과 상류 부르주아지가 선호하던 휴양지였다.

사랑의 여신은 크로노스가 낫으로 거세한 우라노스의 생식기가 던져진 바다에서 태어났으니, 바다를 빼놓고 사랑을 생각할 순 없다. 자유분방한 어원을 따라가보자면, 시간의 신 크로노스가 하늘의 신, 즉 무한을 잘라내어 그 일부를 바다에 떨어뜨린 것이니, 이는 바로 사랑과 함께하는 무한의 메아리이자 시간에 대한 도전이라고 여길 만하다. 한데 이 어원은 잘못된 것이다. 왜냐하면 아버지 우라노스를 권좌에서 몰아낸 크로노스Κρόνος는 시간의 신 크로노스Χρόνος와 아무런 관련이 없으니까. 하지만 때로는 소라껍질을 귀에 갖다 대고 이 텅 빈 곳의 속삭임이 바닷소리라고 여기는 일은 즐겁지 않은가. 게다가 그렇게 텅 비어 있는 것도 아니다. 눈을 들기만 하면 바로 당신 눈앞에 지칠 줄 모를 정도로 드넓고 설명할 길 없는 바다가 있다. 마리사가 바다에서 나온다. 처음이자 백번째다. 매 여름 각각은 단일하고 반복될 수 없으며, 차례차례 로사리오 알처럼 줄줄이 풀려나가고, 시간은 그 묵주들을 해변의 자갈돌처럼 동글동글 갈아내니, 그 각자들 사이로 무한이 열린다.

 치레스 섬에서 부자들, 말하자면 귀족들은 땅의 소유자들이었다. 유명한 해군학교들에서 프레무다, 글라둘리히, 라구신 같은 모든 대양을 누비는 전문가들이자 쾌속 원양항해사들을 배출한 로신 섬에서는 코줄리히, 마르티놀리히 같은 선주들이 최고 지위를 누렸는데, 그들의 대형 선박과 범선은 세상에서 아주 먼 항구들에서도 이름을 드높였다. 로마의 식민지이자 베네치아의 영토였던 치레스 섬은 오래되고 눈부신 역사를 갖고 있다. 나중에 부상한 로신 섬은 곧바로 치레스 섬을 능가했고, 베네치아와 크로아티아의 영향으로 치레스 섬에서는 훨씬 덜 느껴지던 오스트리아-헝가리 제국 쌍두독수리의 영향도 엿보인다.

 수백 년 동안 (베네치아에서 오스트리아로, 이탈리아에서 티토의 유고슬라비아로) 서로 다른 지배하에 있던 그 두 섬은 고유의 독특한 다원적 정체성과 더불어 이스트라반도와 유대 관계를 유지했다. 투지만* 정부는 이런 정체성과의 유대 관계를 끊고 그 섬들과 역사적으로나 문화적으로 이질적인 본토의 여러 지방과 행정적 연결 관계를 구축함으로써, 크로아티아 정부의 권위적이고 억압적인 중앙집권주의에 반하는 아드리아 해의 민주적 자치주의를 약화시키려고 애쓴다. "이탈리아 파시스트들도 우리 목을 비틀지 못했으니, 지금 이것도 성공하지 못할 거예요." 그 당시 검은셔츠단[†]에 저항했던 크로아티아 사람 이보가 자기 여관에서 손님 잔을 채우면서 말한다. 그의 여관은 아마 수천 년 동안 포 강이나 해저의 신화적 강들이 운반한 토사로 형성된 이 바다에서 유일한 모래섬인 수사크의 맞은편 만에 있다.

이보는 자기 잔을 마시고 또다시 손님 잔을 채운다. 주기적으로 반복되는 이런 몸짓이 그가 맡은 유일한 일이다. 다른 일들, 이를테면 요리하고, 접시를 씻고, 방을 청소하고, 염소 젖을 짜고, 닭을 돌보고, 로신에서 장을 보고, 그물 깁고 하는 일은 모두 아내에게 맡겼다. 그는 투지만에 대해 어떻게 생각할까? "아, 그놈은 내 손으로 죽일 겁니다." 침착하게 해야 할 일을 생각하는 사람처럼 그가 이렇게 말한다.

케르소Cherso, 크레스파Crespa, 크렉사Crexa, 케르시니움Chersinium, 크레스Kres, 치레스Cres. 이 모두는 라틴어, 아드리아 해 동쪽 연안지방인 일리리아 언어, 슬라브어, 이탈리아어 이름들이다. 민족의 순수성을 찾으려는 헛된 노력은, 아주 오래된 뿌리까지 내려가 어떤 종족이 처음으로 이 순백의 해변에 발을 디뎠고 빽빽한 지중해 숲의 딸기

---

* Franjo Tuđman(1922~1999). 크로아티아 정치인으로 유고슬라비아 사회주의 연방공화국에서 분리된 다음 초대 대통령을 역임했다.
† 1919년에 결성된 이탈리아의 독재자 베니토 무솔리니가 이끈 파시스트 전위활동대. 검은 셔츠를 입고 다닌 탓에 붙여진 이름.

나무에 글을 새겼는지 증명하려는 열광으로, 어원과 문자에 매달리게 한다. 마치 이것이 터키옥 빛깔의 이 바다와 바람 속의 향기를 소유하는 데 최고의 권위와 권리를 보장해주기라도 한다는 듯 말이다.

이런 하강은 최후 또는 최초의 밑바닥까지 절대 닿지 못하며, 절대 기원에 이르지도 못한다. 이탈리아어화한 성姓을 긁어내면 슬라브어 지층이 발견되고, '부사니Bussani'는 '부사니흐Bussanich'가 된다. 하지만 만약 계속하면 때로는 훨씬 더 오래된 지층, 아드리아 해 맞은편 해안이나 다른 곳에서 온 이름이 나오기도 한다. 이름들은 한쪽 해안에서 다른 해안으로 건너가고 한 문자에서 다른 문자로 건너가며,* 지반은 아래로 가라앉으니, 삶의 바닷물은 함께 뒤섞이는 연약한 늪이다. '로신Losinj'은 '루시노Lussino', 그보다는 오히려 베네치아어 '루신Lussin'이 크로아티아어화한 것으로, 어쩌면 '꾀꼬리'를 뜻하는 '루스키니우스luscinius'에서 유래했거나, 아니면 '덤불숲'을 뜻하는 크로아티아어 '루지나luzina'나 '나쁜'이라는 뜻의 형용사 '로셰loše'에서, 또 다른 사람들이 말하듯 '포도나무'를 가리키는 '로자loza'에서 나왔을 수도 있다.

콜키스인들, 그리스인들, 로마인들, 이스트라와 리부르니아† 사람들, 그리고 다른 일리리아 사람들, 고트족, 프랑크족, 비잔티움 사람들, 슬라브인들, 베네치아인들, 사라센 사람들, 크로아티아인들. 레판토에서 명성을 얻은 네레지네의 갤리선,‡ 타타르족에게 쫓겨 달아나

---

* 크로아티아어는 라틴문자를 쓰지만, 세르비아어는 키릴문자를 쓴다.
† 아드리아 해 동부 히스트리아와 달마티아 중간에 있는 일리리아의 해안지방.
‡ 네레지네(이탈리아어 이름은 네레시네)는 로신 섬 북동부 지역이다. 1571년 에스파냐, 베네치아, 로마 교황의 기독교 연합 함대와 오스만 제국 함대 사이에 벌어진 레판토(현재 그리스의 나프팍토스) 해전에 오소르와 치레스의 갤리선이 베네치아 함선들과 함께 참전하여 결정적인 공훈을 세웠는데, 그 갤리선의 주요 지휘관이 네레지네 출신이었다고 한다.

다가 상륙하여 벨리*에 이름을 준 헝가리 왕 벨러 4세, 세레니시마의 깃발을 내리고 치레스 거리로 내려간 군중, 프랑스인들, 오스트리아인들, 이탈리아인들, 독일인들, 유고슬라비아인들, 그 사람들과 군중들은 역사가 거두어들인 밀알이다. 역사는 그들을 빻고 그 순간에는 아프게 하며 땅에 핏자국을 남기지만, 나중에 그 얼룩은 마르기 마련이고, 그 땅에서 나오는 빵은 맛있다. 밀려드는 파도는 번번이 모든 것을 무너뜨리는 폭풍이고, 연대기는 끊임없는 약탈들에 따라 기록된다. 오소르는 사라센인, 노르만인, 우스코치,† 제노바 사람들에 의해 파괴되었다. 천둥이 다른 천둥의 소음을 뒤덮고 바다는 피에 젖은 해변을 씻지만, 언제나 누군가는 어두운 곳에서 모든 것을 기록하고 있고 때가 되면 계산서를 내민다.

이 바다의 지도 위에 있는 모든 것에는 각각 사적인 지명地名이 있다. 불굴의 민족주의자는 모든 이름을 이탈리아어 또는 크로아티아어로 말하면서 그 세계의 견고한 민족적 동질성을 암암리에 내세우며 그 일부를 이루는 다른 사람들의 존재를 부정할 테고, 이탈리아에서 온 미숙한 저널리스트마저도 절대 '런던' 또는 '베오그라드'라고 말하지 않을 테지만, 실지失地 회복주의자로 오인될지 모른다는 두려움이나 무지로 인해 '피우메'가 아니라 '리예카'로 말하기도 한다. 이 모자이크는 그 자체로 얼룩덜룩하고 각자 이 세계에서 겪은 자기 경험에 상응하는 퍼즐로 조각들을 채워나간다. 예를 들어 어느 장소가 자신에게 본질적으로 이 문명 또는 저 문명과의 만남이었는

---

* 치레스 섬 동북부 해안의 지명으로 몽골제국의 침입을 피해 달아나던 헝가리 왕 벨러 4세(1206~1270)가 그곳에 상륙했고, 그의 이름을 따서 그렇게 불렸다고 한다.
† Uskoci. 크로아티아어로 '안으로 뛰어드는 자들'이라는 뜻으로, 16세기 오스만튀르크의 침입에 저항하기 위해 크로아티아에서 조직된 비정규 병사 조직이었는데, 나중에는 해적질과 약탈을 일삼기도 했다.

지에 따라 '오소르' 대신 '오세로'라고 말하거나, '산미켈레' 대신 '미홀라슈치차'라고 말한다. "그런데 나는 왜 이탈리아어로 말하는 걸까요?" 치레스에서 어느 여인이 자신한테는 사물과 완전히 일체를 이루며 자기 입속에서 나오는 이 낱말들이 어디에서 온 것인지 몰라 묻는다. 트리에스테에서 와서 이탈리아 공동체 동아리의 주선으로 자기 집에 숙박하게 된 강연자가 이 의문을 설명해줄 수 있을 것이라고 믿으면서.

서로 다른 문자와 발음으로 조합되는 이름들은 운명의 미궁이다. 미홀라슈치차에서 신티크라는 사람이, 크로아티아 민족주의 신부가 교회에서 이탈리아어로 노래하는 건 안 들으려 한다고 항의하면서 "당신의 백성을 보소서" 하고 노래하더니, 이웃 여관의 손님에게 그 성가의 일부 어휘풀이를 묻고 있다. 치레스 섬의 고산지대에 요새처럼 자리잡고 있어 바람에 시달리곤 하던 루베니체 마을에서 파시즘이 이탈리아어 성姓을 강요했을 때 (리비오 이삭 시로비츠흐가 낡은 서류들을 뒤적이면서 이야기한바), 마을 촌장은 고유한 피렌체식 표준어가 아니라 이탈리아어*로 행정관에게 알렸다고 한다. 여러 명의 크랄 Kral이 레 Re('왕')가 되고, 스메르델 Smerdel이 오도로소 Odoroso('냄새 나는')가 되었지만, 어느 들라치츠흐라는 사람이 이름을 바꿀 생각을 안 한다고 전하면서 행정관더러, "그치는 언제나 들라치츠흐로 남을 것이라고 화가 나서 나한테 대답했으니, 당신 하고 싶은 대로 하라"고 했으니 말이다.

그러니까 산미켈레가 아니라 미홀라슈치차다. 모든 곳이 세계의 중심이 될 수 있다. 미홀라슈치차에는 거의 아무것도 없다. 아마 그런

---

* 현대 표준 이탈리아어는 피렌체 사투리에서 나왔다.

이유로 누군가는 여기를 거대한 공허와 열림, 바람과 빛, 저녁이 밀물처럼 천천히 올라오면서 어느 섬의 윤곽을 집어삼키는 보랏빛 수평선으로 이루어진 이 세계의 중심으로 느낄 수도 있다. 어쨌든 세상은 바로 곁에, 방파제가 있는 매혹적인 마을 마르틴슈치차에 있다. 하얀 요트가 닻을 던지는 곳, 마케도니아의 알바니아인들은 매년 아름다운 계절마다 이곳으로 자신들의 인기 있는 아이스크림을 만드는 데 필요한 것들을 가져오고, 자기 여자도 데려오긴 하나 언제나 방 안에 가두어두거나 기껏해야 새벽에 아무도 돌아다니지 않을 때 산책에나 데려갈 뿐이다.

미홀라슈치차에서 집들과 사람들은 수평선을 더욱 돋보이게 꾸며준다. 오만하게 중앙에 있지도 않고 하물며 전체를 차지하지는 건 더더구나 아니지만, 방파제에 정박된 배라든가, 바다 한가운데에 떠 있는 또다른 선체며, 반사광에 색바랜 돛같이 비껴난 형상으로, 구름들과 계절들이 만들어내는 거대한 원근화법에서 멀찌감치 물러나 있다. 바닷물은 역사를 윤나게 닦으며 갈아대고, 여름은 해변에서 하얗고 매끄러운 조약돌처럼 해를 거듭하며 물결치다 서로 포개지고 뒤섞인다. 어느 바위에 앉아, 타니아는 자기한테 끊임없이 공을 되돌려주는 파도와 놀고 있다. 길들여지지 않은 갈색 노루 같은 그애한테서 벌써 어른 태가 난다. "우리도 늙었어요." 그녀의 큰아버지가 투덜거린다. 타니아 아버지의 여섯 형제 중 맏이로 나이로는 할아버지뻘인 그는 이른 아침 슬리보비츠*를 마시면서, 카를로바츠에서 방금 도착하여 마찬가지로 자신의 슬리보비츠를 들고 티토의 연설에 대해 흡족하게 논평하는 바비치 씨에게는 신경도 쓰지 않는다. 프란체스코와 파

---

* 크로아티아어로는 슐리보비차. 헝가리와 발칸반도에서 자두를 원료로 만든 증류주로, '자두 브랜디'라고도 한다.

올로*는 해변에 있다. 그들의 유년기는 이 세계와 허물없이 지내던 친숙한 시절이다.

여름이면 손님들이나 가족 또는 친구로 가득차는 집 몇 채, 여관 하나, 조그마한 교회뿐이다. 이웃 사람들과 여관 주인이 차례로 관리하며 열어놓는 그 작은 교회에는, 마을의 수호천사 성 미카엘이 드래곤을 퇴치하는 그림이 있다. 대천사의 검은 입안으로 들어가고 있고, 천국의 최종적인 승리는 확실해 보인다. 하지만 그 동안에도 드래곤의 입은 불을 내뿜고 그 이빨들 사이로 쉽게 떨어질 수 있다. 바다에서도 난폭한 입들이 더 작은 물고기를 갈가리 찢고, 각자가 누군가 또는 무언가의 입안에 들어가 있다. 하지만 드래곤은 땅으로 떨어지면서 천국의 한 조각을 가져왔으니, 썩지 않는 침묵의 파국을 삼키고 있는 이 바다와 이 만(灣)이다.

마을의 성은 모두 두세 개로, 쿠취치 또는 사가니치다. 어느 이웃 여인은 자기 할머니가 자식을 열여덟이나 낳아 길렀고 밤이면 아이들을 재운 뒤 베틀에서 일했다고 이야기한다. 몇십 년 후, 미홀라슈치차의 전체 주민 수는 그들 후손의 숫자보다 훨씬 적었다. 세월은 조수처럼 가고 온다. 프란체스코와 파올로는 몇 해 전부터 우리와 함께 미홀라슈치차에 오지 않다가 다시 오기 시작했고, 그들도 해변의 저 돌멩이와 함께 삶을 세우기 시작했다. 파도는 다시 밀려가고, 타니아의 공은 슬리보비츠 덕택에 큰아버지보다 오래 살아남았으나, 타니아의 딸 바르바라는 공에는 관심이 없고 바다에서 구해내어 손에 들고 있는 방아깨비에 몰두해 있다. 방아깨비의 한쪽 날개가 망가졌는데도 바르바라는 자랑스러워한다. 내 거예요, 나를 알아봐요, 하고 구사르에게 말한다. 구사르는 집이 없어 때로는 이 만에서, 때로는 저 만에서, 오징

---

* 프란체스코와 파올로는 마그리스의 두 아들이다.

어를 잡으러 가거나 여행자를 태워주는 낡은 배 안에서 잠을 잔다. 한바탕 바람이 불어와 방아깨비를 날렸고, 방아깨비가 바닷물 속으로 사라지자 바르바라는 울기 시작했고, 자기 것이었다고, 다른 어떤 방아깨비가 아니라 바로 그 방아깨비를 원한다며 징징대고 있다.

내 방아깨비, 내 파도는 들쑥날쑥하는 이 물마루와 하얀 거품, 이 기울기, 이 도약으로 휘어지는, 다른 그 어떤 파도도 아닌 바로 이 파도다. 절대 부서지지 않을 파도가 있고, 이 바다에서 사라져서는 안 되는 얼굴이, 여름처럼 부푼 마음이 드는 아득한 어느 먼 옛날부터 언제고 이 바닷물에 자기 모습을 비춰볼 것 같은, 공유된 삶 전체를 껴안는 얼굴이 있다. 바비치 씨의 딸들이 바다로 달려간다. 하얀 이를 드러내며 웃는 아름다운 소녀들은, 하얀 갈매기처럼 흩어지는 물거품과 함께 바다 속으로 뛰어들고, 파도는 부서진다. 아이의 흐느낌은 이내 파도와 뒤섞이고 만다. 딸을 부르는 타니아의 목소리가 들린다. 식사 시간이다.

아니다. 셈이 안 맞는다. 여름이 언제나 한결같은 빛으로 쉽게 혼동을 불러일으키긴 하나, 틀림없이 손녀들이 맞다. 왜냐하면 타니아의 자매 나디아가 열여섯 살 생일을 기념하던 자리에서, 약간 술에 취한 아버지가 엉뚱한 젊은이를, 돌발적으로 딸에게 구애한 젊은이가 아니라 그와 전혀 상관없는 다른 젊은이를 때리기 시작했을 때, 뒤쪽의 그 집, 그러니까 아이들이 오디를 따 먹으며 핏빛 즙액으로 얼굴과 팔을 얼룩지게 하던 뽕나무 뒤의 그 집은 아직 없었는데, 지금은 그녀 딸이 친구들과 크라이나* 전쟁에서 돌아온 연인과 함께 파티를 하는 데 그 집을 사용하고 있기 때문이다. 어머니든 딸이든 아

---

* Krajina. '변경, 국경지대'라는 뜻으로, 1991년 세르비아인들이 크로아티아 영토 안에 '세르비아-크라이나 공화국'을 세웠으나 1995년 크로아티아 군대의 진압으로 와해되었다.

니면 손녀든 중요하지 않다. 중요한 것은 여자는 이렇기도 하고 저렇기도 하다고 유레가 말한다. 벌써 몇 년 전에 바르바라의 남편이 된 그는, 손짓으로 커다란 가슴과 날씬한 허리를 그려 보인다. 그렇지 않으면 프프르르 하고 손등으로 턱을 문지르면서 입술 사이로 저속한 소리를 내며 결론을 내리기 일쑤다. 반면 그날 저녁 어린양꼬치 구이를 준비하는 것을 보고 온 이웃 톤코는 엉덩이도 무시하지 말아야 한다고 맞받아친다.

5월이면 남편과 자식들과 함께 자그레브에서 와서 집을 치우고 거기에서 매해 여름을 보내는 글리하 부인의 엄마 마리아는, 몇 달 전까지만 해도 인근의 작은 마을 스티반에서 떠난 적이 없었는데, 자식들 중 하나를 만나러 뉴욕에 갔다가 이참에 막 돌아왔다. 뉴욕이 그리 좋습디까? 귀가 잘 들리지 않기 때문에 반복해서 질문하자 그렇다고 순순히 대답한다. 그럼, 멋지지, 한데 마차들이랑 말들이 약간 구식인 데다 전화가 별로 없더군. 만약 길에 있다가 전화를 해야 할 일이 생기면 엄청 멀리 가야 하네, 여기 스티반에는 바로 저기 코앞 가게에 전화가 있는데 말이지. 하지만 그래도 멋진 도시야, 뭐 현대식 도시가 아니긴 해도. 늙은 나이에도 너그럽게 연거푸 말을 쏟아낸다. 그러고는 다시 말없이, 아무도 신경쓰지 않은 채 벌써 어두워져 있던 저녁 어디론가로 멍하니 눈길을 향한다.

스티반에는 미홀라슈치차와 마르틴슈치차 사람들까지 받아들이는 공동묘지가 있다. 묘비들 중에는 스물아홉 살에 죽은 '바이올린 교수' 벨레미르 두기나*의 묘비도 있다. 사진에 있는 그 얼굴은 개방적이고 다정해 보인다. 벨레미르는 이곳을 사랑했고, 시간이 날 때마다 여기

---

* Velemir Dugina(1958~1987). 트리에스테에서 활동한 뛰어난 음악가이자 바이올리니스트였다. 원 가족이 리예카에서 이주해 살던 오스트레일리아 멜버른에서 태어나 1959년 리예카로 돌아갔다가 1968년 트리에스테로 갔다.

에 왔다. 멋진 노래들을 작곡했고, 그중 하나는 미홀라슈치차의 푸른 바다를 노래한 것이다. 오래전부터 함께 살지 않던 어머니를 만나러 먼 대륙을 여행한 후 돌아와서는, 어느 대도시의 한 호텔에서 자살했고, 자신이 살던 트리에스테가 아니라 스티반에 묻어 달라는 유서를 남겼다. 그를 알았느냐고 묻자 늙은 마리아 부인이 무덤덤하게 그렇다고 답한다.

저녁이 내려온다, 언제나 그렇듯이. 수많은 저녁이 서로 뒤섞인다. 여름의 열기 속에서, 세월이 흘러 좀더 주름이 진 얼굴 속에서, 같기도 하고 다르기도 한 그런 저녁들이. 어린 양이 불 위에서 그을려지고, 바비치 씨는 꼬치를 돌리며 기름을 약간 부으면서 보스니아 전쟁*에 대한 크로아티아 정부의 정책을 칭찬하고, 여관 주인 토니는 아무 말 없이 그에게 눈길을 던지고, 예의 그 흐리멍텅한 눈길로 그의 개 막스를 향해 암탉들을 건드리면 안 된다는 눈빛으로 지켜보고 있다. "우리 피우메 여자들은 정치를 잘 몰라요." 글리하 부인이 화제를 바꾸려고 말한다. 포도주는 강하고 진하며 어린 양은 부드럽고 바삭거린다. "불쌍한 엄마." 글리하 부인이 또다시 말한다. "왜 그런지 모르지만 엄마는 로즈메리 없는 양고기를 좋아했어요. '아니, 엄마, 어쩜 그래요.' 이렇게 내가 늘 말을 했건마는, 전혀 바뀌지 않았어요. 어쩔 도리가 없었지요." 유레와 톤코는 노래한다. "저기 멀리, 바다 가까이." 그리고 멈춘다. 길 건너 채소밭에서 테오도로가 머리에 작은 헬멧을 쓰고, 그 위에 방서용 피스 헬멧을 쓰고, 손에 몽둥이를 들고, 어깨에 낫을 걸치고 왔기 때문이다. 몇 달 전부터 이따금 그는 아무도 알아보지 못하고 교회 벽에다 오줌을 눈다. 하지만 거기에 어떤 경멸이 있어

---

* 유고슬라비아 사회주의 연방공화국을 해체시킨 전쟁으로, 1992년 6월부터 1994년 2월까지의 크로아티아-보스니아 전쟁과 1992년 4월부터 1995년 12월까지의 보스니아-헤르체고비나 전쟁을 가리킨다.

서가 아니라고, 단지 그 사람이 생각 없이 그럴 뿐이라고 유례가 설명한다. "호시절은 끝났어!" 테오도로가 어둠 속에서 나오면서 외친다. 낫이 불빛에 번쩍한다. 이렇게 미홀라슈치차에는 모든 게 있다. 진실을 말하는 바보까지 다 있다.

스라카네 섬 출신인 파올로에게도 호시절이 있었으니, 그에 대한 기억은 이곳 섬사람들 사이에서, 언제나 토씨 하나 안 틀리고 똑같은 문장과 낱말을 반복하며 그에 관한 조그마한 사건을 전하는 이야기 속에 간직되어 있다. 벨레스라카네 섬은 갈대로 뒤덮여 있고 점점 더 황폐해지는 작은 섬으로, 로신 섬 서쪽에서 가깝다. 몇십 년 전만 해도 백오십 명이 있었는데, 얼마 지나지 않아 열두 명으로 줄었고 거의 모두 노인이다. 쓰라린 유고슬라비아 전쟁이 적어도 크바르네르 만까지 위협하지는 않았을 때이니, 여름이면 본토나 아메리카로 이주한 누군가 돌아와 이삼 주 동안 친척을 만나기도 하고, 휴양객들 배가 몇 시간 동안 정박해 있기도 한다.

스라카네 주위의 다른 섬들은 황량하거나, 아니면 정말이지 바다와 파도, 조수가 머무는 이곳들에 태곳적 바다 생명이 사는 곳 같든가, 그도 아니면 5월부터 9월까지 호텔과 카페 문을 여는 휴가기를 지낸다. 다른 섬에는 아무도 살지 않거나, 모든 사람이 그렇듯 세상과의 문맥과 연관 속에 있는 구성원으로서 몇 달 동안 또는 일 년 내내 살아간다. 스라카네는 외부에 남아 차츰차츰 꺼져가면서 변하지 않은 채 옛날 그대로 삶을 영위해나가고 있다. 거기에는 여관도, 카페도, 휴양객도 없다. 몇십 년 전 세워진 학교는 무너졌고, 교실 벽에는 이탈리아어와 크로아티아어로 예전 학생들이 쓴 사랑 고백이나 비속한 말이 적혀 있다. 스라카네에는 갈대들이 많고, 무화과나무 몇 그루, 염소 몇 마리, 포도나무 몇 그루가 극소수 주민들에게 겨우 필요한 것을 제공해준다. 겨울에 크바르네르 만으로 강한 동북풍 보라가 몰아칠 때면 주민들은 중심지이자 어머니 섬 로신과 단절되어 이삼 주 동안 신선한 빵과 맑은 날씨를 기다린다.

스라카네 사람들을 로신에서 갈라놓는 그 짧은 거리는, 수백 또는 수천 킬로미터 되는, 로신과 뮌헨 또는 뉴욕 사이보다도 더 멀다. 왜냐하면 그 거리는 주민들이 전적으로 사라짐으로써 곧 지워지고 말 시간상의 거리를 함축하고 있기 때문이다. 가까운 '작은 스라카네' 즉 말레스라카네가 이미 황폐해진 것처럼 말이다. 죽음은 스라카네를 다른 섬들과 같은 섬으로, 그러니까 말로 표현할 수 없는 경이로운 바다 빛깔로 관광객들을 홀려 몇 시간이고 돌아다니게 할 테고, 이를 위해 여름과 세상의 조직력이 개입하도록 할 것이다.

아직 유고슬라비아 시절이던 어느 7월, 수다스럽고 직선적인 뱃사공 하나가 보이지 않는 산토끼들 때문에 이탈리아어로 '레브레라'로 불리는, 미홀라슈치차 맞은편 무인도 '제차' 섬으로 가는 동안, 파올로 이야기를 꺼냈다. 1950년대 초반, 구 이탈리아령이던 이 섬들의 주인이 된 지 얼마 안 된 유고슬라비아 연방공화국이 파올로를 병역에 징집했던 이야기다. 파올로는 이차대전 동안 두체 무솔리니와 제국의 불확실한 영광을 위해 (그 덕택에 그의 섬은 깃발을 바꾸었긴 한데) 자신이 미망인 어머니의 유일한 지주인데도 전선에서 4년을 보내야 한다는 것은 횡포라고 여겼다. 그래서 유고슬라비아 병역 당국에 출석하는 것을 거부하고 나이든 어머니를 돌보기 위해 집에 남아 있었다. 경찰이 잡으러 왔지만 그가 숨었기 때문에 찾지 못했다. 그러자 한 무리 군인들이 상륙했고, 1.2제곱킬로미터의 작은 섬을 샅샅이 뒤졌는데도 그를 못 찾았다. 반면 그동안 파올로는 12월인데도 바다 속 암초들 사이에 숨어 물 밖으로 단지 눈만 내밀고 헛된 수색을 지켜보고 있었다고 한다.

마을은 추격자들에 대해 야생동물 같은 본능적인 적대감으로 말없이 그 추격을 지켜보았다. 한 초등학교 선생이 심문을 받게 되자, 자신은 교육자일 뿐이니 경찰 일까지 병행해서 할 수는 없다고 대꾸했는데, 이 대답은 지금도 이곳 섬들에서 문헌학상으로도 정확히 인용되곤 한다. 부대 지휘관은 본부로 돌아가 파올로가 섬에 없다고 보고했지만, 파올로는 자기가 정말로 섬에 있었음을 전하게 했다. 나중에 (여기서부터 이야기가 혼동되긴 하지만) 유고슬라비아 병역 당국은 너그러운 이해심을 증명하듯 어느 포용력 있는 중위의 훌륭한 임무 덕택에 그 적대자와 명예로운 타협을 하게 되었으니, 그가 단기 징집에는 동의해줬다는 것이다.

파올로는 독일군을 괴롭히던 군대와 경찰을 곤경에 빠뜨렸다. 그 이야기를 듣고 며칠 뒤 스라카네로 갈 수 있는 첫번째 배로 파올로를 찾으러 간 것은 당연한 일이었다. 섬에서는 일상적인 삶의 소리들, 아이들의 목소리, 일하는 소리가 들리지 않았다. 창문을 벽으로 막았거나 무너져가는 집들은 무덤 같았다. 어느 노인이 꼼짝하지 않고 의자에 앉아 손에 꽃을 들고 있다. 주름투성이 얼굴에서 눈은 두 개의 비스듬한 금 같았다. 수많은 세월 동안 햇살 앞에서 계속 가늘게 뜨고 있었던 것 같다. 어느 벽 그늘 아래 땅바닥에는 남자인지 여자인지 알 수 없는 불구자가 바다와 오가는 배를 바라보고 있었고, 인사를 건네자 형체 없는 두 팔을 흔들면서 침 흘리는 찡그린 얼굴에 친절하고 평화롭기까지 한 미소를 띤 채 웅얼거리는 말로 답을 해왔다. 섬에 있는 암석처럼 꼼짝 않는 신화적인 이 사람들은 통속적인 방문자들을, 꽉 죄는 수영복과 특권, 공허 속에 속박되어 있는 그들을 굽어보고 있었다.

아무도 제복을 입지 않았으니 얼마 안 되는 집과 사람들 사이에서 파올로를 찾기란 어렵지 않았다. 그는 늙어 있었다. 자기 나이보다 훨씬 더 늙었고, 수염은 더부룩한데다 몸은 지속적인 떨림으로 흔들거렸다. 안경 너머 눈은 한쪽뿐이었고, 초조해하는 몸짓으로 눈알 없는 구멍에서 나오는 진물을 연신 닦아냈다. 친절하면서도 자기한테 만족하며 사는, 무심한 사람이었다. 그는 뱃사공이 썼던 똑같은 말을 써가며 자기 이야기를 반복했다. 초등학교 선생이 공표했던 그 유명한 말까지 똑같았다. 마치 자신도 그에게서 배워 외운 것처럼 말이다.

이 순수한 바다 앞에서 머나먼 곳에서 불어오는 미풍에 둘러싸이게 되면, 자신을 아직 신이자 불멸하는 존재로 여길 수도 있으리라. 그동안 스라카네의 영웅은 달달거리는 몸을 흔들며 갈대숲에서 어쩌다가 자기 의안을 잃어버렸고 어쩌다가 다른 쪽 눈의 시력도 차츰 떨어지게 되었는지 이야기했다. 당뇨병이 있냐고 묻자 파올로는 진단이 적중해 만족스러운 듯 고무적인 어조로 대답했다. "그래, 그거예요. 당뇨병입니다. 바로 당뇨병이란 걸 알아맞혔네요." 그리고 자신의 무화과나무에 대해 말하기 시작했다. 뿌리가 물탱크를 망가뜨렸고, 그래서 잘라내야 한다고.

스라카네의 영웅은 불투명하게 죽음을 기다리고 있었는데, 아마 죽기 전에 눈부터 보이지 않을 것이다. 필요한 인슐린 주사를 놓아줄 사람이 섬에 전혀 없기 때문이다. 익명의 안락사가 느리고 확실하게 이제는 쓸모없어진 예전 영웅을 보살펴주고 있었다. 군대와 대적했는데 이제는 면도도 하지 못하는 그 노인을 바라보면서, 한때 신이었다는 사실을 잊는 것은 불가피하다는 것을 깨달았다.

하지만 그가 자신의 어둠 속에서 파멸에 몸을 내준 데에는 무언가 위풍당당한 것이, 평온함이 있었다. 반면에 멀찍이 있으면서 수줍어하듯 시원한 물 한 주전자를 건네주던 아내의 소심한 얼굴에서는 단지 삶의 타격과 멍에 오랫동안 굴복해온 모습, 잃어버린 은총, 호시절이 없었던 사람, 아무것도 갖지 못한 사람의 스러진 체념만 보였다.

그 얼굴은 이 바다와 이 완벽한 하늘의 조화에 대해 반박하고 있었다.
  그녀가 어렸을 때 죽은 아들 이야기를 꺼냈다. 다만 약간의 자부심과 함께, 형제자매들이 미국에 있어 이따금 약간의 달러를 보내온다고 덧붙였다. 살아있는 것에 대해 자기변명을 하는 듯한 태도였지만, 방문자들 중 한 명이 상냥하고 존중하는 태도로 그 일을 떠올리며 말을 건네자 (최후의 심판 때 그에 대해 대부분 용서받을 것이라고 말하는 걸 듣고는) 약간 자신감을 얻었다. 그녀는 남편 옆에서, 부식된 나무 몸통처럼 꺼꾸러지고 연약하나 평온해진 영웅, 평화로운 자기해체 속에서도 여전히 당당한 이 영웅 옆에서, 시들어가고 있었다. 그러나 어쩌면 보다 진정한 왕관은 이름도 없고 이야기도 없는 이 여자의 머리 위에 몰래 씌일지도 모른다. 그녀가 짊어진 이 짐은 군인들의 추격보다 더 고되고, 그녀의 얼굴이 간직해낸 그 은총은 스라카네의 영웅 파올로보다 훨씬 더 높은 위엄이 있었기 때문이다.

  치레스 섬과 로신 섬은 주위의 섬들과 함께 메데이아의 오빠 압시르토스 이름에서 나온, 그 복수형 압시르티데스로 일컬어지기도 했다. 메데이아는 이아손에 대한 사랑 때문에 이 바다에서 오빠를 치명적인 함정으로 유인했고, 조각나 바다에 던져진 그의 살점들에서 섬들이 탄생했으니 말이다. 훔친 황금 양털과 함께 콜키스에서 달아나던 아르고호 선원들은 이 강에서 저 강으로 넘어갈 때 배를 어깨에 짊어지고 다뉴브와 사바, 다른 강들을 거슬러올라가 마침내 아드리아해의 크바르네르 만에 이르렀는데, 거기에는 압시르토스의 지휘로 추격해온 콜키스 함대가 기다리고 있었고, 압시르토스는 나중에 오소르 또는 압사로스에서 배신으로 살해당하고 만다.
  바다는 매복과 죽음의 장소로, 바로 이 바다에서 또 한번 여인의 속임수와 범죄, 도움이 이아손을 구했다. 위대한 도둑이자 뛰어난 유혹자이며, 마치 여기 없는 듯 입을 다물고 막연히 불안해하던 이 영웅 이아손은 잘 알려져 있듯 자신의 아르고호 선원들보다 용감하지도 않고, 창을 가진 멜레아그로스나 활을 가진 팔레로스*보다 훌륭할 것도 없지만, 영웅적인 과업과 신화, 자기선전을 연출하는 데 있어 탁월한 전문가였고, 자신에게 감화되어 걷잡을 수 없이 달려드는 여인의 품속에서 순진한 기만으로 그녀를 유혹해내는 데 있어 선수였으니, 그 여인들은 그를 위해 희생하며 모든 문제를 해결해주었으나 나중에 그는 어쩌다 일이 그렇게 돌아갔는지 납득은 안 되지만 삶과 마음의 모순에 굴복하고 괴로워하는 착한 소년 같은 태도로 그녀들을 버려버렸다.

신화는 저마다의 조명과 색깔 있는 필터들과 함께 희생자를 필요로 하고, 이로써 이아손은 곧바로 희생자를 결정했으니, 그 자리에 여인들이 있었다. 그는 여인들을 뼛속까지 이용해먹을 줄 아는 사람이고, 이 바닷가에서도 역시나 피까지 짜내야 하는 여성 메데이아로서의 역할만 있을 뿐 다른 역할은 없는 것이다. 전하는 바에 따르면 범선 아르고호는 아주 다양한 바다를 통해, 즉 지중해에서 크로노스의 바다† 또는 백해白海까지, 황금 양털이 저녁의 여명이 되는 대양의 거대한 서쪽 바다까지 갔다고 한다. 하지만 보다 설득력 있는 신화 연구자들 말로는, 그 배는 크바르네르 만에 있는 이 섬들에, 바다의 견딜 수 없는 이질성이 절대적 친근성을 또한 주기도 하는, 모든 귀환의 풍경이 되는 이 섬들에 이르렀다고도 한다.

영국의 고전학자 로버트 그레이브스는 키르케 섬의 위치를 여기로

---

* 그리스 신화에 나오는 멜레아그로스는 칼리돈의 왕 오이네우스의 아들이고, 팔레로스는 활의 명수 알콘의 아들로 둘 다 아르고호 원정대에 참가했다.
† 아드리아 해를 가리킨다. 아폴로니우스 로디우스는 아르고호가 이 '크로노스의 바다'를 가로질러갔다고 이야기한다.

본다. "오늘날 그 이름은 로신 섬이다." 여신의 동굴 앞에 펼쳐진 보랏빛 바다에 월계수 그림자가 드리우고, 개들과 돼지들이 덤불 사이에서 주둥이로 땅을 파헤치고, 시끄러운 매미 소리는 가느다란 빛살이 반짝이는 솔잎 사이에서 대기를 떨리게 하고, 여신은 불멸의 베를 짠다. 그레이브스는, 변덕을 부려 사람을 짐승으로, 등에 올라탄다든가 잠에 빠지게 한다든가 하는 짐승으로 변신시키는 키르케의 권력에 복종하기를 좋아했는데, 그가 아이아이에 섬을 로신 섬과 동일시한 것은, 아마 가칭 스킬락스의 이야기에서 유래했을 것이다. 그는 기원전 4세기의 『일주 항해지』에서 로신 섬을, 여자가 남자들을 마음대로 지배하고 노예들과도 즐기고 자신과 즐긴 사람을 노예로 만들기도 하는 섬으로 묘사했다. 그것은 에로스의 쓰라리고 달콤한 예속, 키르케의 침대가 연인들에게 돌려주는 동물적 자유다. 그러니 바다로 내려가는 것은 키르케의 침대로 올라가는 것이다.

다뉴브 강이 아드리아 해로 흘러들어간다는 전설이 이야기해주는 것은, 다뉴브 강이 가로지르고 있는 대륙에 만연해 있던 두려움, 편집증적 망상, 소심한 방어적 망상을 거대한 바다가 지닌 설득력으로, 광활한 단념으로 용해시키려는 욕망이다. 그 자체로 충분하며, 도달해야 할 목표를 향한 질주, 뭔가 해야 한다는 초조함, 말하자면 이미 했고 이미 체험한 것에 대한 초조함으로 삶을 소진시키지 않는 순수한 현재의 찰나로, 목적도 없고 고통도 없는 행복, 순간의 영원함과 자기 충족감을 주는 삶으로 녹아들어가는 것이다. 바다는 혈관 속으로도 흐른다. 태곳적 존재가 초기에 물고기처럼 호흡하는 법을 배우고 걷는 것보다 먼저 헤엄치는 것을 배우는, 종種과 개체에게 있어 원초적인 물이다. 아마 이런 생명에 대한 묵계가, 종종 해변 문명을 낯설고도 다른 무언가에 대해 더 개방적이고 더 투명하고 더 온화하게 하여, 이곳 섬사람들 눈에서 그토록 자주 보이는 이 해맑은 솔직성을 사람들의 얼굴에 새겨놓는 게 아닐까.

꼬치에 꿰어 돌아가는 어린 양 옆에서, 자기 배로 관광객들을 데리고 갔다가 라브 섬에서 돌아온 미로가, 벌써 오래전부터 해오던 이야기인데 매년 약간씩 다르게 바뀌곤 하는 이야기를 꺼낸다. 이차대전 중에 라브 섬의 캄포르 만에서 멀지 않은 곳에 독일군 장교들의 감독하에 로아타 장군이 지휘하는 이탈리아군이 세웠던 강제수용소가 있었는데, 그 고문자들 중 한 명이 휴양객 차림으로 돌아왔더라는 이야기다. 그 수용소에서 어린이를 비롯해 많은 슬라브인과 유대인이 죽었다.

매년 여름 라브 섬에서 누군가는—늘 대부분 독일인—관광객을 보고 예전 고문자들 중 하나가 틀림없다고 주장하고, 다른 사람들은 그가 옳다거니 틀리다거니 반박하다가, 얼마 후면 이 모든 잡담과 염탐도 허무 속으로 녹아든다. 시간은 메이크업 전문가이며, 윤곽과 표정을 조정하고 손질한다. 따라서 오랜 세월 뒤에는 손톱이 뽑힌 채 땅바닥에 쓰러져 있던 누군가를 위에서 바라보던 그 얼굴을 알아보기 어렵게 되고 만다. 게다가 살인자들은 대개 매우 평범한 모습이고 많은 사람과 비슷하다.

그해에 관심을 끈 사람은 독일인 남녀 한 쌍인데, 그들은 미로가 섬들로 데리고 돌아다니는 사람들을 종종 밤에 데려다주는 미로의 친구들인 듯한 부부가 운영하는 펜션에 머물고 있었다. 여자는 젊고 무표정한 얼굴에 언제나 맨발이었고, 햇볕에 쉽게 타고 갈라지는 불그스레한 피부였다. 남자는 예순 살이 넘었고, 목덜미 위까지 짧게 깎은 머리에, 눈꺼풀 사이로 뵈는 파랗고 섬세한 눈을 거의 언제나 반쯤 감고 있었다. 두 사람은 해변 아니면 숲속에 있었다. 덥고 광폭한 여름이었고, 매미 울음소리가 유리 같은 대기를 다채롭게 물들이던 때였다. 이따금 남자는 강제수용소 자리에 세운 추모 공동묘지로 산책을 나갔다. 분명히 그는 종종 산책하기를 좋아했던 모양이다.

한번은 슈퍼마켓에 담배를 사러 갔고, 계산대에서 나이든 스밀리카 부인이 (그녀는 남편이 수용소 막사로 끌려가는 것을 보았는데 남편은 살아나오지 못했다) 잔돈을 주면서 좁다란 그의 눈매를 바라보았다고 한다. "우상의 머리에는 금이 두 군데 있다지." 같은 펜션에 묵고 있던 고리치아 출신 에브너 교수는 그 당시 슈퍼마켓에 있다가 이런 논평을 덧붙였단다. 나이든 스밀리카 부인은 이상한 느낌을 받았다. 그녀가 줄곧 그를 바라보자, 그도 무표정하게 그녀를 바라보았는데, 뛰어오를 태세로 웅크리고 있는 고양이처럼 그녀가 몸을 잔뜩 움츠리고 있었던 것이다. 그렇다. 부인에게는 이게 어딘가 낯익으면서 동시에 낯설어 보였고, 더 나아가 주위의 모든 것이 이상해 보였다. 햇살 아래서 바람 한 점 없는 허공에 수직으로 솟아 있는 꼼짝 않는 불그스레한 협죽도마저도 과육이 단단하고 음탕하면서도 괴물 같은 미지의 큰 꽃과 함께 낯설어 보였다. 그러다가 부인이 고개를 저었고, 이상한 생각과 기괴한 것을 좋아하지 않았던 그녀였으니 결국 잔돈을 건네주며 마무리했고, 그는 말없이 담배를 피우며 나갔다.

그 젊은 여인과 함께 있을 때면 그는 별로 말이 없었다. 그녀가 웃고 있을 때면, 남자가 그녀의 맨발을 쓰다듬으면서 주위에 있는 사람들 따위는 아랑곳없이 그녀의 수영복 안으로 손을 넣고 있기도 했다. 때로는 일어나 그녀에게 함께 방으로 돌아가자고 신호를 했고, 펜션을 운영하는 밀라 부인은 자기 남편에게 나이가 많은데도 활력 넘치는 그 손님에게서 저런 건 배워야 할 점이라며 농담을 해댔다. 에브너 교수가 관찰한 바로는, 그 남자가 바닷가에서 사랑 놀음을 할 때면 절대 그녀의 입에 키스하는 법이 없었다고 한다.

2년 뒤 다시 스라카네 섬으로 파올로를 만나러 갔다. 그동안 그와의 첫 만남에 대한 이야기를 『일 코리에레 델라 세라』 문화면에 실었다. 파올로는 오랫동안 로신 병원에 입원했다가 며칠 전 집으로 돌아와 있었다. 조금 더 늙었고, 상태도 훨씬 더 좋지 않았다. 어쩌다가 돈 아닌 보리싹이 새들에게도 약간 뜯어먹히고 자갈돌 틈바구니에서도 얼마쯤 질식해 있다고, 마치 복음서에 나오는 비유를 들듯 이야기했다. 어느 순간 자랑스럽게 자신이 "신문에 나왔다"고 말했다. 분명 일부 관광객이 기사를 읽었고 호기심에 그를 찾아가 오려낸 기사를 갖다줬을 것이다. "멋진 이야기예요. 멋져요." 파올로가 만족스러운 듯 말했고 자신의 유명한 사건을 또다시 이야기했다. 하지만 이번에는 『일 코리에레 델라 세라』에서 읽은 낱말들과 통사 리듬대로 이야기했다. 기사를 쓴 기고자는 그 이야기를 듣고 자신의 글쓰기 습관을, 장황한 부사와 자의적인 추측을 선호하는 제 취향을 알아보았다. "멋진 이야기예요." 파올로는 기사를 칭찬하며 반복해 말했다. 결국 기고자는 허영심에 굴복하여 자신이 썼다고 말했다. "좋아요, 좋아." 파올로는 무심하게 대답했고 이야기를 계속했다. 이 폭로에 아무런 감흥도 내비치지 않았다. 기사 쓴 사람이 자기 글을 신문에 조판한 사람의 이름을 알든 모르든 거기에는 신경쓰지 않듯이 말이다. 이야기는 그의 것이었다. 세상에서, 현실에서 자기 존재를 드러내며 그 이야기를 쓴 사람은 바로 그, 누가 그걸 옮겨 적었는지는 중요하지 않기 때문이다. 오디세우스는 알키노오스*의 식탁에서 노래꾼이 자신의 위업을 노래하는 것을 듣고 눈물을 흘리는데, 그 이야기가 더는 자기 것이 아니기에 운다. 파올로는 만족했다. 왜냐하면 스라카네에서는 낡은 신문조

---

* 그리스 신화에서 전설의 섬 스케리아에 사는 파이아케스 사람들의 왕으로, 난파당해 그 섬으로 표류해온 오디세우스를 환대해주었다.

차도 상당한 뭔가가 되고, 그는 이 구겨진 종잇장이 자신의 이야기, 자신의 삶을 훔쳐갈까봐 노심초사하지 않기 때문이다.

1806년까지 두 섬의 중심지이자, 신석기시대 도구들과 진사辰砂의 붉은색으로 가장자리를 두른 청동기시대 도자기들이 증명하듯이 석기시대부터 사람들이 거주했던 오소르에는, 오래전부터 거의 사람이 살지 않는다. 오늘날에는 백여 명에 불과하지만 과거 로마 시대에는 주민이 2만 5000명으로 거의 대도시였고, 오소르 해협은 청동기시대에 호박琥珀과 주석을 나르는 교통 요지였으며, 그 덕택에 교역과 부가 유입되고 신화 속 아르고호 선원들과 같은 먼 곳의 사람들이 모여들었다. 호박은 발트 해에서 비스와 강, 오데르 강, 다뉴브 강을 따라 내려와 아퀼레이아 고도에 있는 아드리아 해에 이르고, 오소르를 가로질러 에게 해와 지중해로 가서 열병과 눈병을 치료하며 행운을 가져오는 장식물이 되었다.

하얀색과 장밋빛이 어우러진 폭포의 좁은 길들을 비추는 커다란 협죽도들 사이에 난 좁은 공간에 몇몇 중요한 옛 도시들이 층층이 밀집해 있다. 로마 시대 포럼이 있었던 환하디환한 광장에는 하얀 돌로 지은 성당이 우뚝 솟아 있고, 중앙 홀이 세 개인 성당에는 보물이 풍부한데, 이곳의 수호성인인 11세기의 오소르 주교 가우덴티우스 옆의 성모 마리아를 그린 16세기 티치아노의 그림, 팔마 일 조바네의 수태고지, 베르니니의 작품으로 추정되는 벽감, 제의祭衣들과 세밀화로 장식된 판본들, 성체안치기聖體安置器들, 몇 세기 동안 행렬에 들고 갔던 십자가들이 있다. 인접한 중세의 시청 건물에서 1797년 6월 1일 처음으로 세레니시마의 시 평의회가 열렸는데, 지금 거기에는 비석과 묘비, 항아리, 동전, 동상이 보관되어 있다.

오로지 바다만 바라보고 얼굴로 시원하고 건조한 바람을 맞이하는 것에 대해서만 생각하게 되는 마을의 경쾌한 매력 속에, 고대가 은닉

된 채 총집결해 있다. 스무 개가 넘는 교회의 흔적과 15세기 주교의 저택, 6세기 세계의 경이로움으로 중앙 홀 신도석이 일곱 개인 초기 그리스도교 성당, 그 폐허에서 탄생한 산타마리아델리안젤리 교회, 한 수도회에서 다른 수도회로 넘어간 수도원의 폐허, 어느 성의 잔해, 공작 저택의 흔적, 로마식 극장의 잔해, 로마식 남북 방향 도로인 카르도와 동서 방향 도로인 데쿠마누스의 교차로, 이교도 신전의 폐허 위에 세워진 초기 그리스도교 교회의 폐허를 또다시 뒤덮고 있는 로마네스크 성당의 잔해, 벽에 붙은 담쟁이덩굴처럼 폐허 위에 또 폐허가 뒤덮이고, 협죽도들은 불꽃놀이처럼 펼쳐지면서 시간에 경의를 표한다.

어디든 층층이 벽들이 있다. 거석E5문화기, 리부르니아 공화국, 로마제국, 서쪽 문 옆과 동쪽 문 옆에 각각 산마르코의 사자가 있는 베네치아공화국의 성벽들이다. 성벽은, 역사와 삶이 무엇보다 어떤 방어이며 종종 이런 방어에 대한 강박관념이 이것들을 빨아먹고 마모시키기 때문에 소멸한다는 것을 말해준다. 요새와 성채는 특히 파괴되고 무너지거나 침식되기 위해 세워진다. 위협으로부터 자신을 방어하기 위해 세워야 할 필요를 느낄 때에는 이미 너무 늦다. 말하자면 그 위협이 억누를 수 없을 정도로 이미 너무 강하다는 뜻이다.

성벽은 말라리아나 전염병으로부터 오소르를 보호하지 못했을 뿐 아니라, 사라센인들과 제노바 사람들, 우스코치로부터도 보호하지 못했다. 이들은 1544년, 1573년, 1575년, 1606년 오소르를 황폐화시켰고, 최소한 아드리아 해 연안을 따라 이야기되는 바에 따르면 이런 습격이 있는 동안 그들은 희생자들의 살가죽을 벗겨 옷을 만들고 이들의 피로 빵을 적셨다고 한다. 그들의 아내들이 모욕적인 말로 그들을 부추기자, 1614년 달마티아 자고라에서 우스코치 해적들이 베네치아 뱃사람 크리스토포로 베니에로의 머리를 잘라 그랬던 것처럼 말이다.

  조그마한 마을로서의 오소르는 살아 있으나, 도시로서의 오소르는 죽은 곳이다. 아마 모든 메트로폴리스는 네크로폴리스*일 것이다. 교역과 배, 신전, 포럼, 저택, 상인, 군인은 죽음의 상징이다. 키플링의 하얀 코브라†가 기억해내고는 열광하는, 정글의 보물이 파묻힌 지하에 있는 백 마리 코끼리처럼 말이다. 모든 대도시 위에는 죽음이 드리우며, 그 구름 속으로 묵시록의 기사들이 말을 타고 달린다. 브레히트가 노래한 대도시처럼 오소르의 영광이 남긴 건 단지 그 좁은 길들로 불어닥치는 바람뿐이다. 그러나 이 바람은 먼바다에서 온다. 협죽도처럼 시원하고 젊은 바람이다. 전염병과 전쟁, 학살, 죽음과 역사는 일단 지나가고 나면 더이상 아프게 하지 않는다. 오소르는 공기처럼 가볍게, 여름의 거대한 우윳빛 창공 속에, 두 섬 사이에 걸린 백색의 줄 세공처럼 남아 있다.

  마르코가 어느 날 밤 낚시하는 동안 자신이 겪은 전쟁 이야기를 꺼냈다. 천천히 하루종일 항해한 다음, 단지 북서풍 마에스트랄레의 온화한 입김에 대한 경의로 돛을 약간만 올리고 있었는데, 그 튼튼한 배를 몰고 나가야지 하는 생각에서라기보다는 얼굴에 조금이라도 시원한 바람을 맞고 싶어서였다. 배는 로신에서, '검은 계곡'이란 뜻의 진녹색 발다르케 만에서 출발했고, 어떤 정확한 항로도 없이 한가로이 떠돌다가 오소르로 향한 다음, 치레스 섬 끝에 있는 '십자가의 끝'이란 뜻의 암초 푼타크리자로 향해 가서는 정오 무렵 강렬한 빛깔의 눈부신 햇살이 비치는 그곳 만에다 닻을 던졌다. 해변을 따라 늘어선 에메

---

* 그리스어로 '죽은 자들의 도시 또는 묘지'라는 뜻.
† 키플링의 『두번째 정글북』(1895)에 나오는 '화이트 후드'로 불리는 캐릭터.

랄드빛 띠, 하얀 자갈과 모랫바닥에 남색과 보라색으로 얼룩진 청람색 풀밭들, 그리고 먼바다의 짙푸른 거리감, 거품 이는 물마루의 미소. 바닷물 속에서 빛살은 떨리며 날아든 창날처럼 번뜩이며 부서진다. 그리스인들은 말했다. 신들이 놀이 삼아 창을 부딪치고 방패를 두드릴 때면 그들의 창 시합과 무기들에서 번뜩이는 광채를 보게 된다고.

그러고 나서 배는 다시 남쪽으로 향했다. 어부 마르코 라도시치는 어디에 자신의 커다란 저인망 그물을 던져야 하는지 잘 알고 있었기 때문이다. 붉은 흙과 무화과나무, 올리브나무, 아주 섬세하고 거대한 그물망으로 올리브나무를 뒤덮으며 섬을 요지부동의 마법 속에 가두는 갈색과 황금빛 나는 통통한 거미들이 있는 오리울레 섬 앞으로 지나가려 했다. 몇 년 전까지만 해도 여름이면, 오리울레에 있는 유일한 집 앞에 늙은 요바니 씨가 앉아 있었다. 뚱뚱한 체격에 실실 웃고 있는 실레노스* 같은 그는, 과육 많은 무화과에다 주전자째로 수사크 섬의 떫은 포도주를 마시면서 젊은 여자들이 지나가는 것을 보느라 시간을 보내곤 했다. 여자들은 이따금 배를 타고 와서 벌거벗고 몇 시간 동안 일광욕을 했다. 요바니 씨의 시간은 이들의 도착과 출발로 나뉘어져 있었고, 옷을 벗고 바다로 뛰어들고 다시 배에 오르고 사라지는 여자들이 바로 그의 시곗바늘이었다. 입가에 묻은 무화과 즙액을 닦으면서 여자들이 오가는 것을 바라보는 그의 표정은 탐욕스럽고 행복해 보였지만, 무엇보다도 그는 앞에 펼쳐져 있는 바다처럼 시간의 흐름에 무심하고 평온한 사람이었다. "무화과가 맛있지요?" 커다란 무화과나무가 있는 자기 집 뒤에서 누군가 몰래 나오는 걸 볼 때면 아무것도 아닌 척하며 물었다. 그해 무화과는 약간 빨리 익었고 이 사

---

* 그리스 신화에 나오는 숲의 신으로, 디오니소스 추종자이며, 사티로스와 동일시되기도 한다. 대머리에 뚱뚱하고 술에 취해 있으며 야생적이고 음탕한 이미지로 묘사된다.

이에서 달콤하게 녹아내렸다.

마르코 라도시치도 늙어서 일흔다섯 살에 가까웠는데, 그에게 바다는 휴식의 평온함이 아니라 일하며 시간을 보내는 곳이었기에 바람과 조류를 관찰해야 했으니, 광대무변한 물속에서 넋 놓지 않은 채 얕은 바닥과 암초를 살피며 정박하거나 그물을 던져야 할 정확한 지점을 찾기 위해 수면을 헤아려야 했다. 수염과 머리는 하얗고, 눈은 자족하며 세상과 자율적으로 관계맺으며 사는 사람처럼 밝고 평온했으며, 다른 사람들이 힘겹게 옮기는 무거운 닻을 그는 힘들이지 않고 들어올렸다. 크로아티아어로도 똑같이 쓰이는 베네치아 뱃사람들의 용어를 잘 이해하지 못하는 보스니아 수습 갑판원의 도움을 받으며, 바닥을 휩쓸며 아주 늦게 자정 무렵에나 끌어올릴 요량으로 마르코는 조심스럽게 그물을 던졌다.

시간은 느리고 공허하게 흘렀다. 시간은 단순히 별들이 뜨고 지는 것이었고, 오후와 저녁의 빛을 바꾸는 천체의 궤도였다. 배 주위로 맴돌던 갈매기들이 이따금 바다로 곤두박질할 때면 갑작스러운 돌풍에 수면에 잔물결이 일었다. 가마우지들은 잠수함의 잠망경처럼 목을 들고 헤엄치다가 배가 가까이 다가가면 물속으로 들어가서는 멀리서 다시 나타나곤 했다. 검은 얼룩 머리에 눈송이 같은 바다제비들도 있었다. 작년보다 훨씬 더 많았다. 누군가는 어느 여름에 더 많이 보였고 어느 여름에 더 적게 보였는지 기억해보려 했다. 졸업이나 질병, 죽음, 또는 특정 동물이 언제 많고 적었는지로 한 해와 다른 해를 판가름해볼 수도 있기 때문이다. 마르코는 수면에서 보일락 말락 할 정도로 낮고 둥근 작은 섬에 반시간 동안 닻을 내렸다. 자갈, 흙, 갈대로 쌓아올린 조그마한 방책으로 환상環狀 산호초와 비슷해 보였고, 도금양 나무 덩굴, 맛이 강렬하고 씹어먹기에 좋은 야생 마늘과 쑥 덤불이 흩어져 있었다. 입안이 약간 얼얼해져 곧바로 다른 한 조각을 씹고 싶은 욕망을 불러일으킨다. 바다는 공기처럼 투명했고, 본 바닥이 훤히 들여다보였으며, 마치 모두 들이켜기라도 할 듯 입을 벌리고 물속으로 헤엄치고 싶게끔 했다.

배로 돌아오니 그물을 거둬올려야 할 시점이 되어 있었다. 나무 바닥은 발밑에서 아직 뜨거웠다. 아래에 있는 무언가와, 그 어떤 것과 맞닿아 있는 행복이다. 갑판에 붉은 물을 튀기며 수박을 쪼개던 마르코가 베네치아 사투리로 잡담을 했는데, 이탈리아어화한 크로아티아어인지 아니면 크로아티아어화한 이탈리아어인지 그 자신도 모를 말을 늘어놓았다. 그가 분명히 알고 있었듯, 크로아티아 애국자였으나 조그마한 공장의 주인이었다는 이유로 이차대전 후에 민중의 적으로 간주되었던 그의 아버지는 이제는 유고슬라비아령인 자기 섬을 버리고 이탈리아를 선택하기로 결정했다. 하지만 그렇게 하기 위해서는 함께 떠난 이웃들과 마찬가지로 자신의 모국어를 이탈리아어라고 선언해야 했고, 그때 이후로 세상에서 자기 자리가 어디인지 더이상 알 수 없게 되고 말았다. 반면에 마르코는 남아 있었다. 이탈리아 해군으로서 지중해에서 전쟁을 치뤘음에도 불구하고, 근본적으로 이탈리아에 대해서는 좋은 기억을 갖고 있었는데도 말이다. 그는 전쟁이나 지뢰, 어뢰, 죽음도 두렵지 않았다. 그에게 두려운 건 단 한 가지였으니, 그의 이야기에서 후렴구처럼 반복되는 그것, 바로 배고픔이었다.

전쟁중에 징집된 마르코는 희생양처럼 영국 레이더에 걸리는 해군에 배치되지 않으려고 애썼다. 그래서 제노바에 출두해서는, 자기는 농부고 바다를 본 적도 없다고 하면서 농부니까 매일 달걀, 우유, 고기, 치즈, 과일을 먹는 데 길들여져 있다는 말까지 덧붙여서 했다. 그런데도 해군에 배치되자, 자신이 해군에 적합하지 않다는 것을 상관에게 보여주기 위해 해군 보트 시합에서 일부러 노를 잘못 저었고 노를 부러뜨리기까지 했다. 하지만 그 대가로 며칠 동안 가혹하고 고된 구금 상태에 처한 채, 달걀과 고기, 갓 짜낸 우유, 치즈를 먹는 데 길들여졌다는 항의에도 불구하고 입에 맞지 않는 빵과 물만 먹었다. 그런 다음 시칠리아와 아프리카 사이에서 작전을 펼치던 구축함에 배치되었다. 그의 이야기에서 공습이나 해전은 그에게 크게 문제되지 않는 불쾌한 사건으로 뒤로 물러나 있었던 반면, 고통스러운 점은 이해심 많은 시칠리아인 함장이 그에게 급식을 두 배로 주었는데도, 바로 음식이었다.

어느 날 구축함이 어뢰에 맞았는데, 하필 무기고에 명중하고 말았다. 마르코 말로는 폭발조차도 기억이 안 난다고 했다. 단지 자기가 살아남은 세 명 중 하나로 바다에서 나무판을 붙잡고 있다가 발견되었다고 한다. 옆에는 다리를 부상당한 동료가 숨을 헐떡이고 있었다. "그 다리를 잘라냈는데, 그때 당장이 아니라 나중에 병원에서 잘랐어요. 아직 병원에 가지 않았던 때였으니까, 그건 나중에 이야기할게요." 그는 이야기되는 시간과 이야기하는 시간에 대한 어려운 서사적 문제를 이렇게 해결하면서 말을 이었다. 마르코는 동료를 움켜잡고 불안한 나무판을 함께 붙든 채로 끊임없이 밀려드는 상어 떼에 대한 생각을 쫓아내며 하루종일 동료를 단단히 붙들고 버티다가, 결국 이탈리아 배에 구조되었다. 시칠리아의 주도 팔레르모에 있는 병원에서 다친 곳 없이 멀쩡했던 마르코가, 전선으로 돌아가야 한다는 생각에 실망한 나머지 한쪽 다리에 심한 통증이 있는 척 큰 소리로 신음을 했더니, 간호원이 진통제를 투여한답시고 가져온 커다란 주사기를 보고는 폭탄이나 난파에 맞설 때보다 더 깜짝 놀라서 서둘러 다 나았다고 선언했다고 한다.

상황이 반전되어 전쟁이 끝나자, 마르코는 이제 유고슬라비아 영토가 된 로신 섬으로 돌아왔는데, 어느 망명한 고향 사람이 자기 가족에게 전해 달라고 준 편지 때문에 경찰 눈에 스파이로 찍혀 체포되고 만다. 그리고 여기서 마르코는 그 끔찍한 시기의 끔찍한 그 몇 달, 거기서 겪은 위협과 구타에 대해 이야기했고, 한번은 자신을 총살하려 한다고 생각해 성호를 긋는 바람에 뺨을 세게 맞은 일이 있었는데 아무렇지 않은 듯 상대한테 괜찮다는 낯짝을 보이고자 곧바로 욕지거리를 뱉어낸 적도 있다고 했다. 하지만 끔찍한 것은 특히 배고픔이었단다. "달걀이나 우유, 고기도 없고, 치즈 조각 하나도 없더라니까요." 어느 날 한 경찰이 그를 풀어주었는데, 그더러 귀를 잘 열고 있으면서 누가 체제에 대해 불평하는지 자기들에게 보고하라고 했단다. "그런 것은, 제기랄, 나는 절대 해본 적이 없어요." 그래도 풀려난다는 생각에…… 하지만 그는 해결책을 찾아냈다. 토요일마다 그는 몰래 경찰에게 갔고, 누가 욕을 했는지, 언제나 비가 온다는 둥 물고기가 별로 없다는 둥 누가 불평을 해댔는지, 누가 장모와 싸웠는지, 누가 삶이 힘들고 어렵다고 말했는지 소상히 그들에게 이름을 알려주었다. 몇 주 동안 이런 고발만 해대자 경찰은 그 쓸모없는 정보원을 그냥 내버려두기에 이르렀고, 마르코는 늘 하던 어부 일로 돌아갔다는 것이다.

그의 이야기는 장황하고, 옆길로 새고, 자주 끊어졌다가 다시 시작되고, 혼란스럽게 뒤엉켜 잘 진행되지 않고, 앞뒤로 시간의 비약이 심했다. 그러는 동안 밤이 되었고, 커다랗고 불그스레하던 달은 아까부터 하얗게 빛나고 있었고, 배가 지나간 자취는 짙은 은빛이었다. 마르코는 그물을 올리라고 명령했다. 권양기 모터 소리가 파도 소리와 뒤섞였다. 잠시 후 첫 그물이 올라와 갑판에다 펄떡이는 납빛 물고기들을 수없이 쏟아냈고, 젖은 갑판 위에는 대구 수십 마리가 쌓여 끈적이며 미끄러지고, 무수한 가재들은 조심스레 집게발을 움직이다 갑자기 난폭하게 머리를 두세 번 맞고는 발작적으로 꿈틀거리다 축 늘어져 꼼짝하지 않았다. 갑판 위로 흔들리던 등이 물고기들과 가재들을 유리처럼 흐릿하고도 이상한 색깔로 물들이더니, 순간적으로 꿈틀거리는 무더기를 뱀같이 곤두선 메두사 머리로 만들기도 했다.

많은 물고기가 이미 죽어 있었고, 눈은 부풀고 튀어나와 있었다. 뱃전을 향해 달려가던 게 몇 마리는 거의 언제나 도착하기도 전에 멈춘 채 죽어버렸다. 마르코와 수습 갑판원은 그물을 거두다 옆으로 흩어지는 막무가내의 더미를 발로 밀어 다시 쌓았고 빠져나가는 물고기를 가운데로 밀어넣었다. 때로는 장화를 신은 발이 무심코 물고기나 게를 밟아 으깨는 바람에 갑판에는 끈적거리는 미미한 것들로, 한때 생명이었던 어떤 덩어리, 고통받다 죽는 모든 살덩이처럼, 부패하지만 동시에 입안으로 들어가면 미각 돌기와 욕망도 자극하는 고기처럼, 초라하고 역겹지만 입맛을 돋우는 덩어리, 낳고 먹고 죽는 그것들의 점액들로 파다했다. 심연에서 올라오는 물고기들은 세상의 사악함을, 죽고 죽이는 것의 고통과 악을 고발하는 증언이지만, 이상하게도 곧바로 친숙해진다. 손에 잡으면 비늘은 움켜잡은 손가락 피부, 소금기에 그을렸다가도 바닷물에 생기를 되찾는 피부와 닮았다. 물고기를 잡고 건드리면서 때로는 팔에 날아와 앉는 곤충을 쫓던 발작적인 거부감이 기억나 부끄러워졌다.

몇 시간 작업한 뒤에 배는 곧바로 물고기를 팔러 로신으로 향했다. 파그 섬의 양젖 치즈와 포도주를 꺼내면서, 마르코가 자기 이야기를 끝내고자 다시 이야기를 시작했다. 전쟁이 끝나고 몇 년이 지나 유고슬라비아 군대는 그를 단기 훈련에 소집했다. 말리로신에서 십여 킬로미터 떨어진 마을 춘스키까지 행군하는 것이었다. 마르코는 8월의 그 평범한 행군을 전쟁보다 더 지겨운 것으로 기억하고 있었다. 군대 급식을 믿지 않던 그는 아내에게 팔라친카라 불리는 치즈를 넣은 크레이프 빵을 준비해서 따뜻하게 보온 그릇에 담아 점심시간에 가져다달라고 부탁했단다. 그리하여 아내는 그보다 몇 시간 뒤에 행군을 시작해 부대가 지나간 길을 그대로 따라가 정확히 정오에 도착해 그

빵을 그한테 전해줬는데, 하필 그 순간 정치교육 시간을 위한 집합 신호가 울리고 말았다. 뒤늦게야 식은 빵을 먹게 된 마르코는 아내의 노고가 아까워 계속해서 먹고 또 먹다가 집합에 늦게 도착해 가벼운 처벌을 받았다고 한다. "그 팔라친카가 어찌나 맛있던지요." 배가 이미 항구가 보이는 곳에 이르렀을 무렵 그가 말했다. "아주 따뜻했고요, 게다가 이 치즈는, 그러니까 그때 먹었던 치즈가 맞긴 한데, 그 맛하고 같을 리가 있겠습니까."

"바다, 바다는…… 존자들이여, 사람의 눈, 그것이 바다다. 눈에 보이는 것들은 그 바다의 격정이다. 눈에 보이는 것들의 성난 파도를 넘어선 자, 그자에 대해 말하자면, 존자들이여, 부처 가라사대, 자기 내면에서 자신의 파도로, 자신의 소용돌이로, 자신의 심오함으로, 자신의 괴물로 눈의 바다를 가로지른 자, 그가 곧 브라만이다."
부처는 이렇게 제자들에게 말했다. 만약 삶에 대한 욕망이 악과 고통의 원인이라면, 바다는 파괴자다. 삶에 대한 갈증과 즐거움을 증대시키고, 무한한 자기반복과 자기재생으로 유혹하기 때문이다. 바다의 빛 속에서 눈에 보이는 것들은 절대적인 강렬함을 얻는다. 이를 지각하는 데 있어 너무나도 강력한 강렬함이자, 견딜 수 없는 현현이며, 마르시아스의 가죽을 벗기는 아폴론*이다. 절멸이 번득이게 하는 것은 심연이나 깊은 곳의 레비아탄† 이라기보다, 오히려 바다의 수면, 그 무無의 투명함, 어슴푸레한 빛과 반음半音과 범용이 필요한 감각들의 눈을 멀게 하는 반사광이다. 순전히 눈에 보이는 것은 타오르는 불꽃이다, 라고 부처는 다른 설법에서 말한다. 바다는 순전히 눈에 보이는

---

* 그리스 신화에서 사티로스 중 하나인 마르시아스는 아폴론과 음악 실력을 겨루다가 패배하여 산 채로 가죽이 벗겨 죽었다.
† 구약에서 언급되는 바다 괴물.

것의 왕국이다. 미홀라슈치차 맞은편의 제차 섬에서 갑자기 멈추고 꼼짝하지 않는 여름은 어느 순간 벌겋게 타오르는 덤불숲이다.

바다는 영혼에게 위대한 시련이다. 무질의 『특성 없는 남자』에 나오는 두 연인은 아드리아 해 바닷가로 '천국 여행'을 하다가 결국에 더는 이 긴장감, 이 병든 행복을 견딜 수 없게 된다. 바다는 닳고 갉아 먹히다 소진된다. "가장 강한 존재는 바다다"라고, 조반니 베르가의 『말라볼리아가의 사람들』에 나오는 느토니는 폭풍우 속에서 말한다. 하지만 장엄한 바다는 어쨌든 싸울 땐 싸우더라도 패배를 인정할 줄 아는 자유를 가르친다. 무력감이 주는 강박관념의 표시인 승리와 주장에 대한 욕망으로부터 우리를 자유롭게 해준다. 그리고 때로 너무 강렬한 광채는 모든 것에서 손놓고 잠에 들라는 순수한 초대이기도 하다. 이 거대한 바닷물은 갈증을 없애주고, 되밀려온 파도가 결국 해변의 발자국을 지워버린다 해도 이것이 그다지 비극적인 일은 아님을 깨닫게 도와준다. 토마스 만이 원했듯, 이것이 바다에 대한 사랑, 죽음에 대한 사랑일까? 어쨌든 이 파도 사이에서 자신의 하찮음을 배우는 일은 부처가 말한 파도의 격정을 가라앉히는 데 도움을 준다.

관광 책자들은 "고요 속에 잠긴 순백의 환경, 보기 드문 청정 바다에 둘러싸인 평화의 섬, 절대 자유의 섬" 골리오토크를 잠시 둘러보고 가라고 권한다. 라브 섬에서 가까운 골리오토크, 즉 '벌거숭이 섬'은 역사로부터 버림받은 자들이 가닿은 비극적 유랑의 종착지였다. 이차 대전 후 약 30만 명의 이탈리아인들이 현재 유고슬라비아가 점령한 이스트라반도, 리예카, 달마티아에서 떠난 반면, 고리치아 남쪽 해안 도시 몬팔코네와 이손초 강 유역 및 바사프리울라나의 다른 고장 출신 이탈리아인 노동자들 약 2천 명은 가족과 함께 유고슬라비아로 이주하기로 결정했다. 나치즘과 파시즘에서 벗어나 착취와 불의, 억압을 종결시킬 공산주의의 도래에 가장 가까운 예가 된 유고슬라비아에서, 사회주의 건설에 기여하기 위해서였다. 그중 많은 사람이 반파시스트 투사, 스페인 내란의 전사, 독일 강제수용소의 포로였다. 사회주의 건설에 일조한다는 것은 어느 나라 또는 민족에 속하는 것보다, 고향을 버리고 힘든 난관에 직면해야 하는 곤란함보다, 더 중요한 일이었다. 사회주의, 말하자면 박애에 대한 신조는 숱한 현실과 개별 감정을 희생할 만한 가치 있는 의식이었다.

전쟁과 군주정 체제에서 유래된 낙후성, 새로운 경제정책의 오류로 황폐화한 유고슬라비아에서, 사람들이 '몬팔코네시'라 부르던 몬팔코네 사람들은 조선소와 타 산업 분야 기술자와 노동자로서 고도의 직업적 자질과 열정을 발휘했다. 대부분은 리예카로 가서 일했고, 또다른 사람들은 이스트라반도 남쪽 끝 풀라의 조선소와 군수공장 또는 유고슬라비아 심장부의 여러 지역에서 일했다. 거의 모든 사람과 달리, 심지어 새로운 동료와 동지와도 달리, 그들은 생존을 위해 일하는 것이 아니라 새로운 세계 건설에 이바지하기 위해 살았다.

라사 강 하구의 광산이나 리예카의 조선소에서 몬팔코네 사람들은 힘과 노고를 아끼지 않았다. 1948년 티토의 대규모 분열 때* 그들은 소련과 스탈린에 충실했고, 두려움 없이 파시즘과 싸우고 나치즘과도 싸웠으며, 독일 강제수용소의 투옥과 고문을 견뎌내며, 공산주의 유고슬라비아를 선택하기 위해 모든 것을 버리게 만든 이 신조에 대한 정통성을 대변하는 나라와 지도자 정당에 충실했다. 나중에 그 자체로 자유적 반체제의 상징이 된 질라스†는 스탈린이 없으면 태양도 제대로 빛나지 않을 것이라고 말하지 않았던가. 이제 유고슬라비아는

---

* 티토가 스탈린과 결별하고 유고슬라비아가 코민테른에서 축출됐을 때를 가리킨다.
† Milovan Đilas(1911~1995). 유고슬라비아의 공산주의 정치가이며 이론가로, 티토와 가까운 사이였으나 나중에 당에서 축출되었다.

그들 눈앞에서 세계의 혁명을 배신했고, 유고슬라비아 체제에서 보자면 그들은 배신자 이방인으로 비쳤다.

세계 역사의 장기판에서 벌어지는 시합은 삶과 죽음이 겨루는 시합이었고, 스탈린의 야만성으로부터 최초로 중요한 결별을 감행한 부정할 수 없는 이점을 갖고 있던 티토의 유고슬라비아는, 역시나 이에 못지않은 야만적인 수단을 동원해 이 위협에 맞서 싸웠다. 내부 음모와 전복이 두려워 스탈린주의 방법으로 스탈린주의자들을 박해했고, 이들과 함께 그 사건과는 전혀 상관이 없는 사람도 갖은 박해를 받았다. 그리고 여러 곳에 그들 나름대로의 강제수용소를 세웠고, 예전에 전쟁 동안 티토의 공산주의자들에 반대하여 우스타샤*와 왕정주의자들이 세웠던 포로수용소와 절멸수용소도 이용했다. 가장 악명 높은 최악의 것은 세르비아 출신의 유고슬라비아 공산주의자인 잔혹한 내무성 장관 란코비치가 골리오토크와 인근의 스베티그르구르, 즉 타오르는 햇빛 아래 눈부시게 하얀 바위뿐인, 황량하고 자그마한 이 두 섬에 세운 수용소였다.

이 수용소들에서 유고슬라비아의 스탈린주의자들, 우스타샤, 전범들, 일반 범죄자들과 함께 몬팔코네 사람들도 최후를 맞이했다. 추방되는 행운도 없이 거의 모두 자신들의 믿음에 충실했던 사람들이다. 골리오토크와 스베티그르구르 섬은 지옥이었다. 격리, 굶주림, 몽둥이세례, 변기 구멍에 머리 처박기, 추위에 무방비로 노출시키기, 짐승 같은 강제노동, 그리고 교정에 미온적인 동료를 때리고 고문함으로써 자신의 이단을 후회한다는 것을 증명해야 하는 '자기 교정'이 있었다.

여기 이스트라반도 출신 리조 차니니는 자서전적 소설 『마르틴 무

---

* Ustaša. 크로아티아의 반反유고슬라비아 분리주의 운동 조직으로, 이념적으로는 파시즘과 나치즘, 극단적 민족주의 등이 가미된 우파적 성향의 조직이었다.

마』에서, 수형자들이 골리오토크 섬에 도착하면 어떻게 다른 수감자들의 대열 한가운데로 지나가야 하는지 이야기한다. 수감자들은 "티토―파르티야!" "티토―파르티야!" 하고 티토와 당을 찬양하면서 그들을 몽둥이로 때리고 발로 차야 했다. 거부하는 자는 '보이콧boikot' 즉 완벽한 격리와 온갖 폭력에 노출되었다. 로빈에서 태어나고 살았던 차니니는 자기 고향이 유고슬라비아에 복속되는 것을 열광적으로 찬양했고, 자기 같은 이스트라반도의 이탈리아인들을 비롯해 모두에게 공산주의의 도래가 곧 정의를 의미한다고 확신했다. 이 용기는 그를 골리오토크로 데려갔고, 그런 굴욕 속에서도 자신의 도덕성을 그대로 간직할 수 있게 해주었다. 나중에도 그는 이탈리아로 가길 거부했다. 자신이 토해낸 접시를 다시 핥아먹는 것은 옳지 않다고 생각했기 때문이다. 그리하여 순수하고 용기 있게 여생을 바다에서 고기잡이를 하면서, 로빈 사투리로 쓴 자기 시에 나오는 갈매기 필레이포와 대화하며 보냈다.

유형자들의 이름은 최후 심판일의 합창이다. 나치 수용소가 있던 독일 바이마르의 부헨발트 목록에도, 이탈리아 파시즘 체제하의 반체제 인사 탄압법인 파시스트 특별 법원의 서류에도, 레지스탕스와 스페인 내란의 연대기에도 나오는 그 이름들. 그들을 민중의 적으로 낙인찍은 치욕의 표식은 그들 가족에게도 가해져, 사회적 법적 보장을 전부 박탈당한 채 비참하게 살아가게 만들었다. 골리오토크를 방문하고 그곳을 "유고슬라비아 공산주의의 가장 부끄러운 오점"으로 정의한 질라스는 말했다. 당의 정상은 일반 범죄자들이 가하는 최악의 잔인함에 대해 모르고 있는데, 당국이 가동시킨 박해 메커니즘에서 촉발된 그들의 폭력은 결국 전면 통제를 넘어서게 되었다는 것이다. 카르델리 같은 다른 티토주의 지도자들은, 그 당시 스탈린주의적 전복의 모든 가능한 핵심을 질식시켜야 할 필요성으로, 골리오토크를 정당화하려고 노력했다. 일반적으로 유고슬라비아 체제가 나중에는 점진적이고 두드러진 자유의 확산을 추구했다는 건 부정할 수 없기 때문이다.

이 비극과 치욕에 대해 모두가 침묵했다. 유고슬라비아는 명백한 이유로 그랬고, 소련과 위성국들은 티토를 온갖 가능한 비방과 함께 비난하면서도 자기 내부의 강제수용소에 관심을 끌지 않기 위해서였고, 서방 국가들은 스탈린에 반대하여 봉기한 티토를 약화시키지 않기 위해서였고, 이탈리아는 자코모 노벤타의 시구가 말하듯 언제나 너무 산만했기 때문이다. 그동안 몬팔코네 사람들은 스탈린의 이름으로 저항했다. 몇 년 뒤 몬팔코네로 돌아온 사람들은 공산주의자라는 이유로 이탈리아 극우 민족주의자들의 협박에 노출되어 때로는 공격을 당하기도 했으며 경찰의 의심을 받기도 했다. 게다가 이탈리아 공산당은 이들을 도외시하려고 했는데, 이들이야말로 대담무쌍한 충성꾼들로서 이제는 당혹감과 수치심의 원천이 되어버린, 예전의 스탈린주의적이고 반티토주의적인 정책에 대한 불편한 증인이었기 때문이다. 그동안 골리오토크에서 귀환한 사람의 일부 집들은 유고슬라비아의 점령과 함께 모든 것을 잃은 이스트라 난민들에게 할당되었으니, 이는 교차된 이중 망명의 잔인한 상징이었다.

그렇게 이 사람들은 역사와 정치에서 제자리를 잃고 언제나 잘못된 순간에 잘못된 편에 서 있었으니, 만약 승리했더라도 자기네와 같은 자유로운 사람들을 짓밟기 위해 만들어진 강제수용소가 더 많이 세상에 생겨나는 꼴을 보려고 대의를 위해 잊을 수 없는 용기와 위엄을 바쳐 싸운 셈이 되었을 것이다. 세계사의 페이지 밑에 있는 이 유혈의 각주를 망각으로부터 끌어내는 일은, 몬팔코네 사람들과 불행한 그 동료들이 비록 자신들을 박해한 이름보다 더 나쁜 이름에 충성을 바쳤긴 해도, 인간성의 절멸에 저항하게 해준 이 희생정신과 힘의 정신적 유산을 구해낸다는 말이기도 하다. 이 정신적 유산은, 그들 깃발 아래서 행진하지 않은 사람도 물려받아야 할 정신이다. 만약 "지옥 신"에 대한 믿음이 무너질 때 그 믿음을 형성하는 데 밑거름이 된 인간적 자질, 즉 초개인적 가치에 대한 헌신과 충성, 용기도 함께 사라지고 만다면 곤란하다. 이제 아무도 "티토—파르티야!" 하고 찬양하지 않는다. 그 대신 슬라보니아나 보스니아 전쟁에서 휴가받아 나온 누군가는 골리오토크보다 훨씬 더 잔혹한 공포에 대해 이야기하고 있건마는, 관광 책자들은 반창고처럼 계속해서 세상의 모든 상처들 위에 나붙고 있다.

바다 위 높은 곳에 있고 종종 강한 동북풍 보라에 시달리는 루베니체에는 주민이 거의 없다. 사람이 거주하는 집들은 폐허와 쓰러질 듯한 벽에 둘러싸여 있으며, 주로 나이든 여자들만 보인다. 로자리야는 무너진 다른 주거지들의 폐허 사이에 있는 작고 아담한 집에 산다. 혼자 사는데 이따금 자매가 초라한 펜션을 보완하도록 치레스에서 무언가를 가져다준다. 벽에는, 배를 타지 않을 때면 늘 그녀랑 함께 살다가 몇 년 전 아주 늙은 나이에 죽은, 아버지의 사진이 많이 붙어 있다. 마을 성직자의 연대기와 간결한 전문용어집과 더불어, 이 사진들은 그녀의 삶과 기억의 유일한 물품이다.

로자리야는 루베니체에서 성직자가 상대적으로 많이, 세 명이나 나온 것에 대해 자랑스러워하고, 교회를 돌보고, 꽃병에 물을 갈아주고, 촛불을 켜는 일들에 만족해하고 있다. 그 위에까지 와본 일부 관광객이 크리스마스 때 규칙적으로 보내주는 엽서를 자랑할 때도 있다. 주름살투성이 얼굴로 장난꾸러기처럼 근시 눈가에 웃음을 지으며 날렵하게 움직이는 그녀는, 작고 가볍다. 삶의 어떤 중력도 그녀를 아래로 끌어당기지 못할 것이다. 시간이 되면 한 번 훅 부는 바람에 깃털처럼 천국으로 갈 것이다.

루베니체에서는 포도주, 치즈, 타래로 묶은 마늘, 양 가죽을 판다. 황금 양털이 거의 모든 문마다 걸려 있는데, 검은색 옷을 입은 여자들은 그걸 몸에 걸치고 조그마한 광장으로 물건을 팔러 가기도 한다. 검은 수건과 숄, 치마, 양말 차림의 한 노파가 두툼한 황금빛 털가죽을 팔에 끼고 부서진 회랑 아래로 사라진다. 외롭고 늙은 메데이아, 오래전부터 이아손의 남성적 오만함에 의해 운명이 처단당한, 말없는 고통과 이질성 속에 유폐되어 있는 메데이아다.

스라카네의 파올로는 마지막까지도 티토의 유고슬라비아에 대해 우호적인 증인이다. 어느 해 여름 파올로는 허약해질 대로 허약해져 기가 죽어 있었다. 여전히 자부심이 있었지만 겁에 질린 듯한 모습이었다. 곤궁에 처한 듯한 자기 모습이 티날까봐 부끄러웠는지 한참 망설인 뒤 그가 말하기를, 그보다 더 젊고 튼튼한 이웃 사내가 겨울에 고립되어 있는 몇 주 동안 그와 아내를 못살게 구는가 하면 그를 위협하기도 하고 종종 심하게 때리기도 했다는 것이다. 아내 리나는 입을 다물고 있었다. 두려워하는 게 분명했다. 과장일지 모르지만 그 위험이 그녀에게는 끔찍하게 현실적인 것이었다. 외로운 섬, 에덴처럼 아름다운 섬이 잔인함에 무방비로 노출된 사람에게는 강제수용소가 될 수도 있는 법이다.

어떻게 하면 좋을지 파올로에게 물었다. 공격자와 직접 대면하는 게 나을지, 아니면 자그레브에서 요직에 있는 한 사람이 그에게 경고 편지를 쓰게 하는 게 나을지. 파올로는 두 손에 머리를 파묻고 한참 생각하더니, 편지에 쓰일 글의 위엄과 권능에 이끌렸는지 이렇게 대답했다. "아니, 편지가 낫겠어요."

그리하여 파올로는 자기가 겪은 폭력에 대한 정확한 항목을 날짜와 시간까지 적시해가며 편지를 작성했고, 거기에다 모호하고 불길한 협박을 뒤섞어, 당국이 멀리 떨어져 있긴 해도 제국의 가장 먼 구석에서 자행되는 모든 불법에 대해서라면 속속들이 다 알고 있으며 이를 가차 없이 단호하게 처벌해줄 것이라는 생각을 글에 녹여냈다. 만약 엄중 처벌을 받기 싫거든 감추려고 해봤자 소용없으니 그 모든 폭력을 그만두라는 위협조의 편지를 써서는, 폭력적인 그 이웃 앞으로 보내고자 크로아티아어로 번역해 자그레브의 작가이자 교수인 친구에게 보냈다.

비록 쇠퇴기에 접어들어 더 자유로워지긴 했지만 여전히 당과 티토의 초상화가 모든 공공 사무실, 모든 가게와 카페에서 유고슬라비아의 질서와 통일을 감시하고 있었다. 자그레브의 친구는 그 편지를 당의 상징과 공식 검인, 도장으로 장식하여 당국의 메시지로 변모시켜 서명한 다음 파올로의 사악한 고문자에게 등기우편으로 보냈고, 어느 겨울 오후 그 섬에는 이례적이라 할 그 사건이 연극적 효과와 더불어 당사자에게 날라들게 되었다. 그해 겨울, 자기 삶의 마지막 겨울을, 파올로와 리나는 예전에는 복종하지도 않던 권력의 보호를 받으며 보다 평온하게 보낸 것 같다. 권력 자체는 거기에 대해 모르고 있었지만 말이다.

파올로는 몇 년 전에 죽었다. 몇 년 전부터, 크로아티아와 세르비아 사이의 전쟁 초기부터 리나에 대한 소식을 듣지 못했는데, 어쩌면 미국에 있는 자매랑 같이 살려고 거기로 건너갔는지도 모르겠다.

니노의 유모 에우페미아는 아주 늙은 나이에 벨리로신에 있는 요양원에서 죽었다. 그 전해 3월 8일 세계여성의날에 그녀는 요양원 책임자에게 감사 메시지를 보냈고, 바닷가 성당에서 떠받드는 성 안토니우스에게 기도를 드렸다. 요양원 책임자에게 은총을 베풀어 신속하게 도움을 줘서 곧바로 의사를 부를 수 있게 해주고, "하느님께서 그들 모두를 보살피시어 아프지 않게 해주시라" 하고 말이다. 그리고 요양원에서 함께 사는 다른 사람들 이름을 댔다. 너그럽게도 그녀는 혹시라도 도움이 필요할 법한 사람들 목록에서 자신의 이름은 제외시켰다.

그리하여 니노는 그녀를 묻기 위해 자기 조상의 저택에 발을 들여놓게 되었고, 몇백 년 전 운명이 역전되고 난 이후로 아무것도 달라질 건 없으리라고 생각했건마는, 에우페미아가 그 안에서 죽게 된 것이다. 마치 여전히 가족의 저택이었다면 분명히 이렇게 됐을 것처럼 말이다. 그리고 그 눈부신 방들, 창문 앞의 월계수와 협죽도, 약간 어린애 같지만 평화로운 이 노인들을 보면서, 망명 생활의 힘겨운 나날들 이후 처음으로 자기 집처럼 편안함을 느꼈고, 이 전부가 모두의 것이라면 이것이 아마 선이라는 생각이 머릿속을 스쳤다. 하지만 이런 생각은 곧바로 사라졌고 장례식 동안 니노는 오히려 화가 났는데, 아는 사람이 그에게 이야기해주기를 어디선가 또다시 산마르코의 사자를 끌어내리고 이탈리아 학교를 탄압했다는 소식 때문이었다.

어쨌든 잘 관리된 저택은 깨끗하고 빛났으며, 죽는다는 게 그리 슬픈 일만은 아닌 듯했다. 안녕, 친구, 잘 가. 치레스에서는 장례 행렬이 길을 지날 때면 사람들이 이렇게 말하곤 한다. 니노는 신자가 아니지만, 바다에서 태어나 자란 사람에게 모든 떠남은 단지 작별의 슬픔이자 귀환을 떠올리게 해줄 일일 뿐이다. 이를 잘 알고 있는 로신 사람들은, 섬에서 가장 아름다운 만을 치카트, 이탈리아어로는 치갈레라고 불렀는데, 크로아티아어 동사 '체카티 čekati'에서 나온 이 말은 배를 타고 떠난 가족을 기다린다는 것을 뜻한다.

치카트는 온통 바다를 향해 열리면서 동시에 닫히는 작은 만과 같은 품이며, 펼쳐서 감싸안는 팔이며, 수평선의 원, 잦아들었다가 다시 들려오는 음악, 고트프리트 벤이 노래했듯 저무는 것과 다시 소생하는 것이 가득한 시 한 소절, 개인의 덧없음과 존재의 영원함, 바닷물에 닳아가는 자갈돌과 낱말들 속으로 다시 흘러든 시대들과 밀레니엄들이다. 바닷가에서 발견된 깨진 조각들은 매끄럽지만, 뾰족한 그 끝은 얼마 전에, 또는 아마 십여 세대 전에 둥글어졌을 것이다. 거석문화기 사람들과 리부르니아 사람들은 바다가 천천히 들이마시는 빛처럼 사라져버렸고, 떠밀려온 파도에 몸을 뒤치는 모래는 옛날 유골을 뒤섞는다. 한 젊은이의 발이 조개껍질을 밟고, 그 조개껍질은 부서진다. 날카로워진 파편에 발이 다친다. 생명의 피다. "사랑은 호두와 같아./ 깨뜨리지 않으면 맛볼 수 없어." 이 섬의 노래는 이렇게 읊조린다. 조개껍질이 바닷가에 부서진 채 펼쳐져 있다. 바닷물이 그 발의 흔적을 씻어 없애준다. 세월이 조수처럼 흐르고, 파편들은 둥글어지고, 또다른 맨발 아래서 곱게 부서져 사라진다. 작은 배가 만으로 들어오고 뭍으로 끌어올려진다. 누군가 집으로 돌아간다.

제차 섬에 있다. 도금양, 로즈마리, 걸음을 가로막는 나무딸기 덤불, 해변의 노란 양귀비, 그리고 그 너머 밤처럼 깊고 눈부시게 빛나는 푸른 바다. 바람 불고 파도치는 날, 해변의 자갈 둔덕 너머에서 넘실대는 바닷물이 따뜻하고 부드러운 개펄에 고인다. 태어나는 모호한 생명들로 충만한 개펄 속으로 발이 빠져 저도 모르게 철퍼덕거리게 된다. 5월, 바위틈에 있던 둥지에서 갈매기 알이 부화한다. 회색빛 새끼들이 바다를 향해 달려가다 몸을 숨기고자 낮은 덤불이랑 뒤섞인다. 갈매기들은 둥지 위를 맴돌며 끊임없이 끼룩거리며 소리를 지른다. 귀가 먹먹해지고 드넓은 햇살에 눈이 부시다. 둥지로 다가가는 방문객 옆으로 위협적으로 날아드는 갈매기 눈이 매섭고 공격적이다.

땅에 뒤집어져 있던 갈매기 한 마리가 일어나려고 날개를 퍼덕이다가 기력이 다했는지 쓰러지고 만다. 손 안에 든 아픈 갈매기가 가냘프고 힘없이 떨고 있다. 세상의 아름다움 속에 깃든 잔혹한 필연성이 사랑의 대상이 된다고 시몬 베유는 썼다. 중력이 바다의 파도에 새기는 상처는 배와 조난자를 집어삼키지만, 그 안에는 법칙에 복종하는 아름다움이 있다. 제차 섬에서 아름다움은 완전무결하지만, 그 아름다움이란 단지 행복, 모든 중력으로부터의 자유, 한여름 숨막히는 열기를 식히는 바람에 지나지 않는다. 이 절대적 아름다움은 법칙과의 조화인가, 아니면 모든 법칙을 벗어난 은총인가? 물에 내려놓자 갈매기는 곧바로 바다 위를 떠다니는 새답게 위엄 있는 자세를 되찾는다. 고개를 들어 머리를 곧추세운 채 열린 바다를 응시하며 파도 위에 떠 있는 동안, 파도가 해변으로부터 멀리 데려간다. 몇 분 뒤면 벌써 멀찌감치 있어 바다에서 출렁이는 다른 갈매기들과 구분할 수 없어질 것이다.

안테르셀바*

상대를 살리는 사람을 부드럽게 대하라. 이는 형식상의 규칙이 아니라 코테초† 게이머라면, 위험한 카드들을 닥치는 대로 털어내는, 즉

---

* 안테르셀바(안톨츠)는 이탈리아 북부와 오스트리아 서부의 접경지로, 영토 관할을 두고 역사적 분쟁이 끊이지 않았던 알프스산맥의 티롤로(티롤) 일대다. 일차대전 이후 최종적으로 티롤로는, 북쪽과 동쪽이 인스부르크를 수도로 한 오스트리아령으로 축소되었고, 남부(쥐트티롤)는 이탈리아령이 되어 수드티롤로(또는 알토아디제)로 불린다. 이곳 수드티롤로의 주민 98퍼센트 이상의 모국어가 독일어다. 현재 공식적으로 이탈리아 북부 트렌티노알토아디제 주 볼차노(보첸) 현에 속한 알프스산맥과 닿은 이 산악지대 마을로 들어가면서, 마그리스는 이곳의 언어와 주민들의 자치문화를 존중한 듯이 장의 지명들을 모두 독일식으로 표기했다. 그러나 현재 영토상의 구분과 혼용되는 지명들로부터 나오는 혼란을 가급적 피하고자, 한국어판에서는 주요 지명이나마 이탈리아식 표기를 먼저 쓰고, 괄호 안에 오스트리아식 명칭을 병기했다. 휴양지로 널리 알려진 이 지역은 다시 안테르셀바디소프라(위쪽 안테르셀바/안톨츠오베르탈), 안테르셀바디메초(중간 안테르셀바/안톨츠미테르탈), 안테르셀바디바소(아래쪽 안테르셀바/안톨츠니더탈)로 나뉜다. 이 마을들은 아래의 바니디살로모네('솔로몬의 목욕장'이라는 뜻으로 온천 호텔이다/살로몬스브룬넨), 라순디소프라(위쪽 라순/오베라센), 라순디소토(아래쪽 라순/니더라센)과 함께 라순안테르셀바(라센안톨츠)라는 코무네에 속한다. 코무네는 이탈리아의 기초 자치단체로, 이곳 인구는 채 3000명이 되지 않기에 우리나라의 면 정도에 해당한다.

† Cotecio. 이탈리아 북동부에서 널리 유행하는 카드게임으로 2~8명이 참가할 수 있다. 다른 지역에서는 코테키오Cotecchio라고 부르기도 한다.

내버리기만 하는 게이머가 아닌 진정한 게이머라면, 절대 간과하지 말아야 할 신사다운 의무, 스타일의 문제다. 특히 끗발 약한 카드로 판을 벗어날 수 있는데도 센 카드로 게임에 뛰어듦으로써, 자신이 손해를 입는데도 테이블에 있는 것을 싹쓸이하여 다른 사람이 전승全勝하는 걸 막고, 자신을 희생하여 일반적인 상황을 바로잡거나 다른 사람들이 모두 한 점도 얻지 못하고 지게 될 곤경에서 구해내는 게이머에게는 그렇게 대해야 한다. 그러니까 누군가 상대를 살려줄 때면, 그에게는 온화하게 대하여 손에 가진 나쁜 카드를 그에게 내버리지 않는 것이 도덕적 의무다.

안테르셀바디메초의 헤르베르호프 호텔의 슈투베*에서, 나무 조각인 듯 곱게 늙은 얼굴의 손님들 대부분이, 카를 5세가 티롤로(티롤) 백작령 전체를 두고 언급한바 독일 민족에게 필수적인 땅이라고 정의했던 만큼, 이 땅에 더 어울릴 법한 다른 게임들에 몰두해 있다. 몇 년 전부터 한스가 황토색 바탕에 초록색 장식무늬가 있는 커다란 도자기 난로 근처에 놓인 이 테이블에 해마다 다른 사람들과 함께 둘러앉아서는, 머뭇머뭇대다 바텐 카드게임을 하는 게 어떻겠느냐고 제안하는 것도 뜻밖의 일은 아니다. 소나무 판자를 덧댄 슈투베 벽에 그려진 열두 사도들과 함께, 테이블 바로 뒤 벽감에 보관된 리슬링 백포도주 한 병은, 한스가 왜 그런 제안을 했는지 뒷받침해주는 증거다. 오래전부터 연대기들에서 언급되어왔고 몇 세기에 걸쳐 커지고 넓어졌으나 언제나 본래의 핵심을 간직하고 있는 이 호텔에서는, 베네치아 게임보다는 독일 게임이 더 적합할 것이다. '도이체 트로이에deutsche Treue' 즉 독일식 충성에는, 역사의 배반에 도통한데다 모든 카드가 손

---

* Stube. 독일어로 원래 '방, 공동숙소'를 의미하지만, 알프스 산간지대 집들에서 볼 수 있는 '난로' 있는 방으로, 거실이나 식당 같은 공동주거 공간을 가리킨다.

에서 손으로 넘어가는 것을 의식하고 있는 너무나 라틴적인 이탈리아 오데르초나 트리에스테 같은 도시들에서 하는 코테초게임은 맞지 않을 것이다.

그러나 이 모임에서 크리스마스와 새해 사이에 빈에서 오는 한스는 소수라서 특기할 만한 게 못 된다. 역사의 술책에 따라 움직이는 게이머들이 모르는 사이에 수십 년 동안 이 테이블에서 (헤르베르호프 호텔의 예전 주인이자, 요 몇십 년 동안 서서히 마치 더 넓은 궤도를 계속해서 도는 행성처럼 이 헤르베르호프 호텔 자체의 중력에서 벗어난 자식들 일곱을 슬하에 둔 아버지, 수염을 기른 고故 마이르군터 씨의 시선 아래에서) 벌인 코테초게임이, 쥐트티롤을 알토아디제로 이탈리아화하고 안톨츠미테르탈을 안테르셀바디메초로 전환시키려는 시도에 의도치 않게 조금이라도 기여한 건 아닌지에 대한 부분도 배제할 수 없다. 아니, 그보다는 최소한 대략 크리스마스와 주현절 사이에 손에 카드를 들고 여기 슈투베에서 지내는 동안, 이 테이블에서 기분좋게 늙어가는 코테초게이머들은 여전히 그들도 모르는 사이에 이 절름발이 제국주의의 후위後衛를 대변하고 있는 셈이다. 이 계곡에서 이탈리아가 점진적으로 퇴각하는 동안 그들 역시 뒤로 물러났지만, 완승의 타격에 저항하고 필요할 경우에는 카드들을 버리면서 물러나고 있다.

코테초게임에서는 이기는 사람이 진다. 더 많은 카드를 얻고 더 많은 점수를 얻는 사람이 지는 것이다. 바로 이런 이유로 삶이랑 닮았다고 토니는 말한다. 삶은 종종 (아주 가벼워 보이지만 조만간 무거워져 당신을 아래로 끌어당기고 마는) 다이아몬드 에이스나 스페이드 킹처럼, 이런 매력적인 것까지 포함하여 많이 쌓으면 쌓을수록 더 많이 우리를 기만하기도 한다. 상대편이 게임에서 지게 하려고, 시공간곡률이나 하느님의 마음속에 있는 거미줄처럼 언제나 준비되어 있는 계산들과 개연성을 끊어나가면서 완승할 때처럼, 실제로 매번 이겨 모든 걸 거둬들일 일이 없는 한 말이다.

예를 들어 악의적인 상황이나 통계법칙에 아주 젬병인 토니 같은 사람도 무난하게 완승을 거둘 수 있다. 카드를 꺼내기도 전에 토니의 눈 속에 이미 이 완승이, 천천히 번득이다가 생글생글 웃으며 미간이 좁아지는 그 눈에 비친다. 그의 눈길이 은밀히 다른 게이머들의 얼굴 위로, 벽에 그려진 안드레아 사도 위로, 테이블에 흩어진 카드 위로, (어쨌든 늘 모래시계 속에 든 모래색 같은 황금빛) 테를라너 또는 폴* 백포도주 잔 위로 쏠린다. 카드를 갈고 있는 동안이면, 그 눈은 잠시 슈투베 창밖의 어둡고 텅 빈 밤으로 향하다가, 누군가 다른 한 병을 주문하지나 않을까 싶어 문가에 기다리며 서 있는 리사의 얼굴로 미끄러지면서 테이블로 돌아온다. 서른 살 아니면 쉰 살이나 됐을까, 나무를 깎아놓은 듯한 그 메마른 얼굴에도 바닥없는 밤의 어둠이 있다. 토니의 눈이 이 어둠 속으로 내려가 잠시나마 황량한 교회에 켜진 촛불처럼 어둠을 비춘다. 리사가 뜻없이 웃는다. 때 이른 주름이 잡힌 중에도 입술이 어려 보이는 그녀가, 그녀와 여섯 형제자매 말고도 첫 부인과의 슬하에 또다른 아들 둘을 두었던 아버지 마이르군터 씨의 초상화 맞은편에 있는 카페 카운터에 몸을 기댄 채, 술 취한 사람이 뭐라고뭐라고 중얼대는 걸 흘려들으며 담배에 불을 붙인다.

그러거나 말거나 이시도르 탈러는 이런 무관심에 익숙해져 있어 언짢아하지 않는다. 그는 두 다리로 겨우 서 있으면서도 리사에게 공손하게 몸을 숙여 인사한다. 알코올이 매년 그의 얼굴에다 나무 나이테처럼 붉은 반점을 몇 개씩 더해가지만, 기품 있는 얼굴 생김새나 흐느적거리며 걷는 가벼운 걸음걸이까지 바꿔놓지는 못한다. 사람들 사

---

* Terlaner / Fol. 둘 다 백포도주의 일종으로, 전자는 알토아디제에서, 후자는 트레비소 북부에서 생산된다.

이에 있든 텅 빈 자기 집에 혼자 있든 오래전부터 그는 무시받고 사는 데 익숙해 있다. 그의 집은 안테르셀바디소토 쪽 계곡으로 조금 아래 거의 리펜리프트의 스키 리프트 앞에 있는 멋진 삼층집인데, 햇살이 비치는 발코니와 이집트로의 피신*을 그린 프레스코 벽화가 있는 이 집은 다른 사람들한테 넘어간 많고 많은 유산 중에서 마지막으로 남은 것이다. 여름에 저수지에서 일하다가도 겨울이면 임시해고 상태가 되지만, 이래도 외롭고 저래도 외롭긴 마찬가지라서 이냥저냥 잘 지낸다. 모르는 존재로 산다는 건 운명이 주는 선물이기도 하다. 마이르군터 부인도 카운터 너머에서 작은 은제 왕관처럼 빗은 머리칼에다 엄격한 안경을 끼고 앉아서는 그가 무슨 말을 하든 귀담아 듣지 않다가, 자기한테 말을 걸어오면 의무적으로 그 사람한테 미소를 한번 지어주고는 리사한테 고개를 돌려버린다.

자식들 중 막내 야콥이 들어와 리사 귀에 대고 무언가 말하고 있는 동안, 부인은 눈길을 다른 쪽으로 돌린 채 가늘고 창백한 손가락으로 카운터를 신경질적으로 두드리며 이시도르 탈러를 몸짓 하나로 돌려보낸다. 그도 인사를 하고는 비틀거리면서도 공손한 자세로 말없이 어둠 속으로 나아간다. 그사이 코테초 테이블에서는 모두 한 점씩 잃었고 마리사는 카드를 다시 돌린다. 그녀의 손은 그 미소만큼이나 부드러우면서도 단호하다. 밖은 춥고, 어둠이 단지 밤에만 내리는 건 아니지만, 집에서 접시에다 수프를 떠줄 때처럼 그녀는 각자에게 자기 몫을 내준다. 당신 마음이 흔들리지 않게 하라, 라고 했더랬다.

바르바라는, 졸려서 칭얼거리는 이레네와 안젤라에게 다음날 스키를 타기에는 너무 어리니까 호수에서 썰매를 태워주겠다고 약속한

---

* 동방박사들의 방문 후 헤로데의 영아학살을 피해 요셉과 마리아가 아기 예수를 데리고 이집트로 피신한 것을 가리킨다.(「마태오 복음서」 2장 13~23절 참조)

다음 잠자리로 보냈고, 이제 "다시 하세" 하고 말한다. 처음 카드 나누기에서 안 좋은 카드를 갖게 될 때에는 다른 사람들에게 다시 하라고, 말하자면 카드를 다시 섞으라고 요구할 수 있기 때문이다. 하지만 주의해야 한다. 왜냐하면 바르바라는 "다시 하세" 하고 말하지 않고 "다시 할 수도 있네" 하고 말했는데, 이 조건법은 다른 사람들이 가진 패가 좋은지 안 좋은지 보기 위한 술책이 될 수 있고, 어쨌든 반응을 본 다음 "한데 다시 안 하겠네" 하고 말을 바꿀 수 있는 여지를 주기 때문이다.

슈투베는 헤르베르호프 호텔의 심장이고, 헤르베르호프는 안테르셀바디메초의 심장이다. 마찬가지로 마을은 나름대로 나머지 세상으로부터 엄격하게 단절된, 안테르셀바 계곡(안톨처탈) 전체의 심장이다. 계곡은, 북쪽으로는 리젠페르너 산들과 겨울에는 언제나 막히는 스탈레 고개(슈탈러자텔)로 경계가 제한되고, 동쪽과 서쪽으로는 갑자기 높아지는 산들 사이에 끼여 있으며, 남쪽으로는 마치 요새처럼 진입을 막으려는 듯 여러 겹으로 쌓은 높다란 황금빛 벽들 사이에 난 통로를 거쳐 들어가야 하는 일종의 문이 있어 분명하게 입구가 제한된다. '홀츠호프Holzhof SAS/KG'라는 글귀는 이 벽들이 목재회사의 야적장임을 곧바로 알려준다. 널빤지들은 규칙적이고 고정된 순서로 쌓여 있고, 황갈색 더미가 차가운 대기 속에서 빛나고 있다. 나무에서 좋은 냄새가 나고, 대기는 건조하며 눈처럼 순결하다. 바람이 약간 불더니 이제 갓 톱질한 나무 몸통에서 나온 황금빛 톱밥을 한 줌 날리고 간다.

이 목재 더미 사이로 난 길은, 브루니코(브루네크)에서 온다면 왼쪽으로 돌고, 도비아코(토블라크)에서 온다면 오른쪽으로 돌아 지나가게 된다. 어쨌든 이미 푸스테리아 계곡(푸스테르탈)에 들어와 있고,

안테르셀바 계곡은 호수와 고갯길을 향해 거슬러올라가는 마을들, 라순디소토, 라순디소프라, 바니디살로모네, 안테르셀바디소토, 안테르셀바디메초, 안테르셀바디소프라와 함께 여기에 딸린 계곡이며 소축척으로 집약된 계곡이다. 푸스테리아의 원래 이름 '푸스트리사'는 슬라브 이름이지만, 특히 이탈리아와 한층 심하게 갈등하던 시기에는 티롤로의 독일 문화, 산들 사이에 있는 오염되지 않은 '고향Heimat'을 지키는 격렬하면서도 때로는 매서운 파수꾼임을 보여주었다. 옛 이름은 최소한 영토 일부가 슬라브적 성격을 갖고 있어 민족적 토대와 관련될 수 있으나, 이 영토상의 의미는 공허하고 황량한 것이기도 해서, 아바르족*에게 쫓겨 이 땅으로 들어온 슬라브인들과의 전쟁이 야기한 황폐화를 원망조로 상기시킬 수도 있다.

폐쇄와 뒤섞임, 그어진 경계선과 침범된 경계선. 티롤로는 산들로 보호된 민족의 순결, 동족결혼, 보석함에 가둬둔 독일 진주 같은 세습 농장을 자랑하지만, 동시에 그곳은 통행로와 수송로, 라틴 세계와 게르만 세계 사이의 다리이기도 하다. 이쪽으로 아퀼레이아에서 브렌네르 고갯길에 이르는 로마 시대의 대로가 지나갔고, 나중에는 중세 상인들이 다니던 알레마냐 도로가 지나갔다. 안테르셀바의 철저한 우주지宇宙誌 학자이자 역사학자이며 헤르베르호프의 단골인 초등학교 선생 후베르트 뮐러 말로는, 대홍수 전에는 산꼭대기들을 직접 연결하는 길이 있었다고 한다.

선사시대는 산꼭대기들을 중시한 반면, 역사시대는 사라진 빙하들에 의해 기억할 수 없는 시절부터 깎여온 계곡 바닥을 중시했다. 지금

---

* 5~9세기에 중앙아시아, 동유럽, 중앙유럽에서 활동한 몽골계의 유목민. 6세기에 다뉴브 강 중류와 하류 지방에서 원주민인 슬라브계의 여러 부족을 복속시키고 널리 세력을 떨쳤으나 7세기에 동로마제국에 의하여 분열되고, 9세기 말에는 동방에서 침입하여 온 마자르족과 혼혈되어 이후 역사에서 자취를 감추었다.

우리는 이 아래에 있고 기어올라간다 한들 기껏해야 검은 바위까지가 다일 것이다. 안테르셀바 협곡(안톨처샤르테) 아래에 있는 만년설에서 검게 튀어나와 있어, 코테초게이머들 중 하나가 평범한 그 바위에다 어느 날 그렇게 이름을 붙였는데, 그때 이후로 그 이름붙인 사람은 거기에 정말로 매료되어 크리스마스와 새해 첫날 사이에 하는 하이킹에서 (걸음을 옮길 때마다 무릎까지 눈 속에 빠지는 한이 있더라도 가야 하는) 의무적인 목적지가 되었을 뿐만 아니라, 슈투베로 돌아온 정복자들의 각도에 따라 현지 지명으로 잘못 들어가게 되었다. 얼마 전부터 우리는 모두 이 아래 계곡 바닥에 있다. 예전에 노이라센 요새가 있던 폐허 인근의 안테르셀바 개울 오른쪽 기슭에서 발견된 돌도끼를 잡고 있던 사람이나, 라순디소토의 묘지에서 1961년 발견된 철기시대의 칼과 잔을 들고 있던 사람도, 대략 우리와 같은 높이에서, 말하자면 아래에서 세상을 바라보았다.

강은 모래톱을 갉아먹으며 마모시키고, 역사는 바위를 깎으며 늘상 점점 더 아래로 내려가, 공간 속에서 회전하는 주름진 구체에다 칼날 같은 홈을 낸다. 어느 날 그 홈 자국들이 지구 중심에 도달할 테고, 쪼개진 수박 조각들은 각자 나름대로 길을 갈 것이다. 목동이 자기 가축들과 함께 몇 달 동안 거주하는 풀밭과 계곡을 비옥하게 해줄 시간의 퇴적물들은, 부엽토 속에서 다음의 이름들을 반죽하는, 다시 뒤섞인 옛 뼈들이다. 콰란타니 슬라브인들,* 타실로 공작† 이 다스리던 바이에른족, 프랑크족, 롬바르드족, 그 이전의 머나먼 사람들인 리구리아인들, 일리리아인들, 켈트족, 라이티아‡ 사람들, 이름으로만 존재하는 베

---

* Quarantani. 중세 초기 슬라브인들로 슬로베니아 사람들의 조상이 되었다고 한다.
† 독일 남부를 통치했던 타실로 2세(?~719)를 가리킨다.
‡ Raetia. 로마제국의 속주로, 스위스 동부와 중부, 다뉴브 강 상류, 티롤로 등이 여기에 속했다.

노스티족, 사에바테스족, 라이안치족,* 이들은 아마 같은 사람들과 그들 사이의 충돌, 혼합, 파괴, 소멸과 같은 예기치 않은 사건들을 동시에 가리키는 이름들일 수도 있다. 밀러 선생은 각각의 세습 농장을 포함해 이 소유자들의 가계를 재구성한 연구서 『안테르셀바 마을 연대기』(1985)에서 라순안테르셀바† 의 인종적 기반은 게르만-로맨스-슬라브의 혼합이며, 반면 안테르셀바는 "순수한 독일 정착지"라고 썼다.

도처에 경계선들이 있는데 알아차리지 못한 채 넘어간다. 라이티아와 노리쿰,‡ 바이에른족과 알라만족,§ 게르만 사람과 라틴 사람들 사이의 옛 경계선이 그렇다. 티롤로 전체가 나누고 통합하는 하나의 경계선이다. 브렌네르 고갯길은 두 나라를 나누는 동시에 단일한 통일체로 느끼게 하는 땅의 중심지다. 또한 이름들은 정체성을 변화시키기도 한다. 1839년에야 처음 나타난 이름 수드티롤로(쥐트티롤)는 한때 트렌토를 가리켰고, 티롤로는 독일인, 이탈리아인, 라딘어족¶ 세 민족에 바탕을 둔 지방이었다. 하지만 브렌네르는 지리적으로 아드리아 해와 흑해 사이, 아디제 강**과 함께 모든 확신의 바다로 흘러들어가는 강물과 드라바 강†† 을 통해 다뉴브로 흘러드는 강물 사이의 분수령이다. 아드리아 해와 다뉴브, 바다와 대륙의 중부유럽, 서로 대립적

---

* Venosti / Saevates / Laianci. 모두 고대 알프스 중동부에 정착했던 사람들이다.
† 여기에서는 안테르셀바 계곡으로 들어가는 입구의 마을을 가리킨다.
‡ Noricum. 로마제국의 속주로 오스트리아 중부, 독일 바이에른 일부, 슬로베니아 북서부 등이 여기에 속했다.
§ Alemanni. 고대 게르만족의 일파다.
¶ 5세기부터 알프스 동부 계곡에 정착한 노리쿰 주민들이 사용하는 언어로, 지금도 트렌티노알토아디제와 베네토의 일부 지방에서 사용된다.
** 브렌네르 서쪽의 알프스에서 발원하여 아드리아 해로 흘러들어가는 강으로 이탈리아에서 두번째로 길다.
†† Drava. 브렌네르 동쪽의 도비아코 협곡 부근에서 발원하여 헝가리, 슬로베니아, 크로아티아를 거쳐 다뉴브 강과 합류되는 강이다.

이면서도 보완적인 삶의 두 배경. 그 둘을 갈라놓는 경계선, 여행하면서 무심결에 넘어가게 되는 그 경계선은 한 우주에서 다른 우주로 안내하는 조그마한 블랙홀이다.

어쨌든 안테르셀바로 향하는 자동차는 오른쪽으로 돌아 계곡으로 들어간다. 매년 똑같은 날에, 크리스마스 직후에는 도비아코 쪽에서 오기 때문이다. 방향을 틀면서 차 앞바퀴가 도로 가장자리에서, 계곡 전체를 따라 미끄러져 이 아래까지 스키를 타고 내려와 누군가 남긴 (눈 위에서 잘 보이는) 산뜻한 평행선 자국을 납작하게 만들었다.

12월과 1월의 단지 며칠이지만 (여러 해 동안 합하면 상당히 긴) 안테르셀바에서 보낸 시간들은, 집약되고 연속적인 단일한 시간이 결합된 날들로, 겨울의 모든 얼굴, 즉 얼음, 눈사태, 폭설, 남풍이 불 때면 지붕에 매달려 물방울을 떨어뜨리던 뾰족한 고드름까지, 모든 게 그 시간의 얼굴에 녹아들어 있다. 계곡은 겨울이자, 겨울잠을 자기 위한 장소다. 습관적으로 강요당한 밤샘의 억압과 스트레스로부터 해방된 삶이 다시 깨어나 휴식을 취하는, 잠과 동면의 장소인 것이다. 왕관을 위해 말 안장에 올랐던 막시밀리안 황제[*]는, 티롤로는 투박하지만 몸을 따뜻하게 해주는 외투라고 말했다. 포근한 눈 외투에 감싸인 몸은 기지개를 켜고, 얼굴은 반쯤 감은 눈을 들어 태양을 향해 있으며, 뺨에는 시원한 눈이 스치고, 근심은 새처럼 들판에서 날아올라 포도주처럼 슈투베 안에서 이 사람에게서 저 사람에게로 흘러가는 웃음에 달아나버린다. 경사진 지붕 밑 방에서라면 활기찬 섹스가 가뿐히 잠에서 깨어나, 둔하고 복잡하게 껴입은 양모 스웨터와 양말일지라도 재킷이나 넥타이보다 더 쉽게 벗어 던지게 된다.

눈 속에서 흐르는 나날과 해들은 이 모두를 간직한 채 하나의 단일

---

[*] 1508년 신성로마제국의 황제로 등극한 막시밀리안 1세(1459~1519)를 가리킨다.

한 현재로 응결되고, 그 눈에서 해빙으로 되살아나는 사물들처럼 다시 떠오른다. 시간은 영원한 만년설 안에서 결정結晶이 되고, 서로 다른 해에 내려 층층이 쌓인 눈은 틈을 없애며 서로 맞닿아 뭉쳐진다. 스키 초보자용 슬로프 위에 있는 헤르베르호프 호텔 뒤쪽, 빌트갈 산 아래의 호수 근처에 있는, 산 이름을 따서 지은 빌트갈 호텔, 거기 테라스에 서 있는 마리사의 머리칼이 검다. 이 머리칼에 난 흰머리 몇 올은 눈에서 온 것이 아니다. 이 새로운 색깔을 더한 화가는 훌륭한 공방 출신이고, 조예 깊은 그 솜씨를 이 손길로 보여준다.

단지 눈에 뒤덮인 생명과 계곡을 안다는 것만으로도 흥미로운 일이다. 따스한 어느 날, 이 습도에서 진행되는 급속 해빙으로 진흙과 소똥과 함께 드러나는 것이 고작 시든 풀 몇 포기뿐이더라도 말이다. 얼어붙은 호수에 생긴 줄무늬, 얼마나 바람이 불고 햇빛을 쐬었는지 그 정도와 깊이에 따라 때로는 더 푸르게 때로는 더 파랗게 호수에 줄 자국을 내는, 옴짝달싹 못해서 치는 물의 그 몸서리는 여러 해 관찰로 얻어진 실험과학의 대상이다. 빌트갈 산 그림자가 이른 오후에 벌써 호수 위로 빠르게 길어지면서, 눈부신 하늘빛을 보랏빛이 도는 검푸른 빛으로 어둡게 만들거나, 산등성이에 난 스키 활강로같이 호수를 가로질러 저녁이면 레이스 같은 살얼음 자수를 놓는다. 여름에는 호수의 물이 청록색이다. 카페 카운터에 있는 엽서들에서는 최소한 그렇게 보인다. 안젤라는 도시에 있는 연인에게 엽서를 쓰고 있는 중이다. 프란체스코와 파올로는 벌써 문가에서 마리안나에게, 이곳의 중세 음유시인 하바르트 폰 안톨츠의 이름을 간직한 문화원에서 열리는 소방관들 무도회에 함께 가고 싶으면 서두르라고 말한다.

계곡으로 들어가는 첫번째 마을은 니더라센, 즉 라순디소토다. 여기에서 쓰는 사투리에 대해, 모든 안내 책자에서는 12킬로미터 저쪽

안테르셀바에서 쓰는 사투리와 비교할 때 작지만 명백한 차이, 특히 발음의 차이가 있음을 지적한다. 자동차가 안테르셀바를 향해 넘어가던 중에 오른쪽 뒤로 보이는, 마을 경계선에 서 있는 소박한 기념비 하나가 친숙한 시공간으로 우리를 안내한다. 로쿠스 성인과 세바스티아누스 성인*의 그림으로 장식된 예배당에서 페스트가 퍼진 1636년을 떠올리게 된다. 또다른 분수령에서 시작되는 다뉴브 세계는 온통 페스트 기둥들로 가득한데, 전염병이 퍼지는 동안 창조물의 비참함과 영광을 위해 세워진 이 신성한 삼위일체 기둥들은 빈 그라벤 거리에 세운 기둥에서 퍼져나가, 중부유럽 전역으로 수없이 늘어나고 반복되어 동부와 남부 끝까지 통합 인장을 찍어놓았다.

기둥 자리에다 세운 예배당은 약간 걸리적거리는 느낌을 준다. 식사 의례에서 칸트가 자그마한 이런 오점과도 같은 것에 신경이 거슬렸듯 말이다. 하지만 어쨌든 페스트와 반종교개혁가의 신앙심과의 연결관계는 어떤 기다림, 습관적으로 안심을 주는 요소들에 대한 확인인 셈이다. 그럼에도 불구하고 중부유럽은 가톨릭적이고 유대교적이며, 두 요소 중 하나라도 부족하면 균형을 잃는다. 독일권 티롤로의 산들 사이에는 유대교적 요소, 즉 세계와 제국의 군주를 악한으로 만들고 그 엄숙한 향香에다 뒷골목의 톡 쏘는 듯한 악취를 뒤섞어놓은, 불굴의 생명력과 유랑하는 우울이 공존하는 그런 요소들이 안 보인다.

유대인 없는 독일인들은 생명 유지에 필요한 것들이 결여된 육체와 같다. 유대인들은 보다 자급자족하고 있지만, 거의 모든 유대인에게는 어딘가 독일적인 구석이 있다. 모든 단일민족이 지닌 순수성은 구루병과 갑상선종으로 이끈다. 나치즘은 모든 야만성과 마찬가지로

---

* 로쿠스 성인(1295~1327)은 프랑스의 은둔 수도사였다. 세바스티아누스 성인(?~288)은 초기 그리스도교 순교자 중 하나로 밧줄로 묶여 화살을 맞은 젊은이의 모습으로 묘사된다.

수백만 유대인들을 학살한, 어리석고 자기파괴적인 것이었다. 독일 문명을 불구로 만든데다, 어쩌면 이 중부유럽 자체를 아주 파괴해버린 건지도 모른다.

게슈토르벤gestorben, 죽었군요. 베피노가 걸었던 마지막 판돈에 사람들이 성호를 그으며 말했고, 이 마지막 내기마저 지자 베피노는 게임에서 제외되었다. 그는 일어나 바람막이 외투와 털모자를 들고 산책을 나선다. 야콥은 마구간에서 돌아왔고 탐욕스러운 눈길로 음흉하게 미소를 짓는다. 마구간은 여름 목초지와 마찬가지로 그의 왕국이다. 가족과 일을 분담하면서 그는 가축 돌보는 임무를 맡게 되었고, 다른 가족은 사람들을 대접하는 일을 한다. 그는 젖을 짜고 털을 빗질하고 쇠스랑으로 건초를 휘젓고 김이 나는 똥지게를 비운다. 예전에는 겨울이면 꽁꽁 언 맨발을 녹이려고 마을 아이들이 이 김나는 똥을 얻어가려 하곤 했다. 때가 되면 송아지를 도살장으로 데려가는 사람도 야콥이다. 송아지 귀 아래를 쓰다듬으며, 가장 맛있는 축축한 건초 먹이를 주고, 쾌히 휘파람을 불며 고삐를 잡고 끌고 갔다.

야콥이 자기 몫으로 남겨둔 수프를 먹으러 부엌으로 간다. 리사는 어두운 길가 가로등을 보며 담배를 피운다. 부엌으로 사라지기 전에 야콥은 리사에게 가까이 다가가 무언가 말하고 낄낄거리지만, 리사는 대답이 없다. 이제 겨우 열시군요. 시간이 참 기네요. 밖으로 나가기 위해 앞을 지나가던 베피노에게 리사가 말을 건다. 모든 게 변하는군요. 요세프가 자기 나름대로 사업을 시작했을 때 세운 호텔 봤어요? 약간 변하는 거야 좋지만, 지나친 건 안 좋아요. 프랑스에 간 적이 있는데, 엄마가 라순디소토 너머 발다오라(올랑) 역까지 날 바래다줬지요. 우리는 몇 시간 동안이나 기차를 기다려야 했어요. 하지만 최소한 거기 그 역만큼은 아무것도 변한 게 없었고, 엄마랑 거기에 있으니 좋

안테르셀바 | 249

더군요. 파리에 두 달 있었어요. 돌아올 때에도 엄마가 발다오라로 마중을 나왔지요. 기차가 멈추고 사람들이 많이, 어찌나 많이 내리던지. 리사가 베피노를 바라본다. 눈에서 암담한 불꽃이 반짝이고 있다. 뭐 때문에 모두들 길거리에서 저렇게 달리고 외치는 것일까? 밖에는 아무도 없다. 밤은 텅 비었다. 위층에 있는 어느 방에서 아기 울음소리가 들린다. 리사가 계단을 오르고, 그동안 슈투베에서는 호수에서 눈다지는 차를 모는 남자가 절반은 술에, 절반은 잠에 취한 채로 낄낄대고 있다.

베피노는 밖으로 나가 하늘을 올려다보고 오리온자리를 알아본다. 게슈토르벤, 자기한테는 그런 일이 없었기에 신이 나서 다른 사람들 판돈에 성호를 그으면서 토니가 어찌나 잘도 내뱉던 말인지! 마티아 남작이 각자의 거실과 식당을 판돈으로 걸고 그에게 코테초게임을 도전해왔던 적이 있는데, 다음날 토니는 남작의 빌라에 트럭을 보내어 모든 것을 실어오게 했다. "바뇰로 골목 갈보집에서/ 나는 보았네. 황록색 소파에서/ 마티아 남작이/ 우울한 표정으로/ 손으로 제 밑천을 잡고 있었지." 토니는 이렇게 흥얼거리곤 했다. 술집에서 노름꾼들이 노는 걸 보고 이러쿵저러쿵하며 시간을 보내던 마을의 기발한 음유시인이 즉흥적으로 지어 퍼뜨린 시구였다.

별들이 검은 하늘에 매달려 있었다. 크리스마스트리에 걸린 눈송이들처럼, 커다랗고 반짝이는 숱한 별들, 어두운 잔가지들 사이에 켜진 유리공들과 작은 촛불들처럼. 고개를 들면 처음에는 빛나는 점들이 흩뿌려져 있는 거대한 어둠이 보이고, 그러다가 빛나는 점들이 점점 더 많아지더니, 먼지 같은 흰빛이 어둠에서 피어난다. 점점 더 밝아지고 점점 더 하얘지는, 밤 창문에 피는 얼음꽃들이다. 자동차가 지나가자 길가로 비켜선다. 이 경사면 끄트머리로 몸을 내밀면 빛나는 어둠 속으로 사라져 은하수 안으로 떨어질 테고, 이미 그 검은 강물과 희디흰 거품 한가운데에 있게 되겠지.

베텔게우스 별자리는 정확히 12월 21일 자정에 자오선을 지나가며, 그 직경은 광도의 진폭에 따라 변한다. 저 위나 이 아래에서나 각도, 거리, 궤도가 엄격하게 미리 정해져 있으니, 게임에서 실수를 하거나 패를 바꿀 수도 없는 노릇이다. 토니에게, 게슈토르벤, 하고 게임에서 나가게 만든 그 암도 절대 바꿀 수 없는 규칙의 일부일지 누가 알겠는가? 코테초게임에서 '고르나 아버지가 거둬 모았다가 도로 돌려준다'라는 규칙이 있는 것처럼, 똑같은 무늬 카드를 거둬들여 다시 판을 시작해야 하고, 그렇게 나중에는 또다른 사람이 패를 거둬야 하니 결국 더 많은 점수를 따게 될 것이다. 토니에게 고르나 아버지의 규칙은 절대로 틀리지 않았다. 모두가 판을 팽개치고 가버리다니, 얼마나 재미없는 우스갯소리인가! 이제는 웃는 게 약간 더 곤란해져버렸으니, 정말이지 웃음 밖에 안 나온다. 다행히도 여기 슈투베에서 여러 해 동안 아주 많이 웃었다. 이는 계속해서 이자가 붙는 자산이고, 지금도 특히 그가 생각나면 웃게 된다.

도로 왼쪽에 있는 막사는 닫혀 있고, 철조망은 더이상 누구의 출입도 막지 못한다. 수드티롤로의 폭탄이 더는 터지지 않은 지도 오래되었다.* 송전탑도, 기념비도, 사람들도 더는 티롤로의 자유를 위해 난리굿을 치진 않는다. 안테르셀바는 언제나 평온했지만, 이곳도 1964년 심문과 수색 과정에서 헌병들이 일부 수드티롤로 민중당† 가입자들을 구타한 일은 피해가지 못했다. 도로 왼쪽 가장자리 조금 더 너머로, 어두운 밤인데도 산속 위장 벙커들은 곧잘 드러난다. 불안한 독일

---

* 이차대전 후 이탈리아 영토가 된 수드티롤로에서, 특히 1960년대에 독립을 주장하는 세력에 의해 유혈 충돌이 벌어지기도 했다.
† 1945년 5월 8일 볼차노에서 독일계 주민의 이익을 위해 창당된 정당. 독일어 이름은 Südtiroler Volkspartei이고, 이탈리아어 이름은 Partito Popolare Sudtirolese이다.

연합군과의 국경선 옆에 무솔리니가 세운, 소위 '나는 믿지 않는다'라는 뜻의 '논미피도non-mi-fido'선인 것이다.

이 허깨비 벙커들은, 파시즘과 나치즘 사이에서 처음에는 오만했고 나중에는 예속적으로 유지된 관계들, 그 오해로 빚어진 희극 무대 장치였다. 알토아디제에서 오해는 그로테스크함의 극치에 이르렀다. 파시즘은 독일계 주민들의 민족성을 말살하려고 한 동시에 독일의 세계 지배를 주장하는 나치 독일에 복종했다. 수드티롤로 주민들 대부분은, 전통적인 가톨릭 신앙으로 인해 히틀러의 이교도적 언행은 불신하면서도, 이탈리아 파시즘 체제가 자기네더러 친나치주의자가 되라고 사주하면서 이탈리아 민족주의의 이름으로 독일계인 자신들을 괴롭히지만 않았더라면, 자기네들을 볼셰비키로부터 보호해주는 것에 기뻐했을 것이고 기꺼이 파시스트가 되었을 것이다. 추축국 시절에도 수드티롤로에서는 어린이들이 전쟁놀이를 할 때 이탈리아군과 싸우는 독일군 놀이를 했고 에티오피아 전쟁 동안에는 네구스[*]를 지지했다고, 여기 볼차노 출신의 역사가 클라우스 가터러는 말한다.

독일 민중의 총통이자 이로써 독일 민족의 보증인이었던 히틀러는, 무솔리니와의 동맹을 위해 그들을 희생시켜 1939년의 유명한 협상에 합의했고, 그 결과 자신들 땅과 혈통의 통일성에 집요하게 집착하던 수드티롤로 사람들은 두 분열을 받아들여야 했으며, 자기 땅에 남아 이탈리아인들에게 동화되거나, 아니면 자기 땅에서 뿌리뽑혀 독일이나 일부 계획에 따르면 나치 독일에 통합되어야 할 머나먼 땅으로, 심지어 크림반도까지 이주하면서 독일인으로 남는 것 사이에서 선택을 해야만 했다. 이차대전의 결과는 그런 드라마에 대해 그들에

---

[*] Negus. 에티오피아에서 왕을 가리키는 용어로, 여기에서는 당시 에티오피아 제국의 마지막 황제였던 하일레 셀라시에 1세(1892~1975)를 가리킨다.

게 보상을 해주었다. 떠났던 상당수 사람들이 정당하게 자기 집으로 돌아왔으니, 이제 거기서 오히려 이탈리아인 소수자들이 어려움에 처하게 되었기 때문이다. 버려진 벙커는 아직도 저기에서 부조리한 세계 연극이 만들어낸 효과적인 무대장치로 남아 있다.

음울하고 조잡한 이 유적을 한쪽에 남기고 도로에서 몇 미터 더 가면 소나무 한 그루가 나오는데, 계곡으로 올라가는 쪽에서도 마찬가지로 왼편에 서 있는 이 소나무는, 안테르셀바디메초의 상징적 경계선이다. 매일 저녁 잠자러 가기 전에 산책하러 가서 이 소나무를 껴안는다. 처음 몇 해에는 몸통이 작아서 쉬웠다. 지금은 팔로 감싸면 닿지 않는다. 뺨에 닿는 거친 껍질의 촉감이 좋다. 저 아래 도로에서 목소리들이, 커다란 웃음소리가 들려온다. 좀더 어두운 저쪽으로, 호리호리하면서도 대담한 모습의 누군가가 얼핏 눈에 들어온다. 다른 사람들이 도착하기 전에 얼른 바지 단추를 채운 베피노가, 입안에 넣었던 싸하면서도 씁쓸한 소나무 속껍질 조각을 눈 위로 뱉어내고는 그들 쪽으로 내려간다.

브루니코로 가는 도로의 갈림길과 안테르셀바디메초 사이의 12킬로미터 길은 길이도 긴데다 여러 해를 관통해온 길이다. 이곳을 가로지르는 자동차는 보이지 않는 시간의 장벽에 구멍을 뚫는 셈이다. 라순디소토는 혼종 마을이다. 자기 역사의 흔적들은 관광 양식으로 흡수되었다. 반면 라순디소프라에서는 관광 양식이 '장소의 수호신 genius loci'을 위한 아득하고도 느린 시간 속에 흡수되어 거의 사라졌다. 집들은 말쑥하고 잘 보존되어 있으며, 1822년에 재건축되었지만 천 년 뒤로 거슬러올라가는 교회의 내부는 살색 바로크 대리석과 소용돌이무늬가 있는 나무 의자로 장식되어 있다. 입구 옆에는 자신에게 가혹하게 채찍질을 하고 있는, 푸른 망토를 걸친 어느 성녀가 있다. 성녀 앞에는 어느 남자 성인이 황홀경의 열정과 함께 기도하고 있지만 자신에게 채찍질을 하지는 않는다. 신앙심을 실행하는 데서마저 남자들은 잘도 빠져나간다. 제단 옆에 놓여 있고 자그마한 빨간 사과들로 장식된 진초록 크리스마스트리 속에서 짚으로 만든 밝은 별들이 반짝인다. 길 잃은 아이들이 어두운 숲속에서 방황하다 만나는 반짝이는 오두막 불빛이다.

교회 앞에는 토로스 산맥의 바람을 모으는 풍향계가 있는 사제관이 있다. 17세기부터 사제관은 폐허가 된 라순베키아* 요새에 그때까지도 자리잡고 있던, '법원'을 뜻하는 게리흐트 소재지였다. 푸스테리아의 백작들이 11세기에 볼차노 북서쪽 도시 브레사노네의 주교에게 맡겼던 안테르셀바 법원 구역까지 뻗어 있던 그 재판소는, 브레사노네 주교들이 1803년 세속 법원으로 넘길 때까지 브루니코의 자기 재판관들에게 재판을 위임했다. 눈 위에 난 스키 자국처럼 서로 다른 통치와 영토 관할에 있던 옛 경계선들은, 조그맣고 폐쇄된 계곡의 지정학적 원자를 비정형 프랙털 같은 다수성으로, 모든 봉건적 대우주와 소우주의 우여곡절 많은 복수성으로 쪼개면서, 지상에서 서로 교차하는 다양한 힘들이다.

눈 속에서 나아가는 발과 계곡을 거슬러올라가는 자동차는 자코뱅의 진격을, 1809년 브루니코 전투 후 티롤로 애국자들을 추격하던 브루시에† 장군의 부대가 전진하던 그 길을 따르고 있다. 도시에서 또는 시골에서 오는 사람은 무의식중이라 해도 스키 장비와 함께 나폴레옹의 코드도 갖고 오는 셈이다. 하지만 발은 눈 속에 빠지고 자동차는

---

* 라순디소토 중심지 근처에 라순베키아(독일어 이름은 부르그루이네알트라셴), 즉 '옛날 라순'의 폐허가 있는데, 13세기에 이곳에 성이 있었다.
† Jean-Baptiste Broussier(1766~1814). 프랑스 군인으로 특히 나폴레옹의 이탈리아 침공 때 장군으로 부대를 지휘하였다.

미끄러진다. 산비탈에 있는 이 농장의 세습적 계승은 이성의 보편적 평등이 아니라, 중세의 전통과 수백 년에 걸친 다양성에 뿌리를 내린 또다른 법칙에 따라 이루어진다. 우리는 지금 평범한 세상이 아니라 티롤로에 있다. 오래된 속담이 자랑스럽게 말하듯이, 세상이 배신해도 란트Land, 즉 고향땅의 마을은 그대로 유지된다.

농장과 계곡처럼 티롤로는 폐쇄성을, 다른 모든 사람을 배제하는 '우리'라는 치밀한 정체성을 내보인다. "빈 사람들, 체코 사람들, 또다른 유대인들"을 가리켜 클라우스 가터러의 대부는 경멸하듯 말했고, 합스부르크가를 불신할 수밖에 없는 이방인 무리에 사회주의자들, 국제적인 대자본가들, 헝가리 사람들, 일반적인 슬라브인들, 자기 계곡 출신자를 제외한 성직자들, 볼셰비키주의자들, 이탈리아 경찰들을 포함시켰다. 모든 순수성이란 게 그렇듯 민족의 순수성이란 배제의 결과이며, 배제가 근본적일수록 더욱 엄격해진다. 진정한 순수성은 총체적 배제에서 얻어지는 절대적 제로, 무無일 것이다.

1254년에 처음 표명되었다가 1919년 독립국가 계획으로 다시 제기된 티롤로의 자율적 정체성은 종종 배제를 토대로 한다. 티롤로의 숙명이 좌지우지된 날짜들을 보면 이따금 그 자율성이 난파당한 때다. 1363년 마르가레트 마울타슈* 이후, 티롤로는 합스부르크가의 소유가 되었고 스위스가 될 가능성은 영원히 없어졌다. 1806년 바이에른이 점령했고, 1809년에는 프랑스가 침공했으며, 1918년 수드티롤로가 분리되어 이탈리아에 복속되었다가, 1939년에는 협상으로 수드티롤로의 사람들이 분리되고 변질되었다.

정치적 차원에서 실현되지 못한 자율성은 지역 중심주의와 그 특

---

* Margarete Maultasch(1318~1369). 고리차 가문 출신의 티롤로의 마지막 여백작으로, 이탈리아어 이름은 마르게리타 보카그란데이다. 'Maultasch'는 '커다란 입'이라는 뜻으로, 그녀의 별명이었다.

수성 내에, 역동적인 표면보다 바닥에서 더 천천히 움직이는 역사 저변에 있는 존재의 조직 내에, 그 명맥이 남는다. 위쪽 땅이 파헤쳐져 없어질 때에도 제자리에 남아 있는 지질학적 지층처럼 말이다. 티롤로에 맞는 열쇠는 1511년 막시밀리안 황제의 란틀리벨*에 의해 승인된 오래된 법인데, 고유 영토의 민병대 란트베어와 란트슈투름†을 단지 자기 고장, 즉 티롤로에서만 사용하고 규모가 더 큰 나라에서는 사용하지 않는다는 법이다. 국가가 아니라 지역, 국민이 아니라 민족이 중심인 것이다.

몇 년 전까지도 티롤로의 보병인 자원민병대 쉬첸이 흔드는 깃발이나 깃털 장식은 감동적인 옛 물건, 벽에 걸어놓는 노루 뿔이나 박제된 새처럼 보였다. 지금 쉬첸의 깃털 달린 모자와 가죽 반바지와 그 사이로 보이는 불그스레한 목덜미나 허벅지는, 지역적 배타주의와 이기주의가 있는 유럽에서 다시 재평가되는, 민족적 순수성을 보여주는 마크나 다름없다. 역사는, 자신의 수레바퀴 방향을 갑자기 돌려 거대 제국을 산산이 부숴 그 전면 무대에 소읍을 내세우기도 한다. 폐쇄적인 세습 농장이 나폴레옹의 행정관들과 공산주의인터내셔널에서도 살아남아, 현재와 가까운 미래를 대표하겠다고 나서기도 한다. 유럽 전체에 지역 단위 민족주의의 열기나 다름에 대한 찬양이 확산되고 있으며, 이 다름이 인간적이고 보편적인 것의 구체적 표현으로서 사랑받는 것이 아니라, 오히려 절대적 가치로 우상처럼 떠받들어지고, 각자가 다른 것과 광폭하게 대립하고 있다.

"다시 하세" 하고 계몽주의자는 말하고 싶을 것이다. 카드들은 다시

---

* Landlibell. 막시밀리안 1세가 인준한 법으로 티롤로에 일종의 민병대를 창설하는 데 토대가 되었다.
† 란트베어Landwehr는 독일계 나라들에서 설립된 민병대 또는 방위대를 가리키며, 란트슈투름Landsturm 역시 독일계 나라들의 민병대나 일종의 예비군을 가리킨다.

섞일 것이며, 지금은 포스트모던 중세에 의해 그늘에 가려져 있는 정치에 대한 보편개념이 조만간 다시 돌아와, 더 큰 게임을 조절하리라는 것을 알고 있으니 말이다. 그리고 누군가는 어쩌면, 1910년 계곡을 가로질러가던 중에 갑자기 말들이 날뛰는 바람에 오스트리아 황태자 프란츠 페르디난트가 치명적인 사고를 당할 뻔했을 때, 만약 실제로 그 사고가 일어났더라면, 그래서 사라예보와 다른 일을 피했다면, 어떤 일이 일어났을까를 질문해볼 수도 있을 것이다. 하지만 코테초 계몽주의자는 삶의 짜임새가 얼마나 다양하고 예측할 수 없는지 잘 알고 있는데다, 사태들을 유발했던 싹쓸이 패로 심각한 곤경에 처하기도 한다는 걸 알고 있다. 게다가 진보와 역사, 보편성에 대한 성급한 믿음도, 그 곤경에 한몫했음을 안다. 손에 들고 있는 카드들에 그다지 열광하지도 않으며 다음에 분배할 때 더 좋은 카드를 받을 거라고 확신하지도 않기에, 다른 사람들이 열광하고 광분하며 다시 할지 말지 결정하게 내버려두고, 자기로서는 코테초 규정에 따라 이렇게 말해도 되는 게 자기 권리이기도 하니까 "상관없네" 하고 말할 뿐인지도 모른다.

결국 화를 내고 말 거야. 네 발로 테이블들 사이와 아래로 뛰어다니며 손님들 바지를 잡아당기는 콘라트를 가리키면서, 언니 헬가가 리사에게 말한다. 리사는 아들을 바라본다. 미소를 짓고 있는 건 아니지만 마치 키스를 받은 듯 입술에 엷게 무언가 번져나간다. 다정하면서도 총명한 눈빛을 지닌 곱슬머리 콘라트가 자기를 붙잡으려는 사람을 피해 의자 밑으로 달아나면서 사람 혼을 쏙 빼놓을 정도로 매력적으로 웃는다. 한번은 크리스마스에 어디선가 아기 우는 소리가 들렸다. 마이르군터 부인이 머리를 까닥거리고 있자, 마리사가 그녀더러 아기를 사람들 가운데로 데려와 보여달라고 했다. 어머니나 아버지가 중요하겠는가. 누군가 태어나는 순간, 중요한 건 아이다. 목동들이나 동방박사들은 아무것도 묻지 않고 그저 와서 축하해줄 뿐이다. 소나 당나귀도 요셉이나 마리아는 제쳐둔 채 입김으로 짚더미 위의 갓난아이를 따뜻하게 해주는 데만 애쓰지 않는가.

콘라트가 행동을 멈추고 창문 옆에 누워 있는 고양이를 바라보고 있다. 고양이는 회색이지만 발에는 희디흰 반점들이 있다. 저기 바깥에 있는 눈도 하얗다. 유리창 안에 또다른 고양이가 있는데, 그 고양이에게도 수염이 있고, 두 삼촌에게도 수염이 있다. "무이네, 프스, 프스." 프란체스코가 "야옹아, 야옹, 야옹" 하며 말하는 법을 가르치려 하지만 콘라트는 웃고 있다. 이탈리아어를 알고 있지만 고양이와는 계곡에서 쓰는 사투리로 말한다. 양들에게도 마찬가지로, "팜파, 록, 록" 하고 말한다. 양은 여러 가지 방식으로 말할 수 있는데, 새끼를 낳은 암컷이면 '괴레Görre'라고 하고, 수컷이면 '툴레Tulle'라고 하며, 거세된 수컷이면 '그스트라운Gstraun'이고, 젊은 암컷이면 '킬폴레Killpole'다. 콘라트는 웃다가 재주를 넘더니 창문을 향해 키스를 보낸다. 리사도 미소를 짓고 있는 것 같다.

야콥 삼촌이 콘라트한테 캐러멜을 주고 머리를 쓰다듬는다. 리사가 일어나 다가가 아이를 팔에 안는다. 포도주를 마시고 있던 야콥이 슈투베에 앉아 있는 사람들 중 하나가 건넨 재치 있는 말에 웃어대더니, 담요를 옆구리에 끼고 잠자러 갈 채비를 한다. 자기 방이 있는데도 되는 대로 아무 데서나 자길 좋아하는 그다. 항상 따뜻한 온도가 유지되고 있는 포도주 저장고 옆 세탁실에 있는 긴 의자도 개의치 않는다. 겨울에는 여기가 좋아요. 약간 걸걸한 목소리로 그가 말한다. 아무도 안 오고 단지 마을 술꾼들만 오는 휴일 전후로도 여기가 딱입니다. 그다지 할일도 없는데 밤은 길지요. 특히 술을 마시면 우리가 종종 싸우긴 해도 가족처럼 잘 지내거든요. 리사가 모난 사람이라고 생각하면 안 돼요. 얼마나 다정한 사람인데요. 이렇게 계속 낄낄거리는 동안에도 그의 눈에선 눈물이 고인다.

일 년에 단 한 번, 자동차가 와 왼쪽으로 돌아, 말하자면 브루니코에서, 아니, 더 정확히 말하면 쇤후버 가게에서 와 계곡으로 들어간다. 매번 크리스마스 때마다 마이센 도자기 그릇 세트를 조금씩 채워놓으려고 오후에 들르는 차다. 마이센 도자기 중에서 츠비벨무스터라고 불리는 양파무늬만큼은 하얀색과 코발트블루다. 청색은 중앙 홀 신도석 높은 곳과 애프스 뒤에 있는 교회 스테인드글라스 빛깔이다. 미사 동안 의자 사이에서 무릎을 꿇은 채 오밀조밀 몰려 기도하고 늙어가는 사람들 위에, 바다와 하늘 너머에 있는, 짙은 파란색이다. 천국이 쪽빛인 것은 멀리 있기 때문이기도 하다. 좀더 짙은 이 청빛 접시, 수프 그릇, 작은 찻잔, 샐러드 그릇의 빛깔은 조금 더 타협적인 색이다.

안테르셀바에서 돌아올 때마다 과자 접시나 수프 그릇이 몇 개 더 늘어난다. 하느님의 아들 생일이나 피아 할머니의 생일, 이런 기념일에 식탁을 차리는 것은 약속의 땅을 위한 리허설이다. 마리사가 국자를 수프 그릇 안으로 집어넣고, 코발트색 꽃들이 파를 넣은 수프 속으로 잠기고, 그러는 동안 포도주는 잔 안으로 흘러내린다. 이듬해에도 손은 단순하고 헤아릴 수 없는 똑같은 동작을 되풀이할 것이다. 새로운 사각형 샐러드 그릇과 치즈 그릇도 있는데, 그것은 코테초 테이블에서 아주 떠나버린 누군가에 대한 헐값의 보상이자, 가까이 있는 첫째 이모 팔에 안겨 잠자고 있는 최근에 온 사람을 환영하기 위한 것이기도 하다.

마이센 그릇들은 지나간 해들을 계산하는 달력이다. 파올로가 유치원에 입학하던 시기부터 기본 접시들, 움푹한 접시들, 평평한 접시들을 써왔다. 그런 다음 12인용이 되자, 운반용 그릇들을, 최소한 기본적인 것으로 두 가지 크기의 둥근 접시와 타원형 접시를 장만했고, 이어 삼각형 전채용 접시를 장만했는데, 그때에 견진성사가 있었고, 라틴어 시험에서 좋은 점수를 받았을 때 12인분 커피 세트와 크림 그릇과 설탕 그릇을 장만했다. 처음 여자들이 집에 오면서 샐러드 그릇을 구입했고, 16인용 세트를 완성하기 전에 소련이 붕괴했다. 전채 접시의 구입과 세 갈래 촛대 구입 사이에서 두어 번 정확한 박자를 놓쳤고, 무심결에 틀린 그 박자는 계속해서 매년 잔치를 망치는 불협화음을 만들어냈다.

대규모 만찬을 위해, 언제나 칼다로(칼테러세) 호수에서 나는 포도주를 식탁에 내놓는 마이르군터 가족에 대한 존중과 함께 콜랄브리고 또는 이솔라다스티에서 포도주를 주문해둔다. 현실을 뿌옇게 하는 포도주 병들과 음식의 수증기 덮개는 너그러운 구석이 있으니, 시야에 잡히는 사물이나 그것들이 만들어내는 형체의 불안을 가시게 하지 않으면서도 약간 무뎌진 모습으로 다가오게 한다. 눈 내릴 때 나는 음향처럼 재미난 이야기를, 때로는 음탕한 이야기들을 계속하기에 안성맞춤이다. 이런 웅성거리는 말들과 웃음이 시간의 흐름을 늦추지는 못하지만, 이런 돌발적인 불협화음을 기억하기 쉽게 좀더 더딘 악장으로 편곡해준다. "모두들 내가 금발이라고 하지만,/ 나는 금발이 아니에요./ 내 머리칼은 온전히 검은색이니,/ 당신을 사랑하고 있는 그때 그 순간의 검은색이니." 식사가 끝나고 식탁을 치운다. 마이센 도자기는 비더마이어 양식*의 찬장에, 식탁의 신방新房이자 무덤 안에 다시 놓인다.

자동차는 조금 전 쇤후버 가게에서 산 과일 샐러드 그릇을 갖고 안

---

* 19세기 초반 중부유럽의 중산층 사이에서 확산된 생활양식.

테르셀바로 돌아간다. 저녁이 되면서 도로 옆의 눈은 그릇에 그려진 석류와 검처럼 청빛 색깔을 띠기 시작한다. 어느 커브길, 쓰러진 나무 옆에 도나텔라가 아침에 남긴 스키 자국이 얼어붙어 있는 게 눈에 들어온다. 이 지점에서 나무와 부딪치는 것을 피하려고 갑자기 방향을 틀다가 눈 속에 더 깊은 자국이 패인 것이다. 라순디소프라에서 프란체스코와 이레네가 어깨에 스키를 메고 저녁식사에 맞춰 안테르셀바로 돌아갈 참으로 버스를 기다리고 있다. 벌써 임신 4개월째인 이레네는 앞으로 태어날 딸에게 스텔라 줄리아라는 이름도 지어놨는데, 그런 이레네더러 스키를 타라고 하는 게 웬 말이냐고 베피노가 불평을 늘어놨다. 이 말도 틀린 말은 아닐 테지만, 그 어떤 것도 두려워할 줄 모르는 바르바라가 답하기를, 그 경사면이 어찌나 완만한지 거기서 넘어지려면 베피노가 갖고 있는 그 모든 희귀한 능력과 그가 고집스레 여태껏 신고 다니는 20년이 된 나무판 스키가 아니라면 어림도 없을 거란다.

오른쪽으로 라순디소프라 높이에 호이플러 성이 서 있는데, 사면이 경사진 지붕에다 각 모퉁이마다 탑이 있고, 창문에 쇠창살이 달린 유별난 성이다. 1580년에 세워졌고 지금은 호텔이며, 예전에 훈제 햄 스펙을 만들던 어두운 방에 카페가 자리하고 있다. 지붕과 벽은 수백 년 동안 검어졌고 오래된 스펙 냄새가 짙게 배어 있다. 이층의 헤렌슈투베*에는 육각형 르네상스식 천장 아래 상감세공을 한 벽감들, 벌집 모양으로 끝나는 기둥들, 눈부신 초록색 도자기 난로, 문장紋章의 알고리즘 그림으로 방 전체를 재현해놓은 문들이 있다. 가구들은 완벽하게 보존되었지만 좀이 슨 흔적들이 보인다. "알라만이 승리자다"라

---

* 원래 의미는 '남자들의 거실'이지만 대규모 연회실이나 회의실을 가리킨다.

고 알람브라 궁전 벽에 적혀 있는데 그분, 헤아릴 수 없는 그분은 이 귀중한 나무를 갉아먹어 검고 구불구불한 동굴 속으로, 시간의 텅 빈 바닥으로 사라지게 하는 벌레의 모습을 띠고 있을지도 모를 일이다.

호이플러는 티롤로의 고색창연한 시간의 삽화다. 티롤로와 함께 라틴 세계를 이끄는, 독일 문명을 일군 이 어리숙한 무게감과 꿈꾸는 듯한 환상의 이 혼재 속에서, 문장들과 무술 시합들과 농장 건물들을 떠올리게 된다. 호이플러는 정확하게 짜맞춘, 그러니까 인공적인 티롤로이며, 너무나 감쪽같아서 가짜처럼 보인다. 이는 벌써 일부 애니메이션에서도 나타났으니, 몇 년 동안 키치 같은 모사품으로 여겨 그 앞을 그냥 지나쳐버린 것이다. 이 거짓 성이 진짜라는 것을 알고 나서야 교육과 역사에 대한 존중의 표시로 가서 살펴보게 되었으니 말이다. 만약 단지 모조품만 무자비하게 갉아먹는다면 아마 좀도 자신의 파토스를 상실하고 말 것이다.

바니디살로모네(바트잘로몬스브룬)에는 솔방울로 뒤덮인 울창하고 생명력 강한 소나무들이 아베마리아 기도를 하는 경당과, 특히 불임 여성 치료에 대한 효능으로 수백 년 동안 찬사를 받아온 온천 수원지를 둘러싸고 있다. 눈과 이끼 사이로 따스하게 흐르는 미온의 온천수는, 빈약한 독일어 버전으로 말하자면 일종의 클리툼노 강*이다. 이곳에서 스키 강사 잉게가 토니가 여기 계곡으로 처음 데려온 마이테에게 스키를 가르치다가, 몇 해 뒤 이 방문이 땅에서도 하늘에서도 끊어낼 수 없는 결혼으로 이어져 마리안나를 가르치게 되었고, 일 년 전부터는 스텔라 줄리아를 가르치고 있다. 조금 위쪽으로, 거기만 해도 안

---

* 이탈리아 중부 움브리아 지방에 흐르는 작은 강으로, 1876년 6월 조수에 카르두치가 그곳에 머물며 쓴 시 「클리툼노의 원천에서」로 유명해졌다.

테르셀바디소토로, 햇빛 잘 드는 남향의 목제 발코니가 딸린 오버마이어 농장이 있는데, 이곳에는 셀린에게나 어울릴 법한 이야기가 감춰져 있다. 1945년 5월 페탱 추종자로 사형선고를 받은 프랑스인 다섯 명이 그곳에 숨어들었는데, 저널리스트이자 작가 한 사람, 페탱의 신변 경호원, 비시 정권 선전부의 고관, 한 여자, 그리고 나중에 발각되어 총살당한 열여덟 살짜리 젊은이였다. 그들 중 한 명은 오버마이어 농장에서, 다른 사람들은 인근 운터라우터 농장과 팔후버 농장에서 보석류를 식료품과 맞바꾸며 숨어 살았다. 개처럼 추격당한 그들이 나치 독일의 승리를 믿고 독일군과 나치친위대의 자원병도 없던 이 계곡을 은신처로 삼은 건 나쁘지 않은 선택이었다. 페탱과 그 정부가 독일 남부 지크마링겐에 있는 비현실적인 성으로 피했다면, 이 도피자들은 옛날의 황금 대신 장작더미와 건초 다발이 있는 축소판 지크마링겐을 택했던 것이다.

그중 한 사람은 기분전환으로, 안테르셀바 계곡과 이곳 풍습에 대한 책을 쓰기도 했다. 글을 쓴다는 것은 이런 기분전환 구실을 하기도 하며, 이로써 죽음으로부터 고개를 돌릴 수 있게 해준다. 풀밭과 웅덩이들, 농지와 농장이 여기저기 있는 비탈들, 산허리에 나무들이 흩어진 이곳 삶에도 고유의 총체적인 역사 서술가들이 있었으니, 이들은 시간과 싸우면서 서서히 부패하는 낡은 오두막까지 빠뜨리지 않고 세부를 모두 기록했다. 이 계곡에 대해 최초로 연대기를 집대성한 작가로 1909년 그의 전서全書 『내 고향』에서 이 계곡을 구석구석 묘사한 거룩한 구세주회 신부 로렌츠 라이트게프의 발자국을 따라, 최근에는 후베르트 뮐러가 각 농장의 내력을 복원하고 있는데, 그 농장을 가문 소유로 보존하거나 다른 사람들 손에 넘기게 된 상속 문제라든가 결혼과 죽음, 개울가의 옛 브루거비르트, 마이스호프의 일부를 메스너비르트에게 판 손넨비르트와 같이 여관들과 여관 주인들의 가계라든가, (라우터뮈터를라인 부인은 아흔여덟 살, 칠레스바르벨레 부인은 아흔일곱 살로) 여관 주인의 미망인들이 일반적으로 살게 되는 존경할 만한 나이라든가, 처벌받지 않는 옛 범죄들과 오심으로 추정되는 재판들에 대한 이야기들이다. 예를 들어 1888년 요제프 슈타이너의 교수형 선고가 그러한데, 이너시슬호프의 소유주인 그는 (민중의 견해에 따르면 부당하게) 살인죄로 기소되었고 감형받은 후 보헤미아에 있는 감옥에서 죽었다.

밀러의 『안테르셀바 마을 연대기』는 조그마한 계곡 안에 압축된 보편적 역사를 이야기한다. 삶의 고통을 피하기 위한 가장 효율적 전략은, 아마 자신의 삶을 잊고 다른 사람들의 삶을 요약하는 데 몰두하는 것이리라. 헤르베르호프의 슈투베와 그로부터 멀지 않은 본당 도서관 사이를 왔다갔다하던 후베르트 밀러는, 자신에게 할당된 시계추 같은 시간의 리듬에서 자기 길을 찾았던 모양이다. 연구자의 끈질긴 시선으로 굽어보면 협소한 공간은 확장되고, 원자는 유동적인 다양성으로, 만화경 같은 이름들과 사건들로 쪼개지기 마련이다. 1945년 독일군 세 명이 도주하면서 돈이 가득한 상자를 호수에 던졌다는 이야기, 그 호수에 어느 겨울날 말 한 마리가 자기 몸무게 때문에 얼음이 깨지는 바람에 빠져 죽은 이야기가 그렇다. 최초의 본당 신부는 1220년에 왔고, 최초의 초등학교 선생 요한 메스너는 1832년에 왔는데, 그는 교육자였을 뿐만 아니라 시계 제작자, 우산 수리공, 빗자루 묶는 사람, 이 뽑는 사람, 선반공, 목수, 우체국장이기도 했다.

후베르트 밀러는 일어난 사건들과 실제 이름들을 종이에 기록하면서 삶을 보냈다. 신중한 면에서든 대외적 차원에서 현실을 손질할 필요가 있을 때조차든 웬만한 이야기꾼이면 모두 알 만한 그런 이름들조차도 빠짐없이 이야기하고 있는데, 이는 망각에 맞서, 망각과의 공모에 맞서 싸운다는 것을 의미한다. 만약 죽음이 없었다면, 아마 이야기하는 사람도 아무도 없었을 것이다. 이야기 주제가 소박하게 흙이라든가 '부식토'라든가 하는 물리적인 것에 더 가까울수록, 더욱더 죽음과의 관계를 의식하게 된다. 이름이 있든 없든 인간사의 부침은 눈 오고 비 오는 계절들의 변화 속으로, 동물들과 식물들, 지속되거나 마모되는 사물들의 변화 속으로 다시 흘러들어간다.

안테르셀바의 연대기는 위대한 역사다. 개인이나 민중보다 종種에 대해 이야기하기 때문이다. 종은 자신이 움직이는 풍경 전체를 포함하고 있다. 연대기에서는 안테르셀바디소토에서 죽은 채 발견된 러시아 포로와 이차대전 귀환자들뿐만 아니라, 힘든 시기를 예고하는 징후들의 변화에 대해서도 언급된다. 1790년에 살해된 계곡의 마지막 곰, 1812년에 쓰러진 마지막 늑대, 아마 1824년에 사라진 마지막 한 마리였을 스라소니, 호수 안의 25킬로그램짜리 송어들, 1712년 8월 2일 종탑으로 떨어져 한 소녀를 죽게 한 번개, 1828년의 우박, 1879년의 홍수, 1908년 5월 13일 숯쟁이 콘라트 데 콜리가 입은 화상에다 으깨서 바르려고 갈러 신부가 마을 전체에서 거둬들인 엄청난 달걀 숫자도 그렇다. 1919년 이탈리아 군대의 도착은 같은 해 엄청난 폭설 옆에 기록되어 있다.

역사는 천천히 지리 속으로, 땅에서 파낸 이랑들과 흔적들의 해독 속으로 들어간다. 풍경은 천천히 부스러지고, 극장의 안쪽 장막이 가벼운 지진에 흔들리듯 미끄러지고, 전경前景은 뒤쪽으로 물러나고, 기념비들이 흔들리고, 또다른 것들이, 공구들, 버려진 창고에 걸린 겉옷, 문장에 그려진 왕관들이 나타나 앞으로 부각된다.

지리의 시간도 역사의 시간과 마찬가지로 직선적이다. 산과 바다도 태어나고 죽기 때문이다. 하지만 너무나 커서 마치 지구 표면에 그려진 직선처럼 구부러져, 공간과 서로 다른 관계를 설정한다. 장소들은 자체 위로 감긴 시간의 실타래들과 같다. 글을 쓴다는 것은 그 실들을 다시 푸는 작업이다. 마치 페넬로페가 이야기의 직물을 다시 푸는 것처럼. 그렇다면 헤르베르호프의 슈투베에서 무언가 쓰려고 노력하는 일은, 아마 전혀 쓸모없는 짓일 수도 있다. 마리사가 찡그리며 하는 이 말이 맞다면 말이다. "아니, 또 써요? 언제나 쓰고, 또 쓰고…… 안 좋아요. 조금이라면 모를까, 지나치면 안 돼요. 조금 덜 쓰고, 조금 더 생각하는 게 나아요."

안테르셀바에서 1916년 4월 15일 계곡 위로 처음 지나간 비행기를 커다란 매나 솔개로 오해한 건 농부들만이 아니었다. 정치계의 두 거물인 혁명가와 저항자 역시 그러했다. 안테르셀바디메초의 집에서 1525년 농민혁명의 주도자들 중 하나인 페터 파슬러가 태어나 성장했다. 그의 아버지는 이미 종교와 사회에 대한 개혁사상 때문에 마을에서 추방되었다. 파슬러는 미헬 가이스마이어의 운동과 연결된 농민 집단의 지도자가 되었는데, 가이스마이어는 밤새도록 책을 읽고 공부하느라고 어깨가 구부정해진 티롤로의 위대한 혁명가로, 파슬러는 그를 1526년 안테르셀바에서 만났다. 파슬러는 자기 사람들과 함께 군주, 주교, 고위 성직자들에 대항하여 투쟁하면서 종교 자유, 종교권력 타도, 하나의 마을이 되었어야 할 각 도시 성벽들을 파괴하는 일, 수공업 생산의 집단화, 재세례,* 가격 통제를 설파했다.

투옥되었다가 추종자들에 의해 풀려난 파슬러는 전쟁용이든 수확용이든 모든 낫에 익숙한 이 계곡에서 격렬히 싸웠다. 베네치아 영토로 피신한 그가 한 추종자의 배신으로 살해당할 때까지 말이다. 그의 머리를 잘라 인스부르크 정부에 보낸 배신자는 그로써 사면과 보상

---

* 16세기 유럽 하층민들 사이에서 일어난 급진적 기독교도 재세례파는 유아 세례를 받은 자도 다시 세례를 받아야 한다고 주장했고, 종교에 대한 국가 간섭을 완강히 거부한 탓에 박해를 받아 북아메리카로 이주했다.

을 받았다. 가이스마이어 역시 페르디난트 대공으로부터 막대한 양도를 이끌어낸 뒤 마흔두 군데 칼을 맞고 암살되었고, 대공은 혁명운동이 힘을 잃기 시작하자마자 곧바로 그 양도를 철회했다.

투쟁 동안임에도 농민들은 부정행위조차 군주의 일부 조언자들의 개인적 배신 탓으로 돌리면서 계속해서 군주의 정당성을 믿었던 반면, 가이스마이어와 파슬러는 새로운 사회 질서를 세우려고 했다. 독일과 유럽 역사, 그리고 근대성을 특징짓는 모순에서 나온, 모두 지역적인 협소한 틀로 환원시킬 수 없는 비극적인 두 인물상이 바로 이들이다. 이 근대성은 세계를 근본적으로 바꾸면서 훨씬 더 급진적인 변화, 즉 메시아적 대속에 대한 요구를 자체 안에 지니고 있던 동시에, 급격한 발전력으로 사회 회복으로서의 유토피아를 진즉에 질식시켜 버렸다. 변화가 극심하던 격동기 근대 초에 일어난 실패한 농민혁명은 이 양면적인 근대의 운명, 특히 독일에 치명적인 운명의 낙인이다. '독일의 비참함' 즉 장차 수많은 재난을 만들어낼 정치적 미성숙은, 종교 자유와 사회 해방 사이의 이 분열에서 나온 것이다. 새로운 인간의 상징인 파우스트는 묵시록적 영웅이다. 개인의 반역성을 16세기 독일의 농민혁명과 구별시켜주는 거리는 이런 분열의 상징이다.

농민들의 패배와 페르디난트 2세의 왕정복고는 티롤로를 수백 년 동안 맹신적이고 보수적인 충성의 고장으로 만들었고, 근대적인 것, 1789년의 원리들, 나폴레옹 법전, 자유주의와 사회주의에 반하는 전통과 그 전통이 정당화시킨 특권과 풍습의 보루로서 찬양받았다. 이 노선과 부합되게, 1665년부터 직접 통치한 합스부르크 가문에 헌신했던 티롤로는, 마리아 테레지아와 요제프 2세의 계몽적 개혁에 반대했고, 합스부르크가 군주들이 주장하는 근대화에 대항하여 유기적인 사회 질서와 계급 자유를 옹호했으며, 혁명을 피하면서 봉건적 낙후성을 극복하려는 군주들의 원대한 시도와 대립했다.

알텐피셔의 집에서 몇 걸음 안 되는 곳에 베게르호프 농장이 있는데, 일정 기간 동안 그곳 주인이었던 요제프 라이트게프는 안드레아스 호퍼처럼 1809년 티롤로에 침입한 프랑스인들과 바이에른 사람들에 맞서 투쟁한 저항가이자 순교자였다. 1810년 1월 8일 계곡 입구에서 총살당했던 라이트게프를 오늘날 추억하게 해주는, 예수상이 있는 벽감이 여기에 있다. (가이스마이어나 파슬러와는 달리) 안드레아스 호퍼, 페터 마이르, 그리고 다른 애국자와 마찬가지로 라이트게프는 새 법을 세우기 위하여 법을 전복시키는 혁명가가 아니라, 새로운 찬탈 권력에 저항하여 옛 질서를 복원하려 한 저항가였다. 그는 민족국가에 의해 위협받은 민족, 이성의 보편주의에 의해 공격당한 전통을 지키려 한 순교자였다.

진정한 저항가들 거의 대부분이 그러하듯 티롤로의 저항가들도 자신이 지키려고 싸우던 군주들로부터 배신당했고, 군주들은 국가이성을 위해 그들을 희생시켰다. 바그람 전투에서 패배한 후 합스부르크가 황제 프란츠 1세가 체결한 즈노이모 휴전조약*은 이후 정당성을 상실하게 된 유격병 호퍼를 프랑스-바이에른 사람들 손에 넘기고 말았다. 강대국들의 정치가 티롤로에는 형벌이었긴 해도, 호퍼와 라이트게프는 오스트리아 가문을 위해서가 아니라 티롤로를 위해 목숨을 바쳤다. 아니, 보다 정확히 말하자면 티롤로의 일부인 독일을 위해서, 단지 최근에야 사라진 오래된 이름이라고들 하는 벨슈티롤, 말 그대로 바로 수드티롤로는 뺀 티롤로를 위해 말이다. 티롤로 자유 투사들은 역사적 티롤로와의 구분을 인정하는바, 1254년 실현된 단일화된

---

* 1809년 7월 5~6일 나폴레옹은 빈 근처의 바그람에서 오스트리아군을 무찌르고 승리했으며, 그 결과 1809년 10월 14일 나폴레옹과 오스트리아 황제 프란츠 1세(신성로마제국의 마지막 황제로는 프란츠 2세, 1768~1835) 사이에 쉰브룬 조약이 체결되었다. 반면 바그람 전투 직후인 1809년 7월 11일 체코 남동부 즈노이모에서 이루어진 휴전조약은 나폴레옹과 테션 공작 카를 사이에 이루어진 것이다.

티롤로의 문화적 중심지는 16세기 인스부르크로 옮겨질 때까지 남쪽 지역이었다. 1809년의 애국자들은 독일적 요소와 라틴적 요소를 나누고 독일 민족의 강대국들인 오스트리아나 바이에른을 내치거나 무효화시키면서, 티롤로의 단일성을 분리해내고 있다. 게다가 1960년대에는 수드티롤로의 테러리즘이 분리주의적 민족주의와 오스트리아 독일과의 유대 사이에 모순을 드러내게 된다.

라이트게프는 옛 자유를 위해 싸웠기도 하지만, 개인들에게 새로운 해방 가능성을 제공할 수 있는 사회이동과 평등원리 도입에 반대함으로써, 옛 특권과 예속을 위해서 싸운 것이기도 하다. 하지만 브루시에 장군의 군대와 함께 안테르셀바 계곡을 침범한 나폴레옹의 근대성 역시 야만적으로 다양성을 파괴한 전체주의적이고도 획일적인 폭력이다. 나중에 공격적이고 퇴행적인 티롤로 이데올로기의 상징이 된 호퍼와 라이트게프의 반동적 저항에는, 전횡적인 계획들에 의해 위협받는 실재적 자유 보호를 위한 면도 있다. 스킬라와 카리브디스,* 특정 폭력과 전체주의적 폭력이 대치하고 있는 이 근대사 드라마에서, 아직도 유럽을 위험에 빠트리고 그토록 괴물 같은 중앙집권적 근대화와 야만적이고 비이성적인 퇴보를 설명해줄 해결책 없는 이 난국에서, 라이트게프는 한 명의 단역배우였다.

라이트게프가 죽었을 때, 통합 계획 면에서든 다양성에 민감했던 혁신적인 추진 면에서든 전통을 존중하는 마리아 테레지아와 요제프 2세가 계몽 군주제를 통해, 계몽주의를 통해 시도한, 근대를 향한 제삼의 길도 이미 끊겨버렸다. 이는 태동중이던 자본주의의 야만적인 자본 축적과 테러를 피하기 위해 모호하게 구상된 제삼의 길이었다.

---

* 그리스 신화에 나오는 바다 괴물들로, 스킬라는 절벽의 동굴에 살면서 긴 목을 내밀어 뱃사람을 잡아먹었고, 카리브디스는 하루에 세 번 엄청난 바닷물을 들이마셨다가 뱉으면서 소용돌이를 일으켜 배를 난파시켰다고 한다.

하지만 티롤로는 마리아 테레지아와 요제프 2세를 거부하고, 안드레아스 호퍼가 자기 운명을 내맡겼던 프란츠 황제를 사랑했다. 말하자면 마리아 테레지아의 혁신에 반대하고, 티롤로의 수많은 윤리적 정치적 후진성에 책임이 있는 합스부르크의 반동적 복고를 사랑한 것이다. 침입자 나폴레옹은 잠시 동안 티롤로-헬베티아 연방을 만들거나, 티롤로에 광범위한 자치권을 부여하면서도 이탈리아 왕국과 병합할 생각을 했으며, 비록 자신이 세운 경계선이 단기간에 아주 급진적으로 티롤로를 나누기는 했어도 이곳의 특수성을 직관하고 있었다.

라이트게프는 안테르셀바디메초 입구에 있는, 바다가 생각나게 하는 초록빛 조그마한 예배당 그루버스퇴클 인근의 제재소 이름이기도 하다. 벽은 십자가의 길 이미지들, 이전에 트리에스테의 예수성심교회에서 이미 봤다시피 고전적이고 상투적인 제단 이미지들로 뒤덮여 있다. 십자가에 매달린 나무로 만든 납작머리 그리스도는 이 계곡 사람으로, 그 윤곽에는 가난과 몇 세대에 걸친 동족결혼의 흔적이 남아 있다. 안테르셀바의 날들은 도착일 저녁의 어둡고 텅 빈 이 예배당, 이 십자가상 앞에서 시작된다. 지나간 해는, 여기 나무 십자가상 발치에 놓인다. 꽃다발처럼, 또는 우리가 내려놓는 등짐처럼.

제재소 뒤로 길이 가팔라진다. 위에서 보면 중세 시인의 이름을 딴 문화원 주위로 어색하게 올라간 새 집들과 길들이 나 있는 마을 전체, 그리고 성 게오르기우스*에게 바쳐진 교회가 보인다. 마을은 조그맣지만, 저녁 산책을 나설 때면 그 윤곽들이 느슨해져서는 어둠 속으로 넓게 퍼진다. 시간뿐만 아니라 공간도 고무줄 같아서 안에 무엇이 있

---

* Georgius(?~303). 시리아 태생의 초기 그리스도교 순교자로 디오클레티아누스 황제의 박해 때 순교한 것으로 전해진다. 그는 특히 시리아의 어느 고장을 괴롭히던 드래곤을 죽이고 제물로 바쳐진 공주를 구해낸 전설로 널리 알려져 있다.

느냐에 따라 늘어나거나 줄어드는데, 그 공간 역시 사람들이라는 존재처럼 시간이 응고되어 있기 때문이다. 마을 끝에 있는 두 가게 사이에서, 그것도 라이트게프와 한틀룽이라는 이름이 붙은 가게 사이에서, 눈은 여러 해들과 사건들, 시간의 층들을 간직하고 있다 되돌려준다. 정확한 도착점이 있는 직선적 여행은 모두 짧다. 트리에스테와 밀라노 사이는 기차로 몇 시간, 또는 밀라노와 뉴욕 사이는 비행기로 몇 시간이라는 식이다. 반면 목적 없는 저녁 여행은 길을 잃게 하고, 발부리에 차이는 반쯤 파묻힌 잔해들에 걸려들게 하며, 사라진 오솔길로 걸어들어가게 한다. 마치 얼굴을 바라보듯, 촉촉한 눈目 안에 빠지듯, 입 속으로 빨려들어가듯. 안테르셀바라는 이름은, 논란의 여지가 있을지도 모를 일부 어원에 따르면, 거목들 저 건너편에 있는 장소를 가리키는 '숲 저편'이라는 뜻일 수도 있단다. 나뭇가지들, 가시덤불, 썩어가는 나무 몸통들 사이에 자기 부스러기를 떨어뜨리며 가로질러 가는 어느 숲 저편에, 저녁이면 이 어둡고도 텅 빈 길이 난다.

그루버 예배당에서 멀지 않은 곳, 지금은 단지 폐허만 남은 집에서 1856년 이 계곡의 헤로도토스, 로렌츠 라이트게프가 태어났다. 성직자였던 그는 이 계곡에서 먼 곳으로 갔다. 오스트리아의 수도원들에 머물거나 민중 선교사로 잦은 여행을 하면서, 라이트게프 신부는 안테르셀바가 그리웠지만 윗사람들은 그를 다른 곳으로 보냈다. 그러다 안테르셀바 본당 신부의 따분한 설교 덕택에 마침내 고향을 다시 볼 수 있게 되었다. 어느 날 저녁 그 본당 신부가 설교하는 동안 마을 사람 하나가 잠들었는데, 잠에서 깨어나 열쇠로 잘 잠긴 텅 빈 교회에 혼자 남게 된 걸 안 그가, 안에서 나가려고 종탑에 있던 종의 밧줄을 붙잡고 내려가는 바람에 뜻하지 않게 종탑 시계가 멈춰버렸던 것이다. 그리하여 교구 사람들은 최소한 청중을 깨어 있게 해줄 수 있는 설교자를 청했고, 유창한 언변으로 유명한 라이트게프 신부가 왔다. 그는 설교단에서 열광적으로 말했고, 그곳에서 고향으로 귀환한 행복을 누릴 수 있게 되었다.

헤르베르호프에서 장례 연회가 열린다. 자식 열 명을 둔 아버지로서, 거의 모두와 일가친척 관계에 있는 이 계곡의 거물 가축 상인이 죽었다. 주방에서는 이런 경우에 예정된 메뉴에 따라 식사를 준비한다. 얇게 썬 쇠고기 수프, 포도주와 물이다. 그동안 큰 홀에서는 식탁이 차려진다. 야콥이 카운터 뒤에서 의젓하게 지휘하고 있다. 그가 바로 호텔 주인이고, 언제나 그랬다. 마구간에 있을 때조차도 모든 형제를 손아귀에, 분뇨 양동이를 잡은 그 수중에 넣고 있던 그였다. 두세 형제는 떠났고, 헤르베르호프에서는 더이상 보이지 않는다. 어느 순간 야콥은 마구간에서 나와 자신에게 맞는 자리를 되찾았다.
　비밀리에 그러지 않고 공개적으로 영향력을 발휘하는 일이 그한테도 좋은 일이 되었다. 그는 여전히 자주 웃긴 하지만, 이 웃음은 호텔 경영자에게 어울리는 친절한 명랑함으로, 기분좋은 웃음으로 확장되었다. 몸짓도 더욱 품위 있고 당당해졌다. 귀 뒤에 꽂힌 연필을 꺼내 재빨리 계산을 한다. 루마니아에서 온 어느 여자와 멋진 침실에서 잔다. 리사는 말없이 있다가 야콥이 말을 건넬 때면 어깨를 으쓱한다. 곧 군에 입대하러 떠날 콘라트에게 야콥이 돈을 약간 내밀며 어깨를 한 대 치기도 하지만, 예전보다는 신경을 덜 쓰는 편이다. 지금은 특히 성수기라 모든 게 제대로 돌아가는지에만 관심을 기울일 뿐이다. 그러다가도 어느 날 저녁, 누이들과 형제들이 계단 아래에 있는 각자 방으로 사라지고 나면, 손에 술잔을 들고 젖은 눈으로 잠시 카운터 뒤에 혼자 남아 있기도 한다. 조만간 루마니아 여자는 떠나야 해요. 헬가가 말한다. 결혼하든가, 안 그러면 언제까지고 외국인으로 여기 머무를 수야 없는 노릇이니까요. 그리고 저 여자는 여기 이탈리아 태생도 아니잖아요. 경찰이 허락하지도 않겠지만. 혹시 받아줄까요? 어쨌든 말도 안 될 소리겠지요.

종들이 장례식을 알린다. 말 한 마리가 끄는 마차에 실려 전나무 가지들 사이에 파묻혀 있는 관이 파란색과 황금색 커다란 깃발을 뒤따르며 안테르셀바디소토에서 도착한다. 사람이 많다. 망자는 중요한 사람이고, 죽음은 사회적 위계질서를 교정해줄 능력이 없다. "당신의 커다란 자비로 내 죄를 사해주소서." 성직자 세 명이 노래한다. 종탑에서 종지기가 삐쭉 얼굴을 내민다. 브뤼헐 또는 보스의 그림에서 툭 튀어나온 소년 같다. 그 뒤편 저 위에서는 나무로 만든 얼굴 두셋이 탐욕스럽게 군중을 바라본다. 납작머리와 고도납작머리 티롤로 사람들, 이 말은 루돌프 대공이 출판 후원을 한 합스부르크 군주국에서 낸 삽화가 있는 백과사전에 있는 표현이다. 갑상샘종과 펠라그라는 몇 세대에 걸쳐 전해내려온 병이었다.

종탑 창문 구멍 너머로 태양이 황금색과 파란색 불의 혀를 놀려 산 꼭대기 얼음에 불을 붙인다. 종지기가 더욱더 몸을 내미니, 내밀어 굽힌 그 몸이 구부러진 맹금류 부리 같다. 그 아래로 거대한 시곗바늘 그림자가 해시계처럼 벽에 비치며 천천히 움직이는데, 끝이 약간 구부러진 것이 작은 낫 같다. 관은 교회를 둘러싸고 있는 공동묘지를 가로질러간다. 철책에 둘러싸인 무덤들에 쓰인 수많은 독일 성姓 가운데 이탈리아 성 세 개, 스칸소, 베나토, 아멜리오가 있다. 알로이스 니더코플러는 단 몇 시간 또는 몇 분을 살았을 뿐이고, 태어난 그날에 바로 죽었다. 어린 누이 알로시아는 1951년 6월 9일 개울에 떨어져 익사했을 당시 조그마한 소녀에 지나지 않았다.

노래들과 기도들이 교회 안에서 메아리친다. 천장에는 성 게오르기우스의 창에 찔린 드래곤이 입을 벌리고 혀를 밖으로 내민 채 누워 있다. 더위에 지친 개 같다. 교회 앞에 어느 니더코플러란 사람이 소유한 베게르호프 호텔이 있다. 인접한 건물 베게르켈러는 한때 호텔을 교회와 직접 연결시켜주던 건물이다. 지금은 나무 몸통과 나무토막들 위로 지나가는 흔들리는 계단을 통해 겨우 그 건물로 접근할 수 있다. 1696년 여관주인 안드레아스 그루버는 벽에 프레스코로 죽음의 춤을 그리게 했다. 무도회를 이끄는 것은 황제, 농부, 군인, 성직자, 교황, 하녀, 변호사, 죽음이고, 각자 자기 말을 하고 있다. 나는 너희 모두를 지배한다, 나는 너희 모두를 먹여 살린다, 나는 너희 모두를 위해 싸운다, 나는 너희 모두를 위해 기도한다, 나는 너희 모두를 사면해준다, 나는 너희 모두를 유혹한다, 나는 너희 모두를 보호해준다, 나는 너희 모두를 데려간다.

방에는 옛 도구들, 프라이팬, 망가진 톱, 녹슨 낫, 나무 멍에 등이 가득하다. 언제 그 도둑이 올지 아무도 모른다, 라고 적힌 다른 글귀가 보인다. 상투적인 이 말의 빈곤한 반복에도 바로크의 위대함이, 창조물의 장엄함과 벌거벗음의 객관적 의미가, 나중에 유럽 문화가 심리적으로든 감정적으로든 초라해져 허영에 찬 조그마한 자아를 해치고 말았던 이 보편성이, 거기에 투영되어 있다. 이 죽음의 춤에는 태어나고 살고 죽는 평범한 운명의 영광과 소박함이 있다. "나는 너희 모두를 유혹한다"라고 말하는 이 여인은, 욕망의 헛됨과 절대성을 말해주며, 시대나 사회계급에 따라 절대적인 것을 상실했던 개인이 옹졸한 사적 영역에서 고안해낸 치유책으로서 대신하려고 든 감정적 수사학과 방종한 냉소주의, 부르주아의 망설임, 에로틱한 마키아벨리즘도 등한시하는 모습을 보여준다.

이 평범한 죽음의 춤에는 바로크 음악과 이것이 지닌 총체성에서 울려퍼지는 메아리가 있다. 어깨에 스키를 메거나 팔에 책을 낀 채 그 앞을 지나가는 우리는, 멜로드라마의 일부로서 이데올로기나 정신상태의 변덕에 따라 각자 나름대로 우리 마음속에 있는 개별적 감정을 표현해줄 멋진 한 소절을 노래하게 된다. 바로크에서 세상은 극장이고, 우리는 즐기기 위해서 또는 환호받기 위해 극장에 간다. 헤르만 브로흐는 부르주아에게 있어 극장이 성당을 대체했다고 탄식했다. 하지만 더 나쁜 것은 술집까지 대체한 것이다. 아니면 극장이든 성당이든 그게 그건지도 모른다. 술집에서도 빵과 포도주는 주니까.

안테르셀바디소프라 쪽으로 몇 미터 더 가면 라이트게프 가게 옆에 나무상감 공예가의 공방이 있다. 문 밖에는 괴물같이 덩이줄기가 달린 나무 몸통과 그 너머로 온통 성모 마리아, 성 요셉, 동물들이 담긴 구유가 보이는데, 짓궂게 튀어나온 돌출부까지 포함해 모두 순하게 길들여진 나무가 주는 종교적 소박함이 느껴진다. 16세기에 전성기를 누렸던 나무 조각은 티롤로의 전형적인 상징으로, 조각가, 공예가, 장인 사이의 엄격한 구분은 개의치 않게 된다. 예술이란 단지 훌륭하게 일하는 손이다.

장례 연회에 온 손님들이 많다. 모두 다시 만나 서로 인사를 한다. 계곡의 여러 지역에서 온데다 몇 년 동안 만나지 못했던 사람들은 가족, 떠남과 돌아옴, 병원 입원에 대한 소식을 나누며, 길한 사업을 위한 씨앗을 뿌린다. 죽음은 매듭을 푸는 게 아니라 반대로 묶는다. 이는 사회적 결속 의례이자 구심력이다. 죽어가는 사람은, 밀도와 질량을 얻어 다른 사회구성원을 자기 주위에 끌어당기면서 붕괴하는 자그마한 별이다. 여기저기에서 계곡의 오래된 얼굴들, 포도주로 불그스레한 뺨들과 이 빠진 입들이 보이지만, 전반적으로 안정되고 상냥한 관상들을 보여주는데, 더이상 계곡의 옛 제단 뒤 장식화에서 보듯 그리스도를 조롱하는 군중의 얼굴이 아니라, 이 계곡을 도시화한 진보가 가져다준 얼굴이다.

이시도르 탈러는 식탁들 사이로 치타처럼 살금살금 소리 없이 움직인다. 술에 취해 대화를 할 수야 없지만 미소를 지으며 상냥하게 몸을 숙여, 누구와도 부대끼지 않고 찰랑거리는 포도주잔을 손에 든 채 흘리는 일도 없이 군중 사이로 유유히 나아간다. 마을 전체가 여기에 있고, 계곡의 다른 마을에서 온 사람들도 있다. 루디와 사근사근하고 건강한 그의 아내 엘리자베트도 있다. 루디는 우편배달부다. 집시처럼 가무잡잡한 피부에 호리호리하고 날렵한 그는 이 계곡의 카사노바다. 남부인 고유의 유혹적 매력을 지닌 그는 창백하고 발그스레한 이 젊은 독일 여성들에게 저항할 수 없는 존재였는데, 이에 매력을 더해주는 과묵하고 진중한 그 성격만이 유일하게, 수많은 마르가레테의 행복이자 고통이 되는 안테르셀바의 소 파우스트가 되는 걸 막고 그 매력을 지나치게 이용해먹는 것을 막아주었다.

몇 년 전 결혼한 후로 그는 점점 더 야위고 메말라갔다. 아내 엘리자베트는 갈수록 살이 찌더니, 턱이 이중이 되어 심술궂게 뾰로통해진 얼굴 모양새가 되었지만, 입매는 뻔뻔스럽고도 자족한 듯 넓어졌고, 눈은 깨물기 좋은 사과처럼 붉은 뺨 속으로 좁아들었으며, 가슴은 부풀어 무기력하게 처졌고, 손은 포동포동 살이 올랐으니, 그 손으로 루디한테 강압적으로 포도주 한 잔을 청하거나 자동차에 놔둔 숄을 갖다달라거나 집으로 데려다달라고 시키곤 했다. 루디는 그녀의 말에 말없이 복종했다. 예전과 달리 무기력하고 공허한 침묵으로 응했다. 뚫어지게 자기 앞을 응시하고 있던 그는, 다른 사람들이 하는 말은 듣지 않은 채 서둘러 한잔 마시고는 일어나 아내 뒤를 따른다.

역시 혈중 알코올 농도가 현격히 정도를 넘어선 제빵사 후버가 카운터에서 비비아나를 향해 점잖게 몸을 숙이고는 내년이 되면 안테르셀바는 더이상 이탈리아 일부가 아닐 거라며 말을 걸고 있다. 그러면 오스트리아인가? 아니, 오스트리아는 절대 아니지요. 바이에른이지. 그러고는 마리아가 자기가 보낸 정중한 의례를 무시한 채 논의 속에 끼어들어, 그러면 오스트리아 밑으로 통과하는 연결 터널을 뚫어야 하는 거예요? 하고 묻는 도발적인 질문에는 대꾸도 않는다. 이탈리아에 가장 적대적인 수드티롤로 사람들은 바이에른을 향해 있다. 비록 라순디소토까지 포함하여 이 계곡의 거의 모든 곳에서 공연되는, 농장 분할의 불가능성을 찬양하는 대중적 희극에서, 농장을 빼앗기 위해 농장 소유주인 아름다운 미망인을 사랑하는 척하는 사기꾼이 대부분 뮌헨, 말하자면 도시가 타락하는 데 있어 심장과도 같은 대도시 출신의 사람이고, 마지막에는 아름다운 미망인을 진정으로 사랑하는 충실한 젊은이가 나타나 그 사기꾼의 가면을 벗기고 그녀와 결혼함으로써, 하트 에이스에다 다이아몬드 에이스를 연결시켜 무엇보다도 비도덕적인 금융자본의 투기로부터 농장소유권을 구해내긴 하지만 말이다.

티롤로와 바이에른 사이의 관계는 언제나 양면가치를 특징으로 한다. 6세기와 7세기 사이에 슬라브인들과의 싸움에서 결정적으로 티롤로의 독일적 성격을 지켜낸 사람들은 바이에른 사람들이며 (비록 서쪽에서는 알라만족 요소가 우세하긴 했지만) 8세기 그들 바이에른의 공작 타실로 3세가 티롤로의 최초 영주가 되었다. 그렇지만 이 고장의 특수성을 형성하는 데 많은 영향을 준 티롤로의 14세기 백작 마인하르트는 전력을 다해 바이에른 사람들에게 저항하며 합스부르크가에 의존했다. 이런 충돌이 마르가레트 마울타슈 시절에 반복되다가 오스트리아 사람들의 승리로 끝났지만, 이는 다른 한편으로는 티롤로의 독립은 끝장나고 말았다는 것이다.

어쨌든 바이에른 사람들은 대개 싸워 물리쳐야 할 이방인으로 간주되었다. 1704년에 티롤로 농부들은, 귀족들이 우호적으로 받아들인 침입자 바이에른 군대에 대항하여 봉기해 그들을 물리쳤다. 그러니까 전 세계에 퍼져 있던 귀족이 믿음직스럽지 못하고 바이에른에 우호적이라는 말은 그 당시에는 프랑스에 우호적이라는 것을 의미한 바, 영혼과 땅을 지킨 건 민중이라는 의미다. 안드레아스 호퍼도 프랑스인들과 바이에른 사람들에 대항하여 싸웠다. 독일 세계의 방데*로서, 다시 한번 티롤로를 위해 무기를 든 이들은 농부들이었던 것이다.

1808년 티롤로에 도입된 바이에른 헌법은, 뮌헨에서 막시밀리안 폰 몬트겔라스가 창안한 국가기구의 지배라든가, 물려받은 중세의 특권들과 다양성 평준화에 목적을 둔 근대화와 계몽 군주제를 만들어냈다. 호퍼와 라이트게프는 통합 법규를 입법하는 이성의 보편성에 대항하고, 프랑스 이성을 대변하는 바이에른에 대항하여, "자신들의 옛 권리"를 옹호했다. 이후 몇십 년 동안 근대화를 지향하는 권위주의와 바이에른 민중 전통의 공생이 이루어지면서 상황은 서서히 변해갔다. 이러한 타협에서 정치적 결속이 나오게 된 바이에른은, 서서히 티롤로 사람들에게 더이상 침입자로서의 적이 아니라 티롤로에 우호적인 지지자로 제시되었다. 이탈리아에서는 테러로 징역에 처해졌지만 뮌헨 법원에서는 1970년 석방된 오스트리아 출신 극우파 정치가 노베르트 부르거 박사 같은 테러리스트나 극단주의자들에 대해서도 마찬가지다. 어쨌든 바이에른의 매력은 오늘날에는 특히 마르크화에 있으며, 몇 년 전부터 줄리아노 섬의 슈투베에서는 더이상 티롤로 민족주의자들에게 정말로 독일과 합병되고 싶다면 동독과 합치라고 말할 수 없게 되었다.

20년이 넘는 '장소권jus loci'은 호텔 전체가 장례 연회에 예약되어 있는 날에도 코테초게임을 위한 테이블 하나 정도는 보장해준다. 나는 마지막까지 갈 거야. 트라우들이 자신의 완승을 저지할까봐 걱정

---

* Vendée. 프랑스 서부 대서양에 면한 지방으로 대혁명 후 1793년 군주제를 옹호하는 성직자, 귀족, 장교 들이 공화제에 반대하는 무장봉기를 일으켰고 혁명군이 개입하여 반란 주동자들이 살해됨으로써 실패로 끝났다.

하면서 세르조가 말한다. 네 번 연속 카드를 잡았을 때에는 완승을 시도해볼 자격이 생기지만, 잃거나 아니면 그 게임을 포기하고 무효화할 위험도 있다. 마지막까지 간다는 것이 당연히 무기력하다거나 위험천만한 것에 대한 불감증을 보여주는 신호는 아니다. 이는 시간에 맞선 게릴라전으로, 어쨌든 언제나 끝장인 최종 결과를 늦추어 게임을 연장하기 위해 연기시키는 것이다. 합스부르크 문화는 언제나 마지막까지 갔고, 생존을 위해 지연시키고 연기했던 문화다. 서서히 연회가 끝나가고 있다. 사람들이 흩어지기 시작하고, 여전히 머뭇거리며 이야기하기도 하고, 작별 인사를 나누는가 하면, 한 잔 더 마시기도 한다. 야단법석도 무질서도 없다. 모두들 침착하고 단정하다. 아니, 안 돼요. 이렇게는 안 돼요. 리사가 말한다. 예전에는 장례식 끝나고 하는 식사가 얼마나 멋졌는데요. 모두들 즐겁고, 웃고, 시끄럽게 떠들고, 노래하고, 농담을 했지요. 정말로 새해 첫날보다 즐거운 잔치였다고요. 지금과는 완전히 딴판이었어요. 난 정말 모르겠어요. 왜 이런지 모르겠어요……

하인츠 S.도 죽은 자의 영원한 안식을 위해 마지막 잔을 마시고 호텔을 떠난다. 그는 1939년 11월 25일 계곡의 대다수 주민들처럼 피와 흙 사이의 탯줄을 끊고 떠나기로 선택한 다음 독일로 갔던 젊은이 스물다섯 명 중 하나였다. 그는 1941년 이곳으로 돌아왔고, 다른 사람들은 1948년과 1956년에 돌아왔다. 결국 떠난 사람은 상대적으로 소수이고 대부분 돌아왔지만, 다블라이버Dableiber, 즉 당시─여기에 남으려는 이유로 독일 국적을 포기한 채─남기로 선택한 사람의 모습은 이방인의 유령, 불안한 그림자 같다. 문학이 이 선택권 문제를 무시한 건 아니었지만, 20세기에 인위적이고 폭력적으로 이동되었던 수많은 경계선들 가운데 하나인, 고전적인 동시에 초현대적인 이 분열 사태를 다른 것들과 동일선상에 놓고 공평하게 바라보진 못했다. 이를 주제삼아 피르처와 리트만이 쓴 연극 두 편이 있고, 오래전 1941~1942년에 요제프 라파이너도 글을 쓰긴 했는데, 우울한 운명에 처해질 이 작가는 이 드라마에서 힘과 신념을 빼앗기지 않은 증인이 되었으나, 이후에 수드티롤로 민중당과 뒤이어 티롤로 고향당*의 정치가, 말하자면 관청 대변인이 되고 말았다.

하인츠와 이야기하는 것이 더 재밌겠지만, 그는 이 화제에 대해 침묵하고 있고, 그의 침묵은 이 상처와 잘 어울린다. 자신의 삶과 문학에서 의도적으로 이런 가로막힘 상태에 있었던 수드티롤로 출신 독일어권 작가 노르베르트 카저 말을 빌리면, 진정한 아인게클렘트 eingeklemmt, 즉 꼼짝도 못하게 끼어 있는 자다. 티롤로 문학에서 가장 생생한 문학은 진정성이라는 조건을 받들어 호전적이고 조롱조로 자화자찬하는 쪽으로 전환시켜, 이런 자기비판을 고유한 자기네 것으로 만들었다는 점이다. 티롤로 작가들은 부러울 만한 행운을 누리고 있다. 말하자면 고향과 그 전통이 지닌 소박하고 부패하지 않은 덕목들을 외치면서, 정치적 문화적 체제순응적인 구석부터 좀스러운 데까지 살펴보자면, 이 모델과 관련하여 어쨌거나 필요하다면 자유롭게 그럴 수 있다 쳐도, 전적으로 진부한 편향성에 저도 모르게 중요성과 권위를 부여해준 셈이니 말이다. 수드티롤로의 관료문화가 때로 보여주는 퇴보하는 보수주의 탓에, 작가란 쉽게 박해받는 자가 되기도 했다가, 보수적인 사람들이 지닌 지나친 적대감 탓에 또 쉽게 존중받는 자가 되기도 한다. 다른 문화적 맥락에서는 유치하거나 한심해 보일 수 있는 문학적 태도가 알토아디제에서는 아직도 저항적 가치를 지니고

---

* 1963년 수드티롤로 민중당에서 분리된 자유보수주의적 성향의 정당으로, 독일어 이름은 Tiroler Heimatpartei이며 1968년 해체되었다.

있다.

이 후진성의 명백한 징후는 바로 카저에 대한 사후 인정이다. 예민하고 저항적인 젊은이, 실업자에 알코올의존자, 카푸치노 수도사이자 불평을 늘어놓으면서도 냉소적이었던 투쟁적 공산주의자, 단장과 주해로만 자신을 드러냈을 뿐 완성된 어떤 책의 저술 편집도 거부한 후 젊은 나이에 죽은 그는 존경받을 만한 작가였지만, 그를 사로잡고 있던, 진정 이와는 대립적으로 미화된 성인 전기라는 전설은, 분명 그중 제법 현실적인 드라마 하나가 결여되어 있다는 걸 빼면 향토문학 Heimatliteratur의 전례典禮를 보충설명해주는 이면이다.

티롤로 작가들은 경계선―경계선을 넘어야 할 필요성과 그 난관, 정체성 문제―에 사로잡혀 있고, 자기 고국의 문화적 힘을 보여주는 아주 치밀하고 값진 정체성을 부정하는 데서 정체성을 찾으려고 한다. 예를 들면 트리에스테 작가들을 필두로 경계선 작가들에게서 자주 나타나는 괴롭지만 남용되는 손쉬운 수사학과 함께, 티롤로 작가들 역시 기꺼이 다른 편에 서는가 하면, 독일인들 사이의 이탈리아인으로 느끼거나 이탈리아인들 사이의 독일인으로 느끼는 데 있어 냉철해지지 못한 채 고통스러워하면서, 엄숙하고 과장된 어조로 자신이 어느 세계에 속하는지 알지 못하는 고통을 말하고자, 이 정당에서든 저 정당에서든 기억의 수호자들이 야만적으로 자신들을 불시에 공격해오기를 바라고 있는 것이다.

이 모든 게 문학이고, 때로는 훌륭한 문학이 되기도 한다. 고향의 격노한 이데올로기가 공격적이고 강력하게 존재하는 한, 티롤로의 독수리를 불에 굽자고 제안하는 카저 같은 시인들이 있어야 마땅하다. 그들이야말로 분명 이 독수리의 진정한 후예다. 왜냐하면 티롤로 문학에서는, 15세기 오스발트 폰 볼켄슈타인 같은 중세의 위대한 작가들까지 거슬러올라갈 필요도 없이 카를 쉰헤어나 프란츠 크라네비터의 연극이 증언해주듯, 거친 농부들에 대한 그들의 황량한 그림처럼, 자기가 속한 세계 내의 사회적 협소함과 저속함에 대해 세찬 비판을 쏟아낸 목소리들이 결코 죽은 적이 없기 때문이다. 하지만 이제는, 티롤로의 독수리를 불에 구워 먹고 그 뼈를 발라낼 필요도 없이, 단번에 소화시켜야 할 시간이다. 마찬가지로 경계선에 대한 논쟁적인 고정관념을 떨쳐내기 위해, 그 경계선을 티롤로나 트리에스테의 특수성으로 여기는 데 그칠 게 아니라, 안테르셀바 또는 크라스 주민과 마찬가지로 밀라노 사람과도 관련될 수 있음을 고려하기 위해 몸을 툭툭 털고 일어나야 할 시간이다. 티롤로 작가들 대부분은 조롱 어린 항거를 하는 데 있어서도 지나치게 수수한 감정을 드러내는데다 자유, 항거, 탈영토화, '누구의 소유도 아닌 곳Niemandsland'을 과도하게 이상화하여 내보이고 있다. 그들을 비방하는 사람들과는 별개로 이런 점들은 칭찬할 만한 감정과 이상이지만, 문학을 하기에는 충분하지 못하다. 프란츠 툼러 같은 중요한 작가가 자기가 겪은 실로 기분 나쁜 경험, 말하자면 젊은 시절 나치즘에 동조했던 그 경험을, 그다음에 넘어섰다는 건 우연히 이뤄낸 게 아니다. 오직 이를 넘어섰기에 경계선이 지닌 의미와 합병Anschluss의 파토스 사이에 존재할 수 있는 악마적 관계와 수드티롤로를 뼛속까지 이해할 수 있었던 것이다.

 수드티롤로 작가들은 조금만 (정말이지 조금만) 덜 수드티롤로 사람, 달리 말하자면 덜 반反수드티롤로 사람이 되어, 자신의 탯줄을 잊어야 할 필요가 있다. 『아룬다』『데어 파렌데 스콜라스트』『디스텔』『슈투르츠플뤼게』 같은 새로운 잡지들은 분명 분위기를 새롭게 만들었지만, 『슈투르츠플뤼게』 표지에 들어간 안드레아스 호퍼의 누드 사진은 여전히 티롤로의 기저귀다. 물론 비법을 처방할 수 있는 것도 아니고 이를 쓰지 말라고 할 수 있는 것도 아니다. 1990년에 죽은 시인 클라우스 메나파체도 혹시 티롤로 병에 걸려 자살했던 게 아닐까. 산다는 것의 비애와 기쁨을 즉각적이고도 비범하게 묘사한 그의 시들은, 반짝이는 눈과 숲 같은 구체적인 풍경들을 영혼의 풍경으로, 그 이미지들이 탄생한 장소들을 떠올리게 해주다가 곧바로 잊어버리게 하는, 겨울 무대로 변모시킨다. "모든 언어보다/ 더 강한/ 죽음"은, 오이디푸스적인 모든 분규 너머에 있다.

안테르셀바디메초는 그 이름에서 보듯 계곡의 중심이지만, 진정 마지막 마을이기도 하다. 안테르셀바디소프라는 마을이 아니라 여기저기 흩어진 한 움큼의 집들로, 중심도 없고 통일성도 없다. 실제로 교회도 없고 주막도 없다. 하구로 향하는 강들처럼, 개인적이고 집단적인 모든 존재처럼, 계곡도 서서히 끝을 향해 나아감에 따라 정체성을 잃는다. 오막살이 몇 채, 건초 창고, 나무 헛간, 심장이 꿰뚫린 성모상과 그 앞에 많은 봉헌물이 놓여 있는 걸 볼 수 있는, 다리 인근에 숨어 있는 예배당, 어두우면서도 빛나는 개울뿐이다.

호수와 고갯길로 올라가 다시 내려오는 동안 세계 바이애슬론 대회를 위해 연습중인 스키 선수들의 총소리가 울린다. 그 메아리가 숲 사이에서 머뭇거리고 있고, 기억이 또다른 메아리들을 불러와 포개진다. 메아리가 꺼질 때면 벌써 다른 해가 올 것이다. 이번에는 이레네가 오지 않았다. 아이가 수두에 걸렸단다. 프란체스코가 적어도 새해 전날에는 여기에 올 거라고 약속했던 게 2년 전이다. 이사벨라가 콜라스프로 산에서 쏜살같이 내려오고 있다. 바람에 흩날리는 금발에서 비치는 후광이 눈의 오로라 같다. 스키 아래에 눌려 언 눈이 흰 눈밭 위에서 검은 진창이 되어 넘치고, 해들은 비탈로 굴러간다.

호수는 이탈리아의 석유산업계의 거물이자 정치가 엔리코 마테이의 소유로, 이 호수는 그가 좋아하던 피난처였다. 틈이 날 때마다 그는 비행기를 타고 도비아코에 내려 이 조용한 호수를 찾았다. 오랫동안 낚시하고 산책하고 물을 바라보았다. 그가 낚시했던 장소는 파슬러와 브레사노네 주교 사이에서 오가는 논쟁거리였다. 그곳 사람들은 그를 사랑했고, 지금도 존경심과 함께 그에 대해 우호적인 기억을 갖고 있다. 아침 열시에 벌써 취해 비틀거리면서도 제시간에 정확하게 콜라스프로 산 리프트에 있는 자기 일터에 나가 앉아 있곤 하던 이시도르 탈러가 뭐 때문에 이 산업계의 위대한 거물과 한잔하러 가게 되었을지 누가 알겠는가? 사적으로는 청렴한 마테이는 자신의 위대한 목적을 위해 비열하고 타락한 수단들도 사용했고, 세상의 강자들과 경쟁하면서, 전후 후진적인 이탈리아를 성장시켜 세계 정치와 경제로 나아가게 만들었지만, 도덕성을 훼손시킴으로써 나라를 더 편협하게 만들어버린 사람이기도 하다. 아마 자본주의에 대한 공동의 반감이, 범죄행위에 의해 곧 희생당했던 겁 없는 이 근대화 추진자와 안드레아스 호퍼의 추종자들을 본능적으로 묶어주었을 것이다.

그의 집이 있던 곳에 지금은 호텔이 들어섰는데, 갈대들이 환상적인 자수처럼 얼어붙어 있고 개울 위로 우아한 일본식 다리 하나가 놓여 있는 그 집 근처 호텔에는 한 폭의 경건한 그림이 있어, 호수에서 일어났던 어떤 재난을 퍼뜩 떠올리게 되는데, 배가 침몰하고 사람들이 물에 빠져 죽어가고 있는 걸 하늘에 있는 성모 마리아와 성인들이 호숫가로 달려와 구경만 하고 있는 사람들처럼 무능하고 괴로운 표정으로 바라보고 있는 그림이다. 그림 위에 글귀가 적혀 있다: "마인 프로인트, 보 게트 두 힌Mein Freund, wo geht Du hin?" 지나가는 사람한테 묻는 질문이다: "친구여, 어디로 가는가?" 어느 집 위에 적혀 있던 또다른 글귀처럼 대답하기 어렵다. "나는 지금 살아 있지만 얼마 동안 살지 모른다. 언젠가 죽겠지만 언제 어디서 죽을지 모른다. 가고 있긴 하나 어디로 가고 있는지도 모른다. 그렇더라도 내가 즐거워한다는 것이 놀랍기만 하다."

호수는 색깔들의 스펙트럼이다. 눈은 하얗고, 어느 순간에는 황금빛이다가, 바람에 날려 얼어붙은 수면 위로 끌려갈 때에는 은빛 먼지 같고, 그늘이 시작되는 곳에서는 파랗다. 산 경사면에서는 상앗빛, 장밋빛, 진줏빛이다. 저녁이면 파란색이 붉은 포도주색이 된다. 바로 색깔들 때문에 괴테는 뉴턴을 싫어했다. 뉴턴이 설명한 것처럼 만약 흰색이 모든 색깔의 현존이고 혼합이라면, 그 안에서는 색조들이 죽고 차이들이 사라진다는 것을 의미하고, 그 흰색, 눈 속에 용해되고 뒤섞인 이 해들은 단지 소리 없는 종말이라는 것을 의미한다. 괴테가 믿었던 것처럼 만약 흰색이 원래의 빛이라면, 색깔들은 아직도 불붙어야 하고, 시작되고 다시 시작되어야 한다. 멀리 떨어진 곳의 푸른색, 꽃과 입술의 빨간색, 어느 눈빛에서 나오던 꿀색이 새록새록 나타날 테니.

호수는 색깔들을 바꾼다. 나무들의 녹색은 검고, 흰색은 황금빛, 어두워지는 갈색 황금빛이다가, 갑자기 파란색이 된다. 재빨리 사라지는 경계선들은 뚜렷하다. 호수가 보이고, 눈은 하얗다. 호숫가를 따라 가장자리는 엷게 푸르스름하고, 소나무는 짙은 녹색이고, 세상은 저기에, 루치나가 한스에게 던지는 눈뭉치처럼 단단하고 반박할 수 없게 존재하고 있다. 괴테, 뉴턴, 쇼펜하우어, 슈타이너, 비트겐슈타인이 색깔들에 대해 썼다. 시와 철학은 일반색채론, 그러니까 순간적으로 태양에서 반짝이는 광채, 눈으로 문질러 붉게 타오르는 뺨, 검었다가 나중에는 하얘지는 머리칼에 대한 학문 분과들이기도 하다.

베피노는 색채치료법에 사로잡혀 있다. 치료소 베란다에서는 환자들이 엄격한 의학적 처방에 따라 몇 시간 동안 색채와 그 변화를 관조한다. 누구는 파란색이 필요하고, 누구는 회색, 누구는 밝은색, 누구는 옅은색이 필요하다. 누구는 몇 시간 동안 강렬한 반사광을 응시하는 것이 좋고, 또다른 누군가는 이걸 더 조심해야 한다. 정오가 되면 반짝이고 떨리는 바다가 누군가에게는 마음을 우울하게 하거나 아니면 너무나 강렬하여 우울하게 보이는 행복감을 줄 수도 있으며, 따라서 그 용량을 주의깊게 조절해야 한다. 몇 년 전부터 색채치료법이 유행하면서 여기에 대해 책과 신문에서 이제야 떠들고 있지만, 라순안테르셀바의 면장이 이 계곡에 대한 충실함을 보여주는 증거로서 매 십 주기마다 헤르베르호프 호텔에서 행하는 수료증 수여식 첫해 전부터 일찌감치 베피노가 학자답게 색채치료법을 강의해왔다는 것을, 이에 대해서는 모두가 증언해줄 수 있다.

스탈레 고갯길을 올라간다. 지도를 보면 이곳으로 지중해성 기후와 중부유럽 기후 사이의 경계선이 지난다. 중부유럽 자체가 기상학이라고들 했다. 춥다. 동쪽에서 불어오는 고지대 바람은 차갑고, 모든 게 아직은 더 하얗다. 세상은 텅 비어서 단지 하늘과 눈만 안에 든 유리공 같고, 끝없는 청백색이 사물들을 공허 속으로 빨아들인다. 바람은 세고, 휘몰아치는 바람에 맞서 고개를 숙이고 걸으면서 잠시 저항해보지만, 더 세찬 바람이 불어와 휩쓸고 쓸어가니 모든 건 곧 뒤로 물러나 멀어져간다. 다시 하세, 라고 말하기에는 늦었다. 기껏해야 마지막까지 갈 수 있을지 없을지가 남았을 뿐. 이듬해에 또다시 고갯길에 올라 계곡 아래를 바라볼 것이다. 호수는 불타는 횃불 같지만 내려가기 전에 잿빛이 될 것이다. 하늘은 높고, 눈이 내리는 걸 보려고 흔드는 유리공의 둥근 천장 같다. 눈송이들이 소용돌이친다. 이 눈송이들과 어둠 속으로 돌진하는 이 시간들 사이를 뚫고 잽싸게 걸어 그 골짜기를 내려간다. 태양은 빠르게 내려앉고 있지만 아직 지기엔 이르고, 어쩌면 제시간에 안테르셀바에 도착해 차를 타면 브루니코의 쇤후버 가게에 갈 수 있을지도 모르겠다. 커피 잔 네 개랑 우유병을 하나 더 사요. 마리사가 말한다. 그러면 부수적으로 따라붙는 것까지 포함해 16인용 세트가 완성될 거예요. 나중에 프란체스코와 파올로가 함께 나누게 되더라도 각자 8인용 세트를 가질 수 있으니, 이만하면 과히 나쁘지 않죠.

공원

개를 데려오거나 자전거로 지나가는 것은 금지되어 있다. 꽃밭을 밟는 것도 금지다. 처음으로 어느 정원을 들어가 거닐던 그때도 그랬고, 지금 트리에스테 공원의 경우도 그렇듯, 초입에는 자주 금기가 따라붙는다. 정문은 창처럼 뾰족한 검은 철책으로 보호되어 있다. 연철로 된 철책은 마로니에, 플라타너스, 전나무 고목들 사이로 저 높이 드리워져 있는 그늘만큼이나 어두운 검은색이고, 수면에는 나뭇잎과 나뭇가지가 떠다니고 있고, 그 안으로 참새들이 굴러떨어지는 돌멩이처럼 잠겨 사라진다.

공원의 짙은 그늘은 저녁을 앞당긴다. 저녁은 조금 일찍 내려앉아, 결코 아주 떠나는 일 없이 여기저기 무성한 나뭇잎들 사이에 끼어 있다. 바티스티 거리를 지나 마르코니 거리를 거슬러올라가거나 마르코니 거리와 나란히 있는 공원을 지나 예수성심교회로 가기 위해 산마르코 카페에서 나가 왼쪽으로 돌면, 그리스식 망토를 두른 채 한 손을 가슴에 얹은 도메니코 로세티* 동상과 공원 정문 앞에 이르게 된다. 비둘기들이 남긴 흔적이 동상의 얼굴 위로 반복해서 흘러내려 고상한 눈물이 되었다. 옷자락을 늘어뜨린 엄숙하고 장엄한 세 여인이 옛 동상에서 보듯 관례대로 횃불과 참나무 가지를 든 채 받침대 주위에서 나선형으로 허공으로 빙 돌아올라가면서 공중을 향하고 있다.

애국자, 문헌학자, 역사가, 고고학자였던 로세티는 좀더 작았던 옛 트리에스테에 대한 향수에 젖어 사는 귀족이었고, 항구의 운명으로 태어난 떠들썩한 새로운 혼혈아 같은 트리에스테는 마음에 들어하지 않았다. "로세티의 조국에서는 오직 이탈리아어만 말한다." 19세기의 박식한 이 조국 찬양자, 합스부르크가의 오랜 지배하에서 길러진 이탈리아의 이 수호자에 대한 존경의 표시로, 영토회복주의자들이 찬양했던 말이다. 비록 다른 한편에서 보자면 로세티가, 열정적으로 몇몇 시에서 오스트리아를 비롯해 트리에스테가 결국 구해준 그 강력한 지도자 프란츠 일세도 찬양했지만 말이다. 오직 오스트리아만이 우리를 행복하게 해줄 수 있으리라고, 후손들 모두가 그렇게 그날을 떠올리게 될 것으로 기대하면서 말이다.

중년에 이른 어떤 여성들의 몸맵시가 그렇듯이 로세티 기념비도 공원으로 들어가려다 이를 지나쳐 뒤에서 보게 될 때가 있는데, 이게 더 보기 좋다. 뒤태는 세월의 모욕에 좀더 오래 버틴다. 기념비 전체에서 매력적인 것이라곤 받침대 뒤로 삐져나온 세 여인 중 하나의 발뿐이다. 약간은 지나치게 건장해 보일지 모르나 당당하게 내뻗은 반라의 아름다운 발이며, 공원의 문턱 너머에 개를 데려오지 말라는 팻말과 꽃밭을 밟지 말라는 팻말 사이에 "엘리사, 너를 사랑해" 하고 분필로 쓴 글처럼, 간결하면서 결정적으로 사람을 유인하는 전령이다.

빨간 물고기가 퍼덕이는 조그마한 물그릇을 두 손에 받쳐든 어린

---

* Domenico Rossetti(1774~1842). 트리에스테 출신 문인이자 애국자로, 프랑스와 오스트리아의 지배에 저항하여 박해를 받았다.

아이가 오솔길로 접어들어 호수 쪽으로 향한다. 호수는 작은 규모에도 불구하고 다리가 있고, 백조, 이끼 낀 조그마한 동굴들, 수련들 사이로 솟은 섬이 있어 연못이라고 부르는 게 더 적합할 것이다. 아이는 발걸음이나 위협적인 글귀에는 신경도 쓰지 않는다. 물그릇을 걱정스레 바라보는 그 눈길로 판단하건대, 몸이 부풀고 멍이 든 물고기에게 무언가 안 좋은 일이 있음이 분명하고, 그래서 다른 것에는 전혀 신경 쓸 수 없기 때문이리라. 그럼에도 복잡하게 정돈된 오솔길들로 접어든 그 아이 역시 베고니아, 팬지, 데이지 꽃들 사이 어디서든 튀어나오는 명령들과 금지들의 숲속으로 발을 들여놓게 되는 셈이다.

공원에 가는 것은 기분전환을 하거나, 계절에 따라 햇볕을 쬐거나 이를 피해 그늘을 찾거나, 빈둥거리기 위해서다. 단순히 거리의 교통 혼잡을 피해 한 곳에서 다른 곳으로 가기 위해 (예를 들어 산마르코 카페에서 델론코 거리에 있는 예수성심교회로 가기 위해) 공원을 가로질러갈 때에도, 이어질 나머지 여정들과의 연관성은 느슨해지고, 미끄럼틀을 탄 듯 걸음은 미끄러져 나아간다. 어느 벤치에서는 은퇴자가 신문을 읽고 있고, 또다른 벤치에는 감정교육의 위대한 작업이 시작되고 있으며, 그 너머에서는 엄마들이 유모차를 밀고 있고, 아이들은 오솔길과 덤불 사이로 난 길을 뒤쫓으면서 빽빽한 숲속으로 사라져 움푹 파인 나무 안으로 숨기도 하고, 거대한 북부의 숲이나 메마른 사바나 평야로 매복하기도 하며, 그네를 타기도 한다. 숲 너머 저편에 있는 줄리아 거리로 버스가 지나가는 게 보이지만, 숲은 광활하다. 그네는 높이 솟아오르고, 세상은 바닥없는 웅덩이 속으로 곤두박질하여, 핏기가 가신 얼굴 같다. 다시 돌아오면 더이상 아무것도 없다. 사물들은 바람에 날려갔고 회오리에 휩쓸려갔다. 조금 전 위로 솟아오르면서 스쳤던 마로니에 나뭇잎도 사라져, 반짝이는 우윳빛 공허 속으로 섞여들었다.

하지만 그네의 흔들림은 진자운동 법칙을 따른다. 공원 전체가 법칙과 늘어나는 추가 규정들로 들어가는 입문이며, 방종과 금지, 위반에 대한 또다른 학문인 에로스로의 입문이다. 그 현기증나고 야생적인 개화 속에, 그 숨가쁜 달리기 속에, 그 어둠 속의 속삭임 속에, 규정들과 정확한 항목들이 깃들어 있다. 놀이는 복종이다. 위반할 수 없다. 자동차들이 굴러가는 저곳에서 그러하듯, 어떤 규제든 제치고 사람들이 다투는 저기 저 바깥에서처럼 무슨 짓을 하든 상관없고 어렴풋하기만 한 저곳에서도 그렇듯이.

공원에서 숨바꼭질 놀이를 할 때는 완전히 눈을 감고 예순 또는 서른까지 세야 한다. 사이클 경기 선수들인 코피인지 인두라인인지 모를 초상화가 그려진, 밀랍으로 채운 챔피언용 병뚜껑은, 땅바닥에 분필로 그려놓은 이탈리아 지로 일주 트랙에서 벗어나면 출발점으로 다시 돌아가야 한다. 외발뛰기는 한 칸에서 다른 칸으로 한쪽 발로만 뛰는 것이고, 깃발 놀이에서는 상대방이 손수건을 건드릴 때에만 뛸 수 있다. 제복을 입은 공원 경비원은 피하거나 속일 수 있지만, 그가 지닌 권위와 거기에 해당하는 질서에 대해서는 문제삼을 수 없다. 음수대 분수 옆에서 껴안고 있는 두 사람을 다시 방해하러 갈지 말지 결정하는 무리의 우두머리가 바로 그다. 여름날 저녁이면 야외 영화도 상영하는 카페 광장 옆 자전거 대여 광장은 또다른 무리의 영토이고, 거기에는 발을 들여놓지 않아야 한다. 삼나무들로 울창한 거의 검은색으로 보이는 그 경계선은 넘어들어가지 말아야 한다.

제한된 반경 안에 있는 공원의 그늘은, 방대하고 다양한 형상으로써 법칙과 그 법칙이 신비와 맺는 밀접한 관계들로 안내하는 서곡과 같다. 물그릇 속에 든 이 물고기가 입을 뻐끔거리는 것도, 비늘이 벗겨지는 것도 엄격한 법칙으로, 여기에는 어렴풋한 신비, 오래된 상처가 있다. 며칠 전 델론코 거리에 있는 예수성심교회 본당에서 한 추첨에서 이 물고기를 얻어 행복하게 집으로 가져간 어린이뿐만 아니라 다른 어떤 누구도 왜 물고기가 물, 생명, 빵 부스러기를 즐기지 못한 채 아프다 죽기까지 해야 하는지 진정 헤아릴 수 없다.

공원 사방에서 필연성이 드러난다. 사물들이 있고, 거기에는 논란의 여지가 없다. 엘리사, 너를 사랑해. 엘리사의 덕성과 장점은 아무런 상관이 없다. 마로니에에서 밤들이 떨어지고, 밤송이가 톡톡 둔탁한 소리로 갈라지고, 계절은 전쟁의 북소리와 함께 앞으로 나아간다. 늙은 나무가 다른 나무에 기대고 있다. 선 채로 죽고 싶어하는 부상당한 전사 같다. 언제까지고 똑같은 미소로 늘 어머니 팔에 매달려 다니는 안토니오한테도 수수께끼 같고 피할 수 없는 법칙이 보이고, 세대를 거듭하며 학교에서 나와 거리로 놀러 나가는 아이들도 안토니오를 경비원이나 되는 듯이 바라보는 법을 곧바로 배운다. 하지만 그는 비밀 임무를 맡은 특수부대 경비원이다. 어머니 없이는, 집으로 돌아가려고 나섰다 공원 출구도 못 찾거나 음료수를 살 때면 잔돈 계산도 할 줄 모르는 아이이지만 말이다.

물론 처음에는 안토니오를 모르는 새로 온 아이들이 뒤에서 웃기도 하고, 때로는 돌멩이를 던지는가 하면, 어머니가 방심하거나 조금 앞서 나가고 있을 때면 언제든 그의 손에 들린 작은 꽃다발을 낚아채기도 한다. 하지만 자기도 처음에 똑같이 그랬다가 이제 더이상 공원을 자주 찾지 않는, 그들보다 더 큰 아이들한테서 안토니오의 사정을 듣고 알게 된 또다른 아이들이 그를 놀리던 그들한테 다시 이를 설명해주고, 그러다 보면 단번에 그들도 안토니오의 임무를 이해하게 된다. 미동 없이 꽃을 낚아채가도록 내버려두는 무기력도 권위를 드러내는 한 표식이다. 저녁이면, 수염도 없는데 몇 가닥 흰 머리칼이 난 그가, 어머니랑 집으로 가기 위해 멀어져 산책로 그림자 속으로 사라진다. 영성체를 준비하는 동안 때로 저녁 미사에 아이들을 동원하는 예수성심교회에서, 구이도 신부가 축복을 내린 다음 제단을 떠나 성구실로 사라지듯이.

공원 입구를 지나면 곧바로 어두운 숲이다. 나무 몸통들과 가지들 사이로 보이는 스케이트장이 산속 저멀리 얼어붙은 호수처럼 온통 하얗게 빛난다. 스케이트는 미끄러지고, 작은 바퀴 아래의 매끄러운 돌은 반짝이는 눈 같고, 바람은 얼굴로 불어온다. 원형 스케이트장이 작고 평평하다 해도, 멀리서 불어오는 이 바람은 길고 현기증 나는 하강 속으로 당신을 곤두박질하게 한다. 때로는 그네를 타듯이 위로 치닫는 것 같다. 나무우듬지 너머로 보이는 파란 하늘은 눈부시게 빛나는 먼지 같고, 스케이트 아래의 바닥은 호수 얼음이 깨지는 것처럼 삐꺼덕거리고, 스케이트장은 숲속의 밝은 빈터처럼 확장된다.

주위의 일부 나무들은 늙었다. 커다란 플라타너스 한 그루는 돌기들과 혹들, 늘어진 젖가슴들, 매듭진 덩이줄기들로 넘쳐난다. 노년은 혼돈의 과잉이다. 자기 형태를 파괴하면서 자라나 과잉으로 죽는 생명이다. 입구에서 몇십 미터 가면 왼쪽으로, 마르코니 거리 옆의 오솔길을 따라 심장 모양 나뭇잎이 달린 피나무와 어린 느릅나무 사이로, 몸통이 움푹 파여 텅 빈 플라타너스가 있다. 이 빈 구멍은 전쟁놀이를 할 때든 다른 놀이를 할 때든 숨기에 좋다. 나무는 병들어 있지만, 그 안에서는 위험천만한 세상에서도 편안히 우리를 지켜준다. 내벽은 축축하다. 나무 동공의 어둠 속에서 이 축축한 흙을 손에 바르면 모래와 진흙으로 성을 쌓거나 거푸집으로 형상을 떠낼 때처럼 기분이 좋아진다. 밖에서는 나뭇잎들이 바스락대고, 방울진 습기가 거친 벽면을 따라 침처럼 흘러내려 움푹 파인 데로 들어간다. 물방울들이 맑은 웅덩이를 이루어, 숲속에 감춰진 세례의 샘물이 된다. 이 시원한 물로 손가락을 적시고 뜨거운 뺨과 이마를 적시면 기분이 진정된다. 몇몇 새들도 움푹한 나무 몸통 안으로 들어가 이 샘물로 갈증을 풀고 목욕을 한다.

조금 더 저쪽, 1921년 3월 20일 밀라노군대명예위원회에서 기증한 기념비로서, 어깨 위에 독수리가 있는 여인의 동상 앞, 버베나 덤불들 사이로 햇볕이 잘 드는 곳에 있는 벤치는, 오솔길 여기저기에 놓여 있는 흉상들 못지않게 공원과 떼려야 뗄 수 없는 관계에 있는 C씨와 아내가 날 좋은 철마다 거의 매일 아침 독차지하고 있어 유독 더 눈길이 간다. 특히 일요일에 그렇고 다른 날도 마찬가지로, 그 벤치에서 멈추는 것은 잠시 산책을 중단한 동안이다. 상대적으로 이른 시간에 시작해 약간 늦게 정오 무렵까지 이어진 산책에서 C씨 부부는 공원 맞은편 끝에 있는 광장 카페로 가는데, 그들이 거기로 가는 건 분명 통상 모이는 동료들 중 누군가가 이미 거기에 도착해 있어 아무 주문을 안 해도 앉아 있을 수 있는데다, 이미 자기 커피를 마시고 있던 사람이 따라주는 커피를 대접받게 된다는 것 때문이다. 이 동아리 구성원은 변호사나 약사, 몇몇 부인인데, 이 부인들은 저녁식사 장소와 시간을 결정하려고 논쟁할 때나 얼마 전 홀아비가 된 공증인 크라이너 박사와 결혼 가능성이 있는 후보자들에 대해 논평할 때면 다들 레이디 맥베스 못지않은 격렬한 지배욕을 보여준다.

몸에 밴 C의 절약정신은 어린 시절의 가난과 세월이 흘러 이제는 잊히긴 했어도 그 가난에서 살아남으려다 보니 얻게 된 것으로, 그의 페르소나를 초월하는 철학적 신조와 같은 것이다. 실제로 그는 다른 사람들이 돈을 낭비하는 것을 보면 침통해하고, 다른 사람이 돈을 내준다 해도 두 잔째 커피는 절대 주문하지 않는다. 사실상 돈을 안 써도 되는 이 벤치에 다른 사람들이 또 와서 앉는 게 그에게는 더 만족스러운 일일 것이다. 그런데도 그가 카페에서 그들과 만나는 것은 단지 언제나 그랬듯 사교 생활을 하며 체면을 차리는 일이 필요하다고 생각하기 때문이다. 젊을 적에 여러 직업을 거치며 지문이 닳도록 일하면서, 신문 가판대 앞에서 선 채로 신문을 읽긴 해도 샌드위치 하나 사지 않던 그가, 축제 때 신고 갈 구두를 거울처럼 광내기 위해 광택제는 챙겨 구입하곤 했으니 말이다.

카페에서건, 그보다 먼저 자리잡은 아침 나절 벤치에서건, C는 아는 사람들과 자신의 표현력과 지적 능력을 남김없이 보여주는 상투적인 정중한 말을 주고받았으니, 좋은 학교 성적표에 기뻐하거나, 분명한 날씨 상황을 확인하거나, 아니면 이제 더이상 보이지 않는 옛날의 멋진 것들, 특히 집 안에 있던 자기 요강이라든가 사무실에 두던 멋진 놋쇠 타구唾具처럼, 얼마 전부터 사라진 것들을 들먹이며 아쉬워했다. 이따금 말을 중단하고 눈을 깜박이며 멍하게 버베나를 바라보거나 다른 사람들 말에 귀를 기울이면서, 공식 행사에 참석한 공공 단체장 같은 공평한 예의로 지루한 분위기에 묻어가며 고개를 끄덕이곤 했다.

틈만 나면 C는 당원증 이야기를 꺼낸다. 반복하는 일을 두려워하지 않는 사람이 그다. 그가 사랑하는 무색의 순수한 삶이란 것이 온통 잠자고, 일어나고, 면도하고, 창문을 열고, 누군가를 만나면 모자를 벗는 일의 반복이기 때문이다. 미국으로 이주했을 때 그는 자신이 살던 초라한 집에서 멀리 떨어진 시카고 인근 공장에서 일했는데, 차비를 아끼려고 거의 한밤중에 일어나 표도 안 사고 기차에 올라탔고 검표원에게 발각되면 지갑을 잊어버린 척했다. 그러면 검표원은 다음 역에서 내리게 했고, 거기에서 그는 매 시간마다 지나가는 다음 열차를 기다렸다가 똑같은 짓을 반복했고, 그렇게 서너 번 중간 역에서 내렸다가 다시 탄 다음 자기 목적지에 도착했다는 것이다.

이 모든 시시콜콜한 사항에 대해 C는 관료적 정확성을 기하며 무심한 태도로 이야기한다. 마치 남 이야기 하듯, 치밀한 이 불법 승객에 대하여 보고서를 쓰는 검표원처럼 말하는데, 노동의 고됨이라든가 희생이라든가 착취에 대해서는 말하지 않는다. 이런 용어는 카페에서 크라이너 박사가 자기 말을 장식하는 데 즐겨 사용하는 라틴어 법률 용어처럼 C의 어휘집에는 이질적인 것이다.

1929년 대공황 위기 후 실업자로 이탈리아에 돌아온 그에게, 사람들은 일자리를 찾으려면 파시스트 당원증이 필요하다고 말했다. 단지 파시즘 체제 이전에 떠났기에 당원증이 없었을 뿐인 그는 곧바로 그걸 신청하러 달려갔는데, 이 이야기를 할 때조차도 한 치 의심이 없듯, 이 증에 부여된 악의적 측면에 대해서도 추호의 의심이 없다. 어렸을 때부터 모든 권위에 대해 습관적으로 막연하지만 무조건적인 존경심을 가지고 있던 그의 이런 기질은, 아마 사랑도 증오도 없이 그저 현실로만 받아들였던 오스트리아-헝가리 제국에서 물려받은 태도일 것이다. 그에게 현실이란, 사람들에게 문제제기 대상으로서 여기에 있는 게 아니라, 그저 여기에 있으니 존재할 뿐인 그런 현실이다. 파시즘이 정권을 쥐고 있고 일자리를 주므로 노동자가 파시스트가 되는 건 당연했던 것이다.

관할 사무실에서 그는 자기 상황을 설명하면서, 오만한 관리에게 한밤중에 일어난 일까지 포함하여 정중하게 자기 이야기를 했고, 그 관리가 외국의 당 지부 중 하나에서 국제 파시스트 당원증을 왜 받지 않았냐고 질책하자 그가 반박했다고 하는데, 공원에서 이야기할 때처럼 똑같이 애매한 미소로 눈을 깜박이면서 이렇게 대답을 덧붙였던 것 같단다. "아마 제가 잘못 설명한 모양이군요. 그러니까 제가 말하려던 건, 저는 거기에 일 때문에, 일하러 가 있었고, 일하면서 매일 새벽 네시에 일어났고, 겨울이나 가을에도 매일 새벽마다 일어났는데, 바람도 부는데다 어찌나 춥던지 말입니다…… 이나저나 새벽 네시에 일어나 하루종일 일하는 사람이 어떻게 고따위 파시스트당이나 당원증 같은 걸 챙길 생각을 할 수 있었겠습니까?······"

어떻게 그런 걸 자기한테 물을 수 있을까 늘 놀라워하는 C는, '고 따위'라는 말이 파시스트당에 모욕으로 들릴 것이라고는 꿈에도 생각하지 못하는 사람이었다. 그는 파시스트당을 진심으로 존경했고, 그 안에서 좋지도 않고 나쁘지도 않지만 어쨌든 공공행정 업무에서 작으나마 만족스러운 경력을 쌓으면서 우아하게 정착했다.

이 벤치에서든 카페 테이블에서든 인습에 물들어 배포가 두둑한 C는 무엇도 의식하지 않은 채 자신이 늙어가는지도 모르게 늙어간다. 그 주위로 색이 바래가고 나뭇잎이 떨어지고 다시 푸르러지고 하는 공원이 있건마는, 그는 계속해서 모든 권위를 존경하며 현 정부를 떠받든다. 순수하고 근원적인 이 순응주의는 뭔가 더 높은 것처럼 보이려고 애쓰는 보다 고도의 체제순응주의들의 허위를 무심결에 폭로하는 동시에, 신사처럼 옷을 입고 존경할 만한 사교계에 드나들고 싶은 그의 욕망을 그를 개성 없는 알레고리로, 공원에 흩어진 장님 눈의 화려한 이 동상들 중 하나로 변화시켜버린다.

정원 가꾸기는 조화의 기술이며, 자연을 인공으로 변화시키고, 화단을 대칭으로 가꾸거나 제멋대로 자라나는 야생의 자연을 통제하에 두어 땅속에서 올라오는 힘들을 길들여나가는 기술이다. 정원관리사가 산울타리를 다듬고 있다. 잘 관리된 튤립 한 송이가 C가 정장 호주머니에 찔러넣는 손수건처럼 녹색 사이에서 삐죽 솟아나 있다. 벤치 주위로 제비꽃들이 무성하다. 삼나무 그림자가 그 짙은 덤불과 주변을 걷는 사람 위로 길게 늘어지고, 사순절 휘장처럼 꽃과 풀잎을 뒤덮는다. 페르세포네는 수선화를 꺾어 모으고, 풀밭의 이 제비꽃 덤불들은 벌써 밤이고 그 어둠 속으로 잠시 후면 그녀는 사라져갈 것이다.* 하지만 C는, 제법 나이를 먹고서 결혼한 아내 옆에, 우아하면서도 둔하게 앉아 있다. 아내는 결혼하기 전에 한때 소문이 자자했던 소위 매력 넘치는 여자 중 하나였고, 그래서 입방아 찧기 좋아하는 사람들은 C가 노총각 때 몇몇 매춘부와 위생에 신경써가며 교제한 게 다인 애정 경험으로는 아름다운 배우자의 무심한 척하는 노련한 태도를 감당하지 못할 것이라고 생각했을 정도다.

그럼에도 그들은 늘 함께이고, 서로 만족스러워하는 눈치다. 아내의 어여쁜 입은 더욱 부드럽고 온화해진 모양새다. 그녀도 멍한 표정으로 눈을 깜박이는 것을 배웠고, 지나가는 사람들을 바라보며 생활에 대한 건 어떤 것도 묻지 않고 인사 나누기를 즐긴다. 마치 아는 사람들끼리 수군대는 우여곡절 뒷이야기들을 뒤로하고, 누군가와 함께 지내며 흐르는 시간의 속닥거림에 귀를 기울이고 음미하는 법을 배웠다는 듯이 말이다. 카페에서 누군가 실패한 결혼이나 부부간의 불행이나 새로운 커플의 결합에 대해 수다를 떨고 있을 때면, 두 사람은 침묵한다. C는 결혼 파기는 있을 수 없는 일이라고 확고하게 주장하는 사람이다. 새로운 변화와 바뀐 것들을 뒤쫓아가고, 새로운 상대와의 짝짓기 형편을 빠삭히 꿰고 있어야 하고, 새로운 이름들을 익히고, 그것들을 서로 혼동하지 않도록 주의해야 하는 일을, C가 피곤하다고 여기기 때문이기도 하다.

C는 공원을 안심할 만한 곳으로 만들고 꺾인 꽃을, 주위의 모든 그림자를 잊도록 해준다. "정말로 예쁜 빨간 물고기이구나." 물이 가득한 그릇을 들고 앞으로 지나가는 아이한테 호의를 보이며 이렇게 말하는 그는, 배를 거의 허공으로 향한 물고기나 아이의 얼굴에는 신경도 안 쓴다. "정말 예쁘네. 좋겠구나." 아이는 아무 말이 없다.

---

* 그리스 신화에서 저승의 신 하데스는 페르세포네가 수선화 꽃을 꺾으려는 순간 납치한다.

중앙에 있는 꽃밭 둘레는 장거리달리기 시합을 위한 거리 측정 단위로 사용된다. 예를 들어 서른 바퀴는 상당한 거리가 될 것이다. 꽃밭에는 무치오 톰마시니의 흉상이 서 있다. 그는 1861년까지 트리에스테를 이끈 지도자이자 시장이었고, 가난한 자들을 위한 보호소와 자연사박물관 설립을 이끈 주창자였을 뿐만 아니라, 서른 가지가 넘는 식물을 발견한 탁월한 식물학자로, 무엇보다도 1854년 이 공원을 창안한 사람이다. "시의회의 결정을 집행하기 위해, 특히 유년기 어린 아이들에게 도움이 될 공공 공원 형성에 필요한 토지를 가진 땅 소유주들에게 토지를 양도할 준비가 되어 있는지, 입지 상태라든가, 빈의 넓이 단위*로 환산한 면적, 청구 가격, 그리고 다른 부수 조건들을 기재해 시에 판매 제안을 할 의도가 있는지 밝혀주기를 권유하는 바이다. 1852년 9월 25일, 트리에스테, 시 당국 최고 의장." 토지 대장에는 이 부지가 '수녀들 소유'로 되어 있는데, 베네딕투스 수녀원에 속해 있었기 때문이다.

파비아 출신 도나토 바르칼리아가 조각한 톰마시니 동상은 베고니아와 청빛 불로화와 데이지 덤불 사이에 있고, 그 안에서 암탉들, 병아리들, 수탉들이 자유롭게 땅을 파헤치고 있다. 닭들은 얼마 전부터 거기서 보다 우위에 있던 다른 종을 몰아내면서 공원의 전통적인 동물군의 균형을 깨뜨렸고, 어쩌면 가축들의 변이를 앞당길지도 모른다. 야생 상태로 돌아가는 일이 더디다는 사실은 힘들게 길들여지고 문명화된 다른 종들에게도 하나의 전조가 될 수 있다. 꽃밭 오른쪽에는 거대한 돌출부 때문에 기형적으로 일그러진 엄청나게 커다란 플라타너스가 수평으로 가지들을 뻗어 땅으로 휘어질 정도이고, 그중에

---

* 원문에는 클라프터klafter로 되어 있는데, 독일 지역에서 사용되던 길이 단위로 1.75미터에서 3미터까지 지역마다 달랐다.

서 더 멀리 뻗어나간 가지는 다른 플라타너스 가지와 만나 줄리아 거리 쪽으로 난 문 앞에다 하나의 개선문을 만들어놓고 있다.

톰마시니가 토지 매입을 협상하고 있을 당시, 줄리아 거리는 산조반니에서 시작해 길게 늘어선 뽕나무들 사이로 흘러내리던 파톡 개울로, 기슭에서 빨래하는 여인들이 널리 애용하곤 했다. 파톡과 오늘날 델로스콜리오 거리인 스타리브렉 개울은 슬로베니아 소구역에서 흘러내려, 다 빤 셔츠 하나를 잘 짜기도 전에 순식간에 벌써 가리발디와 마치니*가 이끌던 이탈리아를 향해 흘러와 공원 높이에서 보일 정도로 고동치는 심장의 동맥이 된다. 콸콸대며 흐르는 물은 빨래하는 여인들의 수다를 실어나르며 그녀들의 손을 갈라지게 한다. 무엇을 짜고 비틀어야 할지 아는 굳세고 발그스레한 멋진 손들이다. 손쉬운 놀이 같은 걸 해도 좋았을 그 손들이 차갑고 더러운 이 물에서 빨리 닳아가고 있다. 그러거나 말거나 여인들은 당당하게 재잘거리며 노래한다. 비록 흘러가는 물의 노래가 언제나 똑같고 어떻게 끝날지 알고 있다고 해도 말이다. 왜 나를 배신하나요? 왜 나를 버리나요? 날 사랑하기 전에는 일절 그러지 않았잖아요. 이 개울물이, 서서히 망가져가는 육체가 배출해내는 땀과 때, 먼지를 씻어내준다. 삶이란 퇴적이자 산화酸化로, 접시에 엉겨 붙은 지방이라든가, 손톱 밑에 낀 검은 때, 속옷에 진 노르스름한 얼룩, 에로스가 남긴 우울한 족적과 같으며, 세척이 필요하다. 이 여인들이 문지르는 거친 비눗조각으로라도 좋다.

거품이 흘러내리며 희멀건 얼룩으로 퍼지다가 공원 한구석에 있는 배수구로 사라져가는 동안, 산조반니에서는 보도피베츠라 불리는 어

---

* 주세페 마치니(1805~1872)는 애국자이며 혁명가로 이탈리아 통일운동을 이끌었고, 주세페 가리발디(1807~1882)는 애국자이며 군인으로 의용군을 이끌고 시칠리아와 이탈리아 남부를 정복함으로써 통일에 결정적인 역할을 했다.

떤 사람이 도시를 오르락내리락하다가 베빌라쿠아가 된다.* 파톡은 슬로베니아에서 '우리의 바다'†로 불리는 지중해 유역으로 흘러들어가고, 이탈리아는 멀리서 온다 하더라도 베네치아나 프리울리 성을 가진 사람처럼 곧바로 이탈리아인이라고 느끼게끔 하는 용광로가 된다. 세계대전 동안 트리에스테가 이탈리아에 속하도록 크라스로 가서 싸우다 요절한 젊은이들 이름을 보면 슬라타페르, 크시디아스, 브룬네르, 아나니안, 수비츠처럼 이탈리아식 이름이 아니다. 하지만 용광로는 굳어지고 성분들은 뒤바뀌어 서로 대조를 이룬다. 도시-경계선은 스스로 나뉘는 경계선들, 아물지 않는 상처들, 돌포장길에 있는 돌과 돌 사이의 숙명적이고 보이지 않는 경계선들, 폭력이 또다른 폭력을 부르는 것들로 짜이고 나뉜다. 이 개울물이 불그스레하다. 역사가 달거리를 하나보다. 한번은 내가, 또 한번은 네가. 어쨌든 이 흙탕물에서 하나의 피는 다른 피와 구분되지 않는다.

  빨래하는 여인들은 모든 것을 알고 있지만, 단지 거기에서 빨래를 하고 있을 뿐이다. 손이 갈라진 이 모에라이‡는, 천을 짜는 대신 물에 적시고 있을 뿐이다. 속옷과 옷깃을 물에 적시고 또 적시고 계속 빨다보면 천은 해진다. 수다는 재잘대는 물처럼 흘러간다. 파톡의 이쪽 기슭에서 다른 쪽으로, 땅 위에서든 아래에서든, 온갖 목소리와 잡담이 난무하고, 최후의 심판일 같은 건 배수구 안에서나 꾸르륵대고 있을 것이다. 1863년부터 개울은 복개되어 지금은 줄리아 거리가 났고, 크라스 강은 토맥 속으로 빨려들어갔다. 자코모는 줄리아 거리에서 공

---

* 이탈리아의 성姓 '베빌라쿠아Bevilacqua'는 원래 슬로베니아의 '보도피베츠Vodopivec'에서 유래한 것으로, 'voda(물)'와 'pivec(마시는 사람)'의 합성어다.
† 무솔리니가 이끌던 이탈리아는 로마제국의 영광을 재현하고자 지중해 제패를 꿈꾸며 영토 팽창에 열을 올렸는데, 당시 지중해 일대를 로마시대부터 불러오던 대로 '우리의 바다'라는 뜻의 라틴어 '마레 노스트룸'이라 칭했다.
‡ 그리스 신화에 나오는 '운명의 여신들' 세 자매로, 인간의 생명을 관장한다.

원으로 들어가 경찰놀이며 도둑놀이를 하며 논다. 세월이 흐르면 그때에는 경찰놀이며 도둑놀이를 하고 있을 자기 자식들을 찾으러 공원에 들어설 것이다. 어렸을 때 산조반니에서 처음에는 어머니와 말할 때 슬로베니아어를 썼지만, 1945년 슬라브인들이 이탈리아인 아버지를 살해했다는 것을 알았을 때 그는 네오파시스트가 되어 오랫동안 그렇게 살았다. 할 수 있다면 어머니에게 자기 모국어를 하지 못하게 막았을 것이다. 자신이 그토록 다정하게 대하고 사랑하는 손주들을 행복하게 해주는 어머니에게 말이다. 더군다나 이런 이야기를 아이들은 이해할 수 없을 테고, 이제는 자신도 거의 이해할 수 없게 그 이야기들이 과거 속으로 묻혀버렸지만 말이다.

인디언 놀이를 하며, 이어져 내려온 원한들을, 다수파가 지닌 오만함이나 소수파가 지닌 적대감을, 더러운 속옷 같은 그것들을 개울에 던져야 한다. 개울들과 운하들은 열린 바다 속으로 사라지고, 배는 닻을 올리고, 배가 지나간 흔적은 언제나 더러움 뒤에 남는 법이다.

공원에 있는 동물들 중 으뜸은 고양이이다. 믿을 만한 계보를 만들 수도 있을 정도다. 공원의 개체수 분포 중에 고양이는 안정적이며, 침입자가 드물고 이탈자는 더더욱 드물기 때문이다. 세대수를 추적하고, 새끼들의 분포 상태나, 새로운 가족 형성, 복잡한 근친교배 관계들을 추적해볼 수도 있다. 여러 갈래로 많이 분가시킨 고양이 가계의 원 왕조는, 영역을 지키기 위해 털을 세울 필요도 없는 검고 커다란 외눈박이 수고양이와 모든 고양이와 싸워대는 신경질적이고 야윈 줄무늬 암고양이가 세운 것이다. 신경이 날카로워진 고양이들도 있다. 한 고양이가 야옹거리며 다른 고양이의 목덜미를 물고 위에서 올라타는 것을 보면, 서로 싸운다고 생각하여 가장 결정적인 순간에 물을 한 바가지 퍼부어 서로 떼어놓고야 마는 루이지노 때문이다.

고양이는 아무것도 하지 않고, 왕처럼 단순히 있을 뿐이다. 가만히 앉아 있거나 몸을 동그랗게 말거나 쭉 뻗은 채 누워 있다. 평온한 상태로, 아무것도 기다리지 않고, 누구에게도 의존하지 않으며, 자족한다. 고양이의 시간은 완벽하다. 방울방울 떨어져 닳게 하는 불안 속에 빠지는 일 없이, 커졌다 작아졌다 하는 눈동자처럼 자기를 부풀렸다 좁혔다 할 뿐이다. 수평 자세에는 사람들이 대부분 잊어버린 형이상학적 위엄이 있다. 사람은 쉬고 잠자고 사랑하고 언제나 무언가를 하려고 눕고, 그랬다가는 또 금세 일어난다. 고양이는 거기에 누워 있기 위해, 바다 앞에서 몸을 쭉 뻗는 사람처럼 단지 거기서 몸을 쫙 뻗어 실컷 펼치기 위해 누울 뿐이다. 고양이는 무심하고 도달할 수 없는 바로 여기 지금과 같은 시간의 신이다.

자기 집에 틀어박혀 있기 좋아하는 탓에 포근하고 아늑한 느낌을 주는 멧밭쥐들과 고슴도치들이 있다. 또 새들이, 셀 수도 없이 많은 새들이 있다. 저녁이면 새들의 노래가 한꺼번에 갑자기 시작된다. 귀가 먹먹한 소음 속에서 나뭇잎들 사이로 한 줄기 바람이 인다. 폭포의 굉음처럼 잠시 후면 더이상 그 소음이 느껴지지 않는다. 바다에서 올라온 갈매기 몇 마리가 어리둥절해하며 느린 비행으로 선회하고 있다. 언제나 속이 움푹 파인 이 플라타너스에 올라앉아 있는 올빼미는 소리가 들리면 귀찮고 조용하면 없어서 아쉬움을 주는 늙은 아주머니 같다. 하지만 무엇보다 매가 있다. 최소한 있다고들 하긴 하는데, 먹이를 찾아 크라스에서 내려온다고들 한다. 그건 매가 아니라 황조롱이이며, 푸르스름한 회색 머리에, 검은 반점이 찍힌 노란 가슴, 꼬리 끝이 하얀 황조롱이를 본 거라고들 하기도 한다. 누군가는 단지 날개만 움직이면서 '성령처럼' 허공에 거의 꼼짝하지 않고 있는 것을 보았다고도 하고, 루차는 호수 근처에서 뱀처럼 크고 굵은 벌레 위로 곤두박질하여 부리로 갈기갈기 찢어먹는 것을 보았다고도 한다.

사실 이 벌레는 호수에 사는 물고기가 스파게티처럼 천천히 빨아들여 삼키던 벌레라고 루차가 이따금 얘기한 적이 있다. 아마 둘 다 사실일 수도 있다. 물고기나 매를 위한 벌레들이 충분히 많기 때문이다. 비록 그렇게 커다란 벌레는 본 적이 없지만 말이다. 매는 공원에 살지 않는다고 브루노는 말하지만, 단순히 루차를 짜증나게 하려고 그렇게 말하는 것 같다. 도대체 매가 뭐하러 크라스에서 아래로 내려온단 말인가? 한 번만 급강하하면 되는데 말이다. 그리고 만약 정말로 황조롱이라면, 이곳 가까이에, 오래된 집이나 여기서 가까운 예수성심교회의 종탑에 살고 있는지도 모른다.

황조롱이는 저녁 무렵 내려와 멧밭쥐를 노리는 모양이다. 멧밭쥐는 귀엽고 사랑스러우며 맹금류에게서 보호해야 할 동물이다. 멧밭쥐가 밖으로 머리를 내밀 수 있도록 해줘야 한다. 시력이 아주 날카로운 황조롱이가 그걸 알아채고 오겠지만, 주위를 맴돌고 있는 게 보이면 쥐에게 발톱을 대기 전에 돌맹이를 던지면 된다. 저녁 무렵이 되면 목을 지키고 있어야 한다. 하늘은 깊고 검푸른 빛이고, 핏빛 송진 같은 석양이 나무 몸통을 따라 흘러내리다 까진 무릎에 맺힌 피처럼 나무 허리 틈새에도 물든다. 지척에서 박쥐 한 마리가 날다가 산책로에서 흔들리고 있는 가로등 아래로 훅 지나가자, 순간적으로 그 그림자가 거대해져서는 얼굴 위로 밤처럼 커다란 날갯짓이 느껴진다. 밤은 드높아, 저 위를 바라보노라면 현기증이 난다. 세상은, 모든 감각을 다 잃을 때까지 반복되는 한 낱말이다.

인근 숲은 벌써 어둡다. 나뭇잎들 사이로 광막한 숨결이 지나가고 있는 숲은, 받아들이고 보호하는 데 있어 무궁무진한 소굴이며, 썩어가는 나뭇잎이나 짓밟힌 열매보다 더 귀하다고 할 것도 없고 더 오래 간다고 할 수도 없는 게 사람의 일생임을 느끼게 한다. 찌르륵거리고 쩍쩍거리고 삐걱거리는 이 소리는 공평한 법칙과 같아서, 갑자기 귀

뚜라미 한 마리가 침묵한다 해도 문제될 일이 없다. 온 사방이 숲이지만 숲속에 있는 건 아니다. 보이지 않는 문턱이 걸음을 가로막는다. 금기를 어기고 저쪽에 있는 키가 큰 소나무와 느릅나무 아래로 솟은 풀들 사이에 앉아, 침이 나오게 자극하는 쌉싸래한 잎사귀를 씹다가 뱉어내봐도, 숲에서 배제당한 채 밖에 있는 꼴이다. 어쩌면 숲이 일 미터 저쪽에서 시작된다고 할 수도 있겠지만, 갉아대고 재잘대는 그곳으로 들어가 거기에 이르는 문은 찾을 수 없다.

그 안에는 혹시 황조롱이도 있을지 모른다. 아니, 참 멍청한 소리다, 황조롱이라니. 황조롱이는 하늘 높이 있지, 절대 덤불숲에 있을 새가 아니다. 이 모든 소음, 거리에서 이야기하는 사람들, 마르코니 거리의 자동차 경적 소리, 비명을 지르는 여자 아이가 있는 곳으로 황조롱이가 내려오지 않는 게 도대체 무슨 놀랄 만한 일이라고! 신중하게 매복을 준비해, 공원에서 사람들을 내보내고, 인접 거리의 교통을 통제하고, 숨어서 기다릴 줄 알아야 한다. 그러면 황조롱이가 올 것이고, 다른 사람들이 본 것처럼 하늘에서 커다랗게 허공에 오랫동안 정지해 있는 모습을 볼 수 있을 것이다. 언제나 다른 사람들만 보기 때문에, 이 이야기를 듣고 직접 보았다고 믿을 때까지 다시 다른 사람들에게 이야기해주는 수밖에 없다.

하지만 황조롱이는 크지 않고 작다. 아마 멧밭쥐도 잡지 못할 것이다. 혹시 있더라도, 이 희미한 빛에는 보이지 않는다. 게다가 시간도 맞지 않다. 황조롱이는 야행성 맹금류가 아니다. 올빼미는 그렇다. 실제로 거기에 있고 꾸꾸거린다. 저 위 허공에 정지해 있으면 굉장할 것이다. 마치 숲속으로, 그야말로 무성한 저 숲속으로 들어가 곧장 파묻히기라도 할 것처럼. 시간이, 순간순간이 흘러가고, 별들이 나뭇가지들 너머에서 크리스마스트리에 켜둔 촛불처럼 떨리다 바닥도 없는 칠흑 같은 밤 속으로 떨어진다. 저녁 먹을 시간이다. 집으로 돌아가야 한다.

 자긍심을 지닌 모든 공원이 그렇듯이, 이 공원에도 도시의 영광에 헌신한 흉상들과 두상들이 있는데, 드물지만 그중에는 도시 경계선을 넘어 세계로 뻗어나갈 정도로 그 명성이 자자한 경우도 있다. 플라타너스와 마로니에 아래, 오솔길에 흩어져 있는 장엄한 이 머리들은, 축소된 이 크기로나마 뭔가를 둘러싸고 집어삼키는 숲이 지닌 무차별적인 것에 맞서, 키비타스와 같은 고귀한 문화적 기억들을 드러내준다. 특히 빛은 다양한 색조 변화로 공간을 팽창시킨다. 마치 오솔길에서 광장으로 나오거나 얽히고설킨 빽빽한 숲길에서 나왔더니 표준시간대가 바뀌어버리기나 한 듯 말이다. 잎사귀들이 아주 무성한 곳은 벌써 저녁인 반면, 숲속 빈터는 아침의 투명함으로 환히 빛나고, 나뭇가지들의 궁륭 아래에 있는 대기는 황금빛에 감싸인 수중 녹색 베일에 둘러싸여 있는 것만 같다. 공원에서 나간다는 건, 도시에 모습을 드러낸다는 건, 깊은 물속에서 다시 떠오르는 일과 같다.
 흉상들은 평온함과 안도감을 준다. 그 흉상들에서 풍기는 교육적 근엄함은 공원의 고독 속에 깃든, 아주 평범한 동상일지라도 이를 둘러싸고 있는 수수께끼 같은 이 우울함을, 지나쳐가게 해준다. 그런데 어린이와 건강한 교육을 위해 조성된 공원에는, 말없이 망연자실해 굳어 있는 놀란 표정의 여신들이나 공허함과 아득함을 전해주는 세이렌들 대신, 어린이와 젊은이를 위한 덕성을 보여주는 확고한 예로서 훌륭하고 존경할 만한 사람들의 진지한 흉상들이 있다. 특히 대리석 두상들은 권위와 위엄을 드러낸다. 트리에스테 출신의 시인 리카르도 피테리의 수염, 저널리스트 리카르도 참피에리의 머리칼, 음악가 주세페 시니코의 리라와 월계관은, 이 어린이와 청소년의 왕국에서 모든 게 제대로 작동하도록 감시하는 19세기의 의젓한 아버지 같은 이미지를 보여준다. 보다 최근에 간소하게 양식화하여 만든 청동 두상들 또한 더욱 소박한 이미지를 보여주는데, 이 두상들은 이상적인 받침대 위에 올라앉아 만사를 굽어보고 있다기보다는, 시인 비르질리오 조티의 두상처럼, 뒷걸음질치며 뻗대는 그의 시처럼, 나뭇잎들 사이에 숨은 호리호리한 새처럼, 위장하고 있는 모양새다.

머리에 모자를 쓰고 코안경을 걸친 조이스*도, 때마침 여름 야외 영화관의 대형 영사막 뒤에 있다. 영화에 대한 그의 열정에 어울리는 곳이다. 이는 술집에 열광한다든가 내면독백과 중얼거리는 역사의 복화술과 완벽한 협화음을 이루는 사투리에 대해 보이는 애착을 비롯해 또다른 여러 열정과 마찬가지로, 트리에스테에서 가꾸게 된 열정이다. 트리에스테와 『율리시스』의 세월들, 카페들, 하잘것없고 부정하면서도 감동을 선사하는 삶과 다를 바 없는 이 도시, 현대판 『오디세이아』의 얼굴과 몸짓을 암시해주었음을 알 리 없는 상인들과 사무원들을 대상으로 한 그의 영어 수업, 가족과 자식들, 시집 『실내악』 출판을 결정지은 우체국 광장의 공중화장실 등 곳곳에 그 열정이 있다. 1921년 1월 5일 스베보에게 보낸 편지에서 조이스는 소설 "『율리시스』 또는 그의 그리스 어머니 - 바다"†에 대해 말하는데, 이는 20세기 문학을 집약하는 책에 대한 최고의 정의다. 어떤 면에서 보자면 이 책은 그리스 식민지 출신의 진취적인 이 트리에스테 여자들, 그리고 거의 모든 어머니와 모든 바다에 대한, 그리스든 아니든, 신화의 난잡한 뱃속에 대한, 서로 각자의 조상 탓에 여념없는 후레자식들을 낳는 문

---

* 아일랜드 출신 작가 제임스 조이스는 1904년에서 1920년 사이에 트리에스테에 머물면서 영어를 가르쳤고, 특히 이탈로 스베보에게 많은 영향을 주었다. 뒤이어 언급되는 시집 『실내악』은 1907년에 출판되었다.
† "Sua mare grega": '바다'를 뜻하는 남성명사 'mare'를 여성명사로 받은 이 특이한 표현은 '어머니'를 뜻하는 여성명사 'madre'를 염두에 둔 말로서, 조이스 특유의 언어 조합이다.

명의 자궁에 대한, 의심스러운 신망과 관련된 말이다. 온갖 종족의 사람들이 와서 뒤섞이고 출신을 세탁하는 이 아드리아 해 항구의 행운을 만들어낸 마리아 테레지아도 위대한 어머니다.

"그리고 트리에스테, 아, 트리에스테는 나를, 내 간을 먹었다."* 이 도시는 아일랜드처럼 간을 갉아먹는 도시이자, 반짝이는 행복을 약속했다가 곧바로 저버리는 도시이며, 이에 대해 광적으로 끊임없이 욕을 하면서도 한편으로는 또 끊임없이 이 약속을 말하게끔 부추기는, 견딜 수 없고 잊을 수 없는 오이디푸스의 복부 같은 도시다. 저녁이면 술집에서 술에 취하거나 그 이상이 되어 오이디푸스콤플렉스까지 내보이게 하는 영어 교사에게, 트리에스테는 시대착오적인 곳이자 병존성 Nebeneinander을 지닌 곳이며, 역사의 잔해들이 뒤섞여 쌓인 바닷가로, 거기에는 모든 것과 그 모든 것에 반대되는 것, 영토회복주의와 합스부르크가에 대한 충성, 이탈리아에 대한 애국심과 독일이나 슬라브식 성姓들, 아폴론과 헤르메스가 서로 팔꿈치를 맞대고 공존하고 있다. 아드리아 해의 막다른 곳에서, 역사는 모든 실이 뒤얽히는 실타래다.

조잡한 것과 고상한 것의 이런 인접성은 애간장을 태우면서 심장에 온기를 북돋우는 생의 혼종성으로서, 조이스는 타오르는 이 생명의 시인이자, 언어 파괴에도 불구하고 고전적이고 보수적인 시인이며, 수백 년 전통의 가치, 육체와 그 시듦, 신혼 첫날밤과 출산, 집과 가족의 신성함을 공고히 다져주는 수세기를 보듬는 전통의 상속인이다. 스베보 같이 20세기의 또다른 위대한 시인들이 천년 동안 이어온 자신의 모습을 바꿔가는 중인 사람의 불안한 오디세이아를 이야기한다면, 조이스는 자기 자신으로 그대로 남아 있으면서 하루 일과가 끝나면 집으로,

---

* "And trieste, ah trieste ate I my liver.": 『피네건의 경야』에 나오는 표현.

언제나 똑같은 자기 정체성으로 돌아가는 사람의 오디세이아를 이야기한다. 조이스만의 독특한 낱말들은 독자를 놀라게 하지만, 그 이야기는 독자를 달래주고, 기대를 충족시켜주며, 이미 알고 있어도 다시 들어야 할 필요성이 있는 이야기를 거듭해서 해준다. 트리에스테 사투리식의 저속한 말들도 여기서는 탁월하게 한몫할 수 있다. 적어도 특히 글로 썼을 때라면 그렇다. 한번은 스베보가 말하던 중에 무심코 일부 저속한 말을 쓰자, 조이스가 화를 내며 나무라면서 그런 건 글로 쓸수는 있어도 그렇게 말로 해서는 안 된다고 지적했듯이 말이다.

조이스의 흉상이, 합스부르크가 시절 트리에스테의 탁월한 19세기 역사가 피에트로 칸들레르의 흉상이 공중 화장실과 마주하고 있는 걸 아마도 감상중인 듯, 눈짓을 보낸다. 일차대전에 참전했던 자니 스투파리츠의 흉상 아래에는 '금성무공훈장―작가'라고 적혀 있고, 슬라타페르의 흉상 아래에는 흥미롭게도 단지 '금성훈장'이라고만 적혀있다. 슬라타페르는 트리에스트를 발견하고 창안해낸 작가로서, 트리에스테의 영혼이다. 그는 트리에스테가 석양을 향해 나아가는 동안에도 정신의 위대한 새벽을 꿈꾸었고, 이 석양으로부터 진정한 새벽의 빛과 여명을 빨아들였다. 트리에스테에 문화적 전통이 없다고 비판하면서 트리에스테 문화의 토대를 세웠던 사람이 바로 그다. 정신적 행위로서의 탄생은 죽음과 부재의 진단에서 나오는 것이다.

슬라타페르와 함께 '트리에스테다운 것'이 탄생했는데, 이는 청소년기이자 동시에 노년기에 있는 상태로, 확실한 성숙기가 없었다는 말이다. 진정한 삶의 유토피아와 그 부재로 인한 탈마법화 과정, 이는 문명이 주는 불안을 근본적으로 겪어보지 않았다는 듯 살아가도록 강요하는 정신 의향의 예속 상태와 연결된다. 산다고 자부하는 것은 과대망상증이라고 말한 입센, 그에 대해 위대한 책을 쓴 슬라타페르는 과대망상증 환자가 되기로 결심해놓고는 죽어버린다. 투쟁은, 삶을 꿈꾸지만 그 꿈을 위해 삶을 희생하고 자기를 희생할 준비가 되어 있는 이 젊은이들의 미래다.

트리에스테다운 것이란 활력과 우울이며, 모든 타협을 의식하고 있되 타협에 굴할 때라도 이것이 곧 타협임을 잊지 않고 거기에 이끌리지 않는, 순수함에 대한 향수다. 청소년기에 요구되는 진정한 삶을 위한 책무이자, 노년기에 지녀야 할 거짓 삶에 맞서는 의식이다. 이제는 술집에서 흥청망청하는 난봉밖에 안 남아 있으니 말이다.

흉상은, 슬라타페르와 그의 세대에는 잘 어울리지 않지만, 젊은 나이에 불타버린 이 위대한 세대의 슬픈 진실이다. 이론은 잿빛이지만 생명의 나무는 녹색이라고 메피스토펠레스는 말한다. 슬라타페르 세대는 안도감을 주는 흉상들을 규탄하고, 모든 현상을 목록과 분류 안에 집어넣어 중화시킴으로써 존재의 드라마를 회피하고 삶을 경직시키는, 전통적이고 체계적인 이 학식의 박물관을 고발하면서, 트리에스테다운 것을 창조해냈다.

트리에스테도 유럽의 숨결과 더불어 화석화한 문화에 대항하는, 니체 철학 같은 투쟁이 있던 곳이다. 트리에스테다운 것은 무엇보다도 거칠고 불안한 청소년기와 함께하는, 잿빛 문명에서 해방된 그 녹색 활력이기도 하다. 시원시원하면서도 해방감을 주는 이 맹렬성은 치명적인 것으로, 이 얼굴을 못 보도록 가리고 있던 고상한 장식 가면을 문명의 불안으로부터 벗겨내어 (이 얼굴을 본 이상 인습적인 거짓말들에는 만족할 수 없는 만큼), 진정한 삶은 다가갈 수 없는 것이라는 사실을 발견하게 해주기 때문이다. 잔인한 이 진실을 아는 사람은 죽는다. 카페와 도서관의 혼탁한 분위기가 감도는 안락의자를 떠나, 담배 연기라든가 퀴퀴한 내, 보호용 담요처럼 와자지껄한 잡담들로 뒤덮인 분위기에서 나가, 아직 길들지 않은 폐로 녹색 안으로 뛰어드는 일이야말로 얼마나 치명적인 삶인가.

공원에서 흉상들과 두상들은 장례용 동상들이다. 슬라타페르는 죽었고, 다른 사람들도 그와 함께 죽었다. 그보다 오래 살아남은 동료들은 또다른 식으로 죽어 있는 상태다. 이 견디기 힘든 새로운 사실을 잊어보려고, 그의 동료들은 자기네가 파괴하기를 꿈꿔오다가 이제는 녹색으로부터 동상들을 보호해줄 담인 양 다시 일으켜세우려 드는 이 잿빛 학식의 수호사가 되어 있다. 고등학교 교장, 고전 연구 찬양자, 박식하고 존경할 만한 지역 사학회 발기인, 존재의 무질서를 길들이는 박물관들의 단골 방문자들을 보라. 심기 불편한 옛 사제들은 이 다음에 다시 삶을 시작할 수 있도록 삶에 대한 위대한 책을 쓰기를 꿈꾸거나, 그도 아니면 박식한 회고록과 참고문헌들로 된 이 꿈의 잔해들을 뒤덮으며 늙어가고 있다. 녹색에 도달하는 사람은 아폴론에게서 달아나는 다프네처럼 죽는다. 적당한 시기에 뒤로 물러나는 사람은 한때 경멸하던 잿빛 속으로 숨는다. 그동안 아이는 자기 물고기를 들고 늘어선 흉상들을 지나 호수에 도착한다. 공원은 약속이기도 하지만, 진정한 삶의 무덤이기도 하다.

어느 날에는 공원이 텅 빈 적이 있다. 거의 한 시간 전부터 경보 사이렌이 울렸고, 모두가 방공 대피소로 달려갔다. 지나치게 시간을 끈 건 아니었다 해도 트리에스테는 폭격을 당했던 셈이다. 나중에 누군가는 말하리라. 독일군이 천문관측소에서 중수重水로 실험을 하고 있다는 제보를 어느 스파이로부터 받은 영국이, 핵폭탄 제조를 막기 위해 폭격기들을 보낸 것이라고. 하지만 황량한 이 거리에 홀로 남은 아이에게는, 오직 확실한 것은 단 하나, 마치 모든 게 어디론가 빨려들어가 사라져버린 듯 설사 이 거리마저 추상적이고 비현실적으로 다가온다 해도, 모두가 함께 방공 대피소로 가는 동안에도 자기를 놓친 걸 걱정하며 사방팔방 돌아다니며 자기를 찾고 있을 부모만은 이 거리에 있을 것이라는, 바로 그 사실뿐이다.

이 공허함은 모두가 자리를 뜨는 매일 저녁마다 서서히 밀려드는 공허함과는 다른 것이다. 여기는 아무도 들어오지 않았던 곳이다. 이 나무들, 이 벤치들, 이 꽃밭들은 아무도 보지 못했던 것들이다. 과일 껍질이나 얼굴 각질처럼 사물들에서 막이 벗겨져나간 채로, 망원경으로도 결코 본 적 없는 어느 행성의 풍경인 듯, 여기에 얼어붙어 있다. 스치는 손길처럼 사물들에 내려앉는 시선들은 흔적을 남기고, 사물들을 구기고 마모시켜, 몸에 입은 옷처럼 약간 따뜻하게 해주고 닳게 해서, 친근하고 가까운 사이로 만들어준다. 인간의 현존에서 비롯된 이토록 안도감을 주는 산화酸化란 이제 없다. 어디론가 휩쓸려가버렸고, 공원은 벌거벗었다. 화단에 있는 꽃들은 어리벙벙한 채 퍼질러져 있다. 나뭇가지들은 하늘을 할퀴어 검은 상처를 낸다. 마로니에에서 밤송이가 떨어져 터지고, 공기는 견딜 수 없는 초음파 때문에 깨지는 유리 같고, 하늘에서는 굉음이 울리고, 태양은 기진맥진해 창백하다.

어쩌면 이 공허함이 의미하는 바는, 으레 비밀스러운 자기 가슴속으로 걸어들어가는 길을 막아온 이 모든 문을 넘어 마침내 공원으로 들어갔음을 말하려는지도 모른다. 꽃밭 둘레를 몇 바퀴 도는지 헤아릴 수 없다 해도, 그 주위를 달리고 또 달리고, 공원 주인처럼 앞으로 갔다 뒤로 갔다 하며 달려야 한다. 사람은 단독자로 홀로 있을 때, 더 이상 아무도 없을 때 주인이 된다. 덤불 사이에서 고양이 한 마리가 무표정하게 바라본다. 좁아지는 눈동자 틈이 수평선 너머로 사라지는 태양의 기다란 띠 같다. 창백한 바람이 나뭇잎 무더기에 부딪치고, 동상들은 팔과 다리가 없는 불구에다 벙어리 주민이다. 높은 벽이 공원을 둘러싸고 있다. 하늘은 나뭇가지들이 가닿는 벽으로, 갈라진 틈이 여기저기 나타나고 벌어진다. 벽들이 부서지기 시작한다. 이것이 바로 거대하고 고요한 몰락이다. 이렇게 차츰차츰 일상적인 소음을 다시 듣고, 이 벤치가 많은 사람이 앉았던 벤치라는 것을 인식하고, 여전히 지금도 아이를 찾으러 돌아다니고 있을 어느 부모의 두려움에서 가책과 걱정을 느낀다는 게 얼마나 야릇한지! 집으로 돌아가면서, 정문을 넘어가기도 전에 다시 공원 밖으로 나가는 느낌이 든다. 이 거대한 공허함은 자그마해지고 단단히 뭉쳐져, 마법 램프 속으로 다시 들어긴 거인처럼, 빽빽한 덤불 속에 파묻힌 열매처럼 사라졌다.

햇빛과 비에 노출된 흉상들은, 온갖 종류의 수많은 새한테도 노출되어 있다. 특히 비둘기들은 그 위에다 오래가면서도 눈에 띄는 흔적들을 남긴다. 이런 보조장식 효과는 경우에 따라 다양하다. 조각가가 번민하는 영혼의 불꽃을 표현해내고 싶었던지 볼을 움푹 파놓은 실비오 벤코의 경우, 위에서 떨어진 배설물 얼룩은 악의적인 파괴이자, 노년과 정신의 고귀함에 자연이 가한 모욕처럼 보인다. 반면 몇 미터 떨어진 곳에다 새들이 지나가며 남긴 비슷한 흔적은, 움베르토 사바 얼굴에 있는 것에 반해 그렇게 지나쳐 보이지 않는다. 사바는 아마 이 순간 거리를 지나는 뜨거운 생명의 앙그러진 현현을 탐욕스럽고 노골적인 눈길로 비스듬히 바라보고 있었을 것이다.

육체와 생명의 모든 수액, 생명을 빚은 진흙, 아이들이 놀 때 두려움 없이 묻히는 진흙과의 친밀함, 옛것에 대한 욕망, 선과 악과 같은 이승과 저승에 대한 욕망을 기탄없이 표현해낸 시인과 잘 부합하는 정서다. 사바는, 자신이 노년에 대한 위대한 시에서 말했듯 후회와 수치심을 모르는 동물 같고, 온화함이라든가 사랑, 열망과 동물적 권력욕이 뒤섞인 탐욕으로 먹이한테 돌진해 입을 맞추는 건지 물어뜯는 건지 분간할 새도 없이 달려들어 잡아먹는 맹금류 같다. 그의 시는 위대하고, 20세기 서정시에서 보기 드문 충만함과 강렬함으로 넘친다. 생명과 그 맥박이 뛰고 있는 컴컴한 밑바닥, 그 영예와 길들일 수 없는 잔혹을 총체적으로 드러내는, 수정처럼 맑고도 냉혹한 투명함 때문이다.

사바에게는 오래된 연민, 현명함, 아주 명석한 지성, 단순함도 있고, 삶 자체가 지닌 "헛되이 조화되지 않는 목소리들"을 통일과 조화로 엮어가는 삶에 대한 고통스러운 사랑도 있다. 고통스러운 이 사랑은, 죽음본능이 지닌 생래적이고 역사적이며 불가피한 승리에도 불구하고, 지치지 않고 쾌락원칙을 긍정한다. 사바에게는 순수의 힘이 있다. 순수함은 꽃에 매료되지만 벌레를 죽이기도 하는 어린아이의 순수함과 비슷한 것으로, 깨끗하면서도 혼탁하고 다정하면서도 잔인하다. 삶이 베푸는 은총과 잔혹을 총체적으로 받아들이는 사람이 지닌, 야생적 순수함이다. 결코 승화시키지도 못하고 억눌러지지도 않는 이 풀 수 없는 욕망의 소용돌이 안에서 사랑과 배신, 아주 깨끗한 파란색과 가장 지저분한 진흙이 공존하고 종종 한몸이 되기도 한다. 이는 헌신의 에로스인 동시에 폭력의 에로스다. 1946년에 나온 사바의 시집 『지중해』가 지닌 완전무결한 빛, "경솔한 사랑"은 고통스러운 열정이자 불결한 신성모독, 괴로운 향수이자 계산된 지배, 환희와 고뇌, 억압이다.

새들이 뿌린 이 얼룩들이 사바의 흉상을 추하게 만드는 건 아니다. 사바는 어떤 삶의 기질도 역겨워하지 않고 아이들처럼 어떤 진흙이든 주물럭거려 더없이 순수한 진주를 이끌어내기를 즐기는 시인이다. 사바는 녹색과 회색 사이의 이 모순을 초월해 있다. 선악을 넘어서 있기 때문이다. 그는 삶 속에서, 그 유혹 속에서, 그 더러움 속에서 뒹군다. 공원의 다른 흉상들과 달리, 현명하면서도 음탕한 그의 흉상은 장례기념비가 아닌 것이다.

영광을 더럽히는 이 비둘기들이 관련 당국의 감시로부터 벗어나 있던 건 아니다. 1980년대에 규정 제17조에 정해진 대로 의견 수렴차 여러 지역구 대표들에게 시 평의회가 통보한 의결은 염려스러울 정도로 집비둘기 숫자가 늘어나는 걸 고려하여 그 숫자를 줄이자는 것이었다. 비둘기들이 옮기는 전염병 감염 위험을 환기시키면서 뉴욕 공중보건소 의사가 강제력을 갖고 권고한 바대로, 시 평의회가 나서서 "문제 제기된 모든 사항을…… 살펴보고…… 평가하고…… 요청받은 만큼 그에 따라" 최소 2천 마리를 포획해 변두리 지역으로 이송할 준비를 했고, 작업을 맡길 회사를 지명했다.

이 계획은 마을의 기념물 지킴이들, 곧잘 이질에 걸리곤 하는 비둘기가 허공을 가로지르며 유명인들 흉상에 가하던 모욕에 애끓이던 사람들로부터 지지를 얻어냈다. 공원에서 열광적으로 환영받던 비둘기와의 전쟁은 다른 곳에서도 지지를 얻었으니, 예를 들어 대형 어시장의 상인들과 구매자들이 그러했다. 어시장에서 멋진 둥지를 지을 수도 있는데다 신선한 생선 가판대 위로 선회하기를 좋아하는 비둘기들은 결과적으로 시장에서도 불쾌한 존재였다. 하지만 이 계획에 대한 반대도 강했다. 동물애호가들과 새들에게 모이를 갖다주던 자원봉사자들이 연 공원 항의 집회는, 강압적으로 이 계획을 밀어붙이기 시작한 사무실 창문 아래서도 열렸다. 치안 경관들은 불거진 의혹들을 통해 보고서를 작성한바, 즉 그럴 만한 상당한 방편을 전제해준 것이 풍성한 먹이 때문이 아닐까 하는 것으로, 늘 먹이가 남아 있다든가 사람들이 준다든가 함으로써 비둘기들에게 유리한 이런 조건이 존속되고 있음을 밝혔다.

비둘기들에게서 사람에게 위험한 전염병이 발견되지 않았다는 박테리아 확인 검사 결과와, 전염병학 전문의 로마 대학 교수가 뉴욕 의사에 대한 반박 견해를 밝힌 것과 더불어, 반대파는 다시 활기를 되찾았다. 대립하던 양측 사이에 중재가 시도되었지만 결과는 없었다. 동

동물보호연맹 트리에스테 지부는 비둘기 알을 깨뜨리는 것에 동의했지만, 시 당국은 알을 찾기 위해 수십 킬로미터에 달하는 지붕의 처마, 홈통, 기둥머리 부분, 천창天窓을 일일이 손으로 더듬어 조사하는 데 충분한 팀을 조직할 수 없었다. 어시장에서 비둘기에게 해를 끼치지 않고 퇴치하기 위한 접착 연고 사용은 재난으로 끝나고 말았다.

모든 이탈리아인이 가슴속으로 가장 사랑스러운 도시와 자매결연을 맺고 싶어하듯, 칼라브리아 주의 어느 도시에서 천만다행으로 도움이 왔다. 거기 광장을 채울 비둘기 수백 마리를 보내달라는 요청이 었는데, 곧바로 정성껏 포장된 비둘기 수천 마리를 철도를 통해 받고 난 뒤 거기서 감사 전보를 보내오기를, 얼마 후 그 새들은 공식 행사를 주관하는 당국이 참석한 가운데 이상적인 자매결연을 위해 눈부신 하늘로 날아올랐다고 한다.

하지만 여전히 트리에스테에는 비둘기들이 너무 많아, 갈수록 중구난방으로 여러 계획이 나오게 된다. 새벽에 몰래 비둘기들을 잡아 트럭에 싣고 가서 어딘지 모를 '산'에 풀어놓자는 계획도 있었고, 알토아디제로 이주시키자는 제안도 있었는데, 혹시 사냥꾼들이 묵는 깨끗한 오두막 위로 비둘기들이 날아가다 꽃으로 장식된 창턱에 지나간 흔적을 남기는 걸 보고 싶어 무의식적이고 통탄할 만한 욕망으로 그랬을까 싶었을 정도다. 무상으로 잡아다가 집비둘기가 없는 피에몬테 지역들로 옮겨주겠다는 어느 피에몬테 회사의 의심스러운 제안도 있었지만, 이 회사가 비둘기 사냥 단체에 이 새들을 공급할 것이라는 소문 때문에 무산되었다. 이러는 동안에도 암묵적이고도 모험적인 싸움들이 있었으니, 공원과 그밖의 다른 곳에 비둘기를 잡는 자동그물을 설치한다든가, 특공대를 조직해 그 그물 설치를 저지한다든가 하는 일이 있었다.

절정을 치닫던 이야기가 마무리된 것은, 피임약과 관련된 터부가 무너진 걸 틈타 시 평의회가 오랜 토론 끝에 비둘기들에게 공급할 목적으로 호르몬 처리가 된 옥수수를 상당량 구입하기로 결정했을 때다. 피임약을 먹은 비둘기를 잡아먹은 사람한테 엄청난 결과가 나타날 것을 두려워하던 일부 공공위생 의사가 이를 유보시켰음에도 불구하고 말이다. 도덕적 갈등 면에서 이상적으로 중립적인 태도를 취한 어느 스위스 회사가 약물 처리된 옥수수 공급 임무를 맡아 정확하게 트리에스테로 보냈음에도, 트리에스테에서 정확성과 비효율성이 뒤섞인 관료적 형식주의가 모든 걸 가로막아버린다. 스위스에서 도착한 제품에 관세를 부과해야 하는데, 세관에서 이를 어떤 범주로 분류해야 할지, 약물로 처리된 식품으로 할지, 아니면 식품용 약물로 할지 어쩔 줄을 몰랐던 것이다. 제품은 세관을 통과하지 못했다. 절차상의 옥신각신이 비둘기 숫자 과잉에 대한 투쟁을 중단시켜, 비둘기들이 계속 무리지어 날아다니며 위에서 아래에 있는 사람을, 청동이나 대리석으로 만든 흉상들까지 표적으로 삼도록 내버려두게 된다. 그것은 인간보다 특히 동물에게는 도살장에 불과할 역사의 위엄에 대한 동물들의 조그마한 복수다.

줄리아 거리 쪽 문 앞에 있는 개선문처럼 아치를 이룬 커다란 플라타너스는 유서 깊은 위엄을 갖추고 있으며, 크세르크세스가 노년과 품위에 대한 존경의 표시로 귀중한 목걸이를 가지에 걸어주었다고 하는 그 옛날 또다른 커다란 플라타너스를 떠올리게 해준다. 살라미스 해전에서 패배한 페르시아의 이 위대한 왕은, 패배에 대한 책임을 물으며 바다를 채찍질하게 했다.[*]

---

[*] 페르시아의 4대 왕 크세르크세스 1세(재위 BC 486~465년)는 대규모 군대로 그리스를 공격했으나 실패했다. 플라타너스 그늘과 관련된 일화는 헨델의 오페라 『크세르크세스』의 서두 아리아 「전혀 없었던 그림자」로 유명해졌다. 바다의 채찍질과 관련하

고전 작품들과 이 일화들까지 잘 아는 D 장군은 영광을 환기시키는 모든 것에 대한 본능적인 사랑으로 이 나뭇가지들 아래로 산책하기를 즐긴다. 그는 절대군주에게나 어울릴 법한 오만한 태도를 갖고 있지만, 늙은 나무에게 고개 숙이는 왕보다는 바다를 채찍질하는 왕과 닮았다. 매일 공원 이쪽으로 산책하는 그를 보는 사람들이 증언해 줄 수 있듯이, 이런 그의 태도는 언제나 똑같이 경직되고 느리지만 똑바르다. 그렇지만 아직 얼마 동안이나 이럴 수 있을지 말하기는 어렵고, 장군 스스로나 의사도 정확히 알지는 못한다. 다른 사람 생명이든 자신의 생명이든 별로 중요시하지 않던 노병한테는 어울릴 법하게, 또한 자기 스스로가 요구했듯이, 그는 의사들로부터 숨김없이 최종 선고를 전달받았다.

D 장군은 자신이 태어난 시칠리아 양지바른 도시에서 어렸을 때부터 녹색과 나무 그늘을 사랑하는 법을 배웠다. 연금을 받아 아내와 함께 트리에스테로 와서, 은퇴한 이후 일 년에 한 번 어느 관리를 꾸짖고 위협하러 시칠리아에 있는 시골에 갈 뿐, 매일 똑같은 시간이면 공원으로 산책을 나간다. 얼마 전부터는 평상시와는 다르게 이따금 벤치에 앉아 종이에다 커다란 필체로 무언가를 적기도 한다. 친절하고 누군가 인사하면 곧잘 답하는 그지만, 대화를 시도하려 하면 의기소침해진다. 어느 누구와도 말을 거의 나누지 않는 사람이지만, 그의 모습은 공원에서 가장 인기 있는 모습 중 하나다. 아마 거만한데다 이례적이다 싶을 만큼 도도하고 완전히 반트리에스테적인데다 노르만계 시칠리아인 같은* 모습 때문일 것이다. 자기 부하들에게는 매우 엄격

여 헤로도토스가 『역사』 제7권 34~36장에서 이야기하는 바에 따르면, 헬레스폰토스 해협에 다리를 놓았는데 바람에 무너지자 바다를 채찍질하게 했다는 것이다. 살라미스 해전의 패배는 그 이후에 일어난 일이다.

* 시칠리아는 11세기부터 13세기 중엽까지 노르만 계열 왕가가 통치했다.

하고 경멸적으로 대했다고 사람들은 말한다. 1943년 자신을 체포하여 조사한 다음 강제수용소로 보낸 나치 친위대 장교에게도 마찬가지로 경멸적이고 모욕적으로 대했다고 한다.

의사들이 암을 치료할 수 있는 시기를 이미 놓쳤다고 통보한 후로도 D 장군은 계속 산책을 나갔고, 현재로서는 다른 습관도 그대로 유지하면서도, 자신이 죽고 나서 부인이 받게 될 참모 본부의 고위 장교들의 조문에 대해 감사 편지만큼은 미리 준비하면서 자기 삶의 마지막 몇 달을 보내기로 결심했다. 그는 산책하면서도 이름들을 생각했고, 갑자기 머릿속에 떠오르는 누군가를 메모했고, 아내가 실수하지 않도록 미래의 이런저런 조문객과 함께 했던 경험들을 주의깊게 짚어보았다. "장군님, 제 남편의 죽음에 장군님의 조문은…… 사관학교에서 장군님과 함께 보낸 시절을 제 남편은 언제나 기억하고 있었습니다. 장군님, 제 고통에 동참해주신 데 대해 감동했습니다. 죽기 며칠 전에도 제 남편은 이야기했습니다. 장군님의 부대가 어떻게 아프리카 전투에서……"

벌써 많이 쌓인 편지들은 이제 엄격하게 정리되어, 단지 부인이 옮겨적을 순간만 기다리고 있다고 한다. 손으로 쓰라고 아내에게 말했으니 당연히 그럴 것이고, 다들 그렇듯 배우자는 말할 것도 없이 이를 따를 일만 남았다. 죽음 너머까지 염려하여 글에 대해 생각하고 그 글을 써내야 할 배우자의 노고를 덜어주려는 남편이 마주한 이 지금처럼, 선의 진정한 형식이 곧 권위다.

D 장군은 아무도 믿지 않는다. 자기 삶은 물론 죽음마저 직접 관리하려 하는데, 언제나 그렇듯 다른 사람들이 대신해줄 수 없는 일인 것이다. D 장군은 플라타너스를 바라보지만 고개를 숙이지 않는다. 누구에게도 고개를 숙이지 않고, 터무니없는 세포 증식으로 자신을 놀라게 했다고 생각하는 하느님한테도 마찬가지다. 막강한 세력과 싸우

는 데 익숙해진 건 물론, 두려움에 사로잡히지도 않는다. 가능한 한 타격에는 타격으로 응수한다. 그럴 수 있다면 이 플라타너스도 언젠가 쓰러뜨릴 기세다. 크세르크세스가 바다에 가한 채찍질을 잘 이해하고 있는 사람이 그다. 채찍질은 절대 실수하지 않는다. 이 편지들은 그의 채찍질이며, 하느님이나 운명의 얼굴에 정면으로 날리는 주먹이다. 어떻게 사람이 모든 복병을 통제할 수 있는지를 그렇게 배우게 된다. 그는 제우스에게 자기 견해를 말하는 프로메테우스를 언제나 좋아했다.

프로메테우스 역시 내부에서 그를 파먹는 맹금류가 있어 갉아먹혔지만, 연민으로 그를 모욕하지 않아야 한다고 장군은 생각한다. 사는 동안 다른 사람에 대해 연민을 가져본 적 없듯, 지금 자기 자신에 대한 연민은 생각조차 않는다. (죽음에 대한 안목을 갖고 있는 그는 한 번만 보고도 물고기가 죽으리라는 것을 곧바로 깨달았으니) 이 물고기에 대해서도 그렇고 어항을 들고 잠시 벤치에 가까이 앉는 아이에 대해서도 마찬가지다.

1945년 5월 3일 이 오솔길에는 막 트리에스테에 도착한 뉴질랜드 군인들이 있었고, 도시는 잠시 동안이지만 이틀 전 먼저 들어온 티토의 제9사단과 그들의 폭력으로 두려움이 감돌고 있었다. 뉴질랜드 군인들은 공원에서 이 오솔길까지 지프를 타고 돌아다녔고, 주위를 둘러싸는 사람들에게 오렌지와 초콜릿을 던져주기도 했다. 기억 하나가 떠오른다. 거의 분명히 가짜 기억이지만 지울 수 없게 뇌리에 각인되어 있다. 공원에서 한 뉴질랜드 병사가 지프에서 오렌지 하나를 던지고 아이가 공처럼 그걸 재빨리 받는다. 이건 분명히 누군가가 이야기해주었을 것이다. 정말로 이런 일이 있었거나 아니면 다른 누군가에게서 이걸 전해들은 학교 동료가 얼마 후 내게 이야기해줬을 수도 있다. 아마 그날 부모님은 거리의 긴장감과 동요 때문에 아이가 공원에 못 가게 막았을 것이다. 그리고 아이는 친구들과 놀면서도 한 번도 공을 못 잡게 된다는 얘기다. 그런데도 병사의 얼굴과 그 일이 일어난 (혹은 일어나지 않은) 공원의 그 장소, 붉고 둥근 오렌지, 헤스페리데스*의 황금사과가 눈에 선하게 떠오른다. 어쩌면 실제로 체험한 것뿐만 아니라, 어디선가 들은 이야기도 기억에 남게 되는지 모른다. 사건은 언제나 다른 사람들에게 일어난다. 기억이란 교정이자, 저울의 눈금 맞추기로, 각자에게 자기 몫을 주는, 말하자면 당연히 자기가 받아먹었던 것을 다시 되돌려주는 정의이기도 하다.

공원에서 가장 의외의 흉상은 스베보의 흉상이다. 스베보는, 『제노의 의식』에서 제노가 연인 카를라와 함께 산책했고 또다른 소설 『노년』에서 연인 사이인 에밀리오가 안졸리나를 만나는, 이 오솔길들과 벤치들을 정말로 좋아했다. 현실과 우연은, 그의 말을 되받자면, 삶을 독창적인 것이라고 생각하는 위대한 작가에게서 그에 걸맞은 창의력을 드러낸다. 스베보의 흉상은 조이스와 사바에게서 멀지 않은, 조그마한 호수와 진흙 기슭 가까이에 있다. 대리석 좌대에는 '이탈로 스베보. 소설가. 1861~1928년'이라고 적혀 있지만, 좌대 위에는 머리가 없고 머리를 지탱할 쇠막대기만 있는데, 가느다란 목 같다.

이 머리 없는 사건의 동기는 분명하지 않다. 누군가 스베보 머리를 빼간 게 벌써 세번째다. 1939년에 이미 이런 일이 있었고, 이차대전 직후에도 있었다. 당시 화가이자 시인, 보들레르 번역가로, (그의 말에 따르면 기우는 석양빛이 여자들의 옷을 투명하게 만든다고 하면서) 바닷가 석양을 찬양했던 체사레 소피아노풀로는, "이번에는 내가 아니

---

* 그리스 신화에서 세상의 서쪽 끝, 황금사과가 열리는 동산을 돌보는 여신들이다.

야"하고 말했던 것 같다. 이 절단(절도, 예술품 파괴, 물신숭배, 복원)의 이유가 무엇이든, 책임 있는 당국이라면 곧바로 이 문제를 해결해 트리에스테와 세계 문학의 영광인 이탈로 스베보를 머리 달린 채로 방문자들에게 보여주도록 조치해야 할 것이다. 어쨌든 수많은 가능성 사이에서 리카르도 피테리, 리카르도 참피에리, 니콜로 코볼리의 머리가 아니라, 아이러니하게도 부재가 곧 자신의 운명이라고 말했던 위대한 소설가 스베보의 머리를 사라지게 만든 이 우연의 정령을 찬양하지 않을 수 없다.

사라진 이 머리는 스베보의 존재를 총총히 수놓고 있는 수많은 오해, 오류, 패배, 환멸, 모욕 중 하나처럼 보인다. 스베보는 삶의 모호함과 공허함을 철저하게 탐색했기에, 모든 것이 얼마나 비정상적인지 보면서도 마치 정상적인 것처럼 계속 살았고, 혼돈을 폭로하면서도 못 본 척했고, 삶이란 별로 바람직하지 않거나 그다지 애착을 가질 만한 것도 아니라는 것을 인식하면서도 강렬하게 열망하고 사랑하는 법을 배웠다.

현실의 가장 어두운 뿌리까지 내려가 그 모든 정체성이 변하고 해체되는 것을 보면서 우아한 부르주아이자 가족의 사랑스러운 아버지로 살았던 이 천재의 인생에서는, 종종 되는 일이 없었다. 그는 언제나 곤경에 처하는 유대 전통의 인물 슐레밀*이었으니, 만약 그가 양말을 팔기 시작하면 사람들이 다리 없이 태어날 것이라고 말할 정도로 한없이 불행한 사람들 중 하나로, 매번 곤두박질치고 난 다음에도 굴하지 않고 다시 일어서는, 용감무쌍하고도 서툰 역경 수집가 중 하나

---

* 히브리어로 '멍청하고 어리석은 사람'을 뜻하며 여러 문학작품의 소재가 되었다. 일례로 독일 작가 아델베르트 폰 샤미소(1781~1838)의 소설『페터 슐레밀의 놀라운 이야기』에서, 주인공은 금화가 끝없이 나오는 지갑을 받고 악마에게 자기 그림자를 팔고 살아가면서 여러 어려움에 부딪힌다.

였다.

스베보의 삶은 희비극적 사건들로 짜여 있다. 초기 소설들의 실패에서 최소한 여러 해 동안 지속된 그의 문학작업에 대한 가족의 온정 어린 냉대에 이르기까지, 그가 『제노의 의식』을 보낸 트리에스테 유력 인사 중 한 명이 "귀하의 아주 멋진 소설 『철의 의식』"[*]이라고 적어 보낸 감사 엽서를 비롯해 다른 수많은 오해들, 무턱대고 나온 행동들, 거의 속담이 되어버린 우스꽝스럽고 서글픈 혼란들에 이르기까지 다양하다. 그의 작품과 존재는, 사랑하고 즐기는 능력은 잃지 않았지만 공허함, 스핑크스 같은 미소로 위장된 현기증 나는 부재, 희극적이고 비극적인 일상의 좌절들, 삶의 허무와 결핍, 지성의 덧없음에 기울어 있다. 그러니까 머리 없는 흉상은 잘 어울린다. 따라서 트리에스테의 유대인 부르주아 헥토르 슈미츠, 그가 소설을 썼다는 말을 듣고 예전 사무실 동료가 깜짝 놀라 "누구? 그 얼간이 슈미츠?" 하고 외쳤다는, 20세기 위대한 작가 중 하나인 이탈로 스베보의 기념비에 걸맞게 그대로 놔두는 게 맞을지도 모르겠다.

거의 사방에 흩어져 있는 흉상들은 특히 호수 주위에 몰려 있다. 풀과 나무가 빽빽하게 뒤엉킨 곳이다. 기다랗게 뻗은 플라타너스 가지들이 거의 땅바닥에 닿을 정도로 늘어지는가 싶더니 다시 위로 치켜올라가 있다. 키 작은 참나무들과 사철나무들은 사방으로 뻗어나간 빛을, 나뭇가지들 너머 저 위에서 흘러내려 불투명한 물과 뒤섞이는 황금 액체를 어두운 얼룩에다 뿌린다. 누르스름하고 푸르스름한 호수는, 녹슨 빛깔의 잎사귀들과 해파리처럼 부드러운 수련들로 뒤덮여

---

[*] 『제노의 의식』의 'Zeno'와 '쇠, 철'을 뜻하는 'ferro'의 필기체 철자가 비슷해 빚어진 오해다.

있다. 낭만주의자들이 좋아했듯 현실의 가장 순수하고 진정한 거울로 세상을 되비추는 게 아니라, 오히려 모습들을 흐릿하고 혼탁하게 만든다. 사물들의 자궁에서 아직 분리되지 않은 유년기의 흙탕물, 아직 주위를 둘러보지 않고 자신과 세상 사이의 단절의 고통을 깨닫지 못하는 아이가 그 속에 있다.

꽃밭을 밟는 것도, 따라서 호숫가에 가는 것도 금지되어 있지만, 금지 팻말이 호숫가 진흙을 갖고 놀며 쉽게 무너지는 성을 쌓고 종이배를 띄우고 싶은 유혹까지 잠재우진 못한다. 커다랗고 붉은 물고기들이 끈적이는 풀들과 갈대 사이로 헤엄쳐 다니고, 백조 한 마리가 의젓하고 무심하게 미끄러지듯 오가고, 진흙과 모래는 얕은 물을 갈색으로 만들어 깊어 보이게 한다. 이끼로 뒤덮인 조그만 동굴들 안에서 물이 꾸르륵거리고, 축소된 골과 홈 사이로 가느다란 물줄기가 흘러내린다. 물고기에게 빵 부스러기를 던지고, 들러붙는 벌레도 던지고, 개구리 울음소리가 어디에서 나오는지 찾아보려고도 해본다. 소리는 들리지만 보이지 않는다. 갓 짜낸 우유처럼 따스하고 누런 모래가 잠긴 물속으로 손을 휘저어본다. 오줌빛 같기도 하고 황금빛 같기도 한, 따뜻한 생명을 빚는 진흙이다. 이 흙탕물은, 위액으로 부패한 음식물을 소화시키고 심장에 도달해 사랑에 빠진 얼굴을 붉게 만드는 피와 별반 다르지 않다. 유충들이 가득 들러붙은 바스러진 나뭇잎처럼 세상은 이런 물에서 둥둥 떠다닌다. 여기에는 바람도 없고 파도도 없으니, 난파로부터 안전하다.

아이가 그릇을 손에 들고 호수에 도착했다. 다리 옆 꽃밭으로 들어가 물고기가 든 그릇을 난간 쪽으로 내민다. 누르스름한 물에 자기 얼굴이 비친 걸 본 것도, 눈에서 흘러나오는 눈물을 본 것도, 아마 처음이지 않을까. 교회에서 추첨으로 얻은 물고기는 병든 물고기였고, 물이 적은 이 그릇에서 죽어가고 있었을 것이다. 하지만 호수에서라면 나을 수 있다고 누군가 말해주었을 것이다. 아이는 그릇을 뒤집고, 물고기는 호수로 떨어져 바닥으로 내려간다. 바닥에 있는 수초들과 조약돌들이 모자이크 조각처럼 얼핏 보인다. 물고기는 퍼덕인다. 빨갛다. 상처가 나서 피를 흘리는 손가락처럼 몸을 비튼다. 작별은, 사과 한 알 같은 이 세상을 아프게 쪼개어 나누는 하나의 칼과 같다. 이 세상은 더이상 온전하지 않을 것이다. 아이는 이쪽에, 다리가 있는 쪽에 있고, 세상은 저쪽에, 물고기가 사라져 살거나 아니면 죽게 될 다른 쪽에 있다. 예수성심교회에도 물고기가 있다. 바닥에 모자이크로 그려져 있다. 헤엄치는 그 물고기는 또다른 낯선 알파벳 글자로 이름이 적혀 있는데, 예수와 관련된 이름으로, 구세주를 의미한다고 구이도 신부가 설명해주었다. 또다른 물고기, 그 빨간 물고기는 적어도 아이에게는 잃어버린 무엇이다. 이제 더이상 없는 것이다. 얼굴을 타고 흐르던 눈물 몇 방울이 조금 지저분하던 뺨을 씻기며 칙칙한 빛깔로 짭조름한 맛과 함께 입안으로 흘러든다.

    중앙 광장에는 무엇보다 카페가 문을 열고, 날 좋은 계절이면 야외 영화관이 들어선다. 최초의 카페 주인 벤치니는 트리에스테예술동아리에서 주최하는 전시회와 모임들을 챙기느라 바쁜데, 가을마다 이 지역 포도들로 여는 전시회는 말할 것도 없고, 겨울에는 동아리 본부에서 또 여름에는 야외에서 여는 저녁 카페 콘서트까지 챙겨야 한다. 오스트리아-헝가리 제국의 음악가 프란츠 레하르도 여기에 와서 안토니오 스마렐리아의 「불의 기병대」와 「이스트라 찬가」를 지휘했던 적이 있다. 여름에는 여러 밴드 중에서도 '버림받은 부랑아'라 불리는 밴드도 공연했더랬다.
    세월의 흐름은 동아리 본부 뒤쪽에 쌓인 사용하지 않는 낡은 물건에서도 분간할 수 있다. 잡초들과 사용하지 않는 여러 도구 사이로 보이는 색 바래고 녹슨 간판들에서 어렴풋하나마 어쨌든 끝없이 진행 중인 작업들이 보인다. 카페로 유모차나 자전거에 아이들을 태운 엄마들이 온다. 아이들한테도 눈이 가지만, 특히 여름이면 팔 걷어붙인 엄마들이야말로 진정 눈을 사로잡는다. 커피를 마시거나 아이스크림을 핥아먹는 아름다운 그 입들이 어찌나 노련하게 움직이고 만족스러워 보이는지. 특히 아름다운 건 다른 아이를 대하는 엄마들 모습이다. 공원을 일상적으로 드나드는 동안 끝없는 어린 시절과 계속 마주하게 되는 모두는, 이 광장과 이 테이블에서 오이디푸스콤플렉스와 관련해 약간 유연하고도 이른 적응을 하게 된다. 엄밀히 말해 이는 어머니에게서, 매일 똑같은 테이블에 앉아 있는 이 어머니들, 그러니까 자기 아이한테 그러듯 마주 앉은 친구 아이들에게도 내밀히 착 달라붙어 다정히 아이를 쓰다듬는 이 다른 어머니들한테로 옮아가니 말이다.

아이들을 팔에 안아 얼굴을 쓰다듬는 긴 손가락은, 부드러우면서도 강하고 위압적이다. 빨간 손톱이 장난치듯이 치명적인 유혹을 가득 담아 뺨을 스치는가 하면, 무심결에 팔 아래로 미끄져내린 널따라 소매 위로 맨살이 드러나기도 한다. 아이 뺨에다 입을 맞추려고 기울인 입술이 아이의 입술 가까이 스친다. 우뚝 솟은 코에다 넌지시 흘기는 듯한 눈길을 던지는 타우버 부인이 장난삼아 친구의 아이를 마치 흔들목마를 태우듯 아름다운 자기 허벅지 위에 올려놓는 순간, 긴 여운을 남기며 그 게임은 끝나버리고 만다.

아버지들과 남편들은 잘 나타나지 않는다. 기껏해야 일과 후 점심시간에 집으로 돌아가다 가족을 데려가려고 들를 뿐이다. 이따금 카페 단골이 와서 앉기도 하는데, 여성의 향기를 음미하려는 비교적 나이 많은 신사이거나, 무관심한 척하며 훌륭한 독서를 과시하려고 애쓰면서 부인들과 대화하는 약간 감상적인 독신남이다. 공원에서는 아무 일도 일어나지 않는다. 잠재적인 위험한 관계를 맺을 일도 없다. 그런 일이 다른 곳에서 일어나는지야 알 수 없지만 말이다. 엄마들은 온통 아이에게, 특히 다른 엄마의 아이에게 관심이 있을 뿐이다. 엄마들은 아이들의 하렘이며, 모든 아이는 마음대로 한 엄마에게서 다른 엄마에게로 가는 술탄이다. 타우버 부인이 초콜릿을 선물할 때도 있다. 장밋빛 손톱으로 종이 껍질을 벗겨, 한 조각 깨물고는 그걸 아이 입안에다 손가락으로 밀어넣는다.

옆 광장은 프란츠 레하르의 콘서트든 다른 기념행사든 자랑할 거라곤 없고, 단지 자전거를 대여해줄 뿐이다. 상당히 인기 있는 이곳은 감정교육의 노정에 있어, 카페에 있는 어린이용 하렘과 나중에 보다 결정적인 발견이 이루어질 약간 저쪽의 덤불 그늘이나 벤치 사이에 있는, 일종의 중간 기착지에 속한다. 엘레나가 자전거를 타고 간다. 하얀 양말 위로 드러난 다리는 아름답고 가녀리고 탄탄하다. 코는 우뚝하고, 종종 부루퉁해지곤 하는 입은 가시 있는 장미의 꽃봉오리 같다. 그녀에게 함께 자전거를 타고 달리자고 조를 용기가 있다면 좋으련마는, 아마 그러자고 대답할 수도 있겠지만, 경멸하듯 고개를 돌리고는 아무 말 없이 혼자 가버린다. 성숙하지 않은 작은 가슴이 벌써 블라우스 아래에서 단단하다. 그녀에게 물고기 이야기를 해줄 수 있다면 얼마나 좋을까. 어쩌면 그녀도 눈물을 흘릴지 모르고, 이보다 더 근사한 일이 어딨겠는가. 하지만 뒤쫓아가는 일은 부질없는 짓이다. 그녀가 화를 낼 테니까, 더군다나 자전거로 제일 빨리 달릴 수 있는 사람이 그녀니까.

한번은 그러겠다고, 함께 가운데 꽃밭 주위를 돌아주겠다고 답을 해온 적이 있다. 하지만 마르코니 거리의 잡화점 진열장에 있는, 구리처럼 붉은색이 나는 주석 반지를 요구해온다. 공원에서 옆문으로 나가자마자 있는 가게고, 늘 베레모를 쓰고 있는 작달막한 노인이 그 가게 주인이란다. 자전거가 고장나면 어떻게 고쳐야 할지 몰라 인내심을 잃어버린 그녀가, 바퀴와 바퀴통 옆에서 헛되이 힘겹게 끙끙대는 걸 깔보듯 바라보고 있더니, 자전거도 놔둔 채 가버린다. 팔이라도 붙잡아 자전거 없어도 되니 더 놀자고 말했다가는 큰일난다. 아마 할퀼 수도 있을 것이다.

그녀 혼자 가버려서, 자전거만 거기에 남아 있다. 자전거를 고치지 못하면 정말로 재앙이다. 어쩌면 기름칠만 약간 해주면 됐을지도 모른다. 바퀴를 고칠 줄 알았다면 모든 게 달라졌을 것이다. 함께 오래오래 달렸을 테고, 지금처럼 그녀가 저 아래 오솔길로 사라지지 않아도 됐을 텐데. 거기 공원에 아주 남아, 그녀의 친구 안나, 은은하고 변덕스러운 달빛 같은 이 소녀랑도 함께 놀았을 수 있으련만. 하지만 둘은 가버린다. 너무나 빨리 사라져 절대 붙잡지 못한다. 자전거를 대여하는 사람에게 되돌려주는 수밖에. 무함마드는 그것을 이해했는지, 신자들에게 천상의 즐거움을, 단지 동년배 소녀들과의 천상적 즐거움만이 아닌 또다른 즐거움을 약속했다. 그 초기 시작부터 놀이 동료들은 가장 쫓아가기 어렵고 함께 있기 어려운 동년배 소녀들이고, 달아나는 그녀들을 보는 일은 정말이지 너무나 고통스럽다.

여름날 저녁이면 카페 앞 중앙 광장에 야외 영화관이 들어선다. 볼리오티스 씨가 운영하는데, 몇 년 뒤에 그는 다른 도시 구역에서 포르노 영화관을 운영하게 된다. 물론 입장료를 지불해야 하지만 공원 울타리 너머 볼타 거리에서도 영화를 볼 수 있다. 『바운티호의 반란』을 상영할 때면 바다 한가운데에 뜬 범선이 보인다. 그 영화는 총천연색이 아니지만, 이 검고 광활한 바다는 파란색, 짙은 파란색이었고, 거품 물마루는 하얀색, 세상 끝 이 아득한 섬들처럼 머나먼 미소 같다. 반란자들은 배에서 내리고, 바닷물은 모래밭으로 밀려와 눈雪으로 덮인 띠처럼 하얗게 부서진다. 영화는 흑백이지만 이 바닷가에서 바다는 에메랄드빛 초록이고, 조금 멀리 저쪽에서는 짙은 파란색이고, 바닥은 쪽빛 얼룩이 흩뿌려진 청록빛 초원지대 같다. 의심할 여지 없이 이 색깔들은 음악처럼 귓가에 울리며 바람의 긴 호흡과 함께 다가오곤 했다.

여름이면 매일 아침 바위에서 뛰어내려 수영하러 가는 바르콜라 해변에서도 보이는 심호흡하는 그 바다는, 부러지는 창처럼 떨리던 햇살이 그 속으로 휘어져 들어가게 하는 그 물은 웅장한 파란색이지만, 이 영사막에서는 색깔들이 더욱 선명해진다. 사물들의 색깔, 멀거나 가까운 사물들의 색깔, 저기 외부에 존재하다가 온화하게 대뇌피질에 도달하는 촉지 가능한 삼라만상의 색깔이며, 빨강, 파랑, 노랑으로 마치 꽃이 곤충을 부르기 위해 화려한 색조의 옷을 입듯이, 보고 만지고 원하게 만드는 색깔이다. 영사막은 드넓다. 난폭하게 겹쳐지는 대양의 이 거대한 파도들과 더불어 공원보다도 더 드넓게 부풀어 오르는 것 같다.

집으로 돌아가기 전에 카페에서 무언가 먹는다. 볼리오티스 씨는 다른 영화관에서, 특히 일반적으로 생각하는 것과는 달리 걱정될 정도로 사람들이 거의 오지 않는 바람에 포르노 영화관에서 그다지 할 일이 없어질 때면, 가능한 한 오래 카페에서 시간을 보내려고 한다. 어쨌든 공원 영화관에 출입하는 사람뿐만 아니라 모두의 취향에 대해서도 생각해야 한다. 볼리오티스 씨가 알아서 몇몇 화제를 꺼낸다. 벌써 크리스마스를 생각하고, 스네주니크 산에서 자식들과 손자들과 함께 보내며 산 아래 일리르스카비스트리차에 있는 교회에서 미사를 드리고 싶다고 말한다. 영사막이 꺼지면서, 터널 안으로 기차가 들어가듯 세월이 집어삼켜진다. 산마르코 카페에서 델론코 거리에 있는 예수성심교회로 가면서 좋은 공기를 들이마시려고 공원을 가로질러 가다보면, 숲과 석호, 도시, 산, 눈, 바다를 가로질러가게 되는 셈이고,

모든 것이 처음부터 이미 거기 있었음을 깨닫게 된다. 그리고 나중에 어느 다른 곳에서 숲속 빈터에 머무르거나 어떤 빛이나 바닷가에 대해 의식하게 된다면, 이는 모두 공원에서 이미 만났고 알아보았기에 가능한 일이다.

  광장에서 파도에 이끌리듯 굽이진 오솔길을 따라가면 마르코니 거리 쪽으로 난 옆문으로 빠진다. 카페나 자전거대여소에서 오는 사람에게는 오른쪽이다. 늦었다. 시간이 많이 흘렀다. 정문 쪽으로 가까워질수록 플라타너스와 마로니에가 점점 더 크고 높다란 아치를 이룬다. 갈대들도 더 빽빽하다. 이 아치 아래를 지나, 자기 물고기도 없이, 아무것도 없이, 아이가 빈손으로 집으로 돌아간다.

둥근 천장

한 손으로 얼굴을 닦자 땀으로 축축해지는 게 느껴져 기계적으로 소매로 훔치게 된다. 더웠다. 이례적인 더위였다. 공원은 여름에도 언제나 시원했는데 말이다. 땀 몇 방울이 셔츠 위로 떨어졌고, 목을 타고 흘러내리기도 했다. 고개를 드니 비가 내리기 시작하고 있었다. 무더운 여름 폭풍우의 굵고 무거운 빗방울이다. 플라타너스와 마로니에 잎사귀들 위로 후드득거리며 떨어졌고, 떨어지는 커다란 소음이 귓가에 들려왔다. 밤송이 몇 개도 떨어져 둔탁하게 툭탁거리며 터졌다. 그 소리가 머릿속에서 메아리치자, 관자놀이에서 피가 고동치는 것이 느껴졌다. 이런 무더위에 편두통을 앓는다는 게 이상한 일은 아니다. 아버지도 종종 편두통에 시달렸다. 세월이 흐를수록 점점 더 아버지를 닮아간다. 병약한 것도 그렇다. 이제 아버지랑 하는 짓도 똑같아졌으니, 그 뒤를 따르고, 그분의 발걸음을 재빨리 뒤쫓아, 거리를 현저히 좁혀야 할 때가 되었나보다.

젖은 땅바닥에 미끄러져 넘어졌다가, 다시 일어나 마르코니 거리 쪽 문으로 나갔다. 공원에서 나갈 때는 언제나 이쪽으로 갔다. 이곳이

출구다. 이제 비도 세차게 퍼붓고 있었다. 점점 더 빽빽하게 쏟아지는 비가 짙어지는 회색 줄무늬 커튼 너머로 집들을 감춰버린다. 예수성심교회 쪽으로 향했다. 교회 안에서 폭풍우가 지나갈 때까지 기다릴 참이었다.

잡화들과 장난감을 파는 조그마한 가게 앞에서 빗줄기가 격렬하게 진열장을 두드려댔고, 불꽃같이 이글거리며 커다랗게 황금빛으로 빛나는 진열대 위의 구리 반지가, 렌즈를 갖다댄 듯 확대되어 보였다. 카운터 뒤에서 머리에 베레모를 쓴 노인이 낄낄대는 얼굴로 나타나, 그에게 들어오라는 건지 가라는 건지 모를 약간 모호한 손짓을 했다. 흠뻑 젖어 뼛속까지 추워서 달려가는 그에게 어린이용 잡화를 팔려고 하다니 얼마나 어리석은가! 아마 그런 뜻이 아닐 수도 있겠지만, 결국 그곳도 하나의 피난처가 될 수 있고, 비를 피한답시고 들어가 무언가, 가령 분명히 값싼 그 구리 반지를 살 만한 가치쯤은 있었을지도 모르겠다. 하지만 이상하게도 발걸음은, 머뭇거리며 뒤에 남아 흐르는 물줄기에 빠져 있는 생각보다 더 빨리, 벌써 모퉁이를 돌아 델론코 거리로 접어들어 교회 앞에 가 있었다. 육중하고 거친 호두나무 문은 반쯤 열려 있었고, 비스듬히 몸을 옆으로 돌리면 겨우 지나갈 수 있을 정도였다.

교회는 어둡고 절반은 텅 비어 있었으며, 베냐미노 씨가 촛불을 켜고 있었다. 그러니까 그는 여태 살아 있었고 별로 늙지도 않았다. 틀림없이 그를 이끈 성당지기로서의 삶, 그가 언제나 선망해왔던 삶 덕분일 것이다. 아니, 아직 시간이 있을 것이다. 다른 일들을 빨리 끝내자마자 성당지기를 할 시간이. 이렇게 자유롭게, 아무것도 바라지 않은 채, 그더러 독실한 신자가 되라고 사람들이 떠밀 필요도 없이, 단지 다른 사람들의 신앙심을 위해 필요한 일을 할 준비만 되어 있다면 그만이다. 제단을 준비하고, 하얀 성체포^{聖體布}를 펼치고, 물병에 물을 채우고, 촛불을 켜거나 끄고, 헌금을 걷고, 본당 통지문을 문에서 나눠주고, 그런 다음 누군가와 맞은편 카페에서 한잔 마시고 집으로 가는 것, 이 삶이야말로 얼마나 충만하고, 한결같고, 심오한지.

그가 자동적으로 성수에 손을 적셨다. 도시의 모든 스모그를 뚫고 지나오면서 긁어모은, 그을음으로 얼룩진 이 빗물을 씻어내려는 듯이. 손과 옷이 젖어 있는데다 흙탕물이 튄 것처럼 검고 더러웠으니 말이다. 그는 왼쪽 중앙 홀, 그러니까 여성 신도석 쪽을 향해 갔고, 바둑판 모양 바닥에 흰색과 회색이 교대로 배치된 사각형에다 한 색에 발 하나씩 딛도록 신중히 걸음을 옮겼다. 바닥은 아우리시나산座 대리석으로 되어 있었다. 산탄나 공동묘지에 있는 자기네 가족무덤과 똑같다고 그는 생각했다. 한 걸음에 알파벳 하나라서, 신도석 벽에 닿을 때까지 지나가야 하는 사각형들과 똑같은 글자수만큼의 알파벳 낱말 하나를 곧바로 찾아내야 하는 놀이 같다.

거리는 상당해 보였다. 오랫동안 교회에 들어가보지 않았기에, 그의 기억 속에서 교회는 이보다는 덜 컸던 것만 같다. 곧바로 트리에스테 사투리로 시소를 가리키는 '치톨로-초톨로'란 말이 생각났는데, 아마 조금 전 모래밭과 미끄럼틀 옆 어린아이들을 위한 공간에서, 축을 중심으로 양쪽 끝이 올라갔다 내려갔다 하는 시소를 보았기 때문이리라. 하지만 낱말이 너무 길다는 것을 깨달았고, 그래서 벽과 낱말 끝에 동시에 도착할 수 있게 알파벳과 사각형 사이에 대응하는 규칙을 찾아보려 했다. 예를 들면 알파벳 세 개가 한 칸에 대응하거나 아니면 한 번은 세 개, 또 한 번은 한 개가 대응하게 할 수 있었고, 그렇게 해도 유효했을 것이다. 하지만 결국 남아 있는 칸들 앞에서 그는 실망했으니, 이전 칸에서 낱말이 완성되어버렸기 때문이다. 그리고 무질서, 실패의 모호한 느낌이 남았다.

어쩌면 일요일처럼 다른 쪽에 있으면 됐는데, 여성 전용 신도석에 있었기 때문인지도 모른다. 그늘 속에 잠겨 있는 세례반 벽감은 움푹 파인 나무 같았다. 어둠에 보호받은 채 안에 웅크리고 들어앉아 숨을 수 있도록 몸통이 파여 텅 빈, 우람한 플라타너스 동공 같았다. 밖에서는 나뭇잎들이 부스럭거렸다. 커다란 이 나무는 병들었다. 하지만 작은 웅덩이에 모인 물은 맑았고, 어둠 속에서는 거의 하얀빛이 났으며, 시원한 이 물이 뺨과 입술을 태우는 뜨거운 열기를 식혀주었다.

다이아몬드 모양 안에 직사각형이 들어 있고 그것이 다시 원 안에 들어 있는 식으로, 다른 것 안에 하나가 삽입되는 기하학적 형상들로 장식된 아랫부분과, 이와 구분되게 경계선처럼 테두리진 부분은 파도 모양의 띠 장식이었는데, 이 물결이 신도석 끝의 제단을 향해 흘러가면서 둥글게 말려 구르다가 무너져 다시 흘러가는 파도가 되었다. 그리하여 군청색 망토 차림으로 물 위에 높이 떠 있는 바다의 별이자 뱃사람들을 수호하는 성모마리아상 아래로, 차례차례 밀려가 부서지는 듯했다. 그는 이 파도에 떠밀려 함께 벽을 따라 미끄러져갔다. 밖은 폭풍우가 더욱 격렬해진 모양이다. 굉음이 더 커지더니 끊임없이 길고 크게 내리치는 천둥소리가 들려왔기 때문이다. 성인들 형상이 새겨진 스테인드글라스 뒤쪽 하늘도 어두웠다. 이따금 창백한 진홍빛이 순간적으로 여기저기 성인을 내리비추었고, 붉게 칠해진 교회 내부도 더욱 짙어져 불타는 그림자로 일렁이다 사그라들었다.

이 파도가 그를 이끌고 있었다. 또한 동시에 많은 사람이 그를 밀어대고 있었다. 이제 이곳은 사람들로 붐볐다. 분명 폭풍우를 피해 피난처를 찾고자 온 사람들일 것이다. 특히 문가에 몰려 있었는데, 계속 들이닥치는 사람들이 밖에 있지 않으려고 앞 사람들을 밀쳐댔기 때문이다. 트렁크처럼 커다랗고 두툼한 가방들을 갖고 있던 몇몇은, 의자 사이나 기둥 뒤에서 가방을 정리하려 했다. 그렇게 밀치는 가운데 사방에서 눌리고 조여 거의 질식할 듯했지만, 그래도 그는 버텨냈다. 그렇지 않으면 다리에 힘이 풀리고 머리가 빙빙 돌 정도로 허해져, 공원 출구에서 그랬듯이 쓰러질지도 모를 일이었으니 말이다.

물결치는 이 군중 속에서 밀리고 눌리며 여기에 몸을 맡긴 채, 그는 눈을 감았다. 다시 눈을 떴을 때, 그 앞에는 경멸에 찬 듯 굳어 있는 얼굴을 한 어느 여인이, 매우 아름답긴 해도 야멸찬 입에다 위압적인 코를 지닌 그 얼굴이 바로 눈앞에 있었다. 눈은 그를 무시한 채 다른 쪽을 바라보고 있었다. 군중은 계속해서 압박했고, 충만하고 둥근 만월처럼 단단하고 팽팽한 젖가슴이 그의 가슴에 맞닿는 게 느껴졌다. 젖꼭지가 창처럼 찌르며 그의 살 속으로 파고들었다. 이 압력에 가능한 한 강렬하게 반응하며 그는 그냥 몸을 맡겼다. 기다란 손가락 끝마다 맹금류 같은 손톱이 달린 아름다운 손을 잠시 위로 들어올려 목덜미로 흘러내린 머리칼을 매만지던 그 손에서, 그는 약손가락에서 도금한 구릿빛 주석 반지를 보았다. 그녀는 손을 다시 내리더니, 밀치는 군중 속으로 사라져버렸다.

사라지는 이 손을 눈으로 뒤쫓으려 하던 그는 우글거리는 육체들 아래를 바라보았다. 하얗고 부드러운 또다른 여자의 발이 그의 발을 쓰다듬고 있었다. 균형 잡힌 다리는 도발적이면서도 물렁물렁한 가슴 쪽으로, 그에게 뻔뻔하게 미소짓는 어렴풋한 얼굴 쪽으로 들어올려져 있었고, 초승달같이 가늘게 뜬 눈으로 옆에 있는 어느 남자에게 유혹하듯 윙크를 했다. 이 발에 입을 맞추고 싶었다. 그는 부끄러워하면서도 쾌락에 젖어 출렁이며 몸이 짓눌리도록 내버려둔 채 그 가슴으로 가까이 다가가 만지려 했고, 밀고 밀리는 가운데 갑자기 이 혼잡한 뒤얽힘 속으로 그 손이 내려와 자신의 음경과 고환을 붙잡는다는 느낌을 받았다.

아니, 내가 지금 뭐하고 있는 거야? 그가 속으로 말했다. 부끄러운 일이야. 심지어 교회 안에서. 그 손과 발, 두 얼굴은 거무스레한 사람들 사이로 사라졌고, 그는 호두나무로 만든 아치 세 개가 있는 고해실 앞까지 사람들에 의해 떠밀려왔다. 오래된 황금빛 벨벳 커튼이 열렸고, 일어나 고해실에서 고개를 내민 구이도 신부와 얼굴을 맞대게 되었다. 그는 그 신부가 자기 아버지와 약간 닮은데다, 거의 똑같이 정의와 존경이 어린 표정으로 자신을 바라보고 있음을 처음으로 깨달았다. 더이상 부끄럽지 않았다. 신부에게 당황하지도 않고 열등감도 없이 모든 걸 말할 수 있었다. 늙은 나무에게 하듯이, 가령 자전거를 빌려주는 거기 공원 안 커다란 광장에 서 있는 플라타너스에게 말하듯이 말이다. 손가락에 반지를 낀 조금 전의 자전거 탄 그 어린 소녀는 아름다운 다리와 하얀 양말을 신은 두 발로 페달을 밟은 다음 자전거에서 내려와, 숙련된 솜씨로 벽에 그려진 파도를 따라 나무에 부딪칠 때까지 훌라후프를 돌리고 굴리면서 놀았다. 플라타너스는 크고 거대했으며, 가지들은 길게 뻗어 공원 문을 넘어 마르코니 거리까지 쭉 펼쳐져 있었고, 나뭇잎들이 머리 위에서 흔들리고 있었다.

"걱정하지 말아요." 구이도 신부가 그에게 말했다. "그 때문에 우리가 여기 있으니, 두려워할 이유가 없어요." "아니, 그렇다면 죄가 아니란 말씀인가요? 적어도 교회 안이 아니었다면 모를까……" "당신이 피곤해서 조금이라도 쉬고 싶을 때, 그런 데가 어디에 있겠습니까. 여기는 그늘도 있고, 빵과 포도주도 있답니다." 고해실에 새겨진 상감무늬 중에서 주막 오스미차에 있을 법한 간판이 연상되는 흥미로운 도안이 두드러져 보였다.* "사람들 생각에 좌지우지되지 말아요.

---

* 크라스 고원지대에서는 그곳 포도주와 농산물을 파는 장소임을 알리는 표시로 나뭇가지를 걸어둔다.

저번에 공원 광장에서 자전거 바퀴통처럼 뭔가 고장나면, 바퀴축에 기름칠을 하는 건 성스러운 기름이라오. 이 샘물에서 씻어요." 그리고 제단 아래 모자이크를 가리켰는데, 거기에는 어둡고도 친숙한 숲 배경이 되기도 하는 짙푸른 밤하늘이 수놓여 있었고, 거기 아래로 노루 두 마리가 숲속에 숨겨진 자그마한 샘물에서 깨끗한 물을 마시기 위해 몸을 숙이고 있었다. "모래성을 쌓고 놀더라도, 당신 손에 묻은 진흙을 경멸하진 말아요. 진흙 역시 겸허와 영광을 향하고 있으니 말입니다."

"눈을 들어요." 그는 눈을 들었고 중앙 신도석 위 높은 곳에서 고대 그리스풍의 소매 없는 옷으로 성장한 차분한 얼굴을 한 거대 형상들을 보았는데, 자카리타스(자선), 후밀리스타스(겸손), 유스티티아(정의), 오라티오(기도), 콘트리티오(참회)였다. "나는 대등한 입장에서 사물들의 얼굴을 바라보라고 가르쳤어요. 누구도, 심지어 하느님조차도 당신한테 눈을 내리깔게 할 권리는 없으니까요. 지금이야말로 더 더군다나 말입니다. 석호의 진흙은 바다로 흘러가 거기에 녹아들어 곧바로 바다처럼 순수해지지요. 두려워하지 말아요."

이 순간 교회의 어둠은, 그를 헤아릴 수 없게 감싸는 부드러운 밤바다였고, 옛적부터 영원토록 자신이 몸을 담그고 있는 이 밤색 눈에 고인 눈물이었다. 판노니아* 사람같이 툭 튀어나온 광대뼈 위, 어둠 속에서 빛나던 이 눈 안에서, 그는 안전하고 행복하게 헤엄치고 있었다. 당장의 단말마 같은 떨림이 아니라, 잔잔하게 불가항력으로 밀려드는 강렬한 즐거움, 어느 하룻밤, 일생에 걸친 사랑이었다. 바닷물은 검었지만 이따금 투명하기도 했고, 하얀 바닷가가 보이더니, 바닥의 조약

---

* 중부유럽과 남동유럽에 걸친 광활한 평원지대를 가리키는 말로, 다뉴브 강에 의해 둘로 나뉜다. 오스트리아, 헝가리, 보스니아 헤르체고비나, 체코, 슬로바키아, 세르비아, 크로아티아, 슬로베니아, 루마니아, 우크라이나 영토와 접한다.

돌들이 모자이크 조각처럼 하나하나 뚜렷하게 눈에 들어왔고, 배에 적힌 그리스어 문자 익투스ίχθύς*와 함께 모자이크에 그려진 물고기까지 잘 보였다. 한 아이가 물속으로 잠기는 물고기를 향해 손을 내밀고 나서는, 입과 얼굴을 더럽히며 초콜릿을 먹기 시작했지만, 물고기가 연못으로 사라졌을 때 나온 눈물은 그 모든 것을 씻어갔다.

무엇인가 더 물어보려고 했지만 구이도 신부는 머리를 흔들었다. "얼마나 많은 사람이 고해하려고 기다리는지 안 보이십니까. 당신만 유일하고 다른 사람들은 당신이 가진 그 헛된 망상 탓에 시간을 흘려보내도 된다고 생각하진 않으시겠지요." 정말이지 기다란 줄이 있었고, 사람들이 끊임없이 담요에 화덕까지 가져오며 지나가는 바람에 줄이 흩뜨러지곤 했다. 고해실에서 나와 영대領帶를 벗은 구이도 신부도, 더이상 서 있지 못하게 된 어느 노인을 위해 야전 침대를 들고 씨름하기 시작하면서 고해를 요구하는 사람들을 성급한 몸짓으로 돌려보냈는데, 마치 더 긴박한 일이 있다고 그들에게 말하는 것 같았다. 서둘러요, 떠납시다. 신부가 오케스트라 지휘자처럼 커다란 몸짓으로 의자들 사이로 사람들을 배치하면서 그렇게 말하는 소리를 들은 것 같았다. 마치 음악을 하려면 팔을 위아래로 움직이는 것만으로도 충분하다는 확신으로 합창단을 지휘하듯 말이다.

하지만 그는 모든 사람이 자신에게 인사하는 것에 놀라고 정신이 팔려 신부를 쳐다볼 시간이 없었다. 정말 모든 사람이 거기에 있었다. 학교 동료들, 자식이나 친척과 함께 있는 남녀 친구들, 맞은편 집에 사는 문지기 여자, 발작으로 머리가 흔들릴 때마다 턱으로 침이 흘러내리는 안토니오도 보였다. 밖에서는 천둥소리가 더 커졌고, 마치 집

---

* '물고기'를 뜻하는 그리스어로, 초기 그리스도인들이 비밀 상징으로 사용했던 문자다. 대문자로 표기하면 ΙΧΘΥΣ로 Ἰησοῦς Χριστός, Θεοῦ Υἱός, Σωτήρ, 즉 '하느님의 아들이자 구원자인 예수 그리스도'를 뜻하는 머리글자의 조합이다.

들이 무너지기라도 하는 듯 굉음이 들렸으며, 믿기 어려울 정도로 세찬 강풍이 불어닥친 교회는 배처럼 흔들렸다. 스테인드글라스와 유리창 너머로 얼핏 보이는 대기는 살을 에는 듯 매서운 기색이었다. 마치 파장을 알 수 없는 광선이 참기 어려울 정도로 격렬하게 망막에 와닿는 것 같았고, 제단 옆 나팔을 든 천사도 상상할 수 없는 무언가를 알리고 있는 것만 같았다. 입안에서 역겨운 맛이 나더니, 묵직한 것이 위를 꽉 죄어와 토하고 싶은 기분이 들었다. 박쥐처럼 어둠 속에서 다가오는 음탕한 이미지도, 오만상을 찌푸리며 난처한 얼굴을 하고 있는 자기 부모의 순간적인 광경도, 뱉어내고 토해버리고 싶은 기분이 들게 했다.

교회 안에서 모두들 인사했고, 악수했고, 누군가는 서로 껴안았다. 그는 바닥에 웅크리고 앉아 기둥에 기댔다. 뭔가가 한 손을 핥는 게 느껴졌다. 조그맣고 부드러우면서도 까끌까끌한 혀가 짠맛과 함께 피부를 스쳤다. 부페토가 찍찍거리고 있었다. 비 오는 밖에 놔두거나 집에 혼자 놔두지 않은 것이 기뻐, 그를 두 팔로 보듬어 안았다. 분명 어머니가 부페토를 잊지 않고 데려왔을 것이다. 어머니는 누구도 잊지 않았고, 아마 이놈을 데려오려고 이 폭풍우를 헤치며 밖으로 내달려갔을 것이다. 아무것도 두려워하지 않는 그녀였다. 앞발로 꼼꼼하게 귀를 깨끗이 닦고 난 기니피그는 팔 안에서 몸을 둥글게 말아 눕더니, 이 혼돈에 아랑곳없이 만족한 듯 졸기 시작했다.

어머니가 옆에 있는 걸 보고도 그는 놀라지 않았다. 다른 사람들도 바닥에 앉았다. 그분이 어머니가 맞다고 분명하게 확신할 순 없지만, 틀림없이 어머니였다. 곁눈질하듯 내리뜬 온화하고 아이러니한 그 시선, 뚜렷한 광대뼈, 바닷빛 옷은 헷갈릴 여지 없이 바로 어머니였다. "네 바지가 주름투성이구나. 내가 다려줘야겠어. 다리미도 가져왔으니까." 어머니가 말했다. "사진도 가져왔지." 이렇게 덧붙이고는 앨범을 맨 뒤부터 거꾸로 넘기면서 보여주었다. "방금 찍었단다. 즉석 사진이야. 바로 지금 찍었지." 정말 바닥 기둥 옆에 앉아 있는 그들이 사진에 있었다. 어머니는 미홀라슈치차의 바닷빛 옷을 입고 있었다. 그는 잠든 부페토를 데리고 사진을 보면서 점점 더 빠르게 앨범을 넘겼다. 크리스마스트리, 바르콜라 암벽에서 했던 다이빙, 크라스 소풍, 이미지들이 점점 더 빠르게 스쳐지나가면서 불분명한 소용돌이 속으로 마구 뒤섞여들었다. 빠른 속도에 그 이미지들은 겹쳐지고 흩어졌고, 시간은 요동치며 불분명한 데까지 거슬러올라갔다. 어쩌면 그것들은 교회로 들이닥친 바람에 흔들리던 촛불들의 불빛이었는지도 모른다.

"이제 자려무나." 어머니가 말했다. "시간이 되면 깨워줄게." 그는 누웠다. 위에는 애프스가 하늘의 둥근 천장처럼 둥글게 드리워 있었다. 황금빛으로 불타는 하늘이 짙은 파란색으로 어두워갔다. 수많은 별이 떨어져 그 짙은 파란색 속으로 잠겼고, 불꽃놀이에서 순간적으로 피어나는 꽃들처럼 켜졌다가 꺼졌다. 위든 아래든 온통 꽃들의 잔치였고, 심연으로 떨어지는 모든 것이 어둠 속에 피어나는 꽃이었다. 하지만 그는 떨어지는 것이 두려웠고, 떨어지지 않으려고 기둥에 매달렸다. 황금빛 하늘이 끝나고 파란 하늘이 시작되는 곳에서 커다란 두 천사가 치켜든 팔로 두 개의 불꽃 테두리를 들고 있었고, 그 위에는 라틴어로 무언가 적혀 있었다.

바다로 뛰어들기 위해서는 이 테두리와 화염을 뛰어넘어야 했다. 그는 뛰어들고 싶지 않아 기둥에 매달렸고, 어떻게 그곳 바다에 있는지 이해할 수 없는 젖은 나뭇잎을 움켜쥐고 바스러뜨렸다. 뛰어봐요, 하고 사람들이 말했지만 그는 뒤로 물러섰다. "아무것도 아니라니까요." 하지만 이번에는 또다른 목소리, 아니, 자기 목소리와 거의 똑같은 두 목소리, 그가 살아온 집과 나날들, 삶을 가득 채웠던 두 아들의 목소리가 들렸고, 그에게 두려워하지 말라고 하고 있었다. 모두 잘될 겁니다. 그는 들었다. 우리는 뛰어넘을 수 있어요. 그는 그녀의 손을 잡았고, 구이도 신부는 저녁 미사를 시작하고자 제단을 향했다.

옮긴이의 말

　현대 이탈리아 문학계뿐만 아니라 국제 독문학계나 비교문학회에서도 주목받는 작가 클라우디오 마그리스(Claudio Magris, 1939~)는 이탈리아반도 동북부 끝자락의 도시 트리에스테에서 태어났다. 트리에스테는 서유럽과 중부유럽, 남부유럽의 중간 지역이자 지중해로 열린 항구도시로, 이탈리아와 유럽을 잇는 요충지들 중 하나다. 그러니까 전형적인 주변부 또는 변경지역이며, 서로 다른 언어와 문화가 공존하고 어우러지는 모호한 곳, 그야말로 다문화 도시다. 그런고로 트리에스테는 두 차례 세계대전을 거치면서 여러 가지 갈등과 비극의 무대가 되기도 했다. 작가에게 이런 고향의 지리적 문화적 역사적 특성은 작품에도 고스란히 투영되어 있다. 마그리스는 토리노 대학에서 독일어문학을 전공한 뒤 트리에스테 대학의 교수로 강의하면서 동시에 독창적인 작품으로 관심을 끌었다. 또한 지역사회 문제에 대한 깊은 애정과 관심을 밑거름으로 하여 1994년부터 1996년까지 상원의원을 역임하기도 했다.

　『작은 우주들Microcosmi』(1997)은 일종의 여행기다. 작가의 실제 경험에서 우러나온 이야기들은 호흡이 길고 광범위한 수필에 가깝다. 트리에스테를 비롯하여 작가의 삶과 밀접하게 연결된 지역들을 방문하면서, 보고 들은 것에다 그곳과 관련된 역사와 흥미로운 사건을 다채롭게 엮어 이야기하고 있다. 그가 둘러본 곳은 트리에스테의 카페와 공원, 성당, 선조들의 고향인 작은 산골 마을과 알프스 산자락의 계곡, 트리에스테 근처의 석호潟湖, 대학 생활을 했던 토리노 주변의 언덕 마을들, 여름이면 휴가를 보내던 슬로베니아 산과 크로아티아 섬들, 크리스마스 연휴 동안 머물던 남부 티롤로 지역 등이다.

대부분 트리에스테를 중심으로 멀거나 가깝게 펼쳐진 곳들이며, 교과서적인 역사에서는 별로 언급되지 않는 작고 소박한 곳들이다. 하지만 그런 소외된 주변부 지역도 모두 역사의 거대한 흐름에 휩쓸려 크고 작은 삶의 애환을 간직하고 있다. 『작은 우주들』에서 마그리스의 펜을 거쳐 풍요롭고 장엄한 우주로 탈바꿈하는 곳도, 바로 그런 생생한 삶의 현장이 담긴 소우주들이다. 작지만 우주처럼 광활한 곳들, 바로 그곳에서 펼쳐지는 다채로운 삶을 마그리스는 애정 어린 시선으로 담아낸다.

각 이야기에 나오는 사람들도 마찬가지다. 트리에스테 출신 작가 이탈로 스베보, 움베르토 사바, 시피오 슬라타페르를 비롯해, 오랫동안 거기서 살았던 제임스 조이스처럼 유명한 인물뿐 아니라, 소박한 삶을 살아가는 그곳 주민들 하나하나도 이 책에서는 각자 자기 우주를 영위하는 영웅이 된다. 그들에 대한 마그리스의 성찰은 사소해 보이는 개인의 이야기에서 출발하여 보편적인 유럽의 역사로 이어진다. 특히 변경지역 사람들은 두 차례에 걸친 세계대전의 소용돌이 속에서 갖가지 수난과 고통의 희생자가 되었다. 그런 비극은 아직도 끝나지 않았다. 1991년 유고슬라비아연방공화국 붕괴 이후 벌어진 슬로베니아와 크로아티아, 보스니아 사이의 갈등과 싸움은 여전히 불씨를 안고 있다.

그리고 그런 역사와 삶의 현장은 그리스 신화, 특히 아르고호 선원들의 모험과 메데이아의 비극과 함께 어우러지면서 색다른 뉘앙스를 자아내기도 한다. 그렇게 역사와 신화가 공존하는 곳에서는 종종 시간이 혼동되고 무너지기도 한다. 예를 들어 마지막 이야기는, 작가 내면의 무의식의 흐름을 뒤따르듯이 몽환적인 분위기 속에 진행되면서 시공을 초월하는 또다른 우주로 우릴 이끈다.

아울러 이 여정에 등장하는 지역이나 장소 자체가 하나의 주인공이랄 수 있는데, 각 지역마다 다양한 동물과 식물, 빛과 색깔, 새벽과 석양 등이 어우러지면서 특징적인 이미지를 형성하고 있다. 또한 계절이 유능한 손길로 그곳의 전체적인 분위기를 이끌기도 한다. 간단히 말해 사람들의 삶과 자연이 조화로운 일체를 이루고 있으며, 그렇기 때문에 각각의 세상은 보다 선명한 모습으로 다가온다.

삶과 문학에 대한 깊은 성찰로 이끄는, 마음에 새겨둘 만한 경구들이 곳곳에 나와, 마그리스의 눈부신 여정에 사색을 더한다. 예를 들어 작가로서 마그리스는 문학의 본질과 관련하여 "시란 사소한 것, 공허한 장소에 세워진 작은 팻말"이며 "종종 시가 실제의 삶 앞에서 충분하지 않다"는 사실을 인정한다. 그렇지만 "글을 쓴다는 것은, 약속의 땅에 있지도 않고 거기에 절대 도달할 수 없다는 것도 알지만 사막을 가로질러 집요하게 그 방향으로 계속 길을 간다는 것을 뜻한다"고 강조한다. 과감한 삶과 도전 정신을 격려하기도 한다. "두려움 없이 나무판에 매달려라. 난파는 구원이 될 수도 있으니까." 또한 작품의 주제가 여행인 만큼 그 본질에 대해서도 말한다. "여행은 언제나 다시 되돌아옴"이지만, 다른 한편으로 "방랑은 길고, 모든 되돌아옴은 힘들다"는 것이다. 그렇기 때문에 "여행은 망각에 대항하여 쓸모없이 벌이는 전투"가 될 수도 있다. 이런 감명 깊은 구절을 두루 곱씹어보는 것도 이 작품 읽기의 색다른 즐거움이 될 것이다.

『작은 우주들』은 『다뉴브』(1986)와 함께 마그리스가 지닌 풍부한 식견과 역량을 분명히 드러내보인 작품으로, 1997년 이탈리아 최고의 문학상으로 꼽히는 스트레가 상을 받았다. 그리고 작가는 이 작품을 출판되기 전해에 사망한 아내 마리사에게 헌정했다. 그런 이유 때문인지 찾아가고 바라보는 곳곳에서 아내와의 추억을 회상하는 구절에는 더욱 애틋함이 서려 있다.

마그리스와의 소중한 만남을 주선해준 문학동네에 감사의 마음을 전한다. 또한 슬로베니아어와 크로아티아어 표기에 귀중한 도움을 준 고려대학교 고일 교수에게 감사의 마음을 전한다. 갈수록 삭막해지는 세상살이 속에서 마그리스의 정감 있는 이야기와 넉넉한 통찰이 한 줄기 위안의 빛을 던져주면 좋겠다.

2017년 봄
하양 금락골에서
김운찬

지은이 클라우디오 마그리스 Claudio Magris

1939년 4월 10일 트리에스테 출생. 2000년대부터 유력한 노벨문학상 후보로 수차례 거론된 이탈리아 현대 작가이자 명망 있는 중부유럽 연구가. 토리노 대학을 졸업하며 펴낸 『현대 오스트리아 문학에서의 합스부르크제국과 신화』(1963)로 독문학 연구가로서 성공적인 첫발을 뗐고, 『그곳에서 멀리. 요제프 로트와 히브리-동양 전통』(1971)으로 중부유럽 문학에서 히브리 문학의 맥락을 재목한 선구자로 주목받았다. 1970년에서 1978년까지 토리노 대학 독어독문학과 교수로 있었고, 이후 트리에스테 대학에서 현대 독일문학을 강의하며 이탈리아 신문 『코리에레 델라 세라』 논설위원으로 활동했다. 1994년에서 1996년까지 상원의원을 역임했고, 2001년에서 2002년까지 콜레주드프랑스에서 강연했다. 세계 여러 대학에서 중부유럽의 문화와 문학에 대한 초빙 강연자로 활발히 활동하고 있으며, 스트라스부르, 코펜하겐, 클라겐푸르트, 세게드 등의 대학에서 명예학위를 받았다.

산문과 허구를 넘나드는 마그리스의 작품은 해박한 지식과 풍부한 상상력, 날카로운 현실 인식과 깊은 인류애를 담고 있으며, 수려하고 아름다운 문체로 정평이 나 있다. 입센, 클라이스트, 슈니츨러, 뷔히너, 그릴파르처 등의 작품을 번역해 이탈리아에 소개했고, 보르헤스, 호프만, 입센, 카프카, 무질, 릴케, 요제프 로트 등에 관한 뛰어난 비평을 써서 문학 연구가로서 명성을 떨쳤다. 중부유럽 문화와 역사에 대한 해박한 연구와 탁월한 안목으로 '경계의 정체성'을 탐구한 작가, '미스터 미텔오이로파Mr. Mitteleuropa'로 불리며 유럽 지성계를 떠받치고 있는 인물이다.

1986년 '걸작'으로 칭송되는 『다뉴브Danubio』로 1987년 바구타 상과 1990년 프랑스 최고외국도서상(에세이 부문)을, 1997년 『작은 우주들Microcosmi』로 스트레가 상을 수상했다. 두 에세이로 전 세계 비평계와 독자로부터 찬사를 끌어내며 백과사전적 지식과 뛰어난 통찰력을 갖춘 현대의 명문가로 명성을 떨쳤다. 이외에 『사브르 검에 대한 추론』(1984), 『슈타델만』(1988), 『또다른 바다』(1991), 『목소리』(1995), 『전람회』(2001), 『맹인에게』(2005), 『고소 취하』(2015) 등의 작품이 있다. 여러 언어로 번역되어 소개된 그의 작품들은 1992년 훔볼트 재단연구상, 2001년 에라스뮈스 상, 2003년 스페인미술협회 황금메달상, 2004년 오스트리아 황태자상, 2009년 독일출판협회 평화상, 샤를 베용 유럽에세이상, 장 모네 유럽문학상, 2014년 FIL로맨스어문학상, 2015년 에두아르 글리상 상, 2016년 프란츠 카프카 상 등 수많은 상을 휩쓸었다.

옮긴이 김운찬

한국외국어대학교 이탈리아어과와 동 대학원을 졸업하고, 이탈리아 볼로냐 대학에서 움베르토 에코의 지도하에 『화두話頭에 대한 기호학적 분석』으로 박사학위를 받았다. 현재 대구가톨릭대학교 교수로 재직중이다. 지은 책으로 『현대 기호학과 문화 분석』 『신곡―저승에서 이승을 바라보다』가 있고, 옮긴 책으로 움베르토 에코와 이탈로 칼비노의 여러 책들을 비롯해 바사니의 『성벽 안에서』, 파베세의 『냉담의 시』 『피곤한 노동』 『레우코와의 대화』, 베르가의 『말라볼리아가의 사람들』, 아리오스토의 『광란의 오를란도』(전5권), 타부키의 『플라톤의 위염』 『집시와 르네상스』 『페르난두 페소아의 마지막 사흘』 『사람들이 가득한 트렁크』, 프리모 레비의 『멍키스패너』, 단테의 『신곡』 『향연』, 모라비아의 『로마 여행』, 과레스키의 『신부님, 우리 신부님』 등 다수가 있다.

클라우디오 마그리스 선집 2
작은 우주들

1판 1쇄 2017년 3월 30일 | 1판 2쇄 2025년 3월 21일

지은이 클라우디오 마그리스 | 옮긴이 김운찬
기획 고원효 | 책임편집 송지선 | 편집 허정은 김영옥 고원효
디자인 이효진 최미영 | 저작권 박지영 형소진 오서영
마케팅 정민호 서지화 한민아 이민경 왕지경 정유진 정경주 김수인 김혜원 김예진
브랜딩 함유지 박민재 김희숙 이송이 김하연 박다솔 조다현 배진성
제작 강신은 김동욱 이순호 | 제작처 영신사

펴낸곳 (주)문학동네 | 펴낸이 김소영
출판등록 1993년 10월 22일 제2003-000045호
주소 10881 경기도 파주시 회동길 210
전자우편 editor@munhak.com | 대표전화 031) 955-8888 | 팩스 031) 955-8855
문학동네카페 http://cafe.naver.com/mhdn
인스타그램 @munhakdongne | 트위터 @munhakdongne
북클럽문학동네 http://bookclubmunhak.com

ISBN 978-89-546-4489-1 03880

잘못된 책은 구입하신 서점에서 교환해드립니다.
기타 교환 문의 031) 955-2661, 3580

www.munhak.com